浙江省普通本科高校"十四五"重点立项建设教材

高等院校金融类专业系列教材

保险学

INSurance

（第二版）

主 编 施建祥

ZHEJIANG UNIVERSITY PRESS

浙江大学出版社

·杭州·

图书在版编目 (CIP) 数据

保险学/施建祥主编. --2版. --杭州：浙江大
学出版社，2024.8. --1SBN 978-7-308-25414-4

I. F840

中国国家版本馆CIP数据核字第2024ZF0287号

保 险 学（第二版）

BAOXIANXUE

施建祥　主编

策划编辑	朱　玲
责任编辑	柯华杰
文字编辑	赵　钰
责任校对	胡佩瑶
封面设计	卢　涛　周　灵
出版发行	浙江大学出版社
	（杭州市天目山路148号　邮政编码310007）
	（网址：http://www.zjupress.com）
排　　版	杭州林智广告有限公司
印　　刷	杭州捷派印务有限公司
开　　本	787mm×1092mm　1/16
印　　张	20
字　　数	499千
版印次	2024年8月第2版　2024年8月第1次印刷
书　　号	ISBN 978-7-308-25414-4
定　　价	59.00元

浙江大学出版社市场运营中心联系方式：0571-88925591；http://zjdxcbs.tmall.com

前　言

"保险学"是金融保险专业开设的一门重要专业核心课。保险理论研究已经成为整个经济学科中令人关注的研究领域之一。经过几百年的发展，保险业同银行业、证券业一起被称为现代金融业的三大支柱，保险公司已成为金融机构的重要组成部分，保险资金已成为现代资本市场主要的资金来源。我国保险业的发展历史不长，新中国成立后还曾停办了近20年，保险业务停办了，保险理论研究中断了，保险专业人才培养也停止了，给我国保险业带来了巨大损失。自1980年恢复保险业务以来，我国保险业以惊人的速度发展，到2022年底全国保费收入已达4.7万亿元，保险深度为4.15%，保险密度为3690元，保险总资产达27.15万亿元，尽管占全部金融资产的比重还不高，但其发展速度很快，发展潜力巨大。与保险业务快速发展相比，我国的保险教学与人才培养还较薄弱，保险学教材建设相对滞后。

本教材在2009年编写的《保险学》教材基础上进行修订，部分章节重新编写。结合党的二十大报告关于经济金融发展的重要论述，结合保险理论研究的最新成果和保险业务的最新进展，力求做到保险发展历史与该学科的最新研究进展相结合，保险基本理论与中国保险实践创新相结合，中国特色的保险学理论体系与西方保险理论发展动态相结合。修订后的教材分四大部分：第一部分是保险基本理论，主要阐述保险与风险的关系、保险基本原则、保险合同关系和保险产品定价等基本原理，即教材的第一章至第四章；第二部分是商业保险业务，主要阐述财产保险、人身保险、海上保险和再保险的基本业务内容，即教材的第五章至第七章及第十章；第三部分是其他保险，主要阐述社会保险、农业保险、出口信用保险、银行保险等基本业务内容，即教材第八章和第九章；第四部分是保险经营及监管，主要阐述保险营销、保险承保及理赔、保险监管等内容，即教材第十一章和第十二章。

本教材由浙江工商大学金融学院施建祥教授担任主编，林祥教授和李艳荣副教授担任副主编，主要负责编写提纲的设计、全书定稿前的修改、补充和汇总编纂。各章分工如下：施建祥负责编写第一章和第二章；李艳荣负责编写第三章和第六章；林祥负责编写第四章和第十二章；张少军负责编写第五章和第七章；陈志娟负责编写第十章和第十一章；李姣媛负责编写第八章和第九章。

目前我国保险业正处于快速发展时期，保险理论研究不断深入，保险业务发展不断创新，保险体制改革不断深化。在这种情况下，要编写一本既能反映保险理论研究最新成果、又能总结保险业务发展最新经验，既坚持以马克思主义理论为指导、又能吸收西方保险理论中的合理成分，集理论性、实践性与基础性于一体的保险学原理教科书确实不易。

为了使本教材尽可能满足上述要求,我们在认真学习党的二十大精神的基础上,参阅了大量国内外成熟的保险学教材,同时尽可能吸收保险理论研究的最新成果,在此,我们对所参考文献的著作者深表谢意。因编者水平有限,书中难免存在纰漏和缺憾,敬请读者和学术界同行批评指正。

编　者

2024年1月

Contents 目 录

第一章
风险管理与保险

➤ **本章学习要求**

- 理解风险的含义与类型；
- 了解风险管理的程序与方法；
- 理解保险的概念与分类；
- 理解保险与赌博、储蓄及救济的区别；
- 理解保险的本质、职能与作用；
- 了解保险的产生与发展。

第一节　风险与风险管理

一、风险的含义、特征及构成要素

（一）风险的含义

在经济活动和日常生活中，风险（risk）这个词具有多种含义。但有两种定义较为特殊并被人们广泛采用。一是把风险定义为损失发生的不确定性状态。这种不确定性包括损失发生与否的不确定和损失程度的不确定。不确定性的程度可以用概率来描述，当概率在0～0.5时，随着概率的增加，不确定性增加；当概率为0.5时，不确定性最大；当概率为0.5～1时，随着概率的增加，不确定性减小；当概率等于0或1时，不确定事件转化为确定性事件，概率为0表示肯定不发生，概率为1表示肯定发生，两者皆无风险可言。保险中所讲的风险通常就是这一风险定义。二是把风险定义为相对于某一期望结果可能发生的变动情况。如果结果只有一种可能，则风险为0；如果产生的结果有几种，则风险存在；可能产生的结果愈多，偏差愈大，风险也就愈大。这种风险也可以用数学语言描述，风险的大小取决于损失（X）的期望值（EX）和均方差。在财务管理和投资管理中所讲的风险通常指这一风险定义。

(二)风险的特征

(1)客观性。风险是一种客观存在的状态,其客观性是指风险必须是客观存在着的某种自然现象、生理现象和社会现象,是独立于人的意识之外的客观事实,而不是人们头脑中主观想象或主观估计的抽象概念。所谓客观存在着的自然现象,是指台风、地震、洪水、飓风等自然界不规则运动的表现形式;客观存在的生理现象是指人的生、老、病、死等生命运动的自然规律;而客观存在着的社会现象是指战争、盗抢、政变及恐怖事件等。正是由于风险具有客观性,人们直到现在只能在有限的空间和时间内控制风险,降低其发生的频率和损失程度,而不可能完全消除风险。

(2)损失性。风险是与损失相关的一种状态,只要风险存在,就有发生损失的可能性。经济上的损失可以用货币进行衡量,人身的损失虽然不能以货币衡量,但一般都表现为所得的减少,或支出的增加,或者两者兼而有之,终究还是经济上的损失。在保险学领域,人们所谈论的风险是与损失相联系的,离开了可能会发生的损失,谈论风险就没有意义了。

(3)不确定性。损失的发生具有不确定性,这种不确定性通常包括以下几方面:一是损失是否发生不确定;二是损失发生的时间不确定,如人什么时候生病是不确定的;三是损失发生的空间不确定,如建筑物都有面临火灾的可能,但具体到哪一幢建筑物发生火灾是不确定的;四是损失程度不确定,比方说地震,如果在海上或荒无人烟的地方发生,损失就较小,如果在人口密集的大城市发生,损失就非常大。

(4)可测性。风险的不确定性说明风险基本上是一种随机现象,是事先不可预知的,那是就个别风险而言的。就风险总体而言,根据数理统计原理,随机现象一定会服从于某种概率分布。也就是说,对一定时期内特定风险发生的频率和损失率,是可以依据概率论加以正确测定的。最典型的是生命表,它表明死亡对于个体来说是偶然事件,但通过对某一地区人口的各年龄死亡情况进行长期观察统计,就可以准确得出该地区各年龄段稳定的生存死亡概率。风险的可测性为保险费率的厘定奠定了科学基础。

(5)发展性。随着人类社会的发展、科学技术的进步,有些风险在一定空间和时间范围内被消除,如天花、SARS等。但有些风险却因人类的发明创造和人类社会的发展而新出现。如向太空发射卫星,向外层空间发送太空飞船等,带来了航空航天风险;建立核电站带来了核污染、核泄漏和核爆炸的风险。整体而言,随着科学技术的进步,人口密度的加大,人类面临的风险越来越多,而风险发生的频率也愈来愈高,风险事故所造成的损失也愈来愈大。

(三)风险的构成要素

为了更深入地理解风险的含义,我们还需要分析风险的三个构成要素:风险因素、风险事故和损失。

(1)风险因素(risk factor),是指促使某一特定损失发生或增加其发生可能性的原因。构成风险因素的条件越多,发生损失的可能性越大,损失就会越严重。例如,将一桶汽油放在车库里就是一种容易导致火灾的风险因素,气候干燥是森林大火的风险因素。风险因素根据其性质不同可分为物质风险因素、心理风险因素和道德风险因素。

①物质风险因素(physical risk factor),是指能直接影响事件的物理功能的有形风险因

素。例如,汽车厂家生产的刹车系统、发动机,建筑物的坐落地址、建筑材料、结构和消防系统等,均是物质风险因素。

②心理风险因素(psychological risk factor),是指与人的心理状态有关的可能引起和增加事故发生的无形风险因素。例如,一个粗心、疏忽的驾驶员的心理状态以及有时可能存在对损失下意识的欲望等均属于心理风险因素。

③道德风险因素(moral risk factor),是指人们以欺诈等行为故意促使风险事故发生,或扩大已发生的风险事故所造成损失的无形风险因素,它源于一个人的品德修养,即由故意行为而引起损失或使损失扩大,例如纵火、欺诈等行为。

(2)风险事故(risk event),又称为风险事件,是指引起损失或损失增加的外在直接事件。它使风险的可能性变成了现实结果,即风险只有通过风险事故的发生,才能导致损失。如火灾造成企业厂房、机器、设备的焚毁,则火灾即是造成损失的直接原因,使发生火灾的可能性变成火灾现实,所以火灾本身就是风险事故。

(3)损失(loss),是指非故意的、非计划的和非预期的经济价值的减少。这一定义包含两个重要条件:一是"非故意的、非计划的、非预期的",二是"经济价值的减少"。两者缺一不可,否则就不构成损失。如恶意行为、固定资产折旧及面对正在遭受损失的物资可以抢救而有意不抢救等造成的后果,因分别属于故意的、计划的和预期的,因而不能称为损失。再如记忆力的衰退,虽然满足第一个条件,但不满足第二个条件,因而也不是损失。但车祸使某受害人丧失一条胳膊,便是损失,因为车祸的发生满足第一个条件,而人的胳膊虽然不能以货币价值来衡量,但丧失胳膊后所需的医疗费以及残疾导致的收入减少却可以用金钱来衡量,所以车祸的结果也满足第二个条件。

风险因素、风险事故和损失三者之间存在密切的因果关系,即风险因素引发风险事故,而风险事故导致损失发生。这三者的关系如图1-1所示。

图1-1　风险构成要素之间的相互关系

一般来说,风险因素越多,造成风险事故的可能性越大,从而导致损失的机会和损失程度也就越大。

二、风险的分类

为了便于对各种风险进行识别、测定和管理,对种类繁多的风险按照一定标准进行科学分类是十分必要的。

(一)按风险的性质分类,分为纯粹风险和投机风险

(1)纯粹风险(pure risk),是指那些只有损失机会而无获利可能的风险。如自然灾害和意外事故,以及人的生老病死等均属于这种风险。保险所承保的主要是纯粹风险。纯粹风

险给公司带来的损失通常具有以下特征。

①财产毁坏、法律责任及雇员遭受人身伤害等纯粹风险给公司带来的损失往往是巨大的。

②由纯粹风险造成损失的原因各不相同。如锅炉爆炸导致厂房损毁,消费者受到产品伤害而导致的法律责任诉讼,对各公司来说通常是不同的,并取决于公司所采取的措施。

③公司一般可以通过向保险公司购买保险的办法,降低纯粹风险损失的不确定性和进行损失融资,而保险公司则专门从事纯粹风险的度量和分担工作。

④由纯粹风险导致的损失通常不会同时为其他的公司或团体带来利益。

纯粹风险可能给公司带来的损失有直接损失和间接损失,具体内容如图1-2所示。

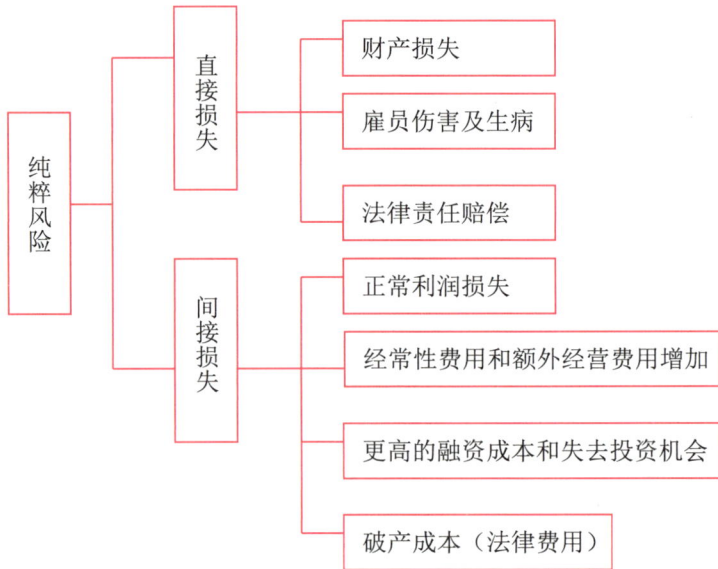

图1-2　纯粹风险给公司带来的主要损失类型

(2)投机风险(speculative risk),是指那些既有损失可能性,又有获利可能性的风险。如股市价格变动的风险,股价下跌便使投资者遭受损失,股价上涨则可使其获利。投机风险通常有三种结果:损失、无变化、获利。

对纯粹风险和投机风险做出区分是非常重要的,因为一般来说,只有纯粹风险才是可保风险。当然,并不是所有的纯粹风险都是可保风险。

(二)按风险的存在形态分类,分为静态风险和动态风险

(1)静态风险(static risk),是指一种在社会经济条件没有变化情况下的自然界一些不规则变动或由人们行为失误造成的风险。这种风险在任何静态社会是不可避免的,如雷电、风暴、车祸等随机自然或社会现象。

(2)动态风险(dynamic risk),是指由社会政治、经济的变动所造成的风险。如我国在20世纪50年代开展的毁林开荒导致后来的严重水土流失。

区分静态风险与动态风险很重要。静态风险一般为纯粹风险,只有损失机会而无获利可能,而动态风险则既包含纯粹风险也包含投机风险;静态风险在一定条件下具有规律性,

变化比较规则,可以通过大数法则加以测算,而动态风险的变化却往往不规则,难以用大数法则进行测算。

(三)按风险产生原因分类,分为自然风险、社会风险、经济风险和政治风险

(1)自然风险(natural risk),是指由自然界的不规则变动导致物质毁灭或人员伤亡的风险。自然风险是保险人承保最多的风险,具有如下特征:第一,自然风险具有不可控性。自然灾害的发生是自然规律作用的结果,人类对自然灾害具有基本的认识,但对灾害的控制往往束手无策,如地震、洪水、飓风等。第二,自然风险的形成具有周期性。如夏季可能出现涝灾,冬季易发火灾,春季易发流行病等,这就为人类预防灾害提供了可能。

(2)社会风险(social risk),是指由个人或团体的行为,包括过失行为、不当行为及恶意行为等对社会生产及人们生活造成损失的风险。

(3)经济风险(economic risk),是指人们在从事经济活动中,经营管理不善、市场预测失误、价格波动、市场供求变化、通货膨胀、汇率变动等所导致经济损失的风险。

(4)政治风险(political risk),是指由政治原因,如政局变化、政权更替、战争、罢工等引起社会动荡而造成财产毁损、人员伤亡的风险。

(四)按风险的对象分类,分为财产风险、人身风险、责任风险和信用风险

(1)财产风险(property risk),是指导致一切有形财产毁损、灭失或贬值的风险。例如,建筑物有遭受火灾、地震、爆炸等损失的风险,船舶有遭受沉没、碰撞、搁浅等损失的风险。这些都是实质风险,属于可保的风险。但市价跌落致使某种财产贬值,则属于经济风险,通常不在可保风险范围之内。

(2)人身风险(personal risk),是指人们因生老病死等遭受损失或产生大额经济需求的风险。生老病死虽为人生的必然现象,但在何时发生,并非确定,然而其一旦发生,个人或家庭必会遭受经济上的损失,其作为可保风险是完全可以的。

(3)责任风险(liability risk),是指个人或团体因行为上的疏忽或过失,造成他人的财产损失或人身伤亡,依法应负经济赔偿责任的风险。如驾驶车辆不慎撞人致伤残或死亡、医生因医疗事故致使病人伤残或死亡、制造商销售有缺陷的商品给消费者带来的损害等,均属于责任风险范畴。

(4)信用风险(credit risk),是指在经济交往中,权利人与义务人之间,一方违约或违法行为给对方带来经济损失的风险,如出口信用风险、海外投资风险等。

(五)按风险是否可保分类,分为可保风险与不可保风险

(1)可保风险(insurable risk),是指可以通过保险的方式加以管理和分散的风险。可保风险一般是纯粹风险,但也并非任何纯粹风险均可保险,也就是说,保险公司可承保的风险要具备以下条件。

①风险必须是纯粹的。保险人承保的风险必须是纯粹风险,即仅有损失可能而无获利可能的风险。例如火灾,只有给人的生命或财产带来损害的可能,而绝无带来利益的可能。而投机风险则不同,如股市风险,既可能因股价下跌而损失,也可能因股价上涨而获利,这

类投机风险,保险人是不能承保的。

②风险必须是偶然的。风险的偶然性是对个体标的而言的,因为总体风险是客观存在的。风险的偶然性包含两层含义:一是发生的可能性,不可能发生的风险是不存在的。二是发生的不确定性,即发生的对象、时间、地点和损失程度都是不确定的。对于个体标的必然要发生的风险,保险人是不可能予以承保的,如企业机器设备的折旧,某人患了绝症在可预见的时间内必然要死亡等,就是必然要发生的风险。

③风险必须是意外的。意外风险是指非故意行为所致的风险和不是必然发生的风险。非意外风险或可预期的风险,如贬值或磨损等,均是不可保的风险。如果要对这些风险损失进行保险,保险费应包括损失成本及经营费用,其结果将是一个远高于原来费用的、不划算的保险费。

④风险必须是大量的。也就是说,风险必须是大量标的均有遭受损失的可能。因保险基金的积累需要真正大量的风险单位来得到一个事先的准确度,即大数法则的统计效应。准确预测只有在保险基金吸收了大量风险单位时才可以获得。确定大量风险单位的定义要依据许多因素,其中最重要的因素则是预测准确度所容许的、足够大的风险单位数量,通过大数法则计算危险概率和损失程度,确定费率。

⑤风险必须有发生重大损失的可能。风险的发生会导致重大或比较重大损失的可能,才有保险的需求。如果导致损失的可能性只局限于轻微损失的范围,就不需要通过保险来获取保障,这在经济上是不划算的,因为保险本身是有成本的。

⑥风险的损失发生概率必须是可测的。保险公司予以赔付的损失必须是可测定的,否则许多为了确定损失发生与否及损失大小的纠纷(或官司)将会大量发生。因此,保险人可以承保一个人的房屋火灾损失,却不能承保因精神病患者滋事引起的损失,因前者的损失发生概率和损失程度是可测量的,而后者就难以测量。另外,对承保风险损失的可测性也同样重要,如丧失一只可爱的宠物会令人非常伤心,但这种痛苦不易度量,而对饲养的家畜具有可保风险,因为所造成的损失可以用经济方法度量。

(2)不可保风险(non-insurable risk),是指无法通过保险方式来管理与分散的风险。当然可保风险与不可保风险是相对的,可以在一定条件下相互转化。事实上,随着社会经济的发展和经营技术的提高,特别是保险的发展,可保风险的范围正在不断扩大。

三、风险的度量

风险度量需要综合考虑损失发生的频率和损失的严重程度。一方面,由于风险是一种"损失发生具有不确定性的状态",因此,在损失的严重程度相同的情况下,损失发生的频率与风险的程度之间存在正相关:通常损失发生的频率越高,风险就越大;损失发生频率越低,风险就越小。另一方面,在损失发生频率相同的情况下,损失的严重程度也与风险的程度成正相关:损失发生的严重程度越高,风险就越大;损失发生的严重程度越低,风险就越小。例如,一幢写字楼的造价是5000万元,一幢民房的造价是100万元,假定损失概率都是10%,那么一旦发生损失,写字楼的损失额为500万元,而民房的损失仅为10万元。可见,损失发生的可能性和损失一旦发生的严重性,这两个方面加在一起,就构成了对风险的度量。

　　损失发生的某种结果往往是随机的,事先无法预知的。假定某种风险产生的损失可能是100元,也可能是200元或300元,损失到底是多少元,人们事先并不能准确得知。但经过长期观察或数据积累,损失的可能性即概率分布是已知的或可估计的,也就是说,人们可以知道损失的各种结果及相对应的概率。例如,根据历史经验,某一商场发生火灾损失50万元和100万元的概率分别是60％和40％,则该商场发生火灾的预期损失额为70万元。

四、风险管理

(一)风险管理的概念

　　风险管理(risk management)是指人们对各种风险的认识、控制和处理的主动行为。它要求人们研究风险发生和变化的规律,估算风险对社会经济生活可能造成损害的程度,并选择有效的手段,有计划、有目的地处理风险,以最小的成本获得最大的安全保障。风险管理的对象是风险,人类一直以来都在寻求减少不确定性的方法,这就促使了早期氏族、部落和其他群体组织的形成,这种群体结构与单个人或家庭相比,减少了生活必需品来源的不稳定性,增强了抵御风险的能力,这就是早期的风险管理方法。但作为独立的管理系统而成为一门新兴的学科的现代风险管理源于美国。1929年以前,虽然有一些公司在购买保险方面已经取得了非常大的进展,积累了丰富的经验,但人们并不重视企业对纯粹风险的管理问题,直到1929年世界经济大危机后,人们才开始逐渐认识到风险管理的重要性,从那以后风险管理迅速成为企业现代化经营管理的一个重要组成部分,并被广泛运用到企业财务管理和投资管理中。

(二)风险管理的程序

　　风险管理的基本程序有风险识别、风险衡量、风险处理和风险管理效果评价等。

　　(1)风险识别(risk identification),是指在风险事故发生之前,运用各种方法系统地、全面地、连续地认识所面临的各种风险,以及分析风险事故发生的潜在原因。风险识别主要是通过对大量来源可靠的信息资料进行系统了解和分析,辨别经济单位存在的各种风险因素,进而确定经济单位面临的风险及其性质,并把握其发展趋势。风险识别的方法有很多种,有用于一般性风险识别的专家法、保险调查法等,也有针对经济单位内部特有状况而设计的财务报表分析法、流程图分析法和投入产出分析法等。

　　(2)风险衡量(risk measure),是指在风险识别的基础上,通过对所收集的大量详细损失数据资料加以分析,运用概率论和数理统计,估计和预测风险发生的频率和损失概率。风险衡量通常包括以下三个方面:(1)损失概率衡量,是指预测风险损失在一定时间范围内实际发生或预期发生损失数量与所有可能发生损失数量的比值。(2)损失程度衡量,是指预测标的物发生一次风险事故时的平均损失额度。平均损失额度是损失金额的算术平均数。(3)风险损失的变异程度衡量,也称为风险损失的波动程度,通常用损失变量的方差或标准差来度量。某种损失的波动性越大,则其损失额度的不确定性也就越大,相应地,其风险也就越大。

（3）风险处理（risk handling），是在风险识别和衡量基础上，采取有效的风险管理技术来处理风险。风险管理技术分为控制型和财务型两大类，前者的目的是降低损失频率和减少损失程度，重点在于改变引起意外事故和扩大损失的各种条件因素。后者的目的是以建立基金的方式，消化发生损失后的成本，即对无法控制的风险所做的财务安排。

（4）风险管理效果评价（evaluating management），是指对风险管理技术的适用性及收益性情况的分析、检查、修正和评估。在风险管理技术选定之后，在实施过程中仍然需要跟踪监测其执行情况，并不断修正和调整计划。风险管理技术是否为最佳，可通过评估风险管理的效果来判断，即实施该风险管理技术可减少的风险损失与该风险技术实施费用和机会成本之和的比值，比值越大，效果越好，否则效果越差。

（三）风险管理的方法

风险管理的方法很多，但最常用的有回避、自留、预防、抑制和转移。

（1）风险回避（risk avoidance），是指设法回避损失发生的可能性，即从根本上消除特定的风险单位和中途放弃某些内含风险的活动。该方法可以将风险降为零，但这是一种处理风险的消极技术。如处于江边地势低洼地区的工厂，因常年遭受洪灾，可以将工厂搬迁到地势高的地区；一个怕坐飞机发生空难事故的人，可以一生不乘飞机而回避这种空难风险。

风险回避技术一般在以下两种情况下采用：一是在某特定风险所致损失频率和损失程度相当高时；二是在处理风险时其成本大于其产生的效益时。

风险回避技术也存在两个缺陷：一是不可能回避所有风险，且回避风险的成本有时很高昂。二是回避一种风险的同时，会带来另一种风险，如不坐飞机避免了空难风险，但可能面临汽车或火车的车祸风险。

（2）风险自留（risk retention），是指风险的自我承担，即企业或个人自我承担风险损害后果的方法。风险自留是一种重要的财务型风险管理技术，但风险自留必须具备以下三个条件：一是没有其他处理风险的方法可以利用；二是企业遭受的最大损失不会影响其财务稳定；三是损失可以较准确预测。在这样的情况下采用风险自留，其成本要低于其他处理风险技术的成本，且处理方便有效。虽然风险自留有减少潜在损失、节省费用支出和增加现金流量等优点，但风险自留有时也会因风险单位数量的限制而无法实现其处理风险的功效，一旦发生较大的风险损失，可能导致财务上的困难而失去其作用。

（3）风险预防（risk prevention），是指风险事故发生前为了减少或消除引起损失发生的各项因素所采取的具体措施。风险预防通常在损失频率高且损失幅度低时采用，预防措施通常有两种：一是工程物理法，指损失预防措施侧重于风险单位的物理功能改进的一种方法，如防火结构设计、防盗装置安装等。二是人类行为法，是指损失预防侧重于人们行为教育的一种方法，如职业安全教育、消防知识培训等。

（4）风险抑制（risk control），是指在风险事故发生前采取的措施，一旦发生事故后可以减少损失的发生范围或损失程度。损失抑制的重点在于减少损失发生的程度，方法通常有两种：一是分割风险单位，将面临损失的风险单位分割，即"化整为零"，而不是将它们全部集中在可能毁于一次损失的同一处。如波音公司在世界各处的几家工厂生产同一部件。

二是复制风险单位,是通过增加风险单位数量来分散风险,如企业设两套会计记录、配备后备人员、储存设备的重要部件等。

(5)风险转移(risk transfer),是将风险从一方(转移方)向另一方(受让方)转移,从而把风险转嫁出去的一种方法。风险管理者会尽一切可能回避并排除风险,把不能回避和排除的风险尽可能地转移给第三者。风险转移的方式主要有两种:保险转移和非保险转移。保险转移是指向保险公司投保,以交纳保险费为代价,将风险转移给保险人承担,当发生风险时,由保险人按照合同约定责任给予经济补偿。非保险转移又分为出让转移和合同转移,前者一般适用于投机风险,如当预测股价要下跌时,赶快出让手中的股票,从而把股票跌价损失的风险转移出去;后者主要适用于企业将具有风险的生产经营活动承包给对方,并在合同中明确规定由对方承担风险损失的赔偿责任。

以上介绍了五种风险处理的方法,针对某一种风险,应该选择哪一种方法呢？一般是根据某一类风险的发生频率和损失程度的组合来选择。当风险发生频率低且损失程度也低时,可选用风险自留;当风险发生频率高且造成的损失程度也高时,可选用风险回避;当风险发生频率高但所造成的损失程度低时,可选用风险预防;当风险发生频率低但所造成的损失程度高时,可选用风险转移和风险抑制。具体见图1-3的风险管理矩阵。

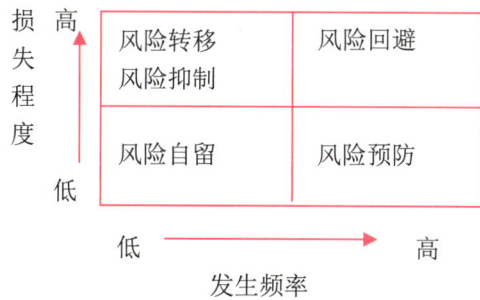

图1-3　风险管理矩阵图

五、风险管理与保险

风险管理与保险无论在理念渊源上还是实践上,都有着密切的关系。首先,风险是保险存在的前提和基础,也是风险管理存在的前提,没有风险就无须保险,也不需要进行风险管理。其次,保险是风险管理最有效的手段之一。保险的基本功能是分散集中性的风险。企业要应对各种风险,若单靠自身力量,就需要大量的后备资金。在大多数场合,这样做既不经济,也不能承受巨额损失。而通过保险,把不能由自己承担的集中性风险转嫁给保险人,就能够以小额的固定支出换取对巨额损失的经济保障。最后,不是所有风险都是可以保险的。虽然风险管理与保险的对象都是风险,但风险管理是管理所有风险,包括某些投机风险,而保险则主要是应对纯粹风险中的可保风险。因此,无论从性质上还是形态上看,风险管理都远比保险复杂、广泛得多。

第二节 保险的本质与分类

一、保险的本质学说

关于保险的本质,国内外学术界一直存在争议,主要分歧在于财产保险与人身保险是否具有共同本质的问题。日本学者园乾治教授把学术界关于保险本质的争论归纳为"损失说"、"非损失说"和介于两者之间的"二元说"三大流派。

(一)损失说

损失说从损失补偿角度来剖析保险补偿机制,其主要理论分支有:

(1)损失补偿说。该学说以英国的马歇尔(S. Marshall)和德国的马修斯(E. A. Masius)为代表,他们认为保险是双方当事人之间的契约关系,是一种损失补偿合同。可见,该学说是从合同的角度阐述保险的性质,并认为损失补偿是所有保险的共同特征。这里存在两个问题:一是保险不完全等同于合同,保险是经济关系,而合同是法律行为,是经济关系的实现形式,而且私法上的合同概念,只能解释商业保险关系,而不能解释公法上强制成立的社会保险关系;二是随着人寿保险、年金保险的发展,这种学说难以概括保险的含义了。

(2)损失分担说。该学说是德国的华格纳(A. Wagner)首倡的,他认为从经济意义上说,保险是把个人由于未来特定的、偶然的、不可预测的事故在财产上所受的不利结果,由处于同一危险之中、但未遭遇事故的多数人予以分担以排除或减轻灾害的一种经济补偿制度。并强调:"所有的保险都是损害保险。"可见,该学说是从经济学的角度阐明保险的作用机制,这是对保险学的一大贡献。但对分担损失是不是保险最本质的属性这一点仍有很大争议,而且他着眼于事后的补偿。

(3)风险转移说。该学说以美国学者魏兰脱(A. H. Willet)和克劳斯塔(B. Krosta)为代表。魏兰脱认为保险是为了资本的不确定损失而积累资金的一种社会制度,它是依靠把多数人的个人风险转移给他人或团体来进行的。克劳斯塔认为被保险人转移给保险人的仅仅是风险,也就是损失发生的可能性,所以是可以承保的。保险人把这种共同性质的风险大量汇集起来,就能将风险进行分摊。可见,该学说是从风险处理的角度来阐述保险的性质,认为保险是一种风险转移机制,个人或企业可借此以支付一定的代价为条件将日常生活和经济活动中可能遭遇到的各种风险转移出去。所以该学说至今仍广泛运用于风险管理与保险领域。

(二)非损失说

非损失说试图摆脱损失概念来解释保险的本质。该学说主要有技术说、欲望满足说和相互金融说等。

(1)技术说。该学说以意大利学者费芳德(C. Vivante)为代表,他认为保险是依据估测偶然事件发生概率的技术来确定保险费率,当风险事故发生时,保险人支付一定的保险金。

因此该学说主张保险的本质是确定保险费及未来可能的赔偿与给付数额之间关系的技术。但这种学说只强调保险的数理基础,而不考虑保险的经济价值和功能,有一定的片面性。

(2)欲望满足说。该学说以意大利学者高比(U. Gobi)和德国学者马纳斯(A. Manes)为代表,他们认为保险的目的是当意外事故发生时,以最少的费用满足该偶发欲望所需要的资金,并予以充分可靠的经济保障。这种"欲望"包括弥补直接损失、利益损失、储蓄能力停止、紧急防止损失费用以及其他不能以货币估计的一切损失。该学说是从满足经济需要或金钱欲望的角度来解释保险的性质,以充足代替补偿,以需要代替损害。但该学说充满着功利主义色彩,使保险与赌博难以区分开来。

(3)相互金融说。该学说以日本学者米谷隆三和酒井正三郎为代表,他们把保险视为在互助合作基础上的金融机构,与银行、信用社一样起着融通资金的作用。该学说从资金融通的角度来阐述保险的性质,强调保险是一种金融机构。这一学说容易把金融与保险混淆,保险虽具有金融属性,尤其是投资储蓄型人寿保险的发展和保险基金大量投放到金融市场,但保险的保障功能是金融所不具有的。这一学说偏重于解释人寿保险,而不能涵盖整个保险。

(三)二元说

二元说以区分财产保险与人身保险不同性质为目的来分别阐述保险的本质。该学说主要有否定说和择一说。

(1)否定说。该学说以德国的埃斯特(L. Elster)和科恩(G. Cohn)为代表,他们认为人身保险不体现保险的本质,它是和保险不相同的另外一种合同。埃斯特认为在人身保险中完全没有损失赔偿的性质,从国民经济来看,人身保险不过是储蓄而已。科恩则认为因为在人身保险中,损失赔偿的性质极少,它不是真正的保险而是混合性质的保险。该学说是从人寿保险中的储蓄成分来否定人身保险的保险性质,实际上人寿保险是保险与储蓄的结合,即通常所说的"储蓄性保险",单就这一点来看,科恩的观点是正确的,尽管他否定了人身保险是真正的保险,但承认了人身保险中的保险成分。

(2)择一说。该学说以德国的爱伦贝格(V. Ehrenberg)为代表,他认为保险合同不是损失补偿合同,就是以给付一定金额为目的的合同,两者只能择其一,因此称为择一说。择一说对各国保险合同法有广泛的影响,《中华人民共和国保险法》(简称《保险法》)中的合同部分也是对财产保险合同和人身保险合同分别加以定义的。

二、保险的含义与要素

(一)保险的含义

国内外理论界关于保险的定义很多,由于角度不同,所下定义可能千差万别。我们认为保险是一门综合性学科,集经济学、法学、数学于一身,因此给保险下定义时,必须要全面、综合。从这一理解出发,我们给保险下的定义是:保险应该是一种经济保障制度,这一制度是对有可能发生的不确定事件进行数理预测以确定费率,并以合同形式,通过收取保险费,建立保险基金,将风险从投保人转移到保险人,最终实现由多数人来分担少数人由不确定事件引发的大额经济需求。从这一定义可以看出,保险具有以下特征:(1)保险的本质是经济补偿。这是保险最初产生的原因,也是保险发展的基础。(2)保险的基础是数理预测。没有精确的数理预测,就不可能收取公平合理的保费,也就难以建立雄厚的保险基金。(3)保险的形式是合同关系。没有权利与义务平等的保险合同关系,保险人与被保险人之间、被保险人相互之间的风险转移机制就会遭受破坏。(4)保险的目的是分散风险。保险并不能减少或消灭风险,只是将集中在少数人身上的风险分散到众多被保险人身上,这是保险的根本目的。

因此,必须从以下几个角度理解保险的含义:

(1)从经济角度看,保险是对非预期损失成本(或经济需求)再分配的经济合约,它通过收取少量保险费的方法承担被保险人事先约定的风险。当被保险人一旦发生约定的自然灾害、意外事故而遭受财产损失或人身伤亡时,保险人给予经济补偿。保险这种经济补偿制度,体现一定的经济关系,在被保险人与保险人之间,是一种商品交换关系,面临某种风险的经济单位或个人需要一种经济保障,而保险人则能提供这种保障服务,这种保险保障是一种特殊的商品。

(2)从法律角度看,保险是一方同意对另一方的损失给予补偿的契约性规定。同意对损失进行补偿的一方称为保险人,对损失进行求偿的一方称为被保险人。我们把保险合同称为保险单。保险合同是合同的一个分支,保险合同当事人(保险人、投保人和被保险人)必须按合同履行各自的义务,同时享有相应的权利,这是受法律约束和保护的。

(3)从精算角度看,保险是一种复杂和精巧的机制,它通过对损失进行数理预测,将风险从某个个体转移到团体,并在公平基础上由团体中的所有成员来分担少数人的损失。

(4)从金融角度看,保险是对不可预计的损失(或经济需求)重新分配的损失融资活动,即单位或个人通过缴纳保险费将风险转移给一个风险共担组织,然后在组织成员中重新分摊损失的经济活动。

(二)保险的要素

保险作为一种经济损失补偿(或给付)方式,其构成要素包括以下五个方面。

(1)特定风险事故的存在。保险是基于风险的客观存在而产生的,无风险则无保险。但保险并不承保所有的风险,它只保前述的"可保风险",且必须是保险合同双方订立合同时约定的风险事故,否则保险就成了"慈善机构"。

(2)众多经济单位的集合。如果将众多面临同样风险的同质风险单位集合起来,我们就能比较准确地预测风险事故及其损失概率,从而降低风险。如果保险集合中有一些建筑物因地处飓风多发区而易遭受风灾损失,而另一些风险个体并不面临飓风危险,那么向所有被保险人收取相同保费就是不公平的,那些没有飓风危险的建筑就因付出高额保费而很快从集合中退出,转向收取较低保费的保险集合,那样更公平地反映了他们的风险成本。这样留下来的基本上都是同质风险单位了。

(3)保险费的合理计算。保险费是投保人转嫁风险所付出的代价。保险费的计算直接影响保险双方当事人的利益,因而保险公司必须运用大数法则、概率论等科学方法来预测风险发生的概率和损失程度,从而精确计算出保险费,这样才能体现价值规律的要求,从总体上使保险当事人双方的权利与义务相对称。

(4)保险合同的订立。保险体现了一种经济关系,而这种经济关系是通过订立保险合同来确定的。保险双方当事人通过订立保险合同来约定双方的权利和义务。只有订立保险合同,保险当事人双方的权利与义务才能受到法律的严格监督和保护,商业保险行为也才能运转起来。

(5)保险基金的建立。保险基金是由投保人缴纳而建立起来的,是保险人履行赔偿或给付义务的物质基础,也是保险企业经营的必备条件。为了保障充足的保险基金,除了足额收取保险费外,还要加强对保险基金的投资运用,确保其保值和增值。

(三)保险与赌博、储蓄、救济、保证的区别

(1)保险与赌博。人们常常把保险与赌博相混淆。两者都涉及金钱财物的得失,都取决于不确定的偶然事件的发生,但两者有着本质区别。首先,保险是分散已有风险,而赌博是产生新的风险。保险是将集中在个别人身上的风险分散到众多的被保险人身上,而赌博使本来并不存在的风险产生了。其次,保险是正和游戏,而赌博是零和游戏。保险从表面上看,似乎是少数人的损失由多数人分担,并不增值,但实际上保险人利用风险管理技术和保险基金投资增值,使被保险人转移风险的成本大大降低,对保险人和被保险人双方都是有利的。但赌博只是一部分人的钱进入另一部分人的口袋,不可能对双方都有利。最后,保险是以诚信为原则的一种社会经济互助行为,而赌博则是一种损人利己的不良行为。

(2)保险与储蓄。保险与储蓄都是以现在资金的剩余作将来的准备,聚集一定的资金作为必要的后备。但两者也有很大区别。首先,保险是一种互助行为,储蓄是一种自助行为。保险是众多人的集合,起到千家万户帮一家的作用,而储蓄是个人行为,无求于他人,也无需特殊的计算技术。其次,保险是为将来的不确定支出作后备,而储蓄是为将来的确定支出作后备。最后,保险基金投保人不得随意处分,而储蓄资金存款人可随意处分。

(3)保险与救济。保险与救济都是对不幸事件造成损失进行补偿的行为,但两者也有很大不同。首先,保险是一种合同行为,救济是一种施舍行为。保险双方是受到合同约束的,权利与义务是平等的,而救济是不受任何约束的。其次,保险是双方等价交易行为,而救济是单方面施舍行为。最后,保险金的支付是按对价原则进行的,而救济金的给付完全出于灾害后果及施舍人的心愿,无一定的对价作基础。

(4)保险与保证。保证与保险都是对将来的偶然事件所致损失的补偿。但存在以下区别:一是保险是多数经济单位的集合组织,而保证仅为个人间法律关系的约束。二是保险以其行为本身的预期为目的,并不附属于他人的行为而生效,保证则附属于他人的行为而发生效力。三是保险合同成立后,投保人必须交付保险费,保险人于保险事故发生时赔付保险金,而保证合同成立后,在特定风险事故发生时,保证人负责承担债务偿还。

三、保险的分类

随着保险业的发展,保险领域不断扩大,新的险种层出不穷,因此必须对保险予以分

类,以便更好地理解和研究。

(一)按保险实施方式不同划分,分为自愿保险与强制保险

(1)自愿保险(voluntary insurance),是指投保人和保险人在平等自愿的基础上,通过订立保险合同或自愿组合而建立起保险关系。如商业保险、相互保险和合作保险等。在自愿保险中,投保人自主决定是否参加保险,自由选择保险人、保险险种、保险金额和保险期限等,也可以中途退保;保险人也可以决定是否承保,承保多大金额等。

(2)强制保险(compulsory insurance),是指根据法律、法令或行政命令,投保人和保险人之间强制建立起保险关系。强制保险主要是为了保护公众利益和维护社会安定。例如有些国家法律规定雇主必须为其雇员投保人身意外伤害险,各国普遍规定汽车第三者责任险为强制保险等,均是为了保护公众利益。又如职工养老保险、基本医疗保险、失业保险等均为强制保险,是为了维护社会安定和保障公民福利。

(二)按保险性质不同划分,分为商业保险、社会保险和政策保险

(1)商业保险(business insurance),是由商业性保险公司提供的,以权利义务对等关系为基础的,以盈利为目的的保险。商业保险首先是一种经济行为,不论投保人还是保险人都是从成本收益角度来考虑是否投保和承保;其次是一种合同行为,双方在权利义务对等关系的基础上自愿建立保险关系。

(2)社会保险(social insurance),是国家通过立法对社会劳动者暂时或永久丧失劳动能力或疾病、失业时,提供一定物质帮助以保障其基本生活的一种社会保障制度。社会保险一般是强制性的,凡符合法律规定条件的成员均要参加,在保险费缴纳方面不遵循等价原则,而是有利于低收入者,并由政府、企业和个人共同承担,提供的是最基本的生活保障。目前世界各国开办的社会保险主要有养老保险、医疗保险、失业保险及工伤保险等。

(3)政策保险(government insurance),是政府为实现某项政策性目的,对于商业保险公司难以经营的某些险种予以一定的财政补贴而实施的保险。这目前一般分为三类:一是为促进本国农业生产的发展而提供的农业保险;二是为促进本国对外贸易及对外投资的发展而开办的出口信用保险和海外投资保险;三是为应付洪水、地震等巨灾给国民带来的灾难而开办的巨灾保险。

(三)按保险标的不同划分,分为财产保险、人身保险、责任保险和信用保证保险

(1)财产保险(property insurance),是以财产及与之相关的利益为保险标的,以自然灾害及意外事故为保险事故的保险。

(2)人身保险(personal insurance),是以人的生命或身体为保险标的,以生死、年老、疾病、意外伤害等人身风险为保险事故的保险。以生命为标的的保险通常称为人寿保险,以身体为标的又分为内在疾病和外在意外伤害,所以有健康保险和意外伤害保险之分。

(3)责任保险(liability insurance),是以被保险人依法应对第三者承担的民事赔偿责任为保险标的,以第三者的财产损失或人身伤亡为保险事故的保险。目前的责任保险主要分

为四大类:公众责任保险、产品责任保险、雇主责任保险、职业责任保险。

(4)信用保证保险(credit & bonds insurance),是以合同双方权利人和义务人的信用关系为标的,以信用风险为保险事故的保险。具体分为信用保险和保证保险,前者是权利人(债权人)投保,保义务人(债务人)的信用,后者是义务人(债务人)投保,保自己的信用。

(四)按风险转移方式不同划分,分为原保险、再保险、共同保险和重复保险

(1)原保险(insurance),是指投保人与保险人直接签订保险合同,确立保险关系,投保人将风险损失转移给保险人的行为。

(2)再保险(reinsurance),是指保险人将超过自己承保能力以上的风险责任一部分或全部向其他保险人或再保险人进行分保的行为。

(3)共同保险,是指两个或两个以上保险人共同承保同一保险标的,共同与投保人签订一份保险合同的保险,且保险金额之和不超过保险标的的实际可保价值。

(4)重复保险,是指投保人就同一个保险标的、同一个保险利益及同一个保险责任向两个或两个以上保险人投保,且保险金额之和超过了保险标的的实际可保价值。

除了上述常见的分类外,保险还有一些其他分类,如按保险标的是否是生命,分为寿险和非寿险;按经营主体是政府还是私人,分为公营保险和私营保险;按承保的对象是团体还是个人,分为团体保险和个人保险;按承保的危险是单一风险还是综合风险,分为单一危险保险和综合危险保险等。

第三节 保险的职能与作用

一、保险的职能

保险的职能是保险所特有的功能,这是由保险的本质所决定的,因而保险的职能是保险本质的体现。保险的职能并非一成不变的,随着生产力和生产关系的发展变化,原有的保险职能不仅不会消失,而且还会派生出新的职能。因此,保险的职能通常分为基本职能和派生职能。

(一)保险的基本职能

保险的基本职能是指保险所固有的职能,是保险一产生就存在的职能,它并不会因社会经济形态的变化而变化。保险的基本职能有两个:分散风险,经济补偿或给付。

(1)分散风险。保险把集中在某一单位或个人身上的因偶发灾害事故或人身伤亡事件所致的经济损失,通过收取保险费的办法平均分摊给所有被保险人,这就是保险的分散风险职能。通过该职能的作用,风险不仅在空间上达到充分分散,而且在时间上亦可达到充分分散。这一保险机制可用例子来说明。假定由1000个农民联合组成一个火灾保险社,再

假设每个农民的住宅价值为200000元，以往的年平均火灾损失总额为住宅价值的1%，由此可知：

住宅价值总额＝200000×1000＝200000000（元）

预计的损失总额＝200000000×1%＝2000000（元）

每个农民分摊的损失额＝$\dfrac{2000000}{1000}$＝2000（元）

即由1000个农民每人缴纳2000元来分散2000000元的集中在个别人身上的火灾损失。如果每栋住宅的价值不同，每个农民可按100元财产缴纳1元保险费来分摊预计的损失。当然这里没有考虑火灾保险社的经营费用，如果再加上经营费用，每个农民每100元财产所缴保险费略高于1元。

(2)经济补偿或给付。经济补偿是针对财产保险而言的，而给付是针对人身保险而言的。经济补偿或给付是建立保险基金的目的，也是保险产生和发展的原因。自然灾害和意外事故的客观存在，使社会再生产过程和人们日常生活面临着风险，一旦风险事故发生，社会再生产过程就遭到破坏，人们日常生活就可能难以维系，为了保持再生产的顺利进行和人们日常生活的稳定，就需要对这种经济损失进行补偿，保险便是适应这种需要而产生的。由于在人身保险中，是以人的身体或生命为保险标的，但是人的生命和身体是无价的，不能用货币衡量，对人身事故的经济保障不能用补偿概念，而用给付概念。

现代保险的经济补偿或给付，包括以下内容：①补偿被保险人由自然灾害和意外事故所造成的经济损失；②对被保险人在保险期间发生人身伤亡或生存到保险期满，给付保险金；③承担被保险人依法应负的民事赔偿责任；④承担义务人信用风险导致权利人的损失。

(二)保险的派生职能

随着社会生产力的发展，经济制度的变迁，在保险固有职能基础上又派生出一些新的职能，并不断完善。从目前来看，保险主要有三大派生职能：融通资金职能，防灾防损职能，监督危险职能。

(1)融资职能。融资职能是指将保险基金暂时闲置部分，投入社会再生产过程或直接进入金融市场，以获取投资收益。保险公司通过收取保险费集中起规模庞大的保险基金，保险基金从原理来说，是保险人的负债，要随时应付被保险人的经济损失赔偿或给付，但保险事故不可能同时发生，且自投保到事故发生一般也有一个时间差，所以总有一部分保险基金处于闲置状态。在现代社会，资金是一种资源，闲置是一种浪费，而使用能带来利润，因此，保险公司必定会充分发挥保险的融资功能。保险基金的投资通常有两种方式：一是直接投资，即投资基础设施建设和向企业贷款；二是间接投资，即在金融市场上拆借、购买证券投资基金、股票和债券等。

值得注意的是，保险的融资职能是由其基本职能派生出来的，保险基金的运用以保证偿付能力为前提，因此保险基金的运用应当坚持安全性、流动性、盈利性的原则。

(2)防灾减损职能。防灾减损职能是指保险人介入防灾减损活动，提高了社会的防灾减损能力。防灾是指保险人和被保险人共同采取措施，对导致投保标的物可能发生的风险事故进行事先防范，如保险人协助被保险人购买消防设施等。减损是指在保险标的发生灾害事故时,投保人与保险人会采取积极施救措施,减少损失额度。灾前的防损和灾后的减损是相辅相成的,共同构成保险的完整内容,从而使保险成为一种积极行为。通过防灾、减损,把灾害损失额限定在损失补偿的范围之内,使损失补偿容易实现。

(3)监督危险职能。分散风险的经济性质表现为保险费的分担,而参加保险者必然要求尽可能减轻保费负担而获得同样的保险保障。因此,他们之间必然要加强相互间的危险监督,以期尽量消除导致危险发生的不利因素,达到减少损失和减轻负担的目的。保险的这种职能,就是监督危险功能。比如船舶保险,投保的船舶必须适航,不适航不保;已经投保了,但违反适航条件的不赔偿。又如,保险的诚信原则也是对危险的监督。

二、保险的作用

保险的作用可以从微观和宏观两个角度进行考察。

(一)保险在微观经济中的作用

保险的微观作用是指保险对作为经济个体的单位或家庭(个人)产生的影响,主要表现在:

1. 保险有利于受灾企业及时恢复生产

在社会生产过程中,自然灾害和意外事故是不可避免的,这是自然规律。投保企业一旦遭受灾害事故损失,就能够按照保险合同约定的条件及时得到保险赔偿,获得资金,重新购置资产,恢复生产经营,把生产中断造成的损失降到最低。

2. 保险有利于安定人民群众生活

家庭是劳动力再生产的基本单位,家庭生活安定是人们从事生产劳动、学习、休息和参与社会活动的基本保障。自然灾害和意外事故对于家庭来说同样是不可避免的,参加保险也是家庭风险管理的有效手段。家庭财产保险可以使受灾家庭恢复原有的物质生活条件。当家庭成员,尤其是工资收入者,遭遇生老病死等意外的或必然的事件时,人身保险作为社会保险和社会福利的补充,对家庭的正常经济生活起保障作用。

3. 保险有利于企业的公平竞争

由于企业规模不同,遭灾后的恢复能力也不同,小企业通常因遭灾而面临破产,而大企业抗风险能力相对较强,所以如果没有保险,则小企业就处于不利的竞争环境,一旦遭受自然灾害或意外事故,就可能无力恢复生产。而有了保险,能够为不同规模的企业创造公平的竞争环境。

4. 保险有利于促进个人或家庭收入与消费的平衡

这一点主要针对人身保险而言,因为人身保险更多地体现了储蓄的性质,将现在的财富积累下来以满足未来经济上的需要,实际上是让渡现在的消费权利,获得未来的消费权利。从人的一生来看,这种权利在时间上的转移是很合理的。一般来说,人的收入在整个生命周期内波动幅度是比较大的,人在年轻时,精力充沛,对社会贡献也大,收入也高,而到老年,收入会明显减少,但维持生活的基本消费在其整个生命周期内波动幅度并不大。因此,人一生的收入和消费是不均衡的,而人身保险弥补了这方面的不足。首先,如果一个人参加了人身保险,他必须按期缴纳保费,由于有外部压力,这种定期的"财富储备"较容易坚持下来;其次,人身保险只有在特定的事件发生后才给付保险金,被保险人不可能将这笔财富提前挪作他用,确保资金被用于预定项目。可见,人身保险能更好地解决收入与消费之间的不平衡问题。

(二)保险在宏观经济中的作用

保险的宏观作用是指保险对全社会和整个国民经济产生的影响,主要表现在:

1. 保障社会再生产的正常进行

社会再生产过程由生产、分配、交换和消费四个环节组成,它们在时间上是连续的,在空间上是均衡的。也就是说,整个再生产过程是一个有机体,是一张错综复杂的网,任何一点受到震动都会波及其他的点,产生"多米诺骨牌效应",这种效应会将局部的动荡传递到再生产的其他环节,将损失放大。随着生产力的发展,这种趋势会越来越强,社会分工会越来越细化,各生产部门的专业性越来越强,它们之间的协作要求越来越高,整体经济各部门之间的联系会越来越紧密。把损失控制在一定范围内显得尤其重要,而保险就提供了这样一种机制,当一家原材料生产企业发生风险事故,生产受到影响时,通过保险可以及时获得经济补偿,以最快的速度恢复生产,从而使以该企业产品为原料的下游企业不会因此而中断生产,社会再生产能正常进行。

2. 有助于财政收支计划与信贷收支计划的顺利实现

财政收支计划和信贷收支计划是国民经济宏观调控的两大资金计划。毫无疑问,企业遭受自然灾害和意外事故后,如果没有保险,则或多或少会出现财政收入的减少和银行贷款归还的困难,同时财政支出和信贷支出还会增加,从而给国家宏观经济调控带来困难。在生产单位参加保险的情况下,财产损失得到保险补偿,恢复生产经营有了资金保证,财政收入就能保证基本稳定,银行贷款也能得到及时清偿。可见,保险确实对财政收支和信贷收支的平衡发挥着保障性作用。

3. 有助于增加外汇收入,增强国际支付能力

保险在对外贸易和国际经济交往中是必不可少的环节。按国际惯例,进出口贸易都必须办理保险,保险费与商品的成本价和运费一起构成了进出口商品的价格。一国出口商品时争取到岸价格,即由己方负责保险,则可减少保险外汇支出,有助于增加外汇收入。此外,当一国进入世界保险市场参与再保险业务时,应保持保险外汇收支平衡,力争保险外汇顺差。保险外汇收入是一种无形贸易收入,对于增强一国的国际支付能力起着积极作用。

4. 有利于实现科学技术向现实生产力转化

科学技术对经济发展的促进作用如今体现得越来越明显,科学技术逐渐成为经济发展最主要的推动力。采用新技术可以提高企业的劳动生产率,使产品升级换代,扩大市场份

额。但对于已熟悉原有技术工艺的企业来说,采用新技术就意味着新的风险。保险则可以给采用新技术带来的风险提供保障,为企业开发新技术、新产品以及使用专利壮胆,促进先进技术的推广运用。

第四节　保险的产生与发展

一、古代的保险思想

人类社会从一开始就遇到自然灾害和意外事故的侵扰,所以在古代社会就萌生了对付灾害事故的保险思想,这在中外历史上都有文献记载。

(一)中国古代的保险思想

早在3000年前,我国长江流域的一些粮食商人在运输中就采用"分舟运米"的办法,各自把所要运送的米分装在同一航程的几条船上,以避免单船运输风险过于集中,这是最古老的体现分散风险的保险思想。

在2500年前,我国的《礼记·礼运》中就有这样一段话:"大道之行也,天下为公;选贤与能,讲信修睦,故人不独亲其亲,不独子其子;使老有所终,壮有所用,幼有所长;鳏寡孤独废疾者皆有所养。"这一记载足以说明我国古代早有谋求经济生活之安定的强烈愿望,是我国最古老的社会保险思想。

我国长期以来是一个农业国,农业生产依赖自然条件,不可避免地会遭受到水旱灾害的影响,所以历代有储粮备荒,以赈济灾民的传统制度。周朝已建立各级后备仓储,到春秋战国以后已逐步形成一套仓储制度,称为"委积"制度;汉代已设有备荒赈济的"常平仓";隋朝设"义仓"。这些都是以实物形式存在的救济后备制度,由政府统筹,带有强制性质。此外,始于隋朝的"社仓"制度,属于相互保险形式。在宋朝还有专门赡养老幼贫病不能自我生存者的"广惠仓",这可以说是原始形态的人身保险制度。

尽管我国古代早就有分散风险、积粮备荒的保险思想,但受封建制度和重农抑商的传统观念影响,商品经济不发达,缺乏经常性的海上贸易。所以在中国古代社会没有产生商业性的保险活动。

(二)外国古代的保险思想

外国最早产生保险思想的国家并不是现代保险业发达的资本主义大国,而是处在东西方贸易要道上的文明古国,如古埃及、古巴比伦以及欧洲的古希腊和古罗马。在公元前4500年,古埃及的一份文件中记载:当时石匠中盛行一种互助基金组织,通过收缴会费来支付会员死亡后的丧葬费用和家属必要的生活费用,这应该是最古老的保险互助组织。在公元前1700多年的古巴比伦的《汉谟拉比法典》中有这样一条规定:商人可以雇用一个销货员去外国港口销售货物,当这个销货员航行归来,商人可收取一半的销货利润;如果销货员未归,或者回来时既无货也无利润,商人可以没收其财产,甚至可以把他的老婆孩子作为债务奴隶;但如果货物是被盗劫夺,可以免除销货员的债务。据说这是海上保险的一种起源。这部法典中还有火灾保险的规定,古巴比伦国王命令僧侣、官员和村长向居民征税以筹集火灾救济基金。该法典又记载沙漠商队根据合同规定要对运输货物负绝对责任,对没有把货物运到目的地的承运人处以没收财产、扣押亲属,甚至判处死刑,但在遇到强盗、原始人和半自治地区王子抢劫时,承运人可对货物被盗不承担责任。这可以说是货物运输保险的雏形,后来传到腓尼基和古希腊,广泛用于海上贸易。

在古希腊,一些政治哲学或宗教组织中由会员摊提形成一笔公共基金,专门用于意外情况下的救济补偿。在古罗马,曾出现过丧葬互助会,还出现一种缴付会费的士兵团体,在士兵调职或退役时发给旅费,在死亡时发给继承人抚恤金。上述这些都是人身保险的原始形态。

到了中世纪,欧洲各国城市中相继出现各种行会组织,这些行会具有互助性质,其共同出资救济的互助范围包括死亡、疾病、伤残、年老、火灾、盗窃、沉船、监禁、诉讼等不幸的人身和财产损失事故,但互助救济活动只是行会众多活动中的一种。这种行会或称基尔特制度在13—16世纪特别盛行,并在此基础上产生了相互合作的保险组织。

二、西方近现代保险业的产生与发展

(一)海上保险的产生与发展

海上保险是一种最古老的保险,近代保险也是从海上保险发展而来的。保险学界有关海上保险的起源有两种观点:一种观点认为其起源于公元前2000年出现于地中海沿岸的"共同海损分摊制度";另一种观点认为其起源于公元前800—前700年盛行于古希腊的"船货抵押借款制度"。

(1)共同海损分摊制度是海上保险的萌芽。早在公元前2000年,地中海一带就有了广泛的海上贸易活动。当时由于生产力水平低下,船舶构造非常简单,航海是一种很大的冒险活动。要使船舶在海上遭风浪时不致沉没,一种最有效的抢救办法是抛弃部分货物,以减轻载重量。为了使被抛弃的货物能从其他受益方获得补偿,当时的航海商提出了一条共同遵循的原则:"一人为众,众人为一"(One for all, all for one)。这一原则后来为公元前916年的《罗地安海商法》所采用,并正式规定为:"凡因减轻船只载重投发入海的货物,如为全体利益而损失的,须由全体分摊归还。"这就是著名的"共同海损"基本原则。时至今日,共同海损分摊原则仍被各国海商法采用。可以说,它是海上保险的萌芽。

(2)船货抵押借款制度是海上保险的雏形。公元前800—前700年,船货抵押借款制度在古希腊、古罗马等地相当盛行。船货抵押借款契约,又称冒险借贷,是指船主在出外航行急需用款时,把船舶和船上的货物作为抵押品向当地商人取得航海资金的借款,如果船舶安全归来,船主归还贷款,并支付较高的利率;如果船舶中途沉没,债权即告结束,船主不必偿还借款本息。这种借款方式实际上是海上保险的初级形式,放款人相当于保险人,借款人相当于投保人,船舶或货物相当于保险标的,高出普通利息的差额相当于保险费,如果船舶沉没,借款就等于预付的赔款。由此可见,船货抵押借款制度具有保险的一些基本特征,因而被认为是海上保险的初级形式。

(3)意大利和英国海上保险的发展。在14世纪中期经济繁荣的意大利北部出现了类似现代形式的海上保险。意大利的伦巴第商人因代替教会征收和汇划各地缴纳的税款而控制了欧洲大陆的金融枢纽,他们还从事海上贸易,并在1250年左右开始经营海上保险。目前世界上最古老的保险单就是一个名叫乔治·勒克维伦的热那亚商人在1347年10月23日出立的一张承保从热那亚到马乔卡的航程保险单。当时的保险单同其他商业契约一样,由专业的撰状人草拟,13世纪中期在热那亚一带就有200名这样的撰状人。据一位意大利律师调查,1393年在热那亚的一位撰状人就草拟了80份保险单,可见当时意大利的海上保险已相当发达。第一家海上保险公司于1424年在热那亚出现。

善于经商的伦巴第人后来移居到英国,继续从事海上贸易,并把海上保险也带进了英国,保险中心逐渐转移到英国。1568年12月22日经伦敦市市长批准开设了第一家皇家交易所,为海上保险提供了交易场所。1575年由英国女皇特许在伦敦皇家交易所内设立保险商会,办理保险单登记并制定标准保单和条款。1601年伊丽莎白一世女王颁布了第一部有关海上保险的法律,规定在保险商会内设立人口仲裁法庭,解决日益增多的海上保险纠纷案件。在英国海上保险发展史上具有里程碑地位的是伦敦劳合社的建立和发展。伦敦劳合社是从劳埃德咖啡馆演变来的,其演变史是英国海上保险发展的一个缩影。1688年一个名叫爱德华·劳埃德的商人在伦敦泰晤士河畔开设了一家咖啡馆,该咖啡馆逐渐成为经营远洋航海的船东、船长、商人、经纪人和银行高利贷者聚会的场所。1691年劳埃德咖啡馆迁至伦巴第街,不久成为船舶、货物和海上保险交易的中心。劳合社严格来说不是一家保险公司,而是一个保险市场,它只是向其成员提供交易场所和有关的服务,本身并不承保业务。在劳合社保险是向该市场的经纪人投保,并由经纪人代找承保人,一般由经纪人填一份要保单,递交给从事某种保险业务的承保组合,再由一个牵头的承保人确定费率,并承保一个份额,其余份额由同一组合中的其他成员承保,经纪人还可与其他承保组合联系,直到承保人认足份额后,再送签单部签单。劳合社最多时有近5万名经纪人,但经历了20世纪90年代初期严重亏损后,因负无限责任,不少经纪人无力继续经营而退出劳合社,到2001年底,个人会员大约有14000人。当然这几年劳合社也进行了一系列改革,其中有影响的就是吸收负有限责任的单位会员,劳合社由负无限责任的个人会员和负有限责任的单位会员共同构成。这在一定程度上增加了劳合社的资本实力,但在某种意义上也改变了劳合社的性质,因此也遭到了不少人的批评。

(二)火灾保险的起源与发展

火灾保险是财产保险的前身。火灾保险的直接起源是1666年9月2日的伦敦大火,这场大火持续了5昼夜,烧毁了伦敦城近一半的房屋,有13000幢房屋和90个教堂被烧毁,20万人无家可归,造成了不可估量的损失。这场大火使人们开始重视火灾保险,1667年一个名叫尼古拉·巴蓬的牙科医生独资开办了世界上第一家私营的火灾保险所,并于1680年邀请3人增资设立火灾保险合伙组织。当时保险费已经是根据房屋的房租和建筑结构计算,砖瓦建筑的费率为年房租的2.5%，木结构的费率为5%。正因为按房屋结构收取差别费率，巴蓬有"现代保险之父"的称号。

18世纪末到19世纪中叶，英国、法国、德国、美国等国相继完成了工业革命，大机器生产代替了原先的手工业操作，物质财富大量集中，对火灾保险的需求也变得更为迫切。最早的股份公司形式的保险组织是1710年由英国人查尔斯·波文创办的"太阳保险公司"，它不仅承保不动产，还把业务扩大到动产保险。英国在1714年出现了联合火灾保险公司，这是一个相互保险组织，费率计算除了考虑建筑物结构外，还考虑建筑物的场所、用途和财产种类等，费率厘定更为科学。1752年本杰明·富兰克林在费城创办了美国第一家火灾保险社。到了19世纪，欧美的火灾保险公司如雨后春笋般涌现，承保能力大为提高。1871年芝加哥一场大火造成1.5亿美元损失，其中1亿美元损失是保了险的。而且火灾保险从过去只保建筑物损失扩大到其他财产，承保的责任也从单一的火灾扩展到风暴、地震、洪水等。在美国火灾保险的早期，保险人各自设计自己使用的保单，合同冗长且缺乏统一性。1873年马萨诸塞州成为美国首先使用标准火险单的州，纽约州在1886年也通过了类似的法律。目前美国55个州中有48个是使用纽约州的标准火险单。标准火险单的使用减少了损失理算的麻烦和法院解释的困难，也是火灾保险的一大进步。

（三）人寿保险的起源与发展

人寿保险起源于欧洲中世纪的基尔特制度。起初行会对其成员的人身伤亡或丧失劳动能力给予补偿，后来有些行会逐渐转化为专门以相互保险为目的的"友爱社"，对保险责任和缴费有了比较明确的规定。这种相互保险组织形式对以后的人寿保险发展影响很大，美国最大的人寿保险公司——美国谨慎保险公司就是相互保险公司，其前身就是1873年建立的"孤寡老友爱社"。到15世纪后期，奴隶贩子把贩运的奴隶作为货物投保，后来船长和船员也可以保险。到16世纪，安特卫普的海上保险对乘客也进行了保险。17世纪以后，人寿保险因"佟蒂法"的实施和"生命表"的编制得以迅速发展。佟蒂法是17世纪中期法国在任宰相秘书洛伦佐·佟蒂提出的一种不偿还本金募集国债的计划："联合养老保险法"，法王路易十四为了筹集战争经费于1689年采用了"佟蒂法"，以每人缴纳300法郎筹集到140万法郎资金。"佟蒂法"是养老年金的一种起源，它规定在一定时期以后开始每年支付利息，把认购人按年龄分为14群，对年龄高的群多付利息，当认购人死亡后，利息总额在该群生存者中平均分配，当该群认购人全部死亡后，就停止付息。由于这种办法不偿还本金并引起相互残杀，后被禁止，但佟蒂法引起了人们对养老年金和生命统计研究的重视。世界上第一张生命表是英国数学家和天文学家埃德蒙·哈雷于1693年编制的，他是根据德国布雷斯劳市1687—1691年间的市民按年龄分类的死亡统计资料编制而成的，为现代人寿保险发展奠定了数理基础。1762年由英国人辛浦逊和道森发起的人寿及遗属公平保险社首次将生命表用于计算人寿保险的费率，标志着现代人寿保险的开始。

工业革命以后，机器的大量使用及各种交通工具的发明和推广，使人身职业伤亡和意外伤害事故增多，这为广泛开展人寿保险业务开辟了市场。加上人寿保险带有储蓄性质，年金能提供养老收入，准备金能用于投资，这就加速了人寿保险的发展。到了第二次世界大战以后，人寿保险的覆盖率进一步扩大，大多数家庭有了人寿保险，而且人寿保险种类繁多,并开始与金融市场的投资紧密结合。人寿保险公司已成为仅次于商业银行的金融机构。

（四）责任保险、信用保证保险的发展

责任保险以被保险人的民事赔偿责任为标的,它的产生是社会文明进步尤其是法制完善的结果。19世纪初法国《拿破仑法典》中的有关责任赔偿的规定为责任保险的产生提供了法律基础。1855年英国率先开办了铁路承运人责任保险。自此以后,责任保险日益引起人们的重视。工业革命以后,雇主责任险得以发展,1880年英国通过了雇主责任法,规定雇主经营中因过错使工人受到伤害,应负法律责任,同年就有雇主责任保险公司成立。

19世纪末,汽车诞生后,汽车责任保险随之产生,最早的汽车责任保险是1895年由英国一家保险公司推出的汽车第三者责任险。1898年美国开办了这项业务,进入20世纪后,汽车第三者责任保险得到极大发展。

信用保证保险是随着商业信用的发展而产生的一种新兴保险业务。在18世纪末19世纪初,忠诚保证保险就已出现。该项保险的投保人一般是雇主,如果雇员的不忠诚行为使雇主蒙受损失,保险人将负有赔偿责任。19世纪中期英国又出现了合同保证保险,这种保险主要运用于工程建设上。1919年由于东西方政治局势恶化,英国政府为了保证贸易进行,专门成立了出口信用担保局对有关贸易进行担保,创立了一整套信用保险制度,该信用保险制度成为以后各国争相效仿的样板。1933年伯尔尼联盟(国际信用及投资保险人联盟)的成立标志着出口信用保证保险已为世界所公认,此后,各国信用保证保险和投资保险业务都开始稳步发展。

三、中国保险业的产生与发展

（一）旧中国的保险业

中国近代保险业是从西方传入的。1805年英国人首先在广州开设广州保险社,又称谏当保安行,主要经营海上运输保险业务。随后,扬子保险公司、太阳保险公司、巴勒保险公司等英资保险机构在中国纷纷成立。19世纪下半叶,为了维护清政府的统治,发展民族工商业,以曾国藩、李鸿章为首的洋务派发起洋务运动,民族保险业随之产生。1865年义和公司保险行在上海成立,标志着我国第一家自办保险机构诞生。1875年招商局在上海成立,并于1885年拨银20万两在上海创办了"仁和""济和"两家保险公司,1887年合并为仁济和保险公司,承保招商局所有的船舶、货栈以及货物运输保险业务。

第一次世界大战期间,因帝国主义国家之间忙于战争,暂时无暇顾及对中国的侵略,中国的民族工商业和金融保险业得到了一个发展的机会,到20世纪30年代,中国民族资本的保险公司发展到了30多家。我国民族资本的保险公司虽然大多数由私营银行投资创办,依靠银行的力量开展业务,但同外商相比,他们的力量仍极其薄弱,根本无法同西方列强资本抗衡,加之国民党政府对他们不予以保护和支持,所以他们在保险业务的经营上完全听任西方保险公司的摆布和主宰,他们所承保的业务大部分都分保给外商保险公司,自留业务

量很少,同时分保的费率和条款均由外商制定。

抗战爆发后,国内的保险公司则大举内迁,重庆取代了上海成为当时的保险业中心。抗战胜利后,各保险公司纷纷将总部迁回上海,外资保险公司在上海复业,上海又成为中国的保险业中心。此时,中国保险市场上的格局起了变化:美资企业取代了英资企业,占据了主导地位。这一时期,新的投机性保险公司不断涌现,呈现出一派虚假繁荣的局面。新中国成立前夕,国民经济濒临崩溃,通货膨胀率居高不下,保险市场陷入了巨大的混乱之中,许多民族保险公司不得不宣告破产。

(二)新中国保险业的创立与发展

新中国成立以后,我国的保险业大致经历了四个阶段:

第一阶段,1949年至1958年,为整顿、创立和迅速发展时期。1949年10月1日以后,一方面,整顿和改造旧中国的保险业及保险市场,接管了官僚资本的保险公司,并批准一部分私营保险公司复业;另一方面,1949年10月20日经中央人民政府批准成立了中国人民保险公司,至1952年底已在全国设立了1300多家分支机构。这一时期,中国人民保险公司相继开办了团体和个人人寿保险、国家机关和国营企业财产强制保险、旅客意外伤害保险、货物运输保险和运输工具保险等业务,并试办了农村牲畜保险和棉花收获保险,保险业务发展迅速。据统计,从1949年到1958年的10年内,各种保险费收入总计16亿元,共支付赔款3.8亿元,上缴国库5亿元,积累保险资金4亿元,拨付防灾费2300万元,结余资金都存入银行作为信贷资金使用。

第二阶段,1959年至1979年,国内保险业务全面停办时期。这一时期由于"左"倾思想的干扰,认为人们的生老病死以及企业的自然灾害和意外事故所造成的损失应该由财政来承担,这是社会主义制度优越性的体现,商业保险是资本主义制度的产物应该停办。但考虑到对外贸易需要保险,所以在广州、重庆、上海等大城市保留了涉外保险,1966年"文化大革命"开始后,涉外保险业务几乎停办,从业人员一度减少到9人,史称"九人治丧委员会"。

第三阶段,1980年至2003年,国内保险业务恢复和发展时期。这一时期,保险机构由1家发展到2003年末内外资保险公司及代表处60家;保险费收入从4.6亿多元发展到2003年末3880亿元;保险深度从1980年的0.1%提高到2003年的3.33%,保险密度从1980年的0.47元提高到2003年的287.4元,从业人员从2000人发展到2003年近30万人,这还不包括130多万的保险营销员队伍;保险险种从30多种发展到目前800多种;保险法规从无到有,从不完善到逐步完善。1995年6月30日,全国人民代表大会常务委员会首次通过《中华人民共和国保险法》,之后,我国相继颁布了《保险公司管理暂行条例》《保险代理人管理规定(试行)》《保险经纪人管理规定(试行)》《保险公估人管理规定(试行)》《保险机构高级管理人员任职资格管理暂行规定》等法规条例。此后,全国人民代表大会常务委员会分别于2002年、2009年、2014年、2015年多次对《中华人民共和国保险法》进行修正或修订。

第四阶段,2003年以来,国内保险市场全面开放时期。随着我国加入WTO,按照承诺,我国的保险市场在3~5年内要全面开放。这一阶段,相关保险法律法规不断完善,各项利好政策陆续推出,对外开放的力度不断加大,多重因素推动国内保险业进入快速发展期。尤其是2018年5月后,保险业对外开放工作全面展开,人身保险公司合资企业外资的持股比例放宽到51％,3年后不再设限,允许符合条件的外国投资机构来中国经营保险代理与公估业务,并且在经营范围上,外资保险经纪公司可与中资机构一致。所有这些政策都有利于我国保险业快速健康发展。

四、世界保险业的发展趋势

第二次世界大战后,世界保险业得到了极大的发展,保费收入1950年为207亿美元,2019年达到了51930亿美元,其中寿险保费收入为28570亿美元,市场比重为55.02％,非寿险保费收入23360亿美元,市场比重为44.98％。从总体上看,世界保险市场的格局没有大的变化,2019年美国仍占总保费收入的47.37％,但新兴工业国保险的增幅引人注目,保费收入增幅远高于发达国家。世界保险业的发展趋势主要体现在以下几个方面:

(一)保险市场全球一体化趋势

当今世界,经济的发展尤其是国际贸易与国际资本市场的发展决定了市场开放的必要性,而通信、信息等高新技术的发展又为实现全球经济一体化创造了技术条件。在高新技术的推动下,全球经济一体化的趋势越来越明显,作为世界经济金融重要组成部分的保险业,必然要受其影响,保险业国际化趋势也日益明显。发达国家为了适应世界保险业一体化需要,都纷纷放松了对本国保险市场的监管。发展中国家为了适应保险一体化需要,也在做出自己的努力,如中国、印度、东盟国家及拉美国家都在不同程度地开放本国的保险市场,以吸引外国投资者。

(二)保险机构规模大型化趋势

20世纪末全球金融保险领域掀起了一股兼并浪潮,从而加速了保险机构之间的联合与兼并。19世纪初,全世界只有30多家保险公司,到20世纪90年代初,全世界保险公司的数量增加到过万家。而在面临全球化竞争的情况下,许多保险公司又开始广泛的合作。竞争与合作呈现出一种相互推动的态势。近年来,合作进一步演变成保险公司之间的并购,保险市场的并购案件显著增多,保险机构规模呈现大型化趋势。1996年7月,英国的太阳联合保险公司与皇家保险公司宣布合并,成立皇家太阳联合保险公司,一举成为英国第一大综合性保险公司。1996年11月,法国巴黎联合保险集团与安盛保险进行合并,成立新的保险集团,资产规模排世界第二。近年来,不仅保险公司之间并购,保险公司与银行之间也发生并购,如1999年6月花旗银行收购旅行者公司,这是银行与保险合并的典范,也由此促使美国国会通过了《金融服务现代化法案》,法律上认可了混业经营。2001年4月德国安联保险集团宣布收购德国的第三大银行德累斯顿银行,合并后的公司将成为全球第四大金融集团。近年来,这种并购案不断发生,这种并购往往是强强联合,优势互补,形成更大范围的规模经营,提高经营效率,降低经营成本,有效控制风险,提高公司的实力和声誉。

(三)保险竞争以非价格为主的趋势

市场竞争的白热化使保险业面临的价格压力越来越大,长期的亏损使许多保险公司破产倒闭,严重地影响了保险人与被保险人双方的利益。因此保险人越来越注重非价格的竞争,努力在保险经营上积极创新,力求在保险技术和保险服务上吸引顾客。与此同时,保险人不再被动地提供事后补偿,而是积极地参与事前和事中的防灾防损,在成本收益分析的基础上联合各类技术专家从事风险的识别、测定与预防工作,这一方面提高自己的服务水平,另一方面减少保险损失和赔款支付。

(四)银行、证券与保险混业经营的趋势

在历史上,曾出现过银行业、证券业和保险业混业经营的情况,但由于当时风险防范能力和监管能力不足,爆发了1929—1933年的世界性经济金融危机。在这之后,以美国为代表的西方大多数国家实行了金融分业经营,银行、证券和保险由各自的机构经营,严格分开。但近年来,一方面,由于金融市场竞争日趋激烈,混业经营有利于成本的降低;另一方面,金融机构防风险能力增强,金融监管能力增强,这种混业经营的情况重新出现,并有不断发展的趋势,特别是1999年12月美国国会通过《金融服务现代化法案》后,混业经营在法律上得到确认。因此,银行、证券和保险混业经营成为全球趋势。

—— 本章小结 ——

1. 关于风险的定义,理论界有不同观点,我们认为从保险角度看,风险是指损失发生的不确定性状态。风险具有客观性、损失性、不确定性、可测性和发展性等特点。一个完整的风险范畴应该由风险因素、风险事故和损失三要素构成。

2. 风险从不同角度可以有不同分类,最常见的分类是:从性质上分为纯粹风险和投机风险,从对象上分为财产风险、人身风险、责任风险和信用风险。

3. 风险管理是指人们对各种风险的认识、控制和处理的主动行为,期望达到以最小成本获得最大安全保障的目的。风险管理的方法通常分为财务型和控制型,前者是通过事先设立保障基金的办法来对付发生的风险,如风险自留、风险转移等;后者是采取措施控制风险,如风险回避、风险预防和风险抑制等。

4. 关于保险的含义,理论界有不同观点。我们认为应从经济、法律、精算学等多角度下定义,所以我们的定义是:保险是一种经济补偿制度,这一制度是对有可能发生的不确定事件进行数理预测以确定费率,并以合同形式,通过收取保险费,建立保险基金,将风险从被保险人转移到保险人,最终实现由多数人来分担少数人损失的目的。

5. 保险从不同角度可以有不同分类,最重要的分类是:按性质分为商业保险、社会保险和政策保险;按保险标的分为财产保险、人身保险、责任保险和信用保证保险。

6. 保险的职能分为基本职能和派生职能。基本职能是保险固有的功能,主要有分散风险、经济补偿或给付。派生职能是随着社会经济的变化和保险业的发展而逐步产生和发展起来的,主要有融资、防灾防损、监督危险。

7. 保险起源于海上保险,然后发展了火灾保险、人寿保险、信用保证保险等险种。

当今世界保险业朝着全球一体化、规模大型化、竞争非价格化、证券与保险混业经营方向发展。

—— 关键术语 ——

风险,道德风险,心理风险,投机风险,纯粹风险,动态风险,静态风险,可保风险,风险管理,风险自留,风险抑制,风险回避,风险转移,保险,商业保险,社会保险,政策保险,财产保险,人身保险,责任保险,信用保险,保证保险,再保险,共同保险,重复保险,船货抵押借款,海上借贷说。

—— 复习思考题 ——

1. 什么是风险? 风险的构成要素及其相互关系怎样?
2. 根据可保风险的条件分析为何人身风险、财产风险和责任风险属于可保风险?
3. 某大学生(20岁)曾经对他的朋友说:"我不购买任何人寿保险,因为我知道据统计在我这个年龄死亡的可能性很小。"你对这段话作何评论?
4. 你怎样理解保险与风险的关系?
5. 保险与赌博、储蓄、救济、保证有何本质区别?
6. 商业保险与社会保险有何区别?
7. 保险业在中国经济社会发展中的作用是什么?
8. 中国保险业面对世界一体化趋势应采取何种对策?

第二章
保险原则

> ► **本章学习要求**

- 理解保险利益的内涵及应用；
- 理解最大诚信原则的基本内容；
- 掌握近因原则在实践中的应用；
- 了解损失补偿原则在财产保险中的作用；
- 理解代位原则与分摊原则的基本内容。

第一节　保险利益原则

一、保险利益原则概述

(一)保险利益的含义

1. 保险利益的概念

保险利益(insurable interest)，也称可保利益，《保险法》第十二条第六款规定："保险利益是指投保人或被保险人对保险标的具有的法律上承认的利益。"衡量投保人或被保险人对保险标的是否具有保险利益的标志，是看投保人或被保险人是否因保险标的的损害或灭失而遭受经济上的损失，即当保险标的安全时，投保人或被保险人可以从中获益；而当保险标的受损时，投保人或被保险人必然会遭受经济损失，则投保人或被保险人对该保险标的具有保险利益。

2. 保险利益的构成条件

(1)保险利益必须是合法利益。投保人对保险标的所具有的利益必须被法律认可，符合法律的规定，受到法律的保护，与社会公共利益相一致。它产生于国家制定的相关法律或法规，以及法律所承认的有效合同，而不是违反法律规定，通过不正当手段获得的利益，非法的利益,不受法律保护,当然不能作为保险利益,如以非法手段所获得的财产均不存在保险利益,对走私物品、违禁品等也无保险利益。

(2)保险利益必须是经济利益。所谓经济利益,是指投保人或被保险人对保险标的的利益必须是可以通过货币计量的利益。因为保险保障是通过货币形式的经济补偿或给付来实现的,因此,投保人对保险标的的保险利益必须要能用货币来计量,否则,保险人的承保和补偿就难以进行。因为保险合同的目的是补偿损失,若其损失不能以货币计量,则无法计算损失的额度,也就无法理赔,保险补偿也就无从实现。

(3)保险利益必须是确定利益。确定利益是指投保人对保险标的所具有的现有利益和期待利益,即客观上是已经确定、或将来可以确定的利益。现有利益是指在客观上或事实上已经存在的利益,如投保人或被保险人对已取得所有权、经营权、抵押权的标的所具有的利益。期待利益是指在客观上或事实上尚不存在,但据有关法律或有效合同的约定可以确定在今后一段时间内将会产生的经济利益,如预期的营业利润和租金等。在投保时,现有利益和期待利益都可作为确定保险金额的依据,但在发生保险事故进行受损索赔时,期待利益已成为现实利益才能赔付,保险人的赔偿以实际损失的保险利益为限。

(二)保险利益原则的含义

1. 保险利益原则的概念

保险利益原则(insurable interest principle)是指投保人必须以其所具有保险利益的标的投保,否则保险合同无效。当保险人发现投保人或被保险人对保险标的不具有保险利益时,可单方面宣布合同无效;当保险合同生效后,投保人或被保险人失去了对保险标的的保险利益,则保险合同也随之失效;当发生保险责任事故后,被保险人不得因保险而获得保险利益金额之外的利益。《保险法》第十二条第一款和第二款明确规定:"人身保险的投保人在保险合同订立时,对被保险人应当具有保险利益。财产保险的被保险人在保险事故发生时,对保险标的应当具有保险利益。"

2. 保险利益原则的意义

(1)避免赌博行为。保险和赌博都有不确定性,都会因偶然事件的发生而获得货币收入或遭受货币损失。如果保险关系的确立不是建立在投保人对保险标的所具有的保险利益的基础上,投保人就可以对任意保险标的投保,保险费与保险金额的巨大差额,则可能使该投保人以较小的保费支出获得几倍甚至几十倍的保险金额赔偿。此种保险行为无异于赌博,与"互助共济"的保险思想相违背,也不利于社会公共利益。保险利益原则要求投保人必须对保险标的具有保险利益,是为了使保险与赌博相区别,实现保险补偿损失的目的。在保险业发展初期的英国,出现过保险赌博,在保险标的的损毁的情况下,没有经济损失的被保险人却获得了赔偿,使保险标的的充当了赌博的对象,严重影响了社会安定,诱发并助长了不良行为的产生。对此,英国议会立法禁止了该种行为,维护了正常的社会秩序,保证了保险的健康发展。

(2)防范道德风险。道德风险是指被保险人或受益人为获取保险人的赔付而故意违反道德规范,甚至故意犯罪,促使保险事故的发生或在保险事故发生时故意放任损失扩大。

如果不以投保人对保险标的具有保险利益为前提条件,容易诱发道德风险、犯罪动机和犯罪行为的发生。在财产保险中,投保人故意毁坏他人财物或唆使他人毁坏保险财产;在人身保险中,投保人甚至会不惜采用暗杀方式促使被保险人死亡。这些都给社会增加了不稳定因素,对人们的生命和财产安全造成严重影响。规定保险利益原则将投保人利益与保险标的的安全紧密相连,保险事故发生后,给投保人的保险赔偿仅为原有的保险利益,使投保人促使保险事故的发生变得无利可图,最大限度地控制了道德风险。

(3)限制赔付金额。保险利益原则规定了保险保障的最高限度,并限制了赔付的最高额度。保险的宗旨是补偿被保险人在保险标的发生保险事故时遭受的经济损失,但不允许有额外的利益获得。以保险利益作为保险保障的最高限度就能保证被保险人获得足够的、充分的补偿,又能满足被保险人不会因保险而获得额外利益的要求。投保人依据保险利益投保,保险人依据保险利益确定是否承保,并在其额度内支付保险赔付。因此,保险利益原则为投保人确定了保险保障的最高限度,同时为保险人进行保险赔付提供了科学依据。

二、财产保险的保险利益

(一)保险利益的来源

在订立财产保险合同时,保险人首先要审查的就是投保人或被保险人对其所投保的财产有无保险利益,通常可以从以下几个方面来确定。

(1)对所投保财产的所有权。对投保人来说,如果其对所保财产具有所有权以及由此带来的收益权,则此财产即为投保人的现有实际财产,投保人可以将其自用、租赁或者转让都可获得一定的效用或者收益,当此财产受损时,对投保人来说是实际资产的减少,会给其生活带来不便或者减少了预期的收益,影响他的切身经济利益,所以如果投保人对一项财产拥有所有权和收益权时,可认定他对该项资产具有保险利益。

(2)对所投保财产的经营管理权。对于有些资产,投保人并不拥有所有权,但是通过一定的约定或者委托,如租赁合同、承包合同等,投保人对此财产具有使用权和经营管理权。当此财产遭受损失时,投保人要承担恢复原状的经济赔偿责任,同时会影响到他的经营和使用,给其带来生活上的不便或者生产上的损失。所以,如果投保人对一项资产拥有使用权和经营管理权,也可认定他对该项资产具有保险利益。例如房屋的承租者、企业的承包者或者经营人员可以对其所使用或者经营管理的财产进行投保。

(3)对所投保财产的抵押权和留置权。抵押和留置是抵押合同中的两种行为,如果被抵押物的控制权在债务人手里,则称债权人对被抵押物具有抵押权。如果被抵押物的控制权在债权人的手里,则称债权人对被抵押物具有留置权。无论在哪种情况下,被抵押物受损都会直接或者间接影响债权人的债务获得偿还,即影响到他的切身经济利益。所以如果投保人对一项资产拥有抵押权和留置权,也可认定他对该项资产具有保险利益。例如,银行或者其他债权人可以以被抵押财产为保险标的进行投保。

(4)对所投保财产因有效合同产生保险利益。在一些运输和保管合同中,委托人以有偿的方式将其财产委托给受托人进行保管或者运输,受托人具有妥善保管财产防止其受损的义务。如果受托管或运输的财产在合同履行期间受损,则在一般情况下受托人负有经济赔偿的责任。所以如果投保人对一项财产拥有保管责任和运输责任,也可认定他对该项财产具有保险利益。例如运输公司或者仓储公司可以以其受托财产为保险标的向保险公司进行投保。

(5)投保人对其所承担的民事赔偿责任或合约双方的履约责任具有保险利益。当投保人因为侵权或者违约可能产生对他人的民事经济赔偿责任时,按照法律法规或行政命令,其必须承担支付对方损害赔偿金和其他费用的责任,这就意味着他的资产总量的减少,所以投保人与其所应负的经济损害赔偿责任之间的法律关系构成了保险利益,与其相对应的是各种责任保险,如公众责任险、产品责任险等。在一定的合同关系中,如果义务人因种种原因不能履行应尽义务,使权利人遭受损失,权利人对义务人的信用存在保险利益;而当权利人担心义务人履约与否、守信与否时,义务人因权利人对其信誉怀疑而存在保险利益。

(二)保险利益的变动及其对保单效力的影响

保险利益的变动是指在保险合同有效期间,由于某种原因投保人失去了对保险标的的保险利益。这种保险利益既可能是永久性消灭,例如保险标的的灭失,也可能是转移给了他人,如在保险事故发生之前,因为被保险人的死亡而随着保险标的的被继承而转移;可能会因为保险标的的被出售而被转让;可能会因被保险人的资金运转不灵而被用于抵债等。在这种情况下,保单的效力会不会发生变化? 该如何处理呢?

《保险法》第四十九条规定:"保险标的转让的,保险标的的受让人承继被保险人的权利和义务。保险标的转让的,被保险人或者受让人应当及时通知保险人,但货物运输保险合同和另有约定的合同除外。因保险标的转让导致危险程度显著增加的,保险人自收到前款规定的通知之日起三十日内,可以按照合同约定增加保险费或者解除合同。保险人解除合同的,应当将已收取的保险费,按照合同约定扣除自保险责任开始之日起至合同解除之日止应收的部分后,退还投保人。被保险人、受让人未履行本条第二款规定的通知义务的,因转让导致保险标的的危险程度显著增加而发生的保险事故,保险人不承担赔偿保险金的责任。"

由上文的法律规定可知,保险合同一旦成立,在制度设计上应尽量维持合同关系的存续性,以便最大限度地发挥保险的功能。在保险标的的转让未导致其危险程度显著增加的情况下,法律可直接推定保险标的的受让人自动承继被保险人的权利和义务,可使保险合同事实上得以随保险标的的一并转让,有助于实现保险保障的自动延续。所以转让行为没有导致保险标的的危险程度显著增加的,交易双方无须通知保险公司进行批注,只要新的保险标的的所有人持有保单即可申请赔付。只有当转让行为会导致保险标的的危险程度显著增加时,出于维护保险人的权益,交易双方才有通知保险公司的必要。

例如甲某将其自用的汽车转让给乙某时,乙某也是将该车自用,则双方无须将该汽车的保单到保险公司办理批改手续,当汽车出险时,乙某依据新被保险人的身份即可以向保险公司索赔。但是如果乙某将该车作为运营来用(出租车),导致该车风险明显加大,则该保单需要经过保险公司同意后方可继续有效,否则当汽车出险时,保险公司可以拒赔。

但在货物运输保险中,保单可随物权的转移而自动转移,无须到保险公司办理批改手续。这一规定起源于海上贸易的习惯，是为了方便货物的流通转让而制定的。因此，尽管在签发保单时，货物的买方可能还不具有保险利益。但从货物所有权转让时起，就具有合法的保险利益，在发生保险事故时，可要求保险人赔偿。

三、人身保险的保险利益

在人身保险中，同样要坚持保险利益的原则。任何人在投保人身保险时，保险人必须审查其对被保险人是否具有保险利益。人身保险的保险利益在于投保人与被保险人之间的利益关系。人身保险以人的生命或身体为保险标的，只有当投保人对被保险人的生命或身体具有某种利益关系时，投保人才能对被保险人具有保险利益。

（一）保险利益的来源

各国关于人身保险的保险利益来源有不同规定，如《保险法》第三十一条规定投保人对下列人员具有保险利益：本人；配偶、子女、父母；前项以外与投保人有抚养、赡养或者扶养关系的家庭其他成员、近亲属；与投保人有劳动关系的劳动者。除前款规定外，被保险人同意投保人为其订立合同的，视为投保人对被保险人具有保险利益。订立合同时，投保人对被保险人不具有保险利益的，合同无效。可见，《保险法》对人身保险的保险利益的确认是遵循利益主义和同意主义兼顾的原则，即投保人以他人为被保险人，订立人身保险合同，看是否具有保险利益，或是以投保人和被保险人之间是否存在金钱上的利害关系，或是以取得被保险人的同意为判断标准。下面我们具体来分析。

1. 对本人的保险利益

对任何人来说，自己的生命和身体对其来说都具有无限的价值，生命的丧失意味着其本体的不复存在，身体上的伤害或疾病意味着部分机体功能的丧失或者痛苦，所以任何人都对自己的生命和身体具有无限的保险利益。反映在保险实践中，就是任何人在理论上都可以以自己作为被保险人购买任何金额的人身保险（当然在实际中还要受制于其保费支付能力和保险公司的核保要求，避免发生道德风险）。

2. 对配偶、子女、父母的保险利益

配偶、子女、父母是核心家庭成员，投保人与其有亲属血缘关系，并形成最直接的经济利害关系。因此，投保人对配偶、子女和父母有保险利益。

3. 对与投保人有抚养、赡养和扶养关系的家庭其他人员及近亲属的保险利益

对兄弟姐妹、祖父母、孙子女等家庭其他成员是否有保险利益，各国规定并不相同，关键要看相互之间有没有经济利害关系。只要生活在同一家庭里，一般认为相互有保险利益。而存在抚养、赡养及扶养关系的，不论是否存在血缘关系，应该存在经济利害关系，一般也认为相互存在保险利益。

4.因经济利害关系而产生保险利益

按利害论的观点,只要投保人与被保险人之间具有经济利害关系,则投保人对被保险人就有保险利益。下面几种关系均属于经济利害关系。

(1)雇主对雇员的生命或身体有保险利益。在劳动雇佣关系中,在雇员为其雇主工作期间,当其遭受意外致使丧失生命或者残疾时,雇主按照法律的规定或者从道义出发,要对其进行一定的经济补偿,以维持雇员的基本生存。所以从这个角度来看,雇主对其雇员具有保险利益,可以以投保人身份为雇员订立人身保险合同。

(2)债权人对债务人的生命具有保险利益。债务人死亡可能会影响债权人的债务偿还,债务人的生死对债权人的切身利益有直接影响,因此债权人对债务人具有保险利益;但债务人对债权人却不具有无限的保险利益,应以债务人所欠的债务额为限,债权人为债务人投保时的保险金额也以此为限。在保险实务中,债权人可以自己为债务人购买保险,并将自己指定为受益人,也可以要求债务人为自己投保,将债权人指定为受益人。

(3)合伙人、合作人之间相互具有保险利益。当几个合伙人合作经营一个经济实体或者开展一项业务时,其中某个人的中途死亡可能会使得该经济实体解散或者项目停止进行,可能会使得其他合作者的前期投入无法回收,或是预期收入减少或者丧失。这说明,在合作关系中,一个人的死亡会影响到其他人的经济利益,所以我们可以认定合伙人、合作人相互之间也存在着保险利益,可以相互为合作对方购买保险,当然此时保险金额以其可能受到的经济损失为限。

5.因被保险人同意而产生保险利益

无论投保人与被保险人之间有无上述几种经济利害关系,只要被保险人同意,则视作投保人对其具有保险利益。目前《保险法》就是这样规定的。但仅以同意来确定保险利益,订立保险合同,存在一定的道德风险,所以保险人在核保时一定要谨慎。

(二)保险利益的变动及其对保单效力的影响

人身保险往往为长期性合同,在合同的有效期内投保人对被保险人的保险利益也常常会发生变化。在订立合同时,投保人对被保险人是存在保险利益的,但是后来由于种种原因丧失了这种保险利益,例如夫妻离婚,雇员辞职或者被辞退等。那么,在这种情况下,原保单的效力是否受到影响? 人身保险的保险利益强调在保险合同订立时,投保人必须对被保险人具有保险利益,而当保险事故发生进行索赔时,投保人是否对被保险人仍然具有保险利益则并不要求。这主要是因为人身保险的保险标的是人的生命和身体,人身保险合同生效后,被保险人的生命或身体受到伤害,获得保险金给付利益的是被保险人或受益人,投保人不会因被保险人发生保险事故而享有领取保险金的权利,因此,在发生保险事故时,投保人是否对被保险人具有保险利益并不重要。即使投保人为受益人,对投保人也同样有约束,依据有关规定,受益人需被保险人同意或指定,当被保险人因受益人的故意行为而受到伤害时,受益人将丧失获得保险金的权利,由此保障了被保险人的生命安全和利益。因此只要在投保时具有保险利益,即使后来投保人对被保险人因离异、雇佣合同解除或其他原因而丧失保险利益,也不会影响保险合同的效力,保险人仍负有保险金给付责任。

第二节　最大诚信原则

一、最大诚信原则的含义

最大诚信(utmost good faith)是指当事人要向对方充分而准确地告知有关保险的所有重要事实，不允许存在任何虚伪、欺骗和隐瞒行为。在保险实践中，最大诚信原则(principle of utmost good faith)具体含义是：保险合同当事人订立保险合同及在合同的有效期内，应依法向对方提供影响对方做出是否缔约及缔约条件的全部实质性重要事实，同时绝对信守合同订立的约定与承诺，否则，受到损害的一方，可以以此为理由宣布合同无效或不履行合同的约定义务或责任，甚至对因此而受到的损害可以要求对方予以赔偿。诚信原则是世界各国立法对民事、商务活动的基本要求，是订立各种经济合同的基础。在保险合同关系中，对当事人的要求比一般的民事活动更为严格，要求当事人具有最大诚信。因为在保险合同订立时，投保人和保险人双方各自具有自己的信息优势，双方是否向对方据实告知，直接影响保险合同是否订立、订立的条件、履行的结果等各个方面。在保险活动中，最早以法律形式出现的最大诚信原则，是英国1906年《海上保险法》第十七条所作的规定："海上保险契约的基础系忠诚信实，倘一方不顾绝对的忠诚信实，他方得宣告此项契约失效。"《保险法》第五条明确规定"保险活动当事人行使权利、履行义务应当遵循诚实信用原则。"

二、最大诚信原则的内容

最大诚信原则的内容主要包括告知、保证和弃权与禁止反言。

（一）告知

1.告知的含义

告知(representations)，也称披露或陈述，即保险合同订立前、订立时及合同有效期内，投保人对已知或应知的危险和与标的有关的实质性重要事实向保险人作口头或书面的申报；保险人也应将与投保人利害相关的实质性重要事实据实通知投保人。

告知强调的是最大诚信中的诚实，告知的目的在于使保险人能够正确估计其承担的危险是否可保，对投保人来说是能够确知未来危险损失是否能得到保障。保险人根据投保人的告知，判断是否接受承保或者以何条件来承保；投保人根据保险人的告知，判断是否向该保险人投保或以何条件投保。

2.告知的内容和方式

（1）投保方告知的内容和方式。

①告知的内容。对投保方而言，凡能够影响一个正常的、谨慎的保险人决定其是否承保，或者据以确定保险费，或者是在保险合同中增加特约条款的因素，均属重要事实。

　　具体来说,投保人应告知的内容有五个方面:第一,在保险合同订立时根据保险人的询问,对已知或应知的与保险标的及其危险有关的重要事实进行如实回答;第二,保险合同订立后,在保险合同的有效期内,保险标的的危险程度增加时,应及时告知保险人;第三,保险标的发生转移或保险合同有关事项有变动时,投保人或被保险人应及时通知保险人,经保险人确认后可变更合同并保证合同的效力;第四,保险事故发生后投保人应及时通知保险人;第五,有重复保险的投保人应将有关情况告知保险人。

　　②告知的方式。告知的方式有两种:一是无限告知义务,也称为客观告知,即保险人对告知的内容不管有没有明确的规定,只要是事实上与保险标的的危险状况有关的任何事实,投保人都有义务告知保险人。无限告知对投保人的要求比较高,目前,法国、比利时以及英美法系国家的保险立法采用该种方式。二是有限告知义务,又称为询问回答告知,它是指投保人对保险人询问的问题必须如实告知,而对询问以外的问题投保人无须回答。大多数国家的保险立法都采用该种方式,我国也是采用此种方式。投保人或被保险人对某些事实在未经询问时可以保持缄默,无须告知。

　　(2)保险人告知的内容和方式。

　　①告知的内容。保险人在保险合同订立和履行中也应当遵守诚实守信的原则。在保险经营实践中保险人具体要告知的内容有:第一,保险合同订立时,保险人应主动地向投保人说明保险合同条款的内容,特别是免责条款的内容须明确说明,如果没有说明的,免责条款无效;《保险法》第十七条第二款明确规定:“对保险合同中免除保险人责任的条款,保险人在订立合同时应当在投保单、保险单或者其他保险凭证上作出足以引起投保人注意的提示,并对该条款的内容以书面或者口头形式向投保人作出明确说明;未作提示或者明确说明的,该条款不产生效力。”第二,在保险事故发生时或保险合同约定的条件满足后,保险人应按合同约定如实履行赔偿或给付义务;如果拒赔条件成立,应发送拒赔通知书。

　　②告知的方式。保险人的告知方式也有两种:一是明确列明,是指保险人只需将有关保险的主要内容明确列明在保险合同之中,即视为已告知投保人。二是明确说明,是指保险人不仅应将保险的主要内容明确列明在保险合同中,还必须对投保人进行正确的解释。明确说明主要适用于保险合同中的免责条款,即双方订立保险合同时,保险人不但要在合同上书面列明免责条款,而且还要就其向投保人进行明确合理的口头提示和解释。

3.违反告知义务的法律后果

　　由于保险合同当事人双方均有告知的责任和义务,双方违反告知都将承担法律后果。

　　(1)投保方违反告知的法律后果。投保人或被保险人违反告知义务有四种情形:一是漏告,是因疏忽、过失而未告知,或者对重要事实误认为不重要而未告知。二是误告,由对重要事实认识的局限性,包括不知道、了解不全面或不准确而导致,并非故意欺骗。三是隐瞒,是投保人对会影响保险人决定是否承保,或影响承保条件的已知或应知的事实没有如实告知、或仅部分告知。四是欺诈,即投保人怀有不良企图,故意作不实告知,如在未发生保险事故时却谎称发生保险事故。对以上不同的违反告知情形的处分也不同。

　　对于投保人或被保险人违反如实告知的行为,分为故意和过失两种情形。保险人有权宣布合同无效或不承担赔偿责任。对于投保人故意不履行如实告知义务的,《保险法》第十六条第二款和第四款规定:“投保人故意或者因重大过失未履行前款规定的如实告知义务,足以影响保险人决定是否同意承保或者提高保险费率的，保险人有权解除合同。投保人故意不履行如实告知义务的，保险人对于合同解除前发生的保险事故，不承担赔偿或者给付保险金的责任，并不退还保险费。"

对于投保人因过失或疏忽而未如实告知，当足以影响保险人决定是否同意承保或者提高保险费率的，保险人有权解除保险合同；对在合同解除前发生的保险事故，保险人不承担赔偿或者给付保险金的责任，但可以退还保险费。但保险人在合同订立时已经知道投保人未如实告知情况的，保险人不得解除合同；发生保险事故的，保险人应当承担赔偿或者给付保险金的责任。

投保人进行欺诈，伪造事实时，有两种后果：当投保人、被保险人在发生保险事故后，编造虚假证明、资料、事故原因，夸大损失时，保险人对弄虚作假部分不承担赔付义务；未发生保险事故，却故意制造保险事故者，保险人有权解除保险合同并不承担保险赔付责任。

（2）保险人违反告知义务的法律后果。如果保险人在订立保险合同时未尽告知义务，如对免责条款没有明确说明，免责条款无效。保险人如果在保险业务活动中隐瞒与保险合同有关的重要情况，欺骗投保人，或者拒不履行保险赔付义务，如构成犯罪，将依法追究其刑事责任，如未构成犯罪的，根据《保险法》第一百六十一条规定，由保险监管部门对保险人处以5万元以上30万元以下的罚款。保险人若阻碍投保人履行告知义务，或诱导投保人不履行如实告知义务，或承诺给投保人以非法保险费回扣或其他利益，都将承担与上述相同的法律后果。

（二）保证

1.保证的含义

保证（warranty）是指保险人与投保人在保险合同中约定，在保险合同履行期间投保人担保对某一特定事项的作为或不作为或担保其真实性。例如，保证船舶适航，宾馆投保时要保证每个客房配备合适的消防器材，保证被保险人在过去和投保当时健康状况良好等。保证条款为保险合同的重要条款之一，保证强调守信，恪守合同承诺，保证的目的在于控制危险，确保保险标的及其周围环境处于良好的状态之中。

2.保证的形式

（1）明示保证，是以文字或书面的形式在保险合同中载明，成为合同条款的保证。明示保证以文字的规定为依据，是保证的重要形式。它又分为承诺保证和确认保证。

①承诺保证（promissory warranty），是指投保人对未来某一特定事项的作为或不作为，其保证的事项涉及现在和将来。如某人承诺今后不从事高危险性运动是指从现在开始不参加危险性高的运动，但在此前是否参加过并不重要，也无须知晓。

②确认保证（affirmative warranty），该类保证事项涉及过去与现在，它是投保人对过去或现在某一特定事实存在或不存在的保证。如某人保证从未得过某种疾病是指过去及现在从未得过，但不能保证将来是否会患该种疾病。

（2）默示保证，是指在保险合同中虽然没有载明，但在保险实践中，按照法律、国际公约和行业习惯等，被保险人应予遵守的一类保证事项。其内容通常是以往法庭判决的结果，也是某行业习惯的合法化，与明示保证一样对被保险人具有约束力。

默示保证在海上保险中应用较多。如在海上保险合同中的默示保证有：保险的船舶必须有适航能力，即船主在投保时，保证船舶的构造、设备等都符合安全标准，适合航行；保险的船舶要按预定的或习惯的航线航行，除非因躲避暴风雨或救助他人才允许改变航道；保险的船舶保证不进行非法经营或运输违禁品等。

3.对违反保证的法律后果

任何不遵守保证条款或保证约定、不信守合同约定的承诺或担保的行为，均属于破坏保证。保险合同约定保证的事项为重要事项，是订立保险合同的条件和基础，投保人或被保险人必须遵守。各国立法对投保人或被保险人遵守保证事项的要求也极为严格，凡是投保人或被保险人违反保证，无论其是否有过失，也无论是否对保险人造成损害，保险人均有权解除合同，不予以承担责任。对于保证的事项，无论故意或无意违反保证义务，对保险合同的影响是相同的，无意的破坏，不能构成投保人抗辩的理由；即使违反保证的事实更有利于保险人，保险人仍可以违反保证为由使合同无效或解除合同。而且，对于破坏保证，除人寿保险外，一般不退还保险费。

与告知不同的是，保证是对某特定事项的作为与不作为的承诺，而不是对整个保险合同的保证，因此，在某种情况下，违反保证条件只部分损害了保险人的利益，保险人只应就违反保证部分拒绝承担保险赔偿责任。即当被保险人何时、何事项违反保证，保险人即从何时开始拒绝赔付并就此时此次的保证破坏额而拒绝赔付，但并不一定完全解除保险合同。

但在下列情况下，保险人不得以被保险人破坏保证为由使保险合同无效或解除保险合同：一是环境变化使被保险人无法履行保证事项；二是国家法律法规变更，使被保险人不能履行保证事项；三是被保险人破坏保证，由保险人事先弃权所致，或保险人发现破坏保证仍保持沉默，也视为弃权。

（三）弃权与禁止反言

弃权（waiver）是指保险合同的一方当事人放弃其在保险合同中本来可以主张的权利，通常是指保险人放弃合同解除权与抗辩权。禁止反言（estoppel）是指合同一方既已放弃其在合同中的某项权利，日后不得再向另一方主张这种权利，也称为禁止抗辩。弃权与禁止反言主要是为了约束保险人，保险人或其代理人倘若诱导投保人相信，他可以做保险单禁止的某些事情，或者可以不做保险单要求他做的某些事情，这时，保险合同一经成立，保险人就不得以被保险人的此种作为或不作为为由，而主张保险合同无效。

弃权与禁止反言具体在实践中可表现为以下几种情况：

（1）投保人有违背按期缴纳保险费或其他约定义务的时候，保险人原本应解除合同，但是，如果保险人已知此种情形却仍旧收受补缴的保险费，则证明保险人有继续维持合同的意思表示，因此，其本应享有的合同解除权、终止权及其他抗辩权均视为弃权。

（2）在保险事故发生后，保险人明知有拒绝赔付的抗辩权，但仍要求投保人或被保险人提供损失证明，因而增加投保人在时间及金钱上的负担，视为保险人放弃抗辩权。

（3）保险人明知投保人的损失证明有纰漏和不实之处，但仍无条件予以接受，则可视为是对纰漏和不实之处抗辩权的放弃。

(4)保险事故发生后,保单持有人(投保人、被保险人或受益人)应于约定或者法定期限内通知保险人,但如逾期通知,保险人仍表示接受的,则认为是对逾期通知抗辩权的放弃。

(5)保险人在得知投保人违背约定义务后仍保持沉默,即视为弃权。具体来说,如财产保险的投保人申请变更保险合同,保险人在接到申请后,经过一定期间不表示意见的,视为承诺;保险人于损失发生前,已知投保人有违背按期缴纳保险费以外约定义务的,应在一定期限内解除或终止合同,如在一定期限内未作任何表示,其沉默视为弃权。

在以上五种情况中,保险人既已做出弃权的行为,而后不得再以投保方先前的违约行为为由而拒绝承担赔偿责任。弃权与禁止反言的限定,主要是为了约束保险人的行为,要求保险人为其行为及其代理人的行为负责,同时,也维护了被保险人的权益,有利于保险人权利与义务关系的平衡。

第三节　近因原则

近因原则是判断保险事故与保险标的损失之间的因果关系,从而确定保险赔偿责任的一项基本原则。在保险经营实务中是处理赔案所必须遵循的重要原则之一。在保险实践中,对保险标的的损害是否进行赔偿是由损害事故发生的原因是否属于保险责任来判断的。而保险标的的损害并不总是由单一原因造成,其表现形式也是多种多样的,有的是多种原因同时发生,有的是多种原因不间断连续发生,有的是多种原因时断时续发生。近因原则即要求从中找出哪些属于保险责任、哪些不属于保险责任,并据此确定是否进行赔偿。

一、近因及近因原则的含义

(一)近因的含义

近因(proximate cause),是指引起保险标的损失的最直接的、最有效的、起决定作用的原因,而并非时间上、空间上最近的原因。1907年英国法庭认为近因是指引起一连串事件,并由此导致案件结果的能动的、起决定作用的原因。在1924年又进一步说明:"近因是指处于支配地位或者起决定作用的原因,即使在时间上它并不是最近的。"

(二)近因原则的含义

近因原则的含义是:凡引起保险事故发生,造成保险标的损失的近因属于保险责任,保险人承担赔偿责任;若近因属于除外责任,保险人不负赔偿责任。英国1906年《海上保险法》规定:"依照本法规定,除保险单另有约定外,保险人对于由所承保的危险近因造成的损失,负赔偿责任,但对于不是由所承保的危险近因造成的损失,概不负责。"

二、近因原则的应用

近因原则在理论上讲简单明了,但在实际中的运用却相当复杂,即如何从众多复杂的原因中判断出引起损失的近因。对近因的分析和判断,成为掌握和运用近因原则的关键。

(一)认定近因的基本方法

认定近因的关键是确定危险因素与损失之间的因果关系。对此,有两种基本方法:一种是从原因推断结果,即从最初的事件出发,按逻辑推理直至最终损失的发生,最初事件就是最后事件的近因。如大树遭雷击而折断,并压坏了房屋,屋中的电器因房屋的倒塌而毁坏,那么,电器损失的近因是雷击,而不是房屋倒塌。另一种方法是从结果推断原因,即从损失开始,从后往前推,追溯到最初事件,如没有中断,则最初事件就是近因。如上例中,电器毁坏是损失,它由房屋倒塌被毁坏,房屋倒塌是因为大树折断,大树是因为雷击而折断,因此,在此系列事件中,因果相连,则雷击为近因。

(二)近因的认定和保险责任的确定

在保险理赔中,对于引起保险标的损失的原因,我们可以从以下几种情况来认定近因,确定保险责任。

(1)单一原因发生的情形。如果事故发生所导致损失的原因只有一个,则该原因为损失近因。当该近因属于保险责任,保险人应对损失负赔偿责任;如果该近因是除外责任,保险人则不予赔偿。如某车辆发生交通事故,造成人员伤亡和车辆损失,但交警认定是被保险人酒后驾车造成的,酒后驾车属于除外责任,保险人可以拒赔。

(2)多种原因同时发生的情形。如果损失的发生有同时存在的多种原因,首先看多种原因中是否存在除外原因,造成的结果是否可以分解。如果同时存在导致损失的多种原因均为保险责任,则保险人应承担全部损失赔偿责任;反之,若同时发生的导致损失的多种原因均为除外责任,则保险人不承担任何损失赔偿责任。当同时发生导致损失的多种原因中既有保险责任又有除外责任的,则应分析损失结果是否易于分解。如果在多种原因中有除外危险和承保危险,而损失结果可以分解,则保险人只对承保危险所导致的损失承担赔偿责任。如果损失的结果不能分解,则除外危险就认定为近因,保险人可不负赔偿责任。如司机酒后驾车发生交通事故造成车辆损失,同时,又遭遇冰雹袭击,后因及时施救,车辆未全损。该车辆若投保了机动车辆险,但酒后驾车是除外责任,则当车祸中的损失与外界冰雹的砸伤易于分解时,保险人只承担冰雹造成的损失。如果无法分解损失,则保险人不负赔偿责任。

(3)多种原因连续发生的情形。如果多种原因连续发生导致损失,并且,前因和后因之间存在未中断的因果关系,则最先发生并造成了一连串事故的原因就是近因。在此情形下,保险人的责任依情况确定:若连续发生导致损失的多种原因均为保险责任,则保险人承担全部保险责任。如果连续发生导致损失的多种原因均属于除外责任,则保险人不承担赔偿责任。若连续发生导致损失的多种原因不全属于保险责任,最先发生的原因即近因属于保险责任,而其后发生的原因中,既有除外责任又有保险责任的,当后因是前因的必然结果时,保险人也负赔偿责任。如某汽车投保有机动车辆第三者责任险,汽车行驶过程中,轮胎压飞石子,石子击中路人眼睛,导致路人失明,一连串事故具有因果关系,则轮胎压飞石子为近因。汽车在正常行驶过程中,发生意外致使第三者遭受人身伤亡的,属于第三者责任保险的保险责任,保险人依合同应予以赔偿。若最先发生的原因即近因属于除外责任,其后发生的具有因果关系的原因,即使属于保险责任,保险人也不承担赔偿责任。如战争中扔炸弹导致火灾发生,若被保险人未投保战争险,受损财产并不能因火灾发生而得到保险人的赔偿,这是因为战争是财产损失的近因,而又为除外责任。在该情形下有一著名的案例,即莱兰船舶公司对诺威奇保险公司诉讼案,1918年,第一次世界大战期间,被保险人的一艘轮船被德国潜艇用鱼雷击中,但仍然拼力驶向哈佛港,由于港务当局害怕该船会在码头泊位上沉没而堵塞港口,拒绝其靠港,该船最终只好驶离港口,在航行途中,船底触礁而沉没。该船只投保了一般的船舶保险,而未附加战争险,保险公司予以拒赔。法庭诉讼的最终的判决是:近因为战争,保险公司胜诉。虽然在时间上看致损的最近原因为触礁,但船只在中了鱼雷之后始终没有脱离险情,触礁也是险情未解除而导致,被保船只被鱼雷击中为战争所致,不属于船舶保险的保险责任,保险人不负赔偿责任。

(4)一连串原因间断发生的情形。当发生并导致损失的原因有多个,并且,在一连串发生的原因中有间断情形,即有新的独立的原因插入,使原有的因果关系断裂,并导致损失,则新插入的独立原因是近因。若近因属于保险责任范围内,则保险人应负赔偿责任;若近因不属于保险责任范围,则保险人不负赔偿责任。如果有除外责任的规定,若新原因为除外责任,在新原因发生之前发生的承保危险导致的损失,保险人应予以赔偿。如某人投保有人身意外伤害保险,发生交通事故并使下肢伤残,但在康复过程中,突发心脏病,导致死亡。其中,心脏病突发为独立的新插入的原因,在人身意外伤害保险中,不属于保险责任范围,但其为死亡近因,因此,保险人对被保险人死亡不承担赔偿责任。但对其因交通事故造成的伤残,保险人应承担保险金的支付责任。

第四节　损失补偿及其派生原则

经济补偿是保险的基本职能之一,因而保险的损失补偿原则是保险经营中的重要原则。损失补偿原则的核心是不允许被保险人通过保险而获得额外收益,所以在补偿原则基础上又派生出代位原则和分摊原则,且补偿原则、代位原则和分摊原则只适用于补偿性保险合同,而不适用于给付性保险合同。

一、损失补偿原则

(一)损失补偿原则的含义

损失补偿原则(principle of indemnity),是指当保险标的发生保险责任范围内的事故时,被保险人有权按照保险合同的约定,按照一定的方式获得保险赔偿,但同时被保险人不能因保险赔偿而获得额外的利益。这里有两层含义:一是保险合同订立后,一旦发生保险责任范围内的损失,被保险人有权获得保险金的补偿,用于弥补其在保险事故中所遭受的损失;二是保险补偿的目的仅限于使被保险人受损的资产得到恢复,被保险人不能因保险赔偿而得到额外收益。

(二)损失补偿原则的限制

(1)损失补偿以实际损失为限。在补偿性的合同中,保险标的遭受损失后,保险赔偿以被保险人所遭受的实际损失为限,全部损失时全部赔偿,部分损失时部分赔偿。如果,被保险人得到的保险赔偿金超过了他在事故中遭受的实际损失额,则他在整个保险事故中反而得利,这就违反了损失补偿的第二层含义。

(2)损失补偿以保险金额为限。这是因为保险金额是合同中确定的保险赔偿金的最高限额,保险人已收取的保费对价是以此为基础计算出来的。超过此限额进行赔付,将使保险人处于不公平的地位,所以赔偿金额只应低于或等于保险金额而不应高于保险金额。即使发生通货膨胀,也以保险金额为限。其目的在于维护保险人的正当权益,使损失补偿同样遵循权利与义务对等的约束。

(3)损失补偿以保险利益为限。保险事故发生后,被保险人所获得的赔偿以被保险人对此标的所具有的保险利益为前提条件。如果保险标的并不属于被保险人独有,则被保险人在此事故中损失的经济利益并不等于保险标的的全部实际损失额,则被保险人得到的赔偿金只能以其实际拥有的保险利益为限;如果保险标的的受损时,被保险人已丧失了对该保险标的的保险利益,则被保险人对该财产的损失也不具有索赔权。债权人对抵押的财产投保,当债务人全部偿还债务后,债权人对该财产不再具有保险利益,即使发生标的损失,债权人也不再对此具有索赔权。

在具体的实务操作中,上述三个限制同时起作用,其中金额最少的限额为保险赔偿的最高金额。

(三)损失补偿原则的意义

1.坚持损失补偿原则是为了真正发挥保险的经济补偿职能

保险的基本职能之一是进行经济补偿,是为了分散风险,维护被保险人生产与生活的顺利进行,而不是为了通过投保来获利,所以应该坚持"有损失、有赔偿,损失多、多赔偿,无损失、不赔偿"的原则。一方面,当被保险人经济受损失时能得到及时的偿付,使其生产与生活及时得到恢复;另一方面,有关赔偿限额的规定又可防止某些人通过保险来获利,真正发挥保险的经济补偿职能。

2.坚持损失补偿原则能减少道德风险的发生

如果没有赔偿限额的规定,某些被保险人可能会通过保险事件反而获得额外利益,则难免会诱导某些人故意购买高额保险,以获得赔款为目的而故意制造事故,增加整个社会的财产损失率。如果坚持损失补偿原则,任何人都不可能从保险事件中获利,也就避免了通过保险来牟利的想法,有利于减少道德风险的发生。

(四)损失补偿原则的例外

损失补偿原则虽然是保险的一项基本原则,但在保险实务中有一些例外的情况。

1. 人身保险例外

由于人身保险的保险标的是无法估价的人的生命或身体机能,其可保利益也是无法估价的。被保险人发生伤残、死亡等事件,对其本人及家庭所带来的经济损失和精神上的痛苦都不是保险金所能弥补得了的,保险金只能在一定程度上帮助被保险人及其家庭缓解保险事故的发生所带来的经济困难,帮助其摆脱困境,给予精神上的安慰,所以人身保险合同不是补偿性合同,而是给付性合同。保险金额是根据被保险人的需要和支付保险费的能力来确定的,当保险事故或保险事件发生时,保险人按双方事先约定的金额给付。所以,损失补偿原则不适用于人身保险。

2. 定值保险例外

所谓定值保险,是指保险合同双方当事人在订立合同时,约定保险标的的价值,并以此确定为保险金额,视为足额投保。当保险事故发生时,保险人不论保险标的的损失当时的市价如何变化,即不论保险标的的实际价值大于或小于保险金额,均按损失程度足额赔付,即以保险金额为限赔付。其计算公式为:

保险赔款＝保险金额×损失程度(％)

在这种情况下,保险赔款可能超过实际损失,因此,定值保险是损失补偿原则的例外。

3. 重置价值保险例外

所谓重置价值保险,是指以被保险人重置或重建保险标的所需费用或成本确定保险金额的保险。一般财产保险是按保险标的的实际价值投保,发生损失时,按实际损失赔付,使受损的财产恢复到原来的状态,由此恢复被保险人失去的经济利益。但是,由于通货膨胀、物价上涨等,有些财产(如建筑物或机器设备)即使按实际价值足额投保,保险赔款也不足以进行重置或重建。为了满足被保险人对受损的财产进行重置或重建的需要,保险人允许投保人按超过保险标的的实际价值的重置或重建价值投保,发生损失时,按重置费用或成本赔付。这样就可能出现保险赔款大于损失发生时的实际价值,所以重置价值保险也是损失补偿原则的例外。

二、代位原则

(一)代位原则的含义及意义

1. 代位原则的含义

代位原则(principle of subrogation),是指保险人依照法律或保险合同约定,对被保险人所遭受的损失进行赔偿后,向保险事故的第三方责任人进行追偿的权利,或受损的保险标的的所有权就由被保险人转移给了保险人,由保险人代替被保险人来行使这两项权利。因此,代位原则包括两个部分:权利代位和物上代位。

2. 代位原则的意义

(1)坚持代位原则有利于防止被保险人因同一损失而获得超额赔偿,即避免被保险人获得双重利益。当保险标的发生损失的原因是第三者疏忽、过失或故意行为且该损失原因又属于保险责任事故时,被保险人既可以依据民事法律向第三者要求赔偿,也可以依据保险合同向保险人提出索赔。这样,被保险人因同一损失所获得的赔偿将超过保险标的的实际损失额,从而获得额外利益,违背损失补偿原则。同样,在保险标的发生保险事故而得到保险人的赔付后,被保险人将保险标的的剩余物资处理或保险标的被找回后,其所得的利益也将超出实际损失的利益。而按照代位原则来处理,就会防止上述两种被保险人获得双重利益的情况,因被保险人向第三者的追偿权或对残余物的处理权转交给了保险公司。

(2)坚持代位原则有利于维护社会公平。从社会公平的角度出发,任何肇事者都应对其因疏忽或过失所造成的损失负有责任,如果被保险人仅从保险人处获得赔偿而不追究责任人的经济赔偿责任,将有违社会公平,并且也易造成他人对被保险人的故意或过失伤害行为的发生。通过代位原则,使得第三方责任人无论如何都应承担其损害赔偿责任,有利于社会公平。

(二)权利代位

1. 权利代位的概念

权利代位,也叫代位追偿,是指如果保险标的所遭受的保险责任事故是由第三方责任人造成的,依法应当由第三者承担赔偿责任时,保险人向被保险人支付保险赔偿金后,在赔偿金额的限度内就取得了对第三者请求赔偿的权利。

在财产保险中,致使保险标的发生损失的原因既属于保险责任,又属于第三者的责任原因时,依据保险法规定,当被保险人已从责任人取得全部赔偿的,保险人可免去赔偿责任;如果被保险人从责任人得到部分赔偿,保险人在支付赔偿金时,可以相应扣减被保险人从第三者处已取得的赔偿。如果被保险人首先向保险人提出索赔,保险人应当按照保险合同的规定支付赔偿金,但在被保险人取得赔款后,应将向第三者追偿的权利转移给保险人,由保险人代位行使追偿权。被保险人不能同时取得保险人和第三者的赔偿而获得双重或多于保险标的实际损失的补偿,也就避免获得额外收益。

2. 权利代位的实施条件

(1)必须是由保险合同之外的第三者行为导致保险事故发生。如果不是第三者责任引起保险标的的损失,则被保险人没有向第三者求偿的资格,代位追偿也就不存在了。

(2)第三者造成的损失必须在保险责任范围内,保险人才能先予补偿,然后行使代位追偿,否则被保险人只能自行向肇事的第三者索赔。

(3)权利转移的时间是在保险赔偿之后。保险事故发生后,保险人只有按合同规定对被保险人履行了赔偿义务之后,才有权取得对第三方责任人的代位追偿权。代位追偿权是一种债权的转移,即被保险人与第三者之间特定的债权债务关系,在保险人赔付保险金之前,这种权利与保险人没有任何直接的关系。在事故发生后,在保险人支付保险赔偿金之前,被保险人既有权向保险人请求赔偿,也可以向第三者请求赔偿。当然一旦被保险人获得保险赔偿金后,相应的追偿权就转移给了保险人。在保险实务中,保险人常常在支付保险金给被保险人时,要求其在追偿权委托书上签名,实际上就是追偿权转移给保险人的书面凭证,但即使没有此凭证,也不妨碍保险人对第三者的代位追偿权。

(4)保险人的代位追偿权以其实际支付的保险赔偿额为限。保险人在代位追偿中追偿的金额受到一定的限制,以其对被保险人赔付的金额为限。如果保险人从第三者处追偿的金额大于其对被保险人的赔偿,则超出部分应归被保险人所有。如果被保险人获得的保险赔偿金额小于第三者对其造成的实际损失,被保险人有权就未取得赔偿部分继续对第三者请求赔偿。如果保险人和被保险人同时有权向第三者追偿,被保险人具有优先权。保险代位原则的规定不仅在于防止被保险人取得双重赔付而获得额外利益,保障保险人的利益,同样也在于防止保险人通过代位追偿权而获得额外利益,损害被保险人的利益。保险双方的利益均得到保护。

(5)被保险人不能损害保险人的代位追偿权。被保险人与第三者之间的债权关系如何,对保险人能否顺利履行和实现其代位追偿权是非常重要的。如果被保险人一方面在保险人处得到赔偿,另一方面私下又与第三者责任人达成协议,免去第三者的赔偿义务,则会妨害保险人代位追偿权的行使。因此,在保险实务中要防止被保险人损害保险人的代位追偿权。

《保险法》第六十一条规定:"保险事故发生后,保险人未赔偿保险金之前,被保险人放弃对第三者请求赔偿的权利的,保险人不承担赔偿保险金的责任。保险人向被保险人赔偿保险金后,被保险人未经保险人同意放弃对第三者请求赔偿的权利的,该行为无效。被保险人故意或者因重大过失致使保险人不能行使代位请求赔偿的权利的,保险人可以扣减或者要求返还相应的保险金。"这一条规定,目的在于保护保险人行使代位权利。

3. 权利代位的例外

(1)人身保险。由于人身保险大多数为给付性合同,不适用补偿原则,相应地也就不适用代位原则。再者,人的生命和身体是无价的,其价值难以估计和衡量,当人身事故发生后,投保方从多处获得赔付并不能说其通过保险而得利。所以在给付性的人身保险中,当保险事故发生后,投保方既可向保险公司索赔,也可追究第三方责任人的经济赔偿责任,两方权利不受影响。保险公司在支付了死亡或残疾保险金后,不能再向第三方责任人进行代位追偿。

(2)当追偿的对象为被保险人的家庭成员时。保险人和其家庭成员在经济上为一个整体,当发生保险事故后,如果保险人一方面对被保险人进行补偿,另一方面又向其家庭成员进行追偿,从其整个家庭来说仍然没有得到任何补偿,这样就失去了保险的意义。所以各国保险法规定,当保险事故的第三方责任人为被保险人的家庭成员或其组成人员时,保险人赔偿了保险金后不得行使代位追偿权。《保险法》第六十二条规定:"除被保险人的家庭成员或者其组成人员故意造成本法第六十条第一款规定的保险事故外,保险人不得对被保险人的家庭成员或者其组成人员行使代位请求赔偿的权利。"

（三）物上代位

物上代位是指发生了保险事故时，保险人在支付了全部或部分保险金以后，即可取得保险标的物的全部或部分的所有权。此规定主要为了防止被保险人在获得保险赔偿金后，又可能通过获得保险标的的残值、保险标的的失而复得而得到额外利益。《保险法》规定：保险事故发生后，保险人已支付了全部保险金额，并且保险金额相等于保险价值的，受损保险标的的全部权利归于保险人；保险金额低于保险价值的，保险人按照保险金额与保险价值的比例取得受损保险标的的部分权利。物上代位在海上保险中通常以委付方式进行，所谓委付，是指被保险人在发生保险事故造成保险标的推定全损时，请求保险人按保险金额全数予以赔付，并将保险标的的一切权利和义务转移给保险人的行为。

三、分摊原则

（一）重复保险与分摊原则

1. 重复保险的含义

重复保险是指投保人以同一保险标的、同一保险利益、同一保险责任，同时向两个或两个以上保险人投保，且保险金额总和超过保险标的的价值。具体来说，重复保险必须具备下列条件：

（1）同一保险标的及同一保险利益。重复保险要求以同一保险标的及同一保险利益进行保险，保险标的如果不相同，显然不属于重复保险；而保险标的相同，但保险利益不相同，亦不构成重复保险。例如，对同一房屋，甲以所有人的利益投保火灾保险，乙以抵押权人的利益也投保火灾保险，甲、乙的保险利益不相同，两人对同一房屋的保险不属于重复保险。所谓同一保险利益，含有同一被保险人之意味，如被保险人不同，则不存在重复保险的问题。

（2）同一保险期间。如果是同一保险标的及同一保险利益，但保险期间不同，也无重复保险问题。例如，保险合同期满又办理续保，这不构成重复保险。但保险期间的重复，并不以全部期间重复为必要，其中部分期间重复，也可构成重复保险。

（3）同一保险责任。如果以同一保险标的及同一保险利益同时投保不同的危险险，保险责任不同，也不构成重复保险。例如，同一家庭财产可同时投保火灾保险和盗窃险。

（4）与数个保险人订立数个保险合同，且保险金额总和超过保险标的的价值。如果只与一个保险人订立一个保险合同，保险金额超过保险标的的价值，称为超额保险。而与数个保险人订立数个保险合同，但保险金额总和不超过保险标的的价值，则为共同保险。只有既与数个保险人订立数个保险合同，且保险金额总和超过保险标的的价值，才构成重复保险。投保人投保同一种危险，且保险金额总和超过保险标的的价值，这就有可能使得被保险人在保险事故发生时，就同一标的的损失从不同保险人处获得超额赔款，这就违背了损失补偿原则。为了防止被保险人重复保险而获得额外利益，故确立了重复保险分摊原则，由各保险人按相应的责任，共同公平地分摊损失赔款，使被保险人所获得的赔款总额与其实际损失相等。可见，重复保险分摊原则也是由损失补偿原则派生的，是损失补偿原则的补充和体现，同样也只适用于财产保险等补偿性保险合同，不适用于人身保险。

重复保险原则上是不允许的，但事实上却存在。其原因通常是投保人或被保险人的疏忽，或者为求得更大的安全感，当然也有为谋取超额赔款而故意进行重复保险。对于重复保险，各国保险立法都有规定，投保人有义务将重复保险的有关情况告知各保险人。《保险法》第五十六条也规定："重复保险的投保人应当将重复保险的有关情况通知各保险人。"投保人不履行该项义务，其后果与违反告知义务相似，保险人有权解除保险合同或宣告保险合同无效。

2. 分摊原则的含义

分摊原则是指在重复保险的情况下，当保险事故发生时，各保险人应采取适当的分摊方法分配赔偿责任，使被保险人既能得到充分的补偿，又不会超过其实际损失而获得额外的利益。

在重复保险的情况下，当保险事故发生之后，若被保险人通过向不同的保险人就同一损失索赔，则可能获得超额赔款，这显然是违背损失补偿原则的。为了防止被保险人因重复保险而获得额外利益，确定了分摊原则。当各保险人按相应的责任分摊损失时，被保险人所获得的赔款总额就与其实际损失相等，从而与损失补偿原则相一致。

(二)重复保险的损失分摊方式

1. 比例责任分摊方式

比例责任分摊方式(pro rata contribution)，是指各保险人按照各自保单中承保的保险金额与总保险金额的比例承担保险责任。其计算公式为：

$$某保险人分摊的赔偿金额 = \frac{其保险人承保的保险金额}{所有保险人承保的保险金额总额} \times 损失金额$$

通过该种方式分摊赔偿责任，赔偿总和等于被保险人的实际损失。比例责任分摊方式在各国的保险实务中运用较多，我国也是采用此种分摊方式。例如，某公司以其具有的价值100万元的物品，分别向A、B、C三家财产保险公司投保，三家保险公司承保的金额分别为40万元、60万元、100万元。当发生保险事故时，保险标的遭受损失为80万元，则该公司所获得的保险赔付金额总额为80万元。三家保险公司按比例责任分摊方式赔偿金额各自为16万元、24万元、40万元。

2.独立责任分摊方式

独立责任分摊方式(independent liability method)，又称限额责任分摊方式。是按照各保险人假设在无其他保险公司情况下单独应负的赔偿责任与各保险人单独责任之和的比例承担保险责任，即按各保险人单独赔付时应承担的最高责任比例来分摊损失赔偿责任的方法。其计算公式为：

$$某保险人分摊的赔偿金额 = \frac{其保险人独立责任限额}{所有保险人独立责任总额} \times 损失金额$$

独立责任分摊方式和比例责任分摊方式都是各保险人按照一定的比例进行分摊的，但各自分摊的基础不同。独立责任分摊方式是以赔偿比例为基础,而比例责任分摊方式是以保险金额比例为基础。

在上述例子中,若其他条件相同,但保险赔偿按独立责任分摊,则三家保险公司的赔偿金额各自为17.78万元、26.67万元、35.55万元。

3.顺序责任分摊方式

这是根据各保险人出立保单的顺序来确定赔偿责任,即先由第一个出立保单的保险人在其保险金额限度内赔偿,再由第二个保险人对超过第一个保险人保险金额的损失部分在其保险金额限度内赔偿,以此类推,直至将被保险人的损失全部赔偿为止的方法。如上例中,先由A保险公司赔偿40万元,然后由B保险公司赔偿40万元,C公司就不承担赔偿责任。日本《商法典》、法国《商法》均规定采用此方法。

—— 本章小结 ——

1. 保险利益原则是保险的基本原则,它的本质内容是投保人或被保险人以其所具有保险利益的标的投保,否则,保险人可单方面宣布合同无效;当保险合同生效后,投保人或被保险人失去了对保险标的的保险利益,则保险合同随之失效;当发生保险责任事故后,被保险人不得因保险赔偿而获得额外利益。

2. 最大诚信原则是指合同双方当事人要向对方充分而准确地告知有关保险的所有重要事实,不允许存在任何的虚伪、欺骗和隐瞒行为,否则合同无效。它主要包括告知、保证、弃权和禁止反言三项内容。

3. 近因是指引起保险标的损失的最直接、最有效、起决定作用的原因,而并非时间上、空间上最近的原因。近因原则是指引起保险事故发生,造成保险标的损失的近因属于保险责任,保险人承担损失赔偿责任;如果近因属于除外责任,保险人不负赔偿责任。

4. 损失补偿原则是指当保险标的发生保险责任范围内的事故时,被保险人有权按照保险合同的约定,按照一定的方式获得保险赔偿,但同时被保险人不能因保险赔偿而获得额外的利益。损失补偿受到实际损失价值、保险金额和保险利益三个金额的限制。

5. 代位原则是指保险人依照法律或保险合同约定,对被保险人所遭受的损失进行赔偿后,向保险事故的第三方责任人进行追偿的权利,或受损的保险标的的所有权就由被保险人转移给了保险人,由保险人代替被保险人来行使这两项权利。

6. 分摊原则是指在重复保险情况下,当保险事故发生时,各保险人应采取适当的分摊方法分配赔偿责任,使被保险人既能得到充分的补偿,又不会超过其实际损失而获得额外的利益。它有三种分摊方法:比例责任分摊方式,限额责任分摊方式,顺序责任分摊方式。

—— 关键术语 ——

保险利益,保险利益原则,最大诚信原则,告知,保证,弃权与禁止反言,近因,近因原则,补偿原则,代位原则,权利代位,物上代位,委付,重复保险,分摊原则,比例责任分摊方式,独立责任分摊方式,顺序责任分摊方式。

—— 复习思考题 ——

1. 试述保险利益原则的含义及确立要件。
2. 财产保险与人身保险的保险利益怎样确定?
3. 什么是近因? 认定近因的方法有哪些?
4. 试述损失补偿原则的含义及限制条件。
5. 什么是权利代位? 构成权利代位的要件有哪些?
6. 重复保险与分摊原则的含义是什么? 分摊方式有哪几种?

—— 案例分析题 ——

1. 某商店经理A为其经营的一批照相机向D保险公司投保火灾保险附加盗窃险。保险公司承保后不久,在保险有效期内的某日,该商店这批照相机被窃。A经理持保险单向保险公司索赔。保险人经调查后发现,该商店A经理所投保的这批照相机是从国外买进的,没有按国家规定申报、缴纳税金,属于走私物品。故保险公司针对该商店A经理被窃照相机提出的索赔,发出了拒赔通知书。该商店不服,向法院起诉,请分析该案件该如何判决。

2. 王某与张某同为公司业务员。2019年8月王某从公司辞职后,开始个体经营。开业之初,由于缺乏流动资金,王某向张某提出借款,并愿意按高于银行的利率计算利息,同时将自己的桑塔纳轿车作为抵押,以保证按时还款。张某觉得虽然王某没有什么可供执行的财产,但以汽车作为抵押,自己的债权较有保证,为以防万一,张某要为车辆购买保险,王某表示同意。2019年9月,双方到保险公司投保了车辆损失险,为了方便,投保人和被保险人一栏中,都写了张某的名字。2020年初,王某驾车外出,途中因驾驶不慎发生翻车,车辆遭到严重损坏,几乎报废,王某也身受重伤。得知事故后,张某向保险公司提出索赔,认为该车的事故属于保险责任,保险公司应当赔偿。保险公司认为尽管该车的损失属于保险责任,但是被保险车辆并非张某所有或使用的车辆,张某对车辆没有保险利益,根据《保险法》第十二条的规定,保险合同无效,保险公司应退还王某所交的保险费,不承担赔偿责任。经过几次交涉未果,张某将保险公司告上法院。法院经审理后认为,张某作为债权人,抵押车辆是否完好关系到抵押权能否实现,最终决定债权能否得到清偿,因此,发生保险事故后,张某对车辆拥有保险利益,保险公司应当进行赔偿。

请问:法院的判决是否正确? 为什么?

3. 某学校为全校教职工投保了团体人身意外伤害保险,保险费由学校支付,保险金额每人10万元。其中教师A指定其妻子B为受益人,半年后,教师A与妻子离婚,但不久教师A却意外死亡。对保险公司给付的10万元保险金,学校以教师A生前欠单位5万元借款为由进行了扣除,另一半5万元则以教师A的妻子已离婚为由交给了A的父母。

请问:学校如此处理10万元保险金是否正确? 保险金按理应当给谁? 为什么?

4. 某棉织厂于2018年11月投保了企业财产保险综合险,保险期限一年。同年12月,该厂与一家制衣厂签订了一万米涤纶棉布的购销合同。按照合同规定,制衣厂于2019年1月10日派人送来购货款,并验收货物,准备装车。当制衣厂的负责人将涤纶棉布验收并装车6100米时,天色已晚,为保证质量,该负责人决定第二天上午再继续验收并装余下的货物,已验收并装上车的货物暂交棉织厂代为看管。不料,在这天夜里该棉织厂发生了火灾,涤纶棉属于易燃物,库内存放的35000米涤纶棉布全烧毁,由于已验收的6100米涤纶棉布随车停放在仓库内,这些布匹也未能幸免于难。事故发生后,保险公司立即赶往现场进行查勘,确认了事故是线路短路造成的,决定对损失予以赔偿,但当了解到被保险人与制衣厂的购销合同时,对于库内车上存放的和仓库内的涤纶棉的损失是否赔偿、如何赔偿、保险公司内部产生了分歧。

请问:保险公司是否应该赔偿?如何赔偿?

5. 2020年3月,某厂50岁工人张某因患胃癌住院治疗(亲属因害怕其情绪波动,未将真实病情告诉其本人,只说是肠梗阻),手术后出院上班。半年之后,张某见同事去保险公司办理投保手续,于是一同到保险公司投保了三年期人寿保险。填写投保单时,因其不知自己曾患过胃癌,因而在表中未申报癌症事实,也未将住院手术治疗肠梗阻的事实告知保险人。2021年6月,张某旧病复发,治疗无效死亡。张某的女儿以受益人身份要求保险公司给付保险金,保险公司在审查提交的有关证明材料时,发现张某的死因病史上载明其投保前曾患过胃癌并动过手术,于是对此案是否违背最大诚信原则,保险公司是否要给付保险金问题引起争论。

请问:保险公司是否应该赔偿?为什么?

更多案例
扫码获取

第三章
保险合同

➤ **本章学习要求**

- 理解保险合同的概念、特点、分类与组成形式；
- 掌握保险合同主体的含义和权利义务；
- 掌握保险合同基本条款和特定条款的内涵；
- 理解保险合同订立、履行、变更与终止等各环节的主要规定；
- 了解保险合同的解释和争议处理。

第一节　保险合同概述

一、保险合同的概念

保险合同（insurance policy）又称保险契约，是指投保人与保险人约定保险权利义务关系的一种协议，它是双方围绕承保风险产生的支付保险费、保险金请求权等权利义务的体现和证明。对保险人来说，保险合同是他经营的产品，对投保人或被保险人来讲，保险合同是他们购买的服务。保险合同确立了他们之间的债权债务关系。

保险合同是经济合同的一种，因此必须具备经济合同的基本条件：第一，保险合同的当事人必须具有民事行为能力；第二，保险合同是双方当事人意思表示一致的行为，而不是单方的法律行为；第三，保险合同必须是合法的。

二、保险合同的特点

作为一种特殊的民商事合同，除了具有一般合同的共性特征之外，保险合同还具有自己的一些特点。

（一）保险合同是保障合同（contract of protection）

保险是一种无形的保障性商品，保险人以保险合同为依据向被保险人提供保障服务。这种保障服务直接表现为：保险人承诺当约定的保险事故发生造成保险标的损害时，保险人对被保险人遭受的经济损失进行补偿，或当被保险人死亡、伤残、疾病或达到约定年龄或期限时，向被保险人或受益人给付保险金，保证他们的经济安全。当然保险人的保障承诺是以投保人交纳保险费为对价的。需要说明的是，保障只是一种承诺，并不是每个保险合同都能得到赔偿或给付的，因为保障不等于保险金的赔偿或给付，保障主要是使投保人或被保险人得到精神和物质上的安全感，即可减少忧虑与不安。

（二）保险合同是射幸合同（aleatory contract）

射幸是指碰运气、机会性的意思。对于财产保险合同和一部分人身保险合同而言，并不是所有交纳保险费的投保人或被保险人都可获得赔偿或给付。根据大数法则和概率论，只有少数被保险人才发生保单承保风险范围内的损失，因而只有少数遭受事故的被保险人才能获得赔偿或给付。因此，就个体而言，保险合同也被称为"碰运气合同"，即射幸合同。但就总体而言，投保人支付的全部纯保费和获得的全部赔款应该大体上是相等的。尽管射幸合同的本质是机会性，或某种偶然性事件的发生，但保险合同并不是赌博性合同，因赌博制造了原来并不存在的风险，而保险只是对已存在的纯粹风险进行分散转移，它不会产生新的风险。

（三）保险合同是附合合同（adhesion contract）

保险合同又称为格式性合同，这是相对于协商合同而言的。买卖合同一般由双方当事人共同协商拟定合同条款。但保险合同则不同，合同条款事先由保险人拟定，投保人或被保险人只有接受或拒绝该条款，不能就条款内容进行修改或变更。因此，投保人在购买保险时，要么附合保险人的合同，即同意合同条款并购买该保险，要么拒绝购买该保险，即使需要变更某项内容，也只能采纳保险人事先准备好的附加条款。可见，在附合性合同中，保险人较之被保险人处于明显的优势，正因为这样，一旦合同双方对保险合同条款的某些词意理解有分歧时，法院通常会作出有利于被保险人的解释。

（四）保险合同是双务合同（bilateral contract）

这是相对于单务合同而言的。单务合同是指对当事人一方发生权利，对另一方只发生义务的合同。如赠与合同等。而双务合同是当事人双方都享有权利和承担义务，一方的权利即为另一方的义务。保险合同就整体来说是双务合同，投保人的义务是支付保险费，其权利是发生保险事故后获得赔款或给付；保险人的权利是收取保险费，其义务是支付保险赔款或给付。当然就个别保险合同来讲，可能这种权利与义务并不对称，因保险合同是一种有条件的双务合同，投保人在订立合同时必须要交纳保险费，但保险人在承保的危险事故发生时有履行赔付的义务。

三、保险合同的分类

(一)按保险标的不同划分,分为财产保险合同和人身保险合同

(1)财产保险合同,是以财产及其相关利益和民事赔偿责任为保险标的的保险合同。财产保险合同所涉及的标的包括有形财产和无形财产,故以有形财产为合同标的的称为财产损失保险合同,以无形财产为合同标的的称为责任保险合同和信用保证保险合同。

(2)人身保险合同,是以人的寿命和身体为保险标的的保险合同。依据人身保险合同所保障的危险不同,又可分为人寿保险合同、人身意外伤害保险合同和健康保险合同。

(二)按保险合同性质划分,分为补偿性保险合同和给付性保险合同

(1)补偿性保险合同,是保险人根据保险标的所遭受的实际损失进行经济补偿的合同。在补偿性保险合同下,保险人的赔偿金额既不能超过实际损失,也不能超过保险金额,更不能超过保险利益,换言之,就是使投保人或被保险人恢复到损失发生之前的状态,不能通过保险额外获益,在实务中体现出"一处损失,一处获赔"的特点。通常财产保险合同和医疗保险合同属于此类合同。

(2)给付性保险合同,是事先由保险合同双方当事人约定保险金额,当被保险人发生约定的保险事故时,由保险人按约定的保险金额给付保险金的合同。人身保险合同一般属于此类合同。因为人身保险的保险标的是无法估价的生命或身体机能,其可保利益也是无法估价的。被保险人发生伤残、死亡事件,对其本人及家庭所带来的经济损失和精神上的痛苦都不是保险金所能弥补的,保险金只是一定程度上帮助被保险人及其家庭缓解经济上的困难,给予精神上的安慰。特别是当一次人伤事件触发多宗赔付关系时,赔付关系相互之间不冲突,可以累计赔付,体现出"一处人伤事件,多处获赔"的特点。因此,人身保险合同不是补偿性保险合同,而是给付性保险合同,其保险金额根据被保险人的需要和支付保险费的能力来确定。

(三)按保险标的数量划分,分为单一保险合同、集合保险合同和总括保险合同

(1)单一保险合同,是以"特定化的"一个人或单一物体为保险标的的保险合同。在保险合同中,以单一保险合同居多,如以一栋房屋投保火灾险,以一辆汽车投保车辆险,以一个被保险人投保定期寿险等。

(2)集合保险合同,是指以多数特定的人或物为保险标的的保险合同。在保险合同中,这类合同也较为常见,如某运输公司以其全部五十辆车为保险标的的投保汽车保险,某雇主以其所有雇员为被保险人与保险人订立一份团体意外伤害保险合同等。

(3)总括保险合同,是指无特定的保险标的,对于符合一定标准或者范围内的某类保险标的的确定一个总的保险金额的保险合同。在总括保险合同中,对所承保的保险标的只是以财产性质、存放地点、保险利益及保险金额等因素进行限定,而不以特定的保险标的为限。如某企业以一仓库内存放的货物为保险标的的投保,并确定总保险金额,只要在此地点内发

生保险事故,保险人在保险金额内赔偿,至于货物平时的进出并不影响合同效力。再如,某外贸公司每年有多批次货物运输出口,所以在年初时与保险人签订一个总括货物运输保险合同,确定货物的性质和总保险金额即可,这样每批次出运货物都能自动获得保障。

（四）按保险责任范围大小划分,分为特定风险保险合同和综合风险保险合同

（1）特定风险保险合同,是指承保一种或某几种特定风险责任的保险合同,该合同通常是以列举式来说明承保风险责任范围。如果仅承保一种风险的保险合同,称为单一风险保险合同,如地震险或战争险等;如果承保数种风险的保险合同,称为多种风险保险合同,如火灾保险、车辆保险等。

（2）综合风险保险合同,是指保险人承保除"除外责任"以外的一切风险的保险合同,该合同通常是以概括式来说明承保风险范围,同时以除外责任方式来确定不承保的风险,以此界定承保风险的范围。由于该类合同对多种不同的风险事故都承担保险赔偿责任,故又称为"一揽子保险合同"。

四、保险合同的形式

《保险法》第十三条规定:"投保人提出保险要求,经保险人同意承保,保险合同成立。保险人应当及时向投保人签发保险单或其他保险凭证。保险单或者其他保险凭证应当载明当事人双方约定的合同内容。当事人也可以约定采用其他书面形式载明合同内容。"可见保险合同通常采用书面形式。许多保险公司往往在条款中约定:"本保险条款、保险单或其他保险凭证、投保书、与保险合同有关的投保文件、合法有效的声明、批注、批单、附加合同、其他书面协议都是您与我们之间订立的保险合同的构成部分。"保险合同的书面形式包括:

（一）投保单

投保单（application）又称要保单,是投保人申请保险的一种凭证,是一种书面要约。投保单经投保人据实填写并交付给保险人,就成为投保人表示愿意与保险人订立保险合同的书面要约,投保单一经保险人盖章,就对双方产生法律约束力,成为保险合同的重要组成部分。财产保险的投保单通常要载明保险标的的名称、用途、坐落地点、保险金额、保险责任期限等。人身保险的投保单通常要载明被保险人的姓名、年龄、职业、健康状况、保险期限、受益人姓名、保险金额等。如果投保人在投保单中没有如实填写保险标的的相关信息,日后可能要承担因违反如实告知义务而带来的法律责任。

（二）保险单

保险单（policy）是投保人与保险人订立保险合同的正式书面证明,它是由保险人签发给投保人。保险单上完整地记载了合同双方当事人的权利和义务,它是被保险人在保险标

的因保险事故发生损失时向保险人提出索赔或给付的依据和凭证,一份完整的保险单通常包括保单正本和保险条款两部分。

保单正本载明的是特定保险合约的具体信息,采用表格形式,需要逐单填写或打印。常见的内容有:双方当事人姓名住址、保险标的、保险险种、保险期限、保险金额,保险费及其支付方式等。

保险条款是保险人事先制定并印刷好的格式化条款,通常印在保单的下半部分或背面,或者附在保单正本的后面。主要列明以下事项:

(1)责任事项,明确保险人应该承担的风险责任范围及赔偿或给付数额。

(2)除外事项,列举除外风险责任事项。

(3)条件事项,即投保条件、索赔条件等。

(4)其他事项,如告知事项、退保事项、解决争议的条款、时效条款、释义等。

(三)暂保单

暂保单(binder)是保险单没有发出前出立给投保人或被保险人的一种临时凭证。暂保单与正式保险单具有同等的法律效力,但正式保单一旦签发,暂保单就自动失去法律效力,其最长有效期只有30天。保险人亦可以提前终止暂保单效力,但必须提前通知投保人。暂保单通常在下列情况下使用:

(1)保险分支机构争取到大额的保险业务,需要上级保险公司或总公司审批,在审批获准前可以先开出暂保单。

(2)保险代理人争取到保险业务但尚未向保险人办妥正式保单之前,可先开出暂保单。

(3)保险双方当事人就合同的有关内容尚未谈妥前,可先开出暂保单。

(四)保险凭证

保险凭证(insurance certification)又称小保单,是保险人向投保人签发的证明保险合同已经成立的书面凭证,是一种简化了的保险单。其法律效力与保险单相同,只是内容较为简单。实践中,保险凭证没有列明的内容,以同一险种的正式保险单为准;保险凭证与正式保险单内容相抵触时,以保险凭证上的特约条款为准。保险凭证一般在以下情况下使用:

(1)在团体人身保险中,统一签发一份正式保单,而对团体中每一被保险人只签发一张保险凭证,以证明其参加了该保险。

(2)在投保人提出一些特殊要求而保险人所提供的保险单无法满足时,签发保险凭证,做一些特别约定。

(3)保险人开设新险种的初期,保险人与投保人通常直接协商确定保险合同内容,就不使用标准的保险单而使用保险凭证。

(五)批单和批注

批单和批注(endorsement)是对保险合同进行修改、补充说明或增删内容,由保险人出立的一种凭证,其法律效力优于原保险单的同类条款。批注是在原保险单或保险凭证上加以修改,或者在保险单空白位置内书写补充。批单则需要在另加纸张上载明变更或补充的条款内容,由保险人签章后附贴于原保险单上。

第二节　保险合同的要素

一、保险合同的主体

保险合同的主体包括直接参与合同订立的当事人、与合同利益直接相关的关系人和协助合同订立的中介人。

(一)保险合同的当事人

保险合同当事人主要是保险人和投保人。

(1)保险人(insurer/underwriter)。保险人是指与投保人订立保险合同,并承担赔偿或者给付保险金责任的保险公司。保险人又称承保人,通常是经营保险的各种组织。世界各国法律规定只允许法人经营保险业务,只有英国允许劳合社的承保人可以是自然人。我国保险公司的组织形式有股份有限公司、责任有限公司、国有独资保险公司、保险互助社等形式。保险人是保险合同的一方当事人,具有以下法律特征:

①保险人履行赔偿或给付保险金之义务是由保险合同的约定而产生的,而不是由侵权或者违约行为而产生的。

②保险人通过收取保险费,建立保险基金,在保险事件发生时依据保险合同履行保险赔偿或给付责任。因此,保险人是保险基金的组织、管理和使用人。

③保险人是依法成立并经许可经营保险业务的保险公司。由于保险公司的经营活动涉及社会公众的利益,因此法律规定保险公司要符合一定的条件,经过核准后获得经营许可方可成立,成立后还要在保险监督管理部门核定的业务范围内从事保险活动并接受监管。根据《保险法》的相关规定,设立保险公司应当经国务院保险监督管理机构的批准,由其颁发经营保险业务的许可证,并在工商行政管理部门办理登记,领取营业执照。设立保险公司的最低注册资本限额为人民币2亿元,且为实交货币资本,还必须按注册资本总额的20%提取保证金。保险公司应按照分业经营的原则,不得兼营人身保险业务和财产保险业务,但是,经营财产保险业务的保险公司经保险监管机构批准,可以经营短期健康保险业务和意外伤害保险业务。

(2)投保人(applicant)。投保人是指与保险人订立保险合同,并按照保险合同约定负有支付保险费义务的人,又称为要保人,可以是法人,也可以是自然人。投保人是保险合同的另一方当事人,必须具备以下条件或权利:

①投保人必须具有相应的民事行为能力。未取得法人资格的组织和无行为能力或无完全行为能力的自然人不能成为保险合同的投保人,否则所订立的保险合同是无效合同。

②人身保险的投保人在订立保险合同时,应当对被保险人具有保险利益,否则所订立

的保险合同是无效的。

③投保人应当承担支付保险费的义务。有些人寿保险合同是以投保人交付保险费为合同生效的前提条件。

④投保人具有保险合同的处分权。投保人作为合同缔约人,在我国也称为保单持有人,具有保险合同的处分权:例如退保权(仅限于未出险赔付前)、投资收益权、保单转让和质押权,经被保险人同意更改受益人等。

(二)保险合同的关系人

保险合同的关系人包括被保险人和受益人。

(1)被保险人(insured)。被保险人是指其财产或人身受到保险合同保障,在其生存时享有保险金请求权的人。被保险人可以是自然人,也可以是法人。投保人为自己的利益而与保险人订立保险合同时,投保人即为被保险人;投保人为他人利益而订立保险合同时,必须对被保险人具有保险利益。投保人与被保险人不是同一人时,投保人是合同当事人,被保险人则是保险合同的关系人。被保险人必须具备两个条件:第一,发生保险事故时,是直接遭受财产损失或人身风险事件的人;第二,具有保险金请求权的人。

(2)受益人(beneficiary)。广义的受益人是指一切享有保险金请求权的人,狭义的受益人则是指人身保险合同中当被保险人死亡时享有身故保险金请求权的人。狭义受益人必须具备两个条件:

第一,受益人必须经被保险人或投保人指定。受益人可以是自然人,也可以是法人,受益人如果不是被保险人和投保人,则多为与其有利害关系的自然人,胎儿也可以为受益人,但以出生时存活为必要条件。

第二,受益人是在被保险人死亡时应该享有保险金请求权的人。受益人享有保险金请求权,但不承担任何义务,当被指定的受益人为一人时,保险金请求权由该人行使,并获得全部保险金。当受益人是数人时,保险金请求权由数人行使,其受益顺序和受益份额由被保险人或投保人事先确定。保险合同中可指定的受益方式有:①均分。当被保险人死亡时多个受益人按照相等份额享有受益权,此种方式也是默认方式,即当合同中未确定受益顺序和受益份额时,由指定的多个受益人平均分配身故保险金。②比例。即在多个受益人之间分配不同的受益比例,当被保险人死亡时,各个受益人按照各自比例领取保险金。③顺位。规定多个受益人之间的优先顺序,当被保险人死亡时,排在前面的受益人优先领取全部保险金。只有前述受益人已经死亡或丧失受益权,后续的受益人才能享有受益权。

被保险人对受益人的受益权拥有处分权,即可以指定、变更和撤销受益人。但如果保险合同中指定的受益人是不可撤销的受益人,则受益人是不可变更的。

受益权对受益人而言是一种期待权,一种不确定权利。只有在被保险人因保险事故发生而死亡后,受益人的期待权才能转化为债权。受益人在下列情况下丧失受益权:①受益人先于被保险人死亡;②受益人依法丧失受益权;③受益人被指定变更;④受益人主动放弃受益权。其中共同灾难条款规定:当被保险人和受益人在一次事故中死亡,且分不清死亡先后顺序的,推定受益人先死亡。当被保险人死亡时保单无合法受益人,保险金作为被保险人的遗产来处理。

在财产保险中投保人和被保险人可以是同一人,也可以是不同人,但一般不会指定受益人。被保险人必须和保险标的之间具有保险利益,才有权在出险时索赔。在财产保险合同中,保险事故发生后,未造成被保险人死亡的,保险金请求权由被保险人本人行使;造成被保险人死亡的,保险金视为其遗产,由其继承人依《中华人民共和国继承法》继承。

在人身保险中投保人和被保险人可以是同一人,也可不是同一人,另外可指定受益人,受益人可以和投保人是同一人,但和被保险人必定是不同人。在人身保险合同中,保险事故发生后,被保险人依然生存的,保险金请求权由被保险人本人行使;被保险人死亡的,保险金请求权由指定的受益人来行使,未指定受益人的,保险金视为被保险人的遗产,由其继承人依《中华人民共和国继承法》继承。

这里值得注意的是,受益权不同于继承权。虽然受益人与继承人都在他人死亡后受益,但两者的性质是不同的。受益人享有的是受益权,是原始取得;而继承人享有的是遗产分割权,是继承取得。受益人没有承担被保险人生前债务的义务;而继承人在继承其遗产的同时,要承担被继承人生前未清偿的债务。

(三)保险合同的中介人

保险合同的辅助人虽不直接参与合同的订立,但正是辅助人的存在,促使保险合同当事人更顺利完成合同的订立和履行,因此也是保险合同的重要主体。保险合同的中介人主要有保险代理人、保险经纪人和保险公估人。

(1)保险代理人(insurance agent)。保险代理人是根据保险人的委托,向保险人收取代理手续费,并在保险人授权的范围内代为办理保险业务的机构和个人。在保险业发达的国家,保险人广泛使用代理人为自己招揽和销售保险业务。如日本的产险公司主要通过保险代理店来销售业务和提供售后服务,而寿险公司主要通过代理人推销保单;在美国,财产与责任保险公司的代理人分为独立代理人和专用代理人,前者是代表多家保险公司的代理人,后者只代理一家保险公司的业务,而寿险公司通常采用总代理人制,在一个地区代理一家保险公司的业务,再由总代理人负责招聘和培训分代理人。我国自1995年起也开始大量采用代理人来推销保险单,尤其是人寿保险。

保险代理人的法律特征主要表现为:第一,保险代理人的保险代理是基于保险人授权的委托代理。保险代理人以保险人的名义进行代理活动,代表保险人的利益。第二,保险代理人在保险人授权范围内做独立的意思表示。第三,保险代理人的保险代理行为视为保险人的民事法律行为,法律后果由保险人承担。

根据《保险法》的规定,保险代理人分为专业代理人、兼业代理人和个人代理人三种。

①专业代理人,是指专门从事保险代理业务的公司,在我国设立保险代理公司应当具备保险监管机构规定的条件,取得经营保险代理业务许可证,其注册资本最低限额适用《中华人民共和国公司法》的规定,必须具有符合任职资格的高管人员,应当有自己的经营场所。

②兼业代理人,是指受保险人委托,在从事自身业务的同时,指定专用设备和专人为保险人代办保险业务的单位。他们主要依靠自己主业的客户资源和销售渠道来推销保险产品。兼业代理人必须具备的条件:必须拥有同经营主业直接相关的一定规模的保险代理业

务来源;在其营业场所内代理保险业务;有专人从事保险代理业务。目前最常见的兼业代理人为银行,此渠道销售被称为银行保险。

③个人代理人,是指根据保险人委托,向保险人收取手续费,并在保险人授权的范围内办理保险业务的个人。个人代理人必须取得保险公司颁发的保险代理证书,在保险监管部门登记备案后才能开展保险销售活动。个人代理人业务范围限于推销保险单和代理收取保险费,不得办理企业财产保险和团体人身保险,且不得同时为两家以上(含两家)保险公司代理保险业务。

(2)保险经纪人(insurance broker)。保险经纪人是基于投保人的利益,为投保人与保险人订立保险合同提供中介服务,并依法收取佣金的机构和个人。在实践中,保险经纪人的业务范围除了撮合保险交易,还可以为客户提供风险评估、风险管理的咨询服务;为保险公司安排再保险业务;组织保险公司的共保组织等。由于投保经纪人是基于投保人的委托,所以保险经纪人在办理保险业务中的过错给投保人、被保险人造成的损失,由保险经纪人承担赔偿责任,与保险人无关。

在国际上,保险经纪人有四种形式:个人保险经纪人、合伙制保险经纪企业、保险经纪有限责任公司和保险经纪股份有限公司。大多数国家都允许个人保险经纪人从事经纪业务活动,但为了保护客户利益,使客户不因个人保险经纪人的过失遭受损失,各国监管机关都要求个人保险经纪人参加职业责任保险或交纳营业保证金。合伙制保险经纪企业是以合伙方式设立,并要求所有的合伙人必须是经执业注册的保险经纪人,其最大特点是合伙人对公司的债务承担无限责任。各国对保险经纪有限责任公司和保险经纪股份有限公司的清偿能力都有要求,也是大多数国家认可的组织形式。我国目前对个人保险经纪人并不认可,只认可了合伙制保险经纪企业、保险经纪有限责任公司和保险经纪股份有限公司,

(3)保险公估人(insurance surveyor)。保险公估人又称保险公证人,是为保险人或被保险人办理保险标的损失查勘、鉴定、估损和赔款计算等事项并出具公估书的人。公估人接受委托对保险事故进行评估和鉴定,应当依法、独立、客观、公正地进行评估和鉴定,任何单位和个人不得干涉。根据我国《保险公估人管理规定》,目前我国保险公估人的组织形式包括合伙企业、有限责任公司和股份有限公司。

保险公估人具有三种职能:第一,保险公估人具有评估职能。保险公估人通过对保险标的的估价、风险估评、查验、检验、估损及理算等工作,做出保险标的的市场价值、风险性质、风险程度、损失原因、损失程度等评估报告,以助于保险人快速、科学地处理保险案件。第二,保险公估人具有公证职能。由于保险公估人具有丰富的专业知识和技能,且是保险合同当事人之外的第三方,所以对保险标的的公估结论具有权威性和公正性。第三,保险公估人具有中介职能。保险公估人是独立于保险合同当事人之外的第三方,既可以受保险人的委托,也可以受投保人或被保险人的委托,从事公估经营活动,为保险关系当事人提供中介服务。

保险公估人的酬金一般由委托人支付,但也有一些国家法律规定,无论是由保险合同当事人哪一方委托公估,公估费用均由保险人承担。保险公估人因工作过错而给委托人造成损失的,由保险公估人承担赔偿责任。

保险公估人从其业务内容侧重点不同通常分为三类:

一是保险型公估人,这类保险公估人侧重于解决保险方面的问题,而技术性问题解决

相对为辅,英国的保险公估人多属此类;

二是技术型保险公估人,该类公估人侧重于解决技术性问题,而对保险方面的问题解决得相对较少,德国的保险公估人大多属于此类;

三是综合型保险公估人,这类公估人解决保险性问题和技术性问题并重,欧洲其他国家的保险公估人均属此类。我国保险公估行业起步较晚,到目前全国共有200多家保险公估行,我国的保险公估人属于综合型的。

二、保险合同的条款

(一)保险合同的基本条款

保险合同的条款是规定保险人与被保险人之间的基本权利和义务的条文,它是保险公司对所承保的保险标的履行保险责任的依据。基本条款是关于保险合同当事人和关系人权利与义务的规定,以及按照保险法律规定要记载的事项。保险合同的基本条款主要包括以下事项:

1.当事人的姓名(名称)、住所和联系方式

明确当事人的姓名和联系方式为保险合同的履行提供了前提。因在合同订立后,保费的交纳、保险金额的赔偿均与当事人及其住所和联系方式有关。由于保单是保险人印制的,因此保险公司的名称、地址及官方客服电话已在上面,保单上需要填写的只是投保人、被保险人或受益人的姓名或名称、住所、联系方式等。如果被保险人不只有一个人,则需要在保险合同中列明。

2.保险标的

保险标的(subject matter)是保险合同的保障对象。明确记载保险标的,一方面可以确定投保人对保险标的是否具有可保利益;另一方面也可以确定保险人对哪些承保对象承担保险责任。不同的保险标的所面临的风险种类、性质、风险因素和风险程度不同,所适用的保险费率也不同。确定保险标的,决定了保险合同当事人、关系人权利与义务的性质。当然,在不同的保险合同中,保险标的记载的内容是有所不同的。人身保险合同的标的是人的身体或生命,因此应详细记载被保险人的性别、年龄、身份、职业、健康状况等重要信息;财产保险合同的保险标的是特定物品及相关利益,因此应详细记载财物的性质特征、存放地点、用途等,使之特定化,以便在保险事故发生时,评估其损失范围。

3.保险责任和责任免除

保险责任(scope of cover)是保险合同约定的,由保险人承保,在保险事故发生时承担的损失或给付保险金责任的风险范围或种类。它界定了哪些客观事件会构成保险事故。保险责任依保险种类的不同而有所差异,通常由保险人确定并明确载明于合同之中。

责任免除(exclusions)又称为除外责任,是保险合同明确列明的不属于保险赔偿和给付范围的责任,其目的在于限制保险人的责任范围。保险责任条款涉及保险当事人的切身利益,《保险法》第十七条明确规定:"对保险合同中免除保险人责任的条款,保险人在订立合

同时应当在投保单、保险单或者其他保险凭证上作出足以引起投保人注意的提示，并对该条款的内容以书面或者口头形式向投保人作出明确说明；未作提示或者明确说明的，该条款不产生效力。"这是为保护被保险人、受益人的利益，防止保险人利用保险合同的专业性、技术性来侵犯他们的利益，也是保险活动中诚实信用原则的体现。除外责任又分为除外条款和不包括条款，前者是指在保险责任范围内但予以剔除的危险；后者是指保险责任范围外而特别强调除外的危险。

4. 保险期限和保险责任开始时间

（1）保险期限（insurance period），是保险责任的起讫时间。保险人只对保险期限内发生的保险事故承担赔付义务。保险期限必须在合同中载明，未进入该期限或者超过该期限，即使是承保风险造成的损失，保险人也不再承担保险责任。保险期限的确定一般有两种方式：

①自然时间期限。此种方式会规定具体期限，如半年、一年或更长的期限。财产保险一般为一年，人寿保险往往是一年以上，甚至几十年。

②行为时间期限。此种方式则以某一特定事件的始末为保险期间，如航空意外险一般都以被保险人踏入指定航班飞机舱门开始至飞机抵达目的地走出飞机舱门为止。

（2）保险责任开始时间，是保险人开始承担保险赔付责任的时间。投保人和保险人可以就保险责任开始时间进行特别约定，所以保险责任的开始时间未必和保险期限的开始时间完全一致，但是前者必然在后者的期间之内。对于自然时间期限的保险合同，按国际惯例一般都实行"零时起保制"，即合同订立后第二天凌晨零点开始生效，对于行为时间期限的保险合同，按某一特定事件始末为保险期限，则以该事件开始为保险责任开始时间，如果有特别约定的情形则保险人按照约定时间开始承担责任。

5. 保险金额

保险金额（insured amount）是指双方当事人在保险合同中约定的保险人在理论上应当赔偿或给付的最高货币金额，是计算保险费的依据。在财产保险合同中，保险金额以保险标的的保险价值为依据，保险金额超过保险价值部分是无效的。在人身保险合同中，由于其标的无法用金钱衡量，故保险金额不以保险价值为依据，只要投保人对被保险人有可保利益，原则上由投保人与保险人约定保险金额。但以死亡为给付保险金条件的保险合同，应由被保险人认可保险金额，否则合同无效。在保险理赔时，以死亡或生存为给付保险金条件的人身保险合同，给付金额应与保险金额一致；而财产保险合同约定的保险金额是表示保险人负担赔偿责任的最高金额，保险人赔偿的具体数额应视实际损失情况而定。

6. 保险费及其支付办法

保险费（premium）是投保人付给保险人使其承担保险责任的费用，是保险金额与保险费率的乘积，即：保险费＝保险金额×保险费率。保险费由纯保费和附加保费构成，纯保费是保险人用于赔付被保险人或受益人的保险金，它是保险费的最低限；附加保费是由保险人所支付的费用，由营业费用、营业税和营业利润构成。保险费的支付办法一般有两种：一种是趸交保费，即投保人在订立合同时一次性交清保费，合同才生效；另一种是期交保费，即分期交费，可以是年交、半年交等，只要交纳第一期保费合同就生效。

7.保险金赔偿或给付办法

保险金是保险事故发生后保险人经过理赔程序后确定的实际赔付数额。保险金的赔偿或给付是保险人在保险标的遭受保险责任范围内的保险事故导致被保险人财产损失或人身伤亡时,依法履行的义务,因此在保险合同中必须明确载明出险后保险金的计算依据和赔付方式。在人身保险合同中,发生生命事故给付保险金的全额,发生伤残事故,按伤残程度比例给付,医疗费用则按照合同约定予以补偿。财产保险的赔偿相对较为复杂,不同险种的赔偿方式不同,目前主要有四种方式:比例赔偿方式、第一损失赔偿方式、定值保险赔偿方式、重置价值赔偿方式。保险金的赔付一般都是现金支付方式,但当事人也可以约定实物补偿或修复等非现金支付方式。此外,对于保险理赔中的免赔率和免赔额也应当在合同中明确载明,以免理赔时引起争议。

8.违约责任和争议处理

保险合同订立后即产生相应的法律效力,双方当事人应按合同规定的内容履行合同。没有按照合同的约定完全地、全面地履行保险合同,应当承担相应的法律后果和违约责任。对保险合同发生争议时,应首先通过友好协商解决,协商解决不成,可以通过仲裁或诉讼方式解决。

9.订立保险合同的时间

保险合同应当注明订约的时间,因其对证明可保利益是否存在、保险危险是否已经发生具有重要意义。对于成立即生效的保险合同,订约时间还关系到保险责任期限的计算和保险责任的开始时间。在特定情况下,订约时间对查明合同争议和避免保险欺诈起到关键作用。

(二)财产保险合同的特定条款

在财产保险合同中除上述基本条款外,还有以下一些特定的条款。

1.免赔额和免赔率条款

免赔额和免赔率是常见的保险条款,它们一般规定,在保险人根据保险的条件做出赔偿之前,被保险人先要自己承担一部分或一定比例的损失。免赔额和免赔率条款在财产保险和医疗保险中得到广泛使用。但在人寿保险中不使用该条款,因为被保险人的死亡总是一种全部损失。

(1)免赔额条款,它是指在保险人作出赔付之前,被保险人要自担一定的损失金额。有两种方式:一是每次事故免赔额,每次事故造成的损失赔偿时都要扣除此免赔额。二是总计免赔额,它是把保险期内所有属于保险责任范围的损失加总在一起,如果这全部损失低于总计的免赔额,保险人不作任何赔付,一旦全部损失超过总计的免赔额,保险人对所有超额部分的损失予以赔付。

(2)免赔率条款,它是指在保险人只赔付实际损失的一定比例,被保险人自身要承担其余比例的损失。分为两种方式:一是固定免赔率,无论实际损失金额多少,保险人固定地免赔一定比例的损失;二是递减式免赔率,随着实际损失金额的递增,保险人承担的赔付比例逐步递增,从而免赔比例逐步递减,常应用在医疗保险中。

保险合同中规定免赔额的作用是明显的,第一,消除小额索赔,节省理赔费用。因为,相对来说,小额索赔的理赔费用高,处理20元的索赔可能要花费30元的理赔费用,这就不合算。所以免赔额能消除许多小额索赔,损失理赔费用就大为减少。第二,减少保险费,降低投保成本。如果使用了免赔额,购买保险就更为经济,在其他因素相同的情况下,免赔额愈大,保险费就愈便宜。第三,促进防损工作。因为被保险人要自己负担一部分损失,就不会因有了保险而高枕无忧,这势必使被保险人注意财产保护和防损工作。

2.共同保险条款

在财产保险赔案中,损失金额在保险标的价值10%以下的小额赔案总是占绝大多数,所以投保人往往不愿以高额投保,针对这一情况,有些国家在保单上增加共同保险条款。最常用的是"80%共同保险条款",依据这一条款,凡损失发生后,对保险标的价值进行估价,如保险金额大于或等于保险价值的80%,损失在保险金额内全部赔偿;如果保险金额小于保险价值的80%,则按比例赔偿,被保险人要承担一部分损失。计算公式:

$$\frac{保险金额}{80\%的保险价值} \times 损失金额 = 赔偿金额$$

例如,假定一幢建筑物的实际价值为500000元,但它的所有人只保险了300000元,如果保险单共同保险条款规定的比例为80%,即规定的保险价值为400000元,假定一次火灾事故损失额为10000元,则赔偿金额为:

$$\frac{300000}{400000} \times 10000 = 7500(元)$$

规定共同保险条款的目的是实现费率的公平合理。大多数财产损失部分损失,如果大多数投保人都投保部分损失,保险费率势必要大大提高,这对那些希望全额投保的被保险人在费率上就显得不公平。但我国目前还未采用共同保险条款,凡不足额投保的,一律按保险金额与保险价值的比例来赔偿。

3.分摊赔款条款

当几家保险公司或数份保单承保同一保险利益时,保险赔款实行分摊制,具体有两种分摊方式:

(1)按比例分摊赔偿责任。当数家保险公司承保财产中相同保险利益时,每家保险公司可根据各自保险金额与总保险金额的比例分摊赔偿责任。

(2)按相同份额分摊赔偿责任。在责任保险中,当数家保险公司赔偿同一责任损失时,每家公司一般按相同份额分摊赔偿责任,当一家保险公司的赔偿达到保险单限额时,其余公司继续按相同份额分摊赔偿责任,直到全部赔偿完毕或每家公司的保险单限额用完为止。

(三)人身保险合同的特定条款

1.不可抗辩条款

不可抗辩条款(incontestability clause)是指自人身保险合同订立时起,超过法定年限

(一般为两年)后,保险人将不得以投保人在投保时违反如实告知义务、误告、隐瞒某些事实为由,而主张合同无效或拒绝给付保险金。这一条款是用来保护被保险人和受益人权益的,因为保险合同是最大诚信合同,它要求投保人在投保时据实告知,否则保险人有权解除合同。但在人身保险业务的实务中,有的保险人滥用此规定,特别是人身保险多是长期性的保单,在生存保险中,许多年后当被保险人年老或生病需要保障时,保险人却以投保人在投保时的误告、隐瞒或漏告等理由来否定合同的有效性,尽管保险人提供的理由可能是事实,也将极大地损害被保险人的利益。在死亡保险中,保险合同保障的是受益人的利益,如果经过很多年后保险人解除合同,受益人的保障就失去了,也就是让受益人承担投保人的误告之责,这是不公平的,况且被保险人已经死亡,受益人也无法与保险人抗辩了。当然,不可抗辩条款也有例外情况,如投保人存在本性的欺骗,请别人代替体检或投保时对被保险人不具有保险利益等,保险人还是可以主张合同无效或拒付保险金。

为了树立保险人在社会公众中的良好形象,也为了维护被保险方的权益,从19世纪后期开始,一些国家的寿险合同中增加了不可抗辩条款。到目前,不可抗辩条款已成为国际惯例,且国际上一般都适用于健康状况告知。这一条款的存在,要求保险公司在签发寿险合同之前要进行大量的调查,合同订立的法定期限内还要深入了解,否则会给保险人带来本不应有的赔偿,我国在2009年10月1日才开始正式实施该条款。

2.年龄误告条款

年龄误告条款(misstatement of age clause)是指投保人申报被保险人年龄不真实,导致投保人支付的保险费少于应付保险费,保险人有权更正并要求投保人补交保险费,或者在给付保险金时按实付保险费与应付保险费的比例支付。被保险人的年龄是确定保险费率的重要依据之一,也是承保时判断能否承保的条件。投保人在申请投保时应尽可能提供被保险人的真实年龄,保险人一旦发现投保人申报被保险人年龄不真实,则按下列三种情形来处理:

(1)年龄超限误告情形。投保人申报的被保险人年龄不真实,并且其真实年龄不符合合同约定的年龄限制的,保险人可以解除合同,并按照合同约定退还保险单的现金价值。但是要注意的是保险人行使上述合同解除权是有限制的,以下三种情况保险人不得解除合同:自保险人知道有解除事由超过三十日不行使;自合同成立之日起超过两年的;保险人在合同订立时已经知道投保人未如实告知的情况的。此时发生保险事故的,保险人仍应当承担赔偿或者给付保险金的责任。

(2)少交保费情形。投保人申报的被保险人年龄不真实,致使投保人支付的保险费少于应付保险费的,保险人有权更正并要求投保人补交保险费,或者在给付保险金时按照实付保险费与应付保险费的比例支付。

$$调整后的保险金额 = \frac{按误告年龄计算的年应缴保费}{按真实年龄计算的年应缴保费} \times 原保险金额$$

(3)多交保费情形。投保人申报的被保险人年龄不真实,致使投保人支付的保险费多于应付保险费的,保险人应当将多收的保险费退还投保人。

3.宽限期条款

宽限期条款(grace period clause)是指投保人在交了首期保险费后,以后各期保险费可以在约定的宽限期(30天或60天)内交纳,保单仍然有效。在宽限期内发生保险事故的,即使投保人没有交费,保险人也给付保险金,但要从保险金中扣除当期应交的保险费。如宽限期满投保人仍未交保险费,则保险合同自宽限期满翌日中止效力。

在分期交费的长期寿险合同中规定一个宽限期,可使投保人弥补过失或从容筹款,从而降低保单的失效率。事实上,在较长的交费过程中,不可避免地会出现一些影响投保人按时交费的因素,如出差在外、遗忘、经济暂时困难等,规定一个宽限期,既体现了保险人的人性化服务,也有助于保单有较高的续保率。

4.中止、复效条款

中止是指当保险合同的必要条件得不到满足时,合同效力被暂时中止。但中止期只有两年,如果超过两年,合同的必要条件依然得不到满足,则保险合同最终被终止。

复效条款(reinstatement clause)是指当保险合同的必要条件在中止期内重新得到满足时,投保人可以向保险人申请复效,经保险人审核同意后,投保人补交失效期间的保费及利息,保险合同被恢复效力。保险合同复效后,保险人对中止期间发生的保险事故依然不予负责。申请复效通常要具备三个条件:一是保单必须在规定时期内复效;二是被保险人要提供可保性证据;三是须补交所欠保险费及利息。

一般来讲,复效比重新投保来得合算,这是因为:①随年龄的增长,费率会增加;②身体状况可能发生了较大变化,出现了加费因素。而复效是不需要考虑这些因素的,只要符合可保条件即可。复效后基本不影响保险合同的原有内容和效力,但是保单的2年自杀免责期和疾病等待期一般都要重新开始计算。

5.自杀条款

自杀条款(suicide clause)是指被保险人在合同订立一定期限内(一般为两年)自杀,保险人有权拒绝赔偿,但要退还保费或保单现金价值。保险合同生效满两年后被保险人因自杀身亡,保险人要承担保险责任,按照约定的保险金额给付保险金。

自杀曾在很长一段时期内一直被作为除外责任,人们简单地认为将自杀列为保险责任就会助长道德风险,有损于社会公德。但在人寿保险经营的长期实践中,人们发现对自杀完全免除责任是很不合理的。因为:①人寿保险的目的是保障受益人的利益,往往受益人就是依靠被保险人提供经济来源的人,如果对自杀一概不承担给付保险金责任,受益人的利益必将受到损害;②编制生命表时已经考虑了自杀这个因素,也就是说,投保人已经给自杀风险投了保;③蓄意自杀以骗取保险金的行为是可以被排除的。人们研究还发现,人在特定的环境下,一时因挫折产生自杀念头是很容易的,但要将此念头保持到两年后去实施,则是不大可能的。所以规定在两年内自杀不赔,两年后自杀给付是合理的。需要注意的是,如果保单有过中止复效情形的,两年的自杀免责期是从复效时重新开始计算的。

当然,保险人以被保险人在免赔期内自杀为由拒绝赔偿,他必须充分地证明死因确实为自杀,即被保险人在主观上有结束自己生命的意图,客观上实施了结束生命的行为,否则不能视为故意自杀,只能视为一般意外进行赔付,不受两年自杀免责期的限制。未成年人或者精神病人,在主观上不具备足够的理性,客观上不具备完全行为能力,他们的自杀行为不属于故意自杀,不适用自杀条款,应视为一般性意外,由保险公司给付保险金。

6.不丧失现金价值条款

不丧失现金价值条款(non-forfeiture cash value clause)是指寿险保单中的储蓄因素在任何情况下都不会被保险人没收,而总是作为投保人的收益累积。也就是说,即使保险单失效了,保险单上的现金价值所有权也归投保人所有。

均衡费率的实施使人寿保险中除定期寿险之外的大部分保险单,在交付一定时期(通常是两年后)的保险费之后都具有一定量的现金价值,这部分现金价值如同储蓄存款一样,为投保人所有。投保人处置保单的现金价值有三种方式:

(1)退保以获取现金。投保人提出解除合同后,保险人办理完退保手续后将合同现金价值退还给投保人。

(2)将原保险单改为交清保险,即将保险单上已产生的现金价值作为趸交保险费,在原保单的保险期限和保险责任保持不变的情况下,重新确定保险金额。交清保险的保险金额比原保险单的保险金额要小。

(3)将原保险单改为展期保险,即将保险单上的现金价值作为趸交保险费,用以购买与原保险合同保险金额相同的死亡保险,其保险期限长短取决于保单现金价值的多少,但最长不能超过原保险合同的保险期限。如果现金价值抵交后仍有余额,其剩余部分可以购买生存保险,这样,如果被保险人生存到保险期满就可获得生存保险金。

7.保单质押贷款条款

保单质押贷款条款(policy loan clause)是指在人寿保险单生效一定时期(一般是2年)后,保单持有人有权以具有现金价值的保单作质押要求保险人提供贷款。这是根据不丧失现金价值条款发展而来的,如果保单持有人遇到经济上的临时需要,保险人应该将该现金价值暂时借给投保人使用。贷款的金额只能是保单现金价值的一个比例,如80%。保险人将按照保险单上规定的利率收取利息,当贷款本利和达到保单的现金价值时,投保人应按保险人通知的日期还清款项,否则保单失效。如果在保单质押贷款期内发生保险事故,保险人同样要给付保险金,但可从保险金中先扣除贷款本息。需要特别指出的是,以死亡为给付保险金条件的保险合同,非经被保险人书面同意,不得将保险单进行质押。

8.保费自动垫交条款

保费自动垫交条款(automatic premium loan clause)是指保险合同生效一定时期后,投保人因故未按时交纳保险费,保险人可用保单已产生的现金价值自动垫交保险费,使保险单继续有效。如果垫交后投保人仍未交付保费,垫交应继续进行,直到累计的垫款本息达到保单上的现金价值时,保险合同的效力中止,此中止适用复效条款。如果被保险人在垫交期间发生保险事故,保险人应从给付的保险金中扣除垫款本息。

9.红利任选条款

红利任选条款(dividend options)是指投保人购买分红寿险保单后,有权分享红利分配,有权选择红利分配方式。可选择的红利方式有:

(1)领取现金。即保险单持有人直接领取现金红利。

(2)抵缴续期保费。用红利抵缴下一期保险费。

(3)积累生息。即将红利留在保险公司,并能获得利息。

(4)购买定期寿险。用红利购买附加的一年期定期寿险,保险金额取决于红利金额、被保险人年龄及费率等因素。

(5)提前满期。即将红利并入责任准备金中,以便责任准备金数额提前达到保险金额,从而使保单提前满期,被保险人提前领取保险金。

10.不得以诉讼方式要求支付保险费条款

因为人身保险是带有储蓄性的险种,投资储蓄是自愿的。如果投保人首期保费没有交纳,则保险合同本身就不成立;如果以后各期保费没有按时交纳,则过了宽限期保险合同即中止,过了中止期,保险合同就终止。所以保险人不得以诉讼方式要求投保人交纳保险费。

第三节　保险合同的订立、履行、变更与终止

一、保险合同的订立

保险合同的订立包括合同成立和生效两个要素。《保险法》第十三条规定:"投保人提出保险要求,经保险人同意承保,保险合同成立。保险人应当及时向投保人签发保险单或者其他保险凭证。依法成立的保险合同,自成立时生效。投保人和保险人可以对合同的效力约定附条件或者附期限。"此法条体现了保险合同成立和生效的要件。

(一)保险合同成立的要件

(1)要约,就是以缔结合同为目的,希望相对人予以承诺的意思表示。在订立保险合同的过程中,一般先由投保人向保险人提出要约,即投保申请。投保人首先对自己面临的风险以及所需要的风险保障进行全面的评估,然后通过咨询或保险业务人员的宣传,结合自身的财务计划安排明确所要投保的保险险种,并以填写投保单的方式向保险人或保险代理人提出投保申请。至于保险营销员前期的营销推介工作只能视作要约邀请,要约邀请必须是投保人自身发出的行为。

(2)承诺,是指受约人在收到要约后,对要约的全部内容(包括保险标的、保险金额、保险险种等)表示同意并做出愿意订立合同的意思表示。在投保人提出投保申请后,保险人通过对投保单的审核,对保险标的的查勘以及对投保人的询问,确定承保的具体条件,对投保人做出承保的承诺,即保险人通过核保程序后以书面或口头形式表示被保险人通过核保即为做出承诺表示。

保险合同为诺成性合同,经过要约和承诺两个环节,当事人意思表示一致,保险合同即告成立。至于出具保险单和交纳保费只是合同成立后的保险人和投保人应履行的义务,不是保险合同成立的必要前提。

(二)保险合同生效的要件

保险合同的成立不等于生效,合同成立是指一个法律行为是否存在;保险合同当事人应当进行哪些行为和活动才能订立保险活动,使之存在,即成立要件的问题。而合同是否生效属于一个价值判断问题,即已经成立的法律行为是否符合法律的规定,应当具备哪些法定的或者约定的条件,从而产生法律认可的效力。

依据《保险法》第十三条的规定可知保险合同生效的要件有以下两个:

1.符合法定条件

《保险法》第十三条中的"依法成立的保险合同"是指保险合同的生效要符合下述法定条件:

(1)当事人具备相应的民事行为能力。保险合同的当事人必须有订立合同的民事权利能力和民事行为能力。对投保人来说,法人一般都具有民事行为能力,自然人中的成年人大多数有民事行为能力,但精神病患者和智障人士通常不具有订约的法定资格,未成年人一般也没有订约的法定资格,对于限制民事行为能力人订立合同,必须经其法定代理人同意。保险人一般是法人,都有订立合同的法定资格。

(2)当事人的意思自愿真实表达。无论是投保人还是保险人,任何一方如果采取了欺诈、误导、胁迫、乘人之危等手段,或者一方存在重大误解,或者合同内容显失公平,都将影响合同的效力,可以被撤销或者变更。

(3)内容合法。保险合同的合法性是指保险合同必须涉及合法的保险标的,例如,承保非法获得或违禁走私物品的保险合同无效;承保责任明显违反公共利益的保险合同无效;可能产生鼓励投保人或被保险人错误行为后果的保险合同也无效。同时保险合同不得以合法形式掩盖非法目的,不得损害国家、社会公众和第三人的利益,不得违反法律、法规的强制性规定,否则合同自始无效。

(4)符合保险利益原则。人身保险合同要求在定约时投保人对被保险人必须具有保险利益,否则合同自始无效。

(5)在死亡保险合同中,保险金额必须经过被保险人的同意并认可,否则自始无效。

2.符合约定条件

从理论上来说,符合法定条件的保险合同成立即生效,但是在实务中,保险人和投保人基于某些考虑,可以约定在某一条件成就或某一期限终止时,保险合同才会产生法律效力,即上述法条中规定的:"投保人和保险人可以对合同的效力约定附条件或者附期限"。例如合同中规定:"本保险合同自本公司收取(首期)保险费并签发保险单之日起生效",可以理解为只有保险费交付并且保险单正式签发了,保险合同才会正式生效,产生法律效力,否则合同即使成立了也没有产生法律效力,此时发生保险事故保险人也不会承担赔付责任。反之,如果没有上述特殊约定,符合法定条件的保险合同成立即告生效,即使投保人欠交保费或者正式保单没有签发,也不会影响保险合同的效力。也有的保单在合同中约定:"合同生效日期在保单上载明",则保单的具体生效日期要按照保单正本上载明的日期为准。

二、保险合同的履行

保险合同的履行是指保险合同当事人双方依法全面完成合同约定义务的行为。保险合同的履行分为两个方面：一是投保人义务的履行；二是保险人义务的履行。

(一)投保人应履行的义务

1.如实告知

如实告知是指投保人在订立保险合同时必须将保险标的的重要事实，以口头或书面的形式向保险人作真实陈述。这是因为保险人在作承保选择以及保险定价时通常是根据投保人对保险标的的陈述来决定的，投保人对保险标的重要事实告知与否以及告知是否如实会影响保险人对风险的判断对错。所以，如实告知是投保人必须履行的首要义务，这样可以保证保险合同的信息对称，维护保险合同订立的公平公正。如果投保人违反如实告知义务，保险人可以解除合同，甚至可以不承担赔偿或给付保险金责任。

2.交付保险费

保险合同是双务合同，交付保险费是投保人最基本的义务。财产保险合同成立后，如果投保人不能如期地交付保险费，保险人可以按一般债的关系，以诉讼方式请求投保人交付保险费或者可以解除保险合同，但通常不影响保险合同的效力，除非保险合同中特别约定。但保险人对人寿保险的保险费不得用诉讼方式要求投保人支付，不过投保人不交付保险费会影响合同的效力，有些人寿保险合同将交付保险费作为合同生效的前提条件。《保险法》第十四条规定："保险合同成立后，投保人按照约定交付保险费，保险人按照约定的时间开始承担保险责任。"

3.维护保险标的的安全

保险合同订立以后，投保人或被保险人应当遵守国家有关消防、安全、生产操作、劳动保护等方面的规定，维护保险标的的安全，不能因为有了保险而放松对保险标的安全的谨慎态度，这样会增加保险标的的危险程度，从而增加保险人的危险负担。所以，保险人有权对保险标的的安全状况进行检查，及时向投保人、被保险人提出消除不安全因素和隐患的书面建议，并经被保险人同意，可以采取安全措施。《保险法》第五十一条对投保人、被保险人维护保险标的安全的义务提出了基本要求，如果投保人、被保险人未按照约定履行其对保险标的的安全应尽责任的，保险人有权要求增加保险费或者解除合同。

4.危险增加通知

保险合同订立以后，由于主观或客观的原因会产生保险标的危险增加的现象，投保人或者被保险人应当将危险增加的有关情况及时地通知保险人，使保险人了解危险的真实状况，并根据危险的程度作加收保险费或者解除保险合同的选择。投保人或被保险人不履行危险增加通知，对保险人来说是不公平的，不仅使保险人在不知情的情况下承担了过度的风险，而且也破坏了保险的对价平衡。危险程度增加，投保人交付的保险费应该增加。所以，《保险法》第五十二条规定："在合同有效期内，保险标的的危险程度显著增加的，被保险人应当按照合同约定及时通知保险人,保险人可以按照合同约定增加保险费或者解除合同。保险人解除合同的,应当将已收取的保险费,按照合同约定扣除自保险责任开始之日起至合同解除之日止应收的部分后,退还投保人。被保险人未履行前款规定的通知义务的,因保险标的的危险程度显著增加而发生的保险事故,保险人不承担赔偿保险金的责任。"

5.保险事故发生的通知

投保人、被保险人或者受益人履行保险事故发生通知义务的目的是:第一,可以使保险人获得取证的时间,迅速调查事实真相,明确事故责任。第二,可以使保险人及时采取施救措施避免损失扩大。第三,可以使保险人有相对充裕的时间准备保险金。所以,保险事故发生后,投保人、被保险人或者受益人可以采用口头或书面的形式及时通知保险人,这也是被保险人或者受益人提出索赔的必要程序。《保险法》第二十一条规定:"投保人、被保险人或者受益人知道保险事故发生后,应当及时通知保险人。故意或者因重大过失未及时通知,致使保险事故的性质、原因、损失程度等难以确定的,保险人对无法确定的部分,不承担赔偿或者给付保险金的责任,但保险人通过其他途径已经知道或者应当及时知道保险事故发生的除外。"在保险实务中,如果投保人、被保险人或者受益人不能及时地履行保险事故发生的通知义务,很可能会承担额外的查勘费用。但大多数情况下,逾期通知不构成根本违约,保险人不能以此为由拒绝承担保险责任。

6.出险施救

《保险法》第五十七条第一款规定:"保险事故发生时,被保险人应当尽力采取必要的措施,防止或者减少损失。"这意味着投保人或者被保险人不能因为有了保险,就放弃对保险标的的施救,而是有义务尽量减少保险标的的损失。确实在许多情形下,投保人或者被保险人处于较有利的施救地位,如果及时采取有效的措施,就可以防止损失的扩大,这样不仅可以减少保险赔款支出,而且可以减少社会财富损失。为了鼓励投保人或被保险人积极履行施救义务,《保险法》第五十七条第二款规定:"保险事故发生后,被保险人为防止或者减少保险标的的损失所支付的必要的、合理的费用,由保险人承担;保险人所承担的费用数额在保险标的的损失赔偿金额以外另行计算,最高不超过保险金额的数额。"

7.提供单证

《保险法》第二十二条规定:"保险事故发生后,按照保险合同请求保险人赔偿或者给付保险金时,投保人、被保险人或者受益人应当向保险人提供其所能提供的与确认保险事故的性质、原因、损失程度等有关的证明和资料。保险人按照合同的约定,认为有关的证明和资料不完整的,应当及时一次性通知投保人、被保险人或者受益人补充提供。"

作为提出索赔要求的一方,投保人、被保险人或者受益人向保险人提供有关的证明和资料是义不容辞的,正所谓谁主张谁举证。这些证明和资料包括:保险单或其他保险凭证、已交付保险费的凭证、保险标的的证明、被保险人的身份证明、必要的鉴定结论、损失评估书、索赔请求书等。如果投保人、被保险人或者受益人不能提供与确认保险事故有关的有效证明和资料,或者提供的证明和资料不真实、不准确、不完整,那么就会影响投保人、被保险人或者受益人的索赔权利,如果有过错,则要承担相应的过错责任。

8.协助追偿

在财产保险中,如果保险事故的发生涉及第三者责任方,则保险人向被保险人支付赔偿金后,享有代位求偿权,即保险人有权以被保险人的名义向第三者责任方追偿。由于保险人向第三者责任方追偿是以被保险人的名义,所以,被保险人在获得全部保险金的赔偿以后,有义务向保险人提供必要的文件和告知相关重要事实,如提供第三者的侵害事实、受损财产清单、权益转让书等,必要时出庭作证,为保险人向第三者责任方追偿提供一切可能的便利条件。《保险法》第六十三条规定:"保险人向第三者行使代位请求赔偿的权利时,被保险人应当向保险人提供必要的文件和所知道的有关情况。"

(二)保险人应履行的义务

1.及时签发保险单证

根据《保险法》第十三条规定,投保人提出保险要求,经保险人同意承保,保险合同成立。保险人应当及时向投保人签发保险单或者其他保险凭证。保险单或者其他保险凭证应当载明当事人双方约定的合同内容。当事人也可以约定采取其他书面形式载明合同内容。

保险合同成立后,及时签发保险单或者其他保险凭证是保险人的法定义务,因为保险单或者其他保险凭证是保险合同订立的证明,也是履行保险合同的依据,所以,在有些保险条款中对保险人签发保险单证有时限规定,如果保险人不能在约定的时限内签发保险单证,保险人要承担相应的后果。

2.明示和说明相关条款内容

《保险法》第十七条第一款规定:"订立保险合同,采用保险人提供的格式条款的,保险人向投保人提供的投保单应当附格式条款,保险人应当向投保人说明合同的内容。"

保险合同是附合性合同,保险条款通常是由保险人事先拟订的,投保人只能作接受或不接受的选择。对于这样格式化的条款,由于专业性较强且技术复杂,投保人很难理解其中的奥妙。为了保证合同的公平和公正,保险人有义务将保险条款明确列示和正确解释,使投保人真正了解其购买的保险产品的保障范围,不至于因理解偏差而得不到预期的保险保障,损害投保人的利益。一般性条款要以书面形式明确列示在保单上,除外责任条款还要明确说明,倘若保险人不能履行对免责条款的明确说明义务,那么此条款是不发生效力的,保险人不能以此为理由不承担保险责任。

3.保单保全

保单保全就是投保生效后保险公司为了满足客户不断变化的需求,以维持保单的持续有效,来提供的各种人性化售后服务。例如保单信息的变更、保单复制、保单迁移、保单咨询、年金或满期金给付、保费催交等服务。例如要变更保单上的投保人、受益人、手机号码、银行卡卡号等信息,都是可以直接携带有关资料去保险公司的营业部办理的,有的还可以直接在网上申请,客户可以直接登录有关手机软件,选择保全服务进行办理。

4.为保险当事人保密

保险人在办理保险业务的过程中,不可避免地会了解到一些投保人、被保险人的个人信息和隐私、业务和财务情况等,保险人应该对此保密,不能向外透露,否则会损害投保人、被保险人的利益和社会声誉,这也是保险公司应该遵循的一项基本商业伦理。

5.及时赔付

保险人按照法律规定或者合同约定的保险责任承担赔偿或给付保险金义务是保险人最基本的义务。《保险法》第二十三条规定:"保险人收到被保险人或者受益人的赔偿或者给付保险金的请求后,应当及时作出核定;情形复杂的,应当在三十日内作出核定,但合同另有约定的除外。保险人应当将核定结果通知被保险人或者受益人;对属于保险责任的,在与被保险人或者受益人达成赔偿或者给付保险金的协议后十日内,履行赔偿或者给付保险金义务。"可以看出,根据法律规定出险后保险人要及时承担赔付义务,一是要遵循诚信原则,按照保险责任范围的约定承担应负的赔付义务,不能无故拒赔、惜赔和少赔;二是对保户的索赔事项要及时处理,不能随意拖赔。

三、保险合同的变更

保险合同的变更是指保险合同有效期间,当事人依法对合同条款所作的修改或补充。通常情况下,保险合同一经成立,当事人不得擅自变更,但由于主客观情况发生变化,经过合同双方协商同意的,或者是根据法律规定的,当事人可对原保险合同进行变更。保险合同的变更主要涉及保险合同的主体变更和保险合同的内容变更。

(一)保险合同的主体变更

保险合同的主体变更是指保险合同的当事人或关系人变更。

1.保险人的变更

作为承保风险的经营主体,保险人一般不能随意变更,除非该公司法人资质发生变更。保险人的变更主要是指保险公司因分立、合并或者公司章程规定的解散事由出现而变更,或者保险公司因依法撤销、依法宣告破产而变更。前者属于保险公司的任意解散,后者属于保险公司的强制解散。

保险公司因分立、合并而解散的,其债权债务由分立或合并后的公司承担,不进行公司法意义上的清算。这意味着保险人发生了变更,由原保险公司变更为分立或合并后的保险公司。

保险公司在经营过程中发生严重违法、违规行为,危害被保险人和公众利益的,可以由保险监督管理部门吊销其经营保险业务的许可证,依法撤销。保险公司一旦出现资不抵债而破产时,公司自然解散。不管是保险公司依法撤销,还是依法宣告破产,都会影响到被保险人、受益人的利益。而人寿保险合同期限较长,带有储蓄性和投资性,必须对人寿保险合同的效力维持予以特别的规定,才能有效保护被保险人或者受益人的利益,维护社会安定。《保险法》第九十二条规定:"经营有人寿保险业务的保险公司被依法撤销或者被依法宣告破产的,其持有的人寿保险合同及责任准备金,必须转让给其他经营有人寿保险业务的保险公司;不能同其他保险公司达成转让协议的,由国务院保险监督管理机构指定经营有人寿保险业务的保险公司接受转让。"所以经营有人寿保险业务的保险公司因依法撤销或者依法宣告破产后,一定会有其他保险公司来接受其持有的人寿保险合同及准备金,相关的被保险人、受益人的保险利益会得到维护,只是保险人的名称会由原保险公司变更为接受其债权债务的新保险公司。

2.投保人、被保险人或受益人的变更

(1)在财产保险合同中,投保人或被保险人可以变更。

通常是因以下几种情况出现而发生变更:①保险标的所有权、经营权发生转移。因买卖、让与、继承等民事法律行为所引起的保险标的所有权的转移。②保险标的的用益权的变动。保险标的的承包人、租赁人因承包、租赁合同的订立、变更、终止,致使保险标的的使用权、用益权发生变更,从而导致投保人或被保险人的变更。③债权债务关系发生变化。当保险标的是作为抵押物或留置物时,随着债权债务关系的变化或消灭,抵押权人或留置权人也因此会失去对保险标的的保险利益,进而导致投保人或被保险人的变更。

《保险法》第四十九条规定:"保险标的转让的,保险标的的受让人承继被保险人的权利和义务。保险标的转让的,被保险人或者受让人应当及时通知保险人,但货物运输保险合同和另有约定的合同除外。被保险人、受让人未履行本条第二款规定的通知义务的,因转让导致保险标的的危险程度显著增加而发生的保险事故,保险人不承担赔偿保险金的责任。"可以看出当保险标的的所有权发生变更时,并且该变更会导致危险程度显著增加时,被保险人或者受让人应当通知保险人,并办理相应的变更手续。如果转让没有导致保险标的的危险程度显著增加且在货物运输保险合同中并不需要到保险公司办理变更手续,新的受让人自动承继原被保险人的权利和义务。

(2)人身保险合同中,投保人、受益人可以变更,被保险人一般不能变更。

投保人的变更通常是因为被保险人或受益人为了保证保险合同的价值,在不改变被保险人或受益人的基础上,希望通过变更投保人来继续履行交付保险费的义务。投保人的变更须征得被保险人的同意并通知保险人,经保险人核实批注后,方可变更。

受益人的变更通常是因为被保险人重新指定受益人,或者被保险人撤销原有的受益人。《保险法》第四十一条规定:"被保险人或者投保人可以变更受益人并书面通知保险人,保险人收到变更受益人的书面通知后,应当在保险单或者其他保险凭证上批注或者附贴批单。投保人变更受益人时须经被保险人同意。"

被保险人的变更在个人人身保险合同中不允许,因为变更被保险人意味着变更保险标的,而个人的风险状况是有区别的,如果投保人要变更被保险人,则需要订立新的个人人身保险合同。但团体的人身保险合同允许变更部分被保险人,因为团体中的被保险人会因各种情况而发生变化,这些随机的变化并不会影响保险人对整体风险的承担。所以,只要团体人身保险合同的投保人提出变更被保险人的要求,出具相关的证明,保险人批注即可。

(二)保险合同的内容变更

保险合同的内容变更,是指在保险合同当事人及关系人不变的情形下,变更合同条款。

投保人或被保险人应向保险人申请办理批改手续,经保险人同意,必要时增加保险费。变更后的合同内容具有法律效力,合同双方均须按变更后的内容承担责任。

保险合同的内容变更表现为:在财产保险中,保险标的的价值、数量、存放地点、危险程度、保险期限等发生变化,均可变更;在人身保险中,被保险人的职业、保险金额、交费办法等发生变化,也可变更。在海洋运输货物保险中,合同的内容变更有货物标记、包装、数量、名称的变更,有货物保险金额的变更,有船舶名称、航期、航程、航线的变更,保险条件的变更,保险期限的变更,等等。

(三)变更保险合同的法定程序

关于变更保险合同的法定程序,《保险法》第二十条规定:"投保人和保险人可以协商变更合同的内容。变更保险合同的,应当由保险人在保险单或者其他保险凭证上批注或者附贴批单,或者由投保人和保险人订立变更的书面协议。"保险合同变更的书面形式有:①保险人在保险单或其他保险凭证上批注;②保险人在原保险单或其他保险凭证上粘贴批单;③投保人与保险人订立变更保险合同的书面协议。其中,批单是最常用的方式。

四、保险合同的终止

保险合同的终止是指当事人之间由合同所确定的权利与义务因法律规定的属因出现而不复存在。导致保险合同终止的原因很多,主要有以下几种:

(一)合同因期满而终止

期限届满而终止也称为自然终止,自然终止包括两个方面:一是期限届满而终止,二是标的灭失而终止。前者是指保险合同订立后,虽然没有发生保险事故,但合同有效期已满,则保险人的保险责任即自然终止。后者是指保险标的因保险事故或非保险事故而完全灭失,保险合同即行终止。对保险事故导致完全灭失,保险人在履行赔偿义务后终止;对非保险事故导致完全灭失的,保险人退还未满期的保费后终止。这种自然终止,是保险合同终止的最普遍、最基本的原因。保险合同终止,保险人的保险责任亦告终止。当然,保险合同到期以后还可以续保。但是,续保不是原保险合同的继续,而是一个新的保险合同的成立。

(二)合同因解除而终止

保险合同的解除是指在保险合同的有效期限届满前,当事人依法使合同效力终止的行为。在实践中,保险合同的解除包括投保人和保险人方面的合同解除行为。各国保险法赋予投保人和保险人的合同解除权是不同的。

1.投保人的解除

各国保险法都规定,在一般情况下,投保人可以随时提出解除保险合同,即要求退保。但有两个保险合同例外,货物运输保险合同和运输工具航程保险合同,在保险责任开始后,投保人不得解除合同。保险合同被解除后,双方的权利义务关系终止。

解除合同时保险人所收取的保险费要视情况退还。在人身保险合同中,投保人在犹豫期内退保,保费可全额返还,但是出了犹豫期之后退保,保险公司一般只退还保单的现金价值,这可能会给投保人带来较大的经济损失。在财产保险中在保险责任开始前投保人要求解除合同的,应当向保险人支付手续费,保险人应当退还保险费;在保险责任开始后投保人要求解除合同的,保险人可以收取自保险责任开始之日起至合同解除之日止期间的保险费,剩余部分退还投保人。

2.保险人的解除

由于保险合同成立后,保险人承担着保险合同所规定的风险责任,因此各国保险法都规定保险人不得任意解除保险合同。如果允许保险人随意解除合同,保险人即可在获悉危险增加时注销保险合同,这对被保险人是极为不利的。但保险人在法定事项出现时或保险合同有约定时,也有权解除保险合同,这些法定事项一般都是投保方存在过错行为,为了保护保险公司的利益,允许保险人主动解除合同。具体法定事项如下:

(1)投保人故意隐瞒事实,不履行如实告知义务或因过失未履行如实告知义务,足以影响保险人决定是否同意承保或者提高保险费率的,保险人有权解除保险合同。

(2)被保险人或受益人在未发生保险事故的情况下,谎称发生了保险事故,或故意制造保险事故,向保险人提出赔偿或给付保险金的请求,保险人有权解除保险合同,并不退还保险费。

(3)投保人、被保险人未按约定履行其对保险标的安全应尽责任的,保险人有权要求增加保险费或解除合同。

(4)在保险合同有效期内,保险标的危险程度增加的,被保险人按照合同约定应及时通知保险人,保险人有权要求增加保险费或解除合同。

(5)在人身保险合同中,投保人申报的被保险人年龄不真实,并且真实年龄不符合合同约定的年龄限制时,保险人有权解除合同,但超过两年法定年限除外。

(6)保险合同效力中止两年内,投保人与保险人未达成恢复效力协议的,保险人有权解除合同。

(三)合同因履行而终止

保险合同是约定保险人在发生保险事故时,承担赔偿或给付保险金责任的合同。因此,保险合同约定的保险事故发生,保险人完成全部保险金额的赔偿或给付义务之后,保险责任即告终止。在这种情况下,即使保险合同期限没有届满,只要保险人一次或数次的赔偿或给付达到保险合同约定的最高保险金额,保险合同关系即行终止。在财产保险合同中,保险标的发生部分损失的,在保险人履行赔偿义务后30天内,投保人可以终止合同,除合同约定不得终止合同外,保险人也可以终止合同,但必须提前通知被保险人,并退还未到期的部分保费。

第四节　保险合同的解释与争议处理

在保险合同的履行过程中,合同主体可能就某些具体内容产生意见分歧或纠纷。双方会因各种不同的原因而产生争议,但大部分争议的主要根源还是在于双方对合同条款内容的理解和认识上有歧义。虽然保险合同条款作为保险合同双方履约的依据会尽量追求内容完整、文字准确,但在保险实务操作中情况错综复杂,保险合同条款不可能包罗万象,难免有特殊情况或例外情况,需要对条款作特别的解释。除了上述理解有分歧引发纠纷以外,还有些则是由违约造成的。不管是什么原因,发生争议后都需要按照一定的程序处理和解决。

一、保险合同的解释原则

保险合同的解释通常遵循以下原则:

(一)文义解释原则

文义解释是指在保险合同中所用一般文字和词语应该按该文字和词语的通常含义,并结合合同的整体内容来解释。在合同中出现的同一个词语,对它的解释应该是同一的。双方有争议的,以权威性工具书或专家的解释为准。在合同中所用的保险专业术语、法律专业术语或者其他行业的专业术语,有立法解释的,以立法解释为准;没有立法解释的,以司法解释、行政解释为准;没有立法、司法或行政解释的,应该以所属行业公认的特定含义、技术标准或者行业习惯来解释。如果有关术语本来就只具有唯一的一种意思,或联系上下文只能具有某种特定含义,或根据商业习惯通常仅指某种意思,那就必须按照它们的本义去理解。例如暴风、雷击、自燃等。

(二)意图解释原则

意图解释是指当保险合同条款中出现文义不清、用词混乱和含糊的时候,对保险合同的解释应该尊重当事人双方订约时的真实意思,根据订约的背景和客观实际情况,进行逻辑分析来合理判断当事人订约时的真实意图,由此解释保险合同条款的内容。保险合同的真实内容应是当事人通过协商后形成的一致意思表示。因此,解释时必须要尊重双方当时的真实意图。意图解释只适用于合同的条款不精当、语义混乱,不同的当事人对同一条款所表达的实际意思理解有分歧的情况。如果文字表达清楚,没有含糊不清之处,就必须按照字面解释,不得任意推测。

(三)有利于被保险人解释原则

有利于被保险人的解释原则,是指当保险合同的当事人对合同条款有争议时,法院或仲裁机关要做出有利于被保险人的解释。《保险法》第三十条规定："采用保险人提供的格式条款订立的保险合同,保险人与投保人、被保险人或者受益人对合同条款有争议的,应当按照通常理解予以解释。对合同条款有两种以上解释的,人民法院或者仲裁机构应当作出有利于被保险人和受益人的解释。"之所以如此,是因为保险合同是附合性合同,有很强的专业性。一般来说,在订立保险合同时,投保方只能表示接受或不接受保险人事先已经拟定好的条款。有些专业性的术语不是一般人能够完全理解的。为了避免保险人利用其有利地位,侵害投保方的利益,各国普遍使用这一原则来解决保险合同当事人之间的争议。

(四)优先效力解释原则

当保险合同不同组成部分之间的内容不一致时,按照以下优先效力解释原则来处理:如果合同的书面约定和口头约定不一致,以书面约定为准;如果保险单及其他凭证与投保单或其他合同文件不一致,以保险单及其他凭证中载明的内容为准;如果特约条款与基本条款不一致,以特约条款为准;如果保险合同条款内容因记载方式和记载先后不一致,则按批单优于正文,后批注优于先批注,手写优于打印,加贴批单优于正文批注的原则解释。这些原则更能反映合同当事人的真实意图。

二、保险合同的争议处理

当保险合同双方发生争议时,解决争议的方式主要有协商、仲裁和诉讼三种。

(一)协商

协商是指合同双方在自愿诚信的基础上,按照法律、政策的规定,通过摆事实、讲道理、充分交换意见,互作让步,达成共同接受的处理方案。这种自行解决争议的方式有许多好处:一是可以省时省力,它是在双方自愿的基础上自行解决争议,不会产生支付给第三方的费用,也不会经历漫长的时日。二是处理争议的方式较为灵活,可以具体问题具体分析,实事求是地解决争议。但最大的缺点是和解协议不是终局性的,对合同双方没有约束力。

(二)仲裁

仲裁是指保险合同双方当事人自愿将彼此间的争议交由共同信任、法律认可的仲裁机构的仲裁员居中调解,并做出仲裁协议。仲裁方式具有法律效力,当事人必须予以执行。仲裁人可以由双方自由指定,也可以由专业仲裁机构的仲裁人担任。仲裁方式由专业人士做出,具有良好的信誉和公正性,并且注重商业习惯,灵活性较大,有利于维持合同关系的继续。同时仲裁裁决是终局性的,对合同双方都有约束力。

(三)诉讼

诉讼是指争议双方当事人将纠纷事项交由人民法院进行审理和判决,并根据司法判决结果来处理纠纷的一种方式,它是解决争议时最激烈的一种方式。当事人提起诉讼应当在法律规定的时效以内,必须经过一定的法定程序,并支付相应的诉讼费用。诉讼注重以法律为依据来处理争议,并且裁判结果对双方都有法律约束力;诉讼的缺点是费时费钱,容易激化矛盾,不利于双方继续维持合同关系。

—— 本章小结 ——

1. 保险合同是指投保人与保险人约定保险权利义务关系的一种协议。具有保障、射幸、附合、双务等特点。

2. 保险合同按不同标准有不同分类,通常有财产保险合同与人身保险合同,补偿性保险合同与给付性保险合同,单一保险合同、集合保险合同和总括保险合同,特定风险保险合同和综合风险保险合同。

3. 保险合同应当采用书面形式,通常有投保单、保险单、暂保单、保险凭证和批注批单等多种书面形式。

4. 保险合同的主体涉及当事人、关系人和中介人。当事人主要是保险人和投保人。关系人主要是被保险人和受益人。中介人主要有保险代理人、保险经纪人和保险公估人。

5. 保险合同的基本条款主要涉及保险当事人、保险标的、保险期限、保险价值、保险金额、保险费等基本内容。

6. 人身保险合同的特定条款主要有不可抗辩条款、年龄误告条款、宽限期条款、自杀条款、复效条款、不丧失现金价值条款等。

7. 保险合同的订立主要涉及成立和生效的要件是否满足。保险合同的变更主要涉及主体的变更和内容的变更。除货物运输保险合同和运输工具航程保险合同外,投保人可以随时解除保险合同,但保险人必须满足法定条件才能解除保险合同。保险合同的终止有自然终止、解除终止和履行终止等。

8. 保险合同的解释通常遵循文义解释原则、意图解释原则、有利于被保险人解释原则以及优先效力解释原则。

9. 当保险合同双方发生争议时,解决争议的方式主要有协商、仲裁和诉讼三种。

—— 关键术语 ——

保险合同、保障性、射幸性、格式性、双务性、财产保险合同、人身保险合同、补偿性合同、给付性合同、单一保险合同、集合保险合同、总括保险合同、投保单、保险单、暂保单、保险凭证、批注批单、保险人、投保人、被保险人、受益人、代理人、经纪人、保险公估人、保险责任、除外责任、保险期限、保险金额、保险费、保险金、不可抗辩条款、年龄误告条款、宽限期与中止复效条款、自杀条款、不丧失现金价值条款、保险合同的订立、保险合同履行、主体和内容的更改、保险合同的解除、保险合同的终止、文义解释原则、意图解释原则、有利于被保险人的解释原则、优先效力解释原则、协商、仲裁、诉讼。

—— 复习思考题 ——

1. 简述保险合同的特点。
2. 简述保险合同的分类。
3. 简述保险合同的形式。
4. 简述保险合同的主体。
5. 简述保险合同的基本条款。
6. 简述人身保险合同的特定条款。
7. 简述保险合同成立和生效的要件。
8. 简述保险合同终止的常见方式。
9. 简述保险合同的常用解释原则。

—— 案例分析题 ——

1. 2020年6月10日,陈某向某保险公司投保意外伤害保险,保险金额为15万元,保险期限为1年,陈某指定女儿潘某为唯一受益人。保险公司随之签发了保单。2020年10月3日,陈某和潘某在外出途中发生交通事故双双遇难,死亡先后时间未能确定。事故发生后,陈某的丈夫潘某某持保险单和相关资料向保险公司索赔。保险公司审核后,认为应当承担保险责任,于是向潘某某支付了15万元的保险金。陈某的父亲陈某某知道后,向潘某某提出共同继承该笔保险金。潘某某认为该笔保险金乃是女儿潘某的遗产,陈某某并非法定继承人,拒绝了陈某某的请求。陈某某向法院提起诉讼,认为潘某与陈某同时死亡,该笔保险金并非潘某的遗产而是陈某的遗产,要求和陈某某共同继承该笔保险金。请问:本案该如何处理?

2. 朱甲是某小商品批发市场的个体户,因为经常驾车送货,便于2018年7月16日向当地某人寿保险公司投保了1年期人身意外伤害保险,保险金为7万元,并指定儿子朱乙为受益人。与此同时朱甲还为自己私人所有小货车向当地某财产保险公司投保了车损险,保险金额为4万元。2018年11月4日,朱甲在驾驶该小货车外出运货途中发生车祸,当场身亡,小货车也毁损报废。事故发生后,保险公司调查保险事故情况后,向朱甲的妻子张某全额支付了保险金。不久,和朱甲在同一个商品批发市场的刘某得知朱甲身亡和张某取得保险金的消息后,找到张某并拿出朱某生前给其出具的9万元的货款欠条(后经法院审查鉴定真实有效),要求保险金受偿,遭到张某的拒绝,刘某遂以张某为被告向当地法院起诉。请问:本案该如何处理?

3. 2016年3月5日,某县保险公司与本县长途客运公司签订了1份关于代办保险的协议。协议规定:保险公司委托客运公司代办公路旅客意外伤害保险业务的承保手续,以持票乘车的旅客为被保险人;保险费按基本票价的2%计收,包括在票价之内,由客运公司在售票时收取,车票即为保险凭证。客运公司应于每月15日以前按上月售票收入的2%向保险公司转交保险费。2017年3月18日中午,该县客运公司一辆满载乘客的长途客车在盘山公路上行驶至一转弯处时,司机见一辆卡车迎面驶来,忙猛打方向盘,因公路太窄,客车冲出路面,翻落崖下,造成35名乘客中10名死亡,15名重伤,10名轻伤的重大交通事故。事故发生后,旅客家属纷纷持车票(车票上印有"票价中含2%保险费)向保险公司提出赔偿要求。保险公司认为客运公司擅自挪用应当转交的保险费并已有3个月没有向保险公司转交保险费,所以保险公司拒绝对这起事故所造成的损失予以赔偿。25名旅客及死者家属遂推举两名旅客为代表向该县人民法院起诉。双方发生纠纷,请问:本案该如何处理?

4. 2015年5月,王某为其弟投保了5万元人身保险,交纳了3000多元保险费,指定受益人为王某。投保时,王某在投保书中被保险人健康告知栏中均填写"无"。之后,王某一直按时交纳保险费。2018年12月,王弟患癌症死亡。王某申请赔付,保险公司经审核,认为属于保险责任范围内的事故,于是准备全额给付保险金;后经举报,保险公司查明2014年12月王弟已被确诊为胃癌。保险公司因此拒赔。双方遂发生纠纷,请问:本案该如何处理?

5. 2015年11月12日,某单位为全体职工投保了简易人身险,每个职工150份(5年期),月交保险费30元。2018年5月,该单位职工付某因交通事故不幸死亡,他的家人带着单位开出的介绍信及相关的证明材料,到保险公司申领保险金。保险公司在查验这些单证时,发现被保险人付某投保时所填写年龄与其户口簿上登记的不一致,投保单上填写的64岁显然不是真实的。实际上,投保时付某已有67岁,超出了简易人身险条款规定的最高投保年龄(65岁)。于是,保险公司以单位投保时申报的被保险人的年龄已超出了保险合同约定的年龄限制为由,拒付该笔保险金。付某家属不服,双方遂发生纠纷,请问:本案该如何处理?

更多案例
扫码获取

第四章
保险费率

▶ **本章学习要求**

- 掌握保险费率的含义与特点；
- 理解保险费率厘定的原则与方法；
- 理解财产保险费率厘定的基本步骤；
- 了解人寿保险费率厘定的一般原理。

第一节　保险费率概述

一、保险费率的含义与构成

（一）保险费与保险费率

1. 保险费的概念

保险费（premium）是投保人为获得经济保障而交纳给保险人的费用，也是保险人承担保险责任为被保险人提供风险保障的报酬。保险费是保险基金的主要来源，也是保险人履行赔偿与给付义务的基础。

保险费又称为毛保费、营业保费，由纯保险费加附加保费构成。纯保险费主要用于形成保险基金，以应付将来的赔付支出，是保险费的最低界限。附加保费主要用于保险业务的各项营业支出和预期利润，其中包括营业税、代理手续费、企业管理费、工资及工资附加费、固定资产折旧费、税金以及企业盈利等。

2. 保险费率的含义

保险费率（premium rate）是单位保险金额的保费，又被称为保险价格，通常用每百元或每千元的保险金额应缴的保险费来表示。

(二)保险费率的构成

保险费率一般由纯费率与附加费率两部分组成,即保险费率＝纯费率＋附加费率。纯费率又称净费率,它是用来支付赔款或保险金的费率,其计算依据因险种的不同而不同。财产保险纯费率的计算依据是损失率,人寿保险纯费率计算的依据是利率和生命表。附加费率是附加保费与保险金额的比率,把纯费率和附加费率加总起来,就构成了保险费率。

二、保险费率的特点

保险费率是保险商品的价格,但它与一般商品价格不同,主要表现在以下三个方面:

(1)保险费率的厘定在实际成本发生之前。一般商品的价格通常在成本发生以后来确定。而保险合同订立并收取保险费时,保险人并不知道将来要为该保单付出多少保险金,所以保险费的收取是在真实的成本发生之前,是对将来保险损失的一种数理预测。因此,保险费率实际上是保险人根据过去的赔付统计资料对未来损失的一种预测。

(2)就单个保险合同而言,保险费率与将来保险金的赔付并没有对等关系。即与一般商品的等价交换不同,保险费率和将来保险金的赔付额之间并没有必然的正比关系。就同一类保险业务来说,保险费率与保险标的的风险程度相适应,风险高则费率高,风险低则费率低,收取的总纯保险费理论上应等于总的保险金支出。但保险活动具有很强的射幸性,同一类保险业务的投保人都交纳了保险费,但最后能否得到保险金赔偿以及赔偿多少,则取决于保险事故的发生与否及其损失情况。所以单个合同中保险费率与保险金的偿付并没有对等关系,保险人只能对全部保险业务推断出一个保险金额损失率的期望值作为保险费率。

(3)保险费率受政府的管制较严。在市场经济条件下,一般商品价格是由市场供求关系决定的,政府管制较少。但在保险市场上,保险费率则不同,基于保险技术的复杂性,以及保险业在保障整个社会安全运行中的重要地位,许多国家规定,政府保险监管部门具有规定保险费率的计算方法,审核保险费率的合理性,必要时可以要求保险人修正保险费率。

三、保险费率的厘定原则

保险人在厘定费率时要遵循权利与义务平衡的原则,具体包括以下几点:

(一)公平合理原则

公平有两方面的含义,对保险人来说,其收取的保费应与其承担的危险相当,对投保人来说,其负担的保费应与被保险人获得的保障相对称;但公平原则只能在一定程度上得以贯彻,想达到绝对的公平是不可能的。合理是指保险费率的制定应尽可能合理,保费的多少应与保险种类、保险期限、保险金额相对应,保险人不能为追求超额利润而制定高费率。

(二)保证偿付原则

保证偿付是指保险人按照保险费率向投保人收取的保险费,必须足以应付赔款支出以及各种经营费用。除此以外,还应有一部分利润以保证保险公司的持续经营。保费过低,就会降低保险人的偿付能力,结果使保险人的经营处于一种不稳定状态,不利于其稳健发展。在竞争激烈的保险市场上,为了提高自己的竞争力,保险人常常不惜降低保险费率以吸引顾客,结果导致盲目竞争。为了贯彻充分原则,避免恶性竞争,许多国家都对保险费率进行管制,以保证其偿付能力。

(三)相对稳定原则

在一定时期内应保持费率的稳定,稳定的费率,有利于保险机构核算。对投保人来说,稳定的费率可使其支出确定,免遭费率变动之苦,如果费率经常上涨,尽管保险人可以获得一定的利润,但势必激起投保人的不满,以至于减少对保险的购买。如果保险费率呈下降趋势,投保人也将会减少保险购买,以等待一个更低的价格。可见,不稳定的价格会给保险机构的经营活动带来负面影响。因此,在厘定费率时,要遵循相对稳定原则。但这一原则并不是指保险费率一成不变,当危险环境、保险责任以及保险需求状况发生变化时,费率应及时改变。

(四)促进防灾防损原则

保险费率的厘定应有利于促进防灾防损。具体来说,就是采用价格杠杆,对注重防灾防损工作的被保险人采取较低的费率,鼓励和引导被保险人从事防灾防损的活动。例如对安装防盗装置、自动灭火系统的单位采取适当降低费率的做法。贯彻这一原则有两个好处:其一,减少了保险人的赔付支出;其二,减少了整个社会财富的损失。

四、保险费率的厘定方法

保险费率的厘定,从理论上讲是在依据损失概率测定纯费率的基础上,再加上附加费率得到的市场保险费率或保险费率。在实际业务过程中,因为保险费率的测定还需要必要的技术支持,所以存在不同的费率厘定方法。一般来说,保险费率的厘定方法大致有以下三种。

(一)判断法

判断法又称为观察法,它是通过保险费率厘定者的个人观察和判断来对每一保险标的分别单独制定费率的方法。费率厘定者凭借过去的经验和对未来的预测,通过对保险标的风险因素的具体分析,估计其损失概率,进而直接决定保险费率。之所以采用判断法,是因为有些情况下,所承保的同质风险的保险标的的数量太少,无法获得充足的保额损失率的历史统计资料,难以用概率统计的方法来精确厘定费率,只能靠费率厘定者个人的经验和直觉判断能力。这种方法虽带有一定的主观色彩,不尽科学,但有其可取之处:首先,根据不同性质的危险,确定出相应的费率,更具灵活性。在标的数量较少的情况下,不能将各种危险生硬地集中在一起统一厘定费率,这样做违反了大数定律,无法保证费率的准确性。其次,用判断法厘定费率,尽管主要考虑个别危险因素,但仍不可避免地运用相关的经验和数据,这就从一定程度上保证了其科学性。

(二)分类法

分类法是基于风险分类来计算保险费率的方法。具体做法是,依据明显的风险标志,将保险标的分成若干类别。同类标的被认为具有大体相同的风险,归入相应的风险群体,再对每个群体分别确定费率。在具体承保时,先找出保险标的所在的风险类别,再据以确定其适用的费率水平。

分类法是基于这样一种假设:被保险人将来的损失很大程度上由一系列相同的风险因素决定。这一方法有时也被叫作手册法,因为各种分类费率平常印在手册之上,保险人只需查阅手册,便可决定费率。这是一种最常用也是最主要的保险费率厘定方法,广泛运用于财产保险、健康保险和大部分人身意外伤害保险。对于财产保险,一般根据标的物的使用性质分为不同的类别,每一类又可以分为若干等级。对于人身保险,一般按照性别、年龄、健康状况、职业等分类。

分类法的思想符合保险运行所遵循的大数定律。大数定律要求保险标的损失概率相同。只有标的物面临同质风险,才能较好地符合这个条件。因此,必须在对风险进行分类的基础上确定不同类别的保险费率。在进行分类时,为了保持其精确度,一方面要求其分类适当,另一方面要求各类保险标的都有足够的数量。决定每类费率时,主要考虑相同的标的类型、相同的风险、相同的保险期限等因素。

分类费率可通过两种方法来计算:纯保险费率法和损失比率法。两种方法的不同之处在于:纯保险费率法以损失经验为计算基础,而损失比率法则以整个行业的实际损失为计算基础。

(1)纯保险费率法。其主要做法是:将同一类同质风险单位进行集合,根据统计资料计算其总体的风险事故发生频率,作为风险事故概率的近似,进而确定纯费率,再加上一定的附加费率,就得到保险费率。

纯保险费率法要求有足够的统计资料为基础,计算的费率一般较为精确。但纯费率厘定后经过一定的时间要根据实际情况加以合理调整,而且对于一些旧险种,费率的调整比计算还要重要。

(2)损失比率法。损失比率法就是将风险性质较为接近的类别的实际损失资料进行合并,以便凑够足够的标的数量,然后应用上述的纯保险费率法来求出一个关于整体的费率,最后以调整法进行适当的调整,得出最后的保险费率。

之所以采用这一方法是因为有些情况下,纯保险费率法会不适用。例如分类过多,每一类包含的标的物过少,从统计学的角度出发,不符合大数定律的前提条件,无法运用纯保险费率法。这时需要结合其他近似风险群体的损失资料,对保险费率进行调整。

分类法的优点在于便于运用,适用费率可迅速查到,缺点是不尽公平。如在分类法下是不加区别地向所有投保人按确定的火灾保险费率征收保费,这对不同的投保人来说是欠公平的。因为,相对于钢筋混凝土建筑来说,砖木结构的建筑遭受火灾的危险更大,但两者所缴的保费却一样。

(三)增减法

增减法又称为修正法,是指在同一类保险标的中,在分类法确定基本费率的基础上,再依据个别保险标的的实际风险状况进行适当修正,得出最终适用的费率。与分类费率相比,在增减法下厘定出来的费率,有可能高于或低于分类法所确定的费率。通常要先用分类法确定基本费率,再依照实际经验和标的的实际情况进一步细分,据以提高或者降低费率。增减法能结合标的的实际风险程度的差异,有利于实现费率的公平合理,还有促进防灾防损的作用。

增减法主要分为三种做法:表定法、经验法、追溯法。

(1)表定法,它是以每一危险单位为计算依据,在基本费率的基础上,参考标的物的显著危险因素来确定费率。使用表定法,首先要在分类中就各项特殊危险因素,设立客观标准,例如,关于建筑物的火灾保险,先以砖结构、具有一般消防设施的建筑物为基点,确定基本费率;然后再确定一些显著危险因素,如用途、构造、位置和防护设施,再由费率的厘定者根据建筑物的这四项显著危险因素在基本费率上进行调整,得出最后适用的费率。

表定法的优点在于:①能够促进防灾防损。若被保险人的防灾防损意识不强,可能会面临较高的保险费率,为了改变这一状况,被保险人将主动减少有关危险因素。②适用性较强。表定法可适用于任何大小的危险单位。其缺点主要是使用该法成本太高,保险人为了详细了解被保险人的情况,经常要支付大量营业费用。另外,该法只注重物质或有形的因素而忽视了人为的因素,这是比较片面的。

(2)经验法,它是以分类法计算的费率为基础,根据特定被保险人过去的损失记录,对基本费率进行修正,然后将其用于下一保险期间的费率。在这种方法中,当年的保费额并不受当年经验的影响,而是以过去数年的平均损失,来修订未来年份的保险费率。

经验法的理论基础是:凡能影响将来的危险因素,必已影响过去的投保人的经验。其计算公式如下:

$$M=(A-E)/E \times C$$

此式中,M 为经验调整数;A 为经验时期被保险人的实际损失;E 为被保险人适用某费率的预期损失;C 为可靠度。举例说明:某投保人在过去3年经验期间预期损失5万元,实际损失4万元,可靠度为80%,则其经验调整数可依据上式求得:$M=(4-5)/5 \times 80\% = -16\%$,即该投保人下年所缴的保费将减少16%。

经验法的优点是:在决定被保险人的费率时,已考虑到若干具体影响因素,反映的是各种风险因素综合作用的结果,而表定法只给出了物质方面因素,没有包括非物质因素。与表定法相比,经验法更能全面地顾及影响危险的各项因素。经验法主要适用于一些被保险人的主观因素对事故的发生有一定影响的保险种类,例如汽车保险、公共责任保险、盗窃保险等。

(3)追溯法,它是依据保险期间被保险人的实际损失为基础来计算被保险人当期应缴的保费,即实际保险费率是在保险期间终了时,根据被保险人在保险期间的实际损失来调整的。投保人起初以其他方法(如表定法或经验法)确定的费率购买保单,而在保险期满后,再依照本法最后确定保费。如果实际损失大,缴付的保费就多;实际损失小,缴付的保费就少。

追溯保险费率的计算公式是:

$$RP=(BP+L \cdot VCF) \cdot TM$$

在上式中,RP 为追溯保险费率;BP 为基本保险费;L 为实际损失金额;VCF 为损失调整系数(大于1);TM 为税收系数(大于1)。基本保险费又叫纯保险支出,它由两部分组成,一部分用于支付与理赔的各种费用,一部分用于弥补超过最大保险费的损失额。基本险保费经常为标准保险费的某一百分比。损失调整系数将随着损失变动而变动的费用考虑在内,税收系数则是一个将税收因素考虑在保费之内的数字。

例4-1: 如果某厂商投保,起初它所预缴的标准保险费是依据经验法而定的,为1万元,由此可使用追溯法得出基本保险费(BP)。如果基本保险费为标准保险费的20%,即2000元。损失调整系数和税收系数分别为1.1和1.2,在保险期间,投保人损失了1000元或2万元。

当其损失为1000元时,应缴的保险费为:

$$RP=(2000+1000 \times 1.1) \times 1.2=3720(元)$$

当其损失为2万元时,应缴保险费为:

$$RP=(2000+20000 \times 1.1) \times 1.2=28800(元)$$

保险费的缴纳有最高限额和最低限额,假设最低保险费额为标准保险费的50%,最高保险费额为标准保险费的150%,即意味着保险费的上下限为:5000~15000元。这样,投保人损失1000元时,就必须要缴5000元的保险费,而不是3720元。当投保人损失20000元时,只需缴纳15000元,而不必缴纳28800元。追溯法的计算方法不只这一种,它视具体情况而定。

追溯法在实务中的具体做法是:被保险人在投保时先预缴保险费,并规定保险期间的最高保费和最低保费。在期满时如果实际损失小,就采用较低值作为实际保险费,如果实际损失大,则采用较高值作为实际保险费。这一方法能促进被保险人加强防灾防损,但运用时要比经验法更为复杂,适用范围不广,这一方法通常只适用于大型企业。

第二节　财产保险费率的厘定

财产保险费率的厘定是以损失概率为基础的,实务中,通常是选择一组适当的历年保额损失率,计算其算术平均值作为平均保额损失率,用于近似替代损失概率,加上均方差,求出纯费率,然后计算附加费率,最后将纯费率和附加费率相加得到财产保险保险费率。

一、平均保额损失率的确定

(一)计算保额损失率

保额损失率是同类业务在一定期间保险赔偿金额(赔款数额)与承保责任金额(保险金额)之比。它是由该类保险标的的保险事故发生频率、保险事故毁损率、保险标的毁损程度和受损标的的平均保额与所有保险标的的平均保额之比四个因素来决定的。

(1)保险事故发生的频率,即保险标的发生保险事故的次数(用 c 表示)与全部承保的保险标的的件数(用 a 表示)的比率,用 c/a 表示。

(2)保险事故的毁损率,即受损保险标的的件数(d)与保险标的发生保险事故的次数(c)的比率,用 d/c 表示。

(3)保险标的的毁损程度,即保险赔偿金额(f)与受损保险标的的保险金额(e)的比率,用 f/e 表示。

(4)受损保险标的的平均保额(e/d)与总平均保额(b/a)的比率,用 $e/d:b/a$ 表示。

其四个因素的乘积为保额损失率:$c/a \times d/c \times f/e \times (e/d:b/a) = f/b$,

即,保额损失率 $=$ 赔偿金额/保险金额 $\times 1000‰$

上式中,赔偿金额是保险人在一定时期内对某项业务的实际赔偿总额,保险金额则是保险人对该类业务的总的承保金额。根据历年来的保险事故发生的情况,可求出平均保额损失率。下面举例说明

例4-2: 假设某公司过去10年某项业务的各年保额损失率统计资料如表4-1所示:

表4-1 某保险标的2011至2020年的保额损失率统计资料

年度	2011	2012	2013	2014	2015	2016	2017	2018	2019	2020
保额损失率/‰	6.4	6.1	6.2	6.3	6.0	5.7	5.8	5.9	5.9	5.7

若以 $\overline{X}$ 表示平均保额损失率,$x_i (i=1,2,\cdots,n)$ 表示不同时期的保险损失额,n 为期限,则可得出以下公式:

$$\overline{X} = \frac{\sum\limits_{i=1}^{n} x_i}{n}$$

$$= \frac{1}{10} \times (6.4‰ + 6.1‰ + 6.2‰ + 6.3‰ + 6.0‰ + 5.7‰ + 5.8‰ + 5.9‰ + 5.9‰ + 5.7)$$

$$= 6.0‰$$

可见,6.0‰是10年间的平均保额损失率。

(二)计算均方差

均方差是各保额损失率与平均保额损失率的离差平方和的平均数的开方,代表各保额损失率与平均保额损失率相差的程度。它反映了平均保额损失率代表性,均方差愈小,则其代表性愈强;反之代表性愈差。均方差的计算公式为:

$$\sigma = \sqrt{\dfrac{\sum\limits_{i=1}^{n}\left(x_i - \overline{X}\right)^2}{n}}$$

在例4-2中，$\sigma = \sqrt{\dfrac{\sum\limits_{i=1}^{n}\left(x_i - \overline{X}\right)^2}{n}} = \sqrt{\dfrac{\sum\limits_{i=1}^{10}\left(x_i - 0.006\right)^2}{10}} = 0.23‰$

(三)计算稳定性系数

为了使平均保额损失率能以较高的精度来代表损失率，必须选择适当的历年保额损失率。因为对于过去真实情况反映越是准确，它与未来损失概率就越接近。所谓适当，是指一是必须有足够的年数；二是每年的保额损失率必须基于大量的统计资料；三是这一组保额损失率必须是稳定的。

为此引入稳定性系数K这一指标，其计算公式为：

$$K = \dfrac{\sigma}{\overline{X}}$$

这一指标使用该组的保额损失率的均方差与其算术平均值之比来反映该组保额损失率的稳定性。稳定性系数衡量期望值与实际损失结果的密切程度，即平均保额损失率对各实际保额损失率(各随机变量观察值)的代表程度。稳定性系数K越大，则这组保额损失率的稳定性就越差，即历年保额损失率之间的差别越大，保险公司在该项业务上的每年的赔付情况就越不稳定；反之，稳定性系数K越小，则该组保额损失率的稳定性就越好，即各年保额损失率的差别就越小，赔付率情况就越稳定，一般K值在10％以内较为理想。如果该组的稳定性系数太大，说明其各年保额损失率波动性大，则必须增加观察年度或扩大调查统计，才能据以确定可靠的纯费率。

在例4-2中，$K = \dfrac{\sigma}{\overline{x}} = \dfrac{0.23}{6.0} = 3.83\%$，稳定性系数满足要求。

二、纯费率的确定

根据一组适当的保额损失率，通过上述计算，我们可以得到纯费率的近似值，即平均保额损失率，但还不能直接把它定为纯费率。因为平均保额损失率是以往各年份的保额损失率的算术平均值，那么实际保额损失率高于它的年份和实际保额损失率低于它的年份在总年份中各占50％的比例，对于任何一年，它的实际保额损失率高于或低于平均保额损失率的概率各为50％。对应到实际当中，如果以平均保额损失率作为收取的纯保费，则保险公司在任何一年里支出的保险金大于收取的保费，即产生亏损的概率为50％，这对保险公司的经营造成很大的波动性。因此，在保费的厘定中要有一定的安全系数，为了减少不利年份的出现，通常采用在平均保额损失率上附加这组保额损失率的一次、二次或者若干次均方差。

所以，纯费率的计算公式是：

$$纯费率＝平均保额损失率＋t均方差＝\overline{X}+t\sigma$$

那么,纯费率应该在平均保额损失率上附加几个均方差为宜,即 t 应该取多少? 假设保额损失率的发生是服从正态分布的,则我们可以得出附加方差与不利年份之间的关系:

设 A 代表赔偿金超过纯保费的事件,则 $P(A)$ 代表任意一年赔偿金超过纯保费的概率, $t=1,P(A)=15.86\%,t=2,P(A)=2.275\%$
$t=3,P(A)=0.135\%,t=4,P(A)=0.003\%$

由此可见,附加的均方差次数越多,赔偿金额超过实际赔付率的可能性就越小,任意一年中保险公司亏损的可能性就越小,得到的保障就越多,但反过来对投保人来说保费的负担就越重。因此应该权衡各方的利益,所附加的均方差与平均保额损失率之比,一般为 $10\%\sim20\%$ 为宜。

在例 4-2 中:若取 $t=2,\overline{X}+t\sigma=6.0\text{‰}+2\times0.23\text{‰}=6.46\text{‰}$,

其中, $\dfrac{2\sigma}{\overline{X}}==2\times0.23\text{‰}\div6.0\text{‰}=7.67\%$,较为合适。

三、附加费率的确定

附加保险费率与营业费用密切相关。附加费率的计算公式为:

$$附加费率＝营业费用开支总额/保险金额\times1000\text{‰}$$

营业费用主要包括:(1)按保险费的一定比例支付的业务费、企业管理费、代理手续费及缴纳的税金。(2)支付的工资及附加费用。(3)预期的营业利润。

除了按上述公式计算附加费率外,还可以按纯保险费率的一定比例来确定,如规定附加保险费率为纯保险费率的 20%。

四、保险费率的确定

如前所述,财产保险的保险费率由纯费率和附加费率构成,其计算公式为:

$$保险费率＝纯费率＋附加费率$$

依据上面三步中所求出的纯费率和附加费率,就可计算出保险费率。但这样得出来的保险费率仅是一个大略的费率,不能直接用于保险的实际经营中。必须还要根据不同的保险业务,进行分项调整,这种调整被称为级差费率调整,经过级差费率调整后,才能得到用于实际中的保险费率。

在例 4-2 中:若假设附加费率为 0.4‰,则:

保险费率＝纯费率＋附加费率＝ $6.46\text{‰}+0.4\text{‰}=6.86\text{‰}$

第三节　人寿保险费率的厘定

一、人寿保险费率厘定的理论依据

人身保险分为人寿保险、健康保险和意外伤害保险,由于人身意外伤害保险、健康保险大多属一年以内的短期险,其费率的计算适用于非寿险原理,与财产保险类似。至于人寿保险则属于长期险,与非寿险的费率制定方面有显著的不同。和财产保险费一样,人寿保险费也由两部分构成:纯保险费和附加保险费。但人寿保险费并不是一次付清的,所以,投保人所缴纳的纯保险费部分可分为风险保险费和储蓄保险费。前者用于当年保险金的支付,后者则是一种累积的保险费,用来弥补未来年份的赤字。附加保险费用于保险费经营中的一切费用开支。纯保险费和附加保险费构成了营业保险费,它是寿险机构实际收取的保险费。

寿险计算的基本原则是收支平衡原则,"收"是指保险机构收取的保险费总额;"支"是指保险机构的保险金给付和支出的各项经营费用。所说的收支平衡,并不是数学意义上的简单相等,它要考虑货币的时间价值等一些重要因素,是上述两项保险精算现值的相等。因此,人寿保险费率的厘定必须要依据生命表和利息率。

(一)生命表

1. 生命表的含义及分类

生命表是根据一定时期某一国家或地区的特定人群的有关生存、死亡的统计资料,加以分析整理而形成的一种表格。它反映了某一特定人群在各个年龄阶段的生存或死亡的概率分布情况,是厘定人寿保险纯费率的基本依据。

生命表与所选取的研究人群有关,根据不同的划分标准,主要可分为以下几类:

(1)按照死亡率的统计对象不同,生命表可分为国民生命表和经验生命表。

国民生命表是根据全体国民或某一特定地区所有人口的死亡资料编制而成的,通常以政府的人口普查资料为依据编制而成。经验生命表根据保险人所承保的被保险人的实际死亡资料编制而成。国民生命表统计的范围很大,男女老幼、老弱病残无所不包。而寿险公司的被保险人则是经过核保后才被承保,是被筛选过的。因此,相对国民生命表而言,经验生命表的死亡率更低。合理起见,保险公司通常使用经验生命表,而政府和企业可以根据国民生命表制定社会保险和退休金计划。

(2)按照死亡统计的调查期间不同,生命表可分为选择生命表、终极生命表和综合生命表。

选择生命表是根据选择效应仍然存在的期限内被保险人的死亡统计资料编制而成的。终极生命表是根据选择效应已经消失的期限内被保险人的死亡统计资料编制而成的。综合生命表是不考虑选择效应是否存在,根据全部期限内被保险人的死亡统计资料编制而成的。

所谓选择效应,是指在寿险核保过程中所带来的风险选择效应,即被选择得以承保的被保险人的身体状况通常较好,人身风险较低,其平均死亡率要远低于一般同龄人口的平均值。但是这种选择效应会随着时间的增长而逐渐消失,到了一定年限后,这种选择效应会完全消失,曾经被选择的被保险人的平均死亡率与一般人口的平均死亡率一样。由此可以看出,选择生命表的死亡率较低,适合于一些短期和定期的寿险。而终极生命表的死亡率较高,适用于延期支付的养老保险等。而综合生命表的死亡率居中,常被用于简易人寿保险费率的制定。

(3)按照统计资料的详细程度不同,生命表可分为完全生命表和简单生命表。

完全生命表是根据比较准确的人口普查统计资料编制的,能够反映出每一年龄段的生死概率。它按照年龄分别给出死亡率、生存率、平均寿命等生命函数。简单生命表依据人口动态统计资料按照一定的年龄段编制而成,它只能反映各个年龄组别的生死概率。

(4)按照统计人口性别的不同,生命表可分为男性生命表和女性生命表。

女性的寿命普遍要高于男性的寿命,因此同龄的男性的死亡率要高于女性。保险实务中也有不分统计性别的男女混合表,一般男性的死亡率直接采用表中的数据,女性的死亡率则采用年龄倒推法来确定,但年龄很小的女性除外。

2. 生命表的内容

首先要选择初始年龄并假定在该年龄上,有一定数量的人生存,这个数量就叫作基数。一般选择0岁为初始年龄,并规定此年龄的人数,通常选择10万、100万、1000万等整数。

生命表主要包括以下生命函数。

(1)年龄x。年龄是指统计时的每个年龄点,通常从0岁开始,到100岁为止,也可以根据需要以其他年龄为起止年龄。

(2)生存数l_x。l_x表示x岁期初的生存人数,即从初始年龄开始,满x岁时仍然生存的人数。例如,l_{35}表示在35岁时期初生存的人数,也即在初始的基数人群中仍有l_{35}人活到了35岁。

(3)死亡数d_x。d_x表示x岁的人在这一年内死亡的人数,即x岁至$x+1$岁之间死亡的人数。如d_{36}表示36岁到37岁之间死亡的人数。显然有:$l_x-d_x=l_{x+1}$,即从l_x中减去d_x即为l_x个x岁的人到年底仍然生存的人数,正好就是$x+1$岁年初的人数。进一步,$_nd_x$表示l_x个x岁的人在达到$x+n$岁前的死亡人数。

(4)生存率p_x。p_x是指x岁的人在一年内仍生存的概率,即年初x岁的人到年末仍然生存的概率。因为生存率是年末生存人数与年初总人数之比例,所以有:$p_x=\dfrac{l_{x+1}}{l_x}=\dfrac{l_x-d_x}{l_x}$。

进一步,$_np_x$则表示x岁的人生存到$x+n$岁的概率,即$_np_x=\dfrac{l_{x+n}}{l_x}$。

(5)死亡率q_x。q_x是指x岁的人在一年内死亡的概率,即年内死亡人数与年初生存人数之比例,$q_x=\dfrac{d_x}{l_x}$。进一步,$_nq_x$表示x岁的人在n年内死亡的概率,即x岁的人在$x+n$岁之前死亡的人数与x岁的生存人数之比率:$_nq_x=\dfrac{_nd_x}{l_x}$。显然,$_np_x+_nq_x=1$,特别地,$n=1$时有

$p_x+q_x=1$。

(6)完全平均余命e_x。完全平均余命是指现在x岁的人以后还能生存的平均年数。对年龄为0岁的人来说,其平均余命就是其平均寿命。

(二)利息率

利息是资金所有者因借出资金而获得的报酬,资金借入者使用资本的代价。利息广泛存在于现代生活中,已成为衡量经济效益的一个尺度。利息率是指借贷期间所形成的利息额与所贷资金的比值,表示单位本金在单位时间内的利息,是衡量资本生息水平的指标。

与其他非寿险不同的是,人寿保单往往是长期性合同,而且具有较强的储蓄投资性。保险人收取投保人的保费后要在保险公司存储很长时间才会发生给付,所以保险人要对其进行投资增值,投保方也应享受到合理的资金回报。所以,人寿保险机构在经营寿险业务中的费率厘定、责任准备金计提和保险基金投资等几个方面,都要考虑到利息因素,它直接影响着保险人的经营绩效。所以下面重点介绍利息的计算。

1. 单利和复利

利息的计算方法有两种,即单利和复利。

(1)单利法,就是仅对本金产生利息,而对产生的利息不再生息。

假设在一笔借款中,本金为A,利息额为I,利率为i,期限为n,则第n期期末本利和为S_n,则按照单利法计算时:

$$S_n=A+Ain=A(1+in)$$

例如:一笔为期3年,年利率为5%的10000元存款,本息和为11500元[10000(1+5%×3)],利息额为1500元(10000×5%×3)。

(2)复利法,则是将上期利息转化为本期的本金一并计算利息的方法,即上期的利息在本期也生息。如按年计息,第一年按本金算出利息,第二年计算利息时,要把第一年利息加在本金之上,然后再计算,以此类推,直到合同期满。

假设在一笔借款中,本金为A,利息额为I,利率为i,期限为n,则第n期期末本利和为S_n,则按照复利法计算时:

$$S_n=A(1+i)^n$$

再用复利法计算上述例子:本息和为11576元[10000(1+5%)³],利息额为1576元(11576-10000),可见用复利法计算的利息比用单利法多出了76元。

和单利法相比,复利法是更符合利息定义的计算利息方法,现代经济生活中,复利法的运用十分广泛,寿险费率的计算也是依复利来计算的。

2. 终值和现值

在人寿保险费率的厘定过程中,常常会遇到终值和现值的问题。因为保险也是一种金融产品,金融产品在定价时,常常需要将不同时点上的现金流折算到一定的时点上进行比较核算,这就涉及现金流的贴现技术,其中终值和现值是其中两个重要的概念。终值又称将来值,是现在一定量的现金在未来某一时点上的价值,也即考虑到资金的增值因素时,现在的一笔现金等价于将来的多大一笔现金。相对应地,现值也称为折现值或贴现值,是指未来某一时点上的一定量现金折合到现在的价值。货币具有时间价值,在现金流的贴现技术中,通常是用复利法计算的,假设S_n为A的终值,则$S_n = A(1+i)^n$;A为S_n的现值,则

$$A = \frac{S_n}{(1+i)^n}$$

其中i为贴现率,n为贴现年限。在实务中为了计算简便,常假设$v = \dfrac{1}{(1+i)}$为贴现因子,则$A = S_n \cdot v^n$。

二、人寿保险费率的决定因素

寿险保费是寿险产品的价格,寿险保费通常由两部分组成,用于保险金给付的称为纯保费,用于保险公司经营费用的称为附加保费,纯保费和附加保费之和称为毛保费或营业保费。

计算保费时应考虑三个因素:死亡率、利息率和费用率。考虑死亡率是因为人寿保险是以人的寿命为标的的保险,人的生存或死亡是给付的条件;考虑利息率,是由于人寿保险多为长期性合同,资金收益、价值变化是投保人、保险人都必须考虑的因素;考虑费用率,是因为经营寿险业务的保险公司所必需的各项费用开支,利润应该分摊到保费中去,所以保险费率的计算要考虑费用因素。预定的死亡率、预定的利息率和预定的费用率是保费计算的三要素。

人寿保险费率的计算遵循收支平衡原则。均衡保险费的收取以被保险人的生存为条件,保险金的给付以被保险人的死亡或生存为给付条件,而死亡或生存在一定时期内是不确定的,所以均衡保险费的收取和保险金的给付都是随机的,我们可以用它们各自的数学期望值代表未来将发生现金的收付。同时又因为人寿保险大多是长期性的,当考虑到资金生息增值的因素时,并不能用所缴保费的累计值直接等于保险金给付的期望值,还必须把每笔的收入和支出贴现到保单起始时刻进行比较,即计算出各自的累计现值后方能比较。所以在利用收支平衡原理制定寿险费率时,一定要用精算现值来计算。

纯保费的精算现值=保险金给付的精算现值

毛保费的精算现值=纯保费的精算现值+附加保费的精算现值

=保险金给付精算现值+附加保费的精算现值

早期保险费的缴纳采用自然法,每年缴纳的保险费仅用于当年的人身风险保障,随着被保险人年龄的增加,死亡率升高,所缴纳的保险费增加,这种缴费方法可能使大多数人年老时,因保险费负担过重,缴不起保险费而失去保障。之后出现了趸缴保险费法和均衡保险费法,趸缴保险费法是投保人在投保时将保险费一次缴清,由于一次缴清对投保人来说负担太重,实务中很少采用,但在保险精算中具有重要的理论价值。保险实务中大多采用均衡保险费法,也称分期缴费法,即在保险费缴付期内,按相同的时间间隔,缴纳一定数额的保险费,常采用的是年缴或半年缴。在这种方式下,原本趸缴的高额保险费,就被分解到这些时间间隔中,投保人可以均匀地缴纳保险费。

以下主要以趸缴和年缴两种方式来阐述寿险费率的厘定原理。

三、人寿保险趸缴纯保险费的计算

根据收支平衡原则,人寿保险纯费率主要依据以下原理进行计算:在保险责任开始之时,未来纯保费收入的现值＝未来保险金给付之现值。

简化起见,在具体推导之前,先设定推导模型中的假设条件。在以下所有险种推导中,假设投保时被保险人的年龄为x,参加保险的人数有l_x个,定期保险的保险期限为n,采用利率为i,贴现因子为$v=\dfrac{1}{(1+i)}$,为了直接求出费率,假设所有的保险金额均为1元,保费在年初缴纳,保险金在年末给付。

(一)趸缴定期死亡保险纯保险费的计算

定期死亡保险又叫定期寿险,以被保险人在保险期限内死亡为支付保险金的条件,也就是说,只有当保险人在保险期间死亡时,保险人才支付保险金,如若被保险人生存至保险期满,则不予支付保险金,也不退还所缴的保费。

用$A_{x:n}^1$表示定期死亡保险的趸缴纯费率,A表示采用趸缴的方式,x表示投保时被保险人的年龄,n表示保险期限,"1"在x上面表示是死亡保险。

在以上假定中,可推出:

(1)保险费收取的精算现值:年龄为x的l_x个被保险人参加了n年期死亡保险,期初l_x个投保人每人缴纳保费$A_{x:n}^1$,保险费一次缴清,则收取保险费的现值为$A_{x:n}^1 \cdot l_x$。

(2)保险金给付的精算现值:设n年内各年死亡的人数分别为:$d_x,d_{x+1},\cdots,d_{x+n-1}$,对于死亡的被保险人,保险人于每年年末给付其保单受益人1元的死亡保险金,则保险人在整个保险期内的累计给付总额的现值为$vd_x+v^2d_{x+1}+\cdots+v^nd_{x+n-1}=\sum\limits_{k=0}^{n-1}v^{k+1}\cdot d_{x+k}$。

(3)根据收支平衡原则:保费收入精算现值＝保险金给付精算现值

$A_{x:n}^1 \cdot l_x=\sum\limits_{k=0}^{n-1}v^{k+1}\cdot d_{x+k}$,两边各除以$l_x$,则得到:$A_{x:n}^1=\sum\limits_{k=0}^{n-1}v^{k+1}\cdot d_{x+k}/l_x$

进一步,假设ω为极限年龄,令上式中的$n\rightarrow\omega-x$,则可得到终身寿险公式:

$$A_x=\sum_{k=0}^{\omega-x-1}v^{k+1}\cdot d_{x+k}/l_x$$

上式中,A_x表示x岁的人投保时的终身寿险费率。

例4-3:设有一个35岁的男性被保险人,购买3年期死亡保险,利率为5%,保险金额为5万元,求投保人应缴的趸缴纯保费。(参照附录《中国人寿保险业经验生命表》2010—2013)

解:查生命表得:$l_{35}=981882$,$d_{35}=1091$,$d_{36}=1173$,$d_{37}=1264$,

$v=1/(1+0.05)=0.9524$,

设该投保人应缴A元的趸缴纯保险费,则

$A=50000\times A_{35:3}^1=50000\times(vd_{35}+v^2d_{36}+v^3d_{37})/l_{35}=50000\times(0.9524\times1091+0.9524^2\times1173+0.9524^3\times1264)\div981882=163$(元)

(二)趸缴定期生存保险纯保险费的计算

趸缴定期生存保险是以被保险人在一定时期继续生存为保险金给付条件的一种保险形式,也就是说,如果被保险人在保险期届满时仍然存活,则保险人给付保险金;如果被保险人在保险期限内死亡,则保险人不给付保险金,也不退还所缴保险费。

用$A_{x:n}$表示定期生存保险趸缴的纯费率,A表示采用趸缴的方式,x表示投保时被保险人的年龄,n表示保险期限。

在以上假定中,可推出:

(1)保险费收取的精算现值:年龄为x的l_x个被保险人参加了n年期生存保险,期初l_x个投保人每人缴纳保费$A_{x:n}$,而且保险费一次缴清,则收取保险费的现值为$A_{x:n} \cdot l_x$。

(2)保险金给付的精算现值:设到第n年末生存的人数为l_{x+n},保险人向每位生存者给付1元钱的生存保险金,则给付总额的现值为$v^n \cdot l_{x+n}$。

(3)根据收支平衡原则:保费收入精算现值=保险金给付精算现值

$A_{x:n} \cdot l_x = v^n \cdot l_{x+n}$,两边各除以$l_x$,则得到:

$$A_{x:n} = v^n l_{x+n} / l_x = v^n \cdot {}_n p_x$$

例4-4:设有一个35岁的男性被保险人,购买3年期生存保险,利率为5%,保险金额为5万元,求投保人应缴纳的趸缴纯保费。(参照附录《中国人寿保险业经验生命表》2010—2013)

解:查生命表得:$l_{35}=981882$,$l_{38}=978354$,

令$v=1/(1+0.05)=0.9524$,

设该投保人应缴A元的趸缴纯保险费,则

$A=50000 \times A_{35:3}=50000 \times v^3 \times l_{38}/l_{35}=50000 \times 0.9524^3 \times 978354 \div 981882 = 43039$(元)

(三)趸缴两全保险纯保险费的计算

两全保险是一种生死联合保险,如果被保险人在保险期内死亡,保险人给付受益人死亡保险金,被保险人在保险期限届满时仍然生存,保险人须向其支付生存保险金。因此,该保险可以看作定期生存保险和定期死亡保险的叠加,那么,其应缴的保险费应是定期生存保险费和定期死亡保险费之和,据此就可以得出两全保险的趸缴保险费率公式。

用$A_{x:n}$表示定期两全保险的趸缴纯费率,A表示采用趸缴的方式,x表示投保时被保险人的年龄,n表示保险期限,则有:

$$A_{x:n} = A_{x:n}^1 + A_{x:n}$$

例4-5:设有一个35岁的男性被保险人,购买3年期两全保险,利率为5%,保险金额为5万元,求投保人应缴的趸缴纯保险费。(参照附录《中国人寿保险业经验生命表》2010～2013)

解:$v=1/(1+0.05)=0.9524$,

设该投保人应缴A元的趸缴纯保险费,则

$A=50000 \times A_{35:3}=50000 \times (A_{35:3}^1 + A_{35:3})=43039+163=43202$(元)

四、人寿保险年缴纯保险费的计算

一次性缴清保险费,可以减少诸多烦琐环节,这对保险人、被保险人双方都有利,但现实的情况是,在趸缴保险费的情况下,投保人一次性缴纳的保险费数额往往太大,保险费负担太重。为了解决这个问题,现代人寿保险多采用均衡保险费制,保险费缴纳可以采取分期缴纳的方式,即保险人允许投保人,按年、按季、按月来分期缴纳保险费,按年度缴费最为普遍。这里就年缴纯保险费的计算予以介绍。在年缴纯保险费的情况下,根据收支平衡原则,在保险责任开始之时,年缴纯保险费的精算现值等于未来给付的保险金的精算现值。

(一)年缴定期死亡保险纯保险费的计算

年缴定期死亡保险的保险责任与趸缴定期死亡保险的保险责任完全一样,两者所不同的是趸缴定期死亡保险的保险费是在投保时一次性缴清的,而分期缴定期死亡保险的保险费是保险期限内每年缴纳的,而且每年缴纳的数额相同。但要注意的是,保险期限内死亡的人不用继续缴费,因为保险人在当年年末将死亡保险金给付其保单受益人以后,保险合同就此结束。

令 $P_{x:n}^1$ 表示趸缴定期死亡保险的纯费率,P 表示采用分期缴的方式,x 表示投保时被保险人的年龄,n 表示保险期限,"1"在 x 上面表示是死亡保险。

在以上假定中,可推出:

(1)保险费收取的精算现值:年龄为 x 的 l_x 个被保险人参加了 n 年期死亡保险,投保人每次缴纳保费 $P_{x:n}^1$,则收取保险费的现值之和为:

$$P_{x:n}^1 \cdot l_x + v \cdot P_{x:n}^1 \cdot l_{x+1} + v^2 \cdot P_{x:n}^1 \cdot l_{x+2} + \cdots + v^{n-1} \cdot P_{x:n}^1 \cdot l_{x+n-1} = P_{x:n}^1 \sum_{k=0}^{n-1} v^k \cdot l_{x+k}$$

(2)保险金给付的精算现值:设 n 年内各年死亡的人数分别为 $d_x, d_{x+1}, \cdots, d_{x+n-1}$,保险人于每年年末给付受益人1元的死亡保险金,则保险人在整个保险期内的累计给付总额的现值为 $v \cdot d_x + v^2 \cdot d_{x+1} + \cdots + v^n \cdot d_{x+n-1} = \sum_{k=0}^{n-1} v^{k+1} \cdot d_{x+k}$

(3)根据收支平衡原则,保险费收入的精算现值=保险金给付的精算现值,

$P_{x:n}^1 \sum_{k=0}^{n-1} v^k \cdot l_{x+k} = \sum_{k=0}^{n-1} v^{k+1} \cdot d_{x+k}$,两边各除以 $\sum_{k=0}^{n-1} v^k \cdot l_{x+k}$,则得到:

$$P_{x:n}^1 = \frac{\sum_{k=0}^{n-1} v^{k+1} \cdot d_{x+k}}{\sum_{k=0}^{n-1} v^k \cdot l_{x+k}}$$

例4-6:设有一个35岁的男性被保险人,购买3年期死亡保险,利率为5%,保险金额为5万元,采用年缴的方式,求投保人每年应缴的纯保费。(参照附录《中国人寿保险业经验生命表》2010~2013)

解:查生命表得:

$l_{35} = 981882, l_{36} = 980791, l_{37} = 979618, d_{35} = 1091, d_{36} = 1173, d_{37} = 1264$,

令 $v = 1/(1+0.05)) = 0.9524$,

设该投保人应缴 A 元的年缴纯保险费,则

$A=50000×P_{35:3}^1=50000×(vd_{35}+v^2d_{36}+v^3d_{37})/(1l_{35}+vl_{36}+v^2l_{37})$

$=50000×(0.9524×1091+0.9524^2×1173+0.9524^3×1264)÷(981882+0.9524×980791+0.9524^2×979618)=56.96(元)$

(二)年缴定期生存保险纯保险费的计算

年缴定期生存保险的保险责任与趸缴定期生存保险的保险责任完全一样,两者所不同的是趸缴定期生存保险的保险费是在投保时一次性缴清的,而年缴定期生存保险的保险费是保险期限内每年缴纳的,而且每年缴纳的数额相同,同样注意中间死亡的人不用继续缴费。

令 $P_{x:n}$ 表示趸缴定期生存保险的纯费率,P 表示采用分期缴的方式,x 表示投保时被保险人的年龄,n 表示保险期限。

在以上假定中,可推出:

(1)保险费收取的精算现值:年龄为 x 的 l_x 个被保险人参加了 n 年期死亡保险,投保人每次缴纳保费 $P_{x:n}^1$,则收取保险费的现值之和为:

$$P_{x:n}·l_x+v·P_{x:n}·l_{x+1}+v^2·P_{x:n}·l_{x+2}+\cdots+v^{n-1}·P_{x:n}·l_{x+n-1}=P_{x:n}\sum_{k=0}^{n-1}v^k·l_{x+k}$$

(2)保险金给付的精算现值:设到第 n 年末生存的人数为 l_{x+n},保险人向每位生存者给付1元钱的生存保险金,则给付总额的现值为 $v^n·l_{x+n}$。

(3)根据收支平衡原则,保费收入精算现值=保险金给付精算现值,

$P_{x:n}\sum_{k=0}^{n-1}v^k·l_{x+k}=v^n·l_{x+n}$,两边各除以 $\sum_{k=0}^{n-1}v^k·l_{x+k}$,则得到:

$$P_{x:n}=v^n·l_{x+n}/\sum_{k=0}^{n-1}v^k·l_{x+k}$$

例4-7:设有一个35岁的男性被保险人,购买3年期生存保险,利率为5%,保险金额为5万元,保费采用年缴的方式,求投保人每年应缴的纯保费。(参照附录《中国人寿保险业经验生命表》2010—2013)

解:查生命表得:

$l_{35}=981882,l_{36}=980791,l_{37}=979618,l_{38}=978354,$

令 $v=1/(1+0.05)=0.9524,$

设该投保人应缴 A 元的年缴纯保险费,则

$A=50000×P_{35:3}=50000×v^3l_{38}/(1l_{35}+vl_{36}+v^2l_{37})$

$=50000×(0.9524^3×978354)÷(981882+0.9524×980791+0.9524^2×979618)$

$=15068(元)$

(三)年缴两全保险纯保险费的计算

同理,年缴两全保险可以看作年缴定期生存保险和年缴定期死亡保险的叠加,那么,其应缴的保险费应是年缴定期生存保险费和年缴定期死亡保险费之和,这样,就可以得出年

缴两全保险的纯费率公式。

用$P_{x:n}$表示定期两全保险的年缴纯费率,P表示采用分期缴的方式,x表示投保时被保险人的年龄,n表示保险期限,则有:

$$P_{x:n} = P^1_{x:n} + P_{x:n}$$

例4-8: 设有一个35岁的男性被保险人,购买3年期两全保险,利率为5%,保险金额为5万元,采用年缴方式,求投保人每年应缴的纯保费。(参照附录《中国人寿保险业经验生命表》2010—2013)

解:$v = 1/(1+0.05) = 0.9524$,

设该投保人应缴A元的年缴纯保费,则

$$A = 50000 \times P_{35:3} = 50000 \times (P^1_{35:3} + P_{35:3}) = 56.96 + 15068 = 15124.96(元)$$

五、人寿保险营业保险费的计算

营业保险费为纯保险费与附加保险费之和,在已知纯保险费的计算方法后,营业保险费的计算问题主要归结为附加保险费的计算问题。

(一)附加保险费的计算

1.附加费用分析

附加费用主要用于保险公司的营业费用,根据费用发生的先后,可将其分为新合同费用、维持费用和理赔费用。新合同费用主要是指保险人在展业阶段发生的费用,即在保险合同订立首年所发生的费用,如:广告宣传费、保险中介的佣金、单证手续费和印制费等,它在整个附加费用中占有较大的比例。维持费用是指保险合同订立后的整个保险期间维持保险合同所需要的费用,如:缴费通知费用、变更批单费用、行政管理费用、收费员的工资等。理赔费用主要用于保险金的给付阶段,如:立案费用、调查费用和会计费用等。此外,附加费用还包括保险人的营业税费和一定的利润。

在上述各种附加费用中,按照其与保险金额和保险费的相关程度分类,可以分为三类:一是与保额无关的固定费用,包括保险单成本费用、理赔费用等;二是与保险金额大小有关的费用,如体检费;三是与保险费多少有关的费用,如营业税、保险中介的佣金等。

2.附加费用的计提方法

不同的附加保险费,依据费用发生的原理不同,可用不同的方法来计提。

(1)保额比例法。即以保险金额的一定比例计提附加保险费,主要用于与保险金额有密切关系的费用项目。

(2)保险费比例法。以毛保险费的一定比例计提附加保险费,主要适用于与保险费成比例变动的费用项目。

(3)定额法。无论保险金额高低,都计提相同的附加保险费。对于与保单数目有关的费用可采用此法。

(二)营业保险费的计算

计算营业保险费,一般可使用三种方法:

(1)三元素法。三元素法把附加费用分为三类:原始费用、维持费用、收费费用。原始费用是保险公司为招揽新合同,在第一年度支出的一切费用,在这里,我们把单位保额的原始费用设为 P_1。维持费用是指整个保险期间为使合同维持保全的一切费用,它应分摊于各期,可把单位保额的维持费用设为 P_2。收费费用是指收取保险费时的支出,与维持费用一样,它也分摊于各期,单位保额的费用可设为 P_3。然后,把将来年份的附加费用折合成现值,就可得到附加保险费的现值之和。再根据"营业保险费现值=纯保险费现值+附加保险费现值",来计算营业保险费。三元素法的优点是计算结果准确,缺点是计算过程复杂、烦琐。

(2)比例法。比例法假设附加保险费为毛保险费的一定比例 K,这一比例通常是根据经验来确定的。设营业保险费为 $\overline{P}$,纯保险费为 P,附加保险费比例为 K,则有:

$$\overline{P}=P+K\overline{P},$$

整理得

$$\overline{P}=P/(1-K)$$

比例法的优点是计算简便,不足之处在于 K 值的确定带有主观性。

(3)比例常数法。比例常数法是根据每张保单的平均保额确定出的每单位保额所必须支付的费用,并把其作为一个固定常数。然后,确定一个营业保险费的比例作为附加保险费。设固定常数为 C,则可得:

$$\overline{P}=P+K\overline{P}+C$$

整理得:

$$\overline{P}=\frac{P+C}{1-K}$$

第四节　保险责任准备金及其计算

责任准备金是保险公司按照法律规定,为了履行其未来的赔付保险金的义务以及备付未来的赔款,从所收取的保险费或税后利润中提留的资金准备。保险公司所收取的纯保险费,并不是保险公司的利润,其中绝大部分都会因保险事故的发生而赔偿或者给付给被保险人或受益人。因此,为了能够兑现保险合同约定的承诺,保证一定的偿付能力,保险公司必须提存各种责任准备金,以保证在合同约定的保险事件发生后,向被保险人或受益人支付保险金。由于保险公司所提存的准备金与保险责任相关,所以称为责任准备金。它主要可分为未到期责任准备金、未决赔款准备金和保险保障基金。保险责任准备金的提存方法因险种的不同而不同,通常分为寿险责任准备金和非寿险责任准备金两类。

一、非寿险责任准备金及其计算

非寿险责任准备金包括未决赔款准备金、未到期责任准备金和保险保障基金。

（一）未决赔款准备金

未决赔款准备金也称赔款准备金，是保险人在会计年度决算时，为该年度已发生保险事故的尚未决定或应付而未付的赔款及其理赔费用而提存的一种准备资金。

其计提的原因在于：保险公司某个会计年度内发生的赔案，总有一部分未能在当年决算结案。根据谨慎经营的原则，保险公司应估计出这些将来要支出或可能支出的赔款及理赔费用的金额，并计提准备金，计入当期的营业支出中，以免当期利润虚增。

未决赔款准备金通常有以下三类：

（1）已决未付准备金。已决未付赔案是指保险人已经对索赔案件理赔完毕，应赔付金额也已经确定但尚未支付。在这种情况下，赔款准备金只要逐笔计算并加以汇总即可。

（2）已报未决准备金。已报未决赔案是指被保险人已经提出索赔，但被保险人和保险公司之间对这些案件是否属于保险责任范围以内、保险赔付额为多少等事项尚未达成协议。

已报未决准备金的提取方法有以下三种：

①逐案估计法。由理赔人员检查赔付案件登记表，就尚未解决的赔付案件逐一估计其所需要的赔款额，计入理赔档案，到一定的时间再把这些估计的数字进行汇总和修正，据此提存准备金。这种方法主要依赖理赔部门的经验判断，比较简单但工作量大，适用于索赔金额确定，或索赔数额大小相差悬殊而难以估算平均赔付额的财产保险业务，如火灾保险、信用保险之类。

②平均值估计法。先根据保险公司以往的损失数据计算出各类赔付案件的平均值，然后根据对将来赔付金额变动趋势的预测加以修正，最后把这一平均值乘已报告赔案数目就能得出未决赔款额。这一方法适用于索赔案多而索赔金额并不大的业务，如汽车保险。

③赔付率法。选择一定时期的赔付率来估计某类业务的最终赔付数额，从估计的最终赔付额中扣除已支付的赔款，即为未决赔款额。这种方法简便易行，但若假定的赔付率与实际赔付率有较大出入，则计算出的结果就不是很准确。

（3）已发生未报告准备金。已发生未报告赔案是指保险事故已经发生，但被保险人尚未报告的赔案。这类赔款的估计比较复杂，一般以过去的经验数据为基础，根据各种因素的变化进行修正，如出险单位的索赔次数、金额、理赔费用的增减、索赔程序的变更等，这种索赔需要非常熟悉和精通业务的管理人员准确判断。我国规定，这一项目按照不高于当年实际赔款支出额的4%提取。

（二）未到期责任准备金

未到期责任准备金是会计年度决算时对未满期保单的保险费所提存的准备金。由于会计年度与保险年度具有不一致性，按照权责发生制的原则，对于未到期的保单，必须提存未到期责任准备金，以作为保险公司履行保险责任的准备。由于非寿险一般一年一保，因此,非寿险的未到期责任准备金,是当年承保业务的保险单中在下一年度继续有效保单的保险费。

未到期责任准备金在会计年度决算时一次计算提存,其提取方法从理论上说有年平均估算法、季平均估算法、月平均估算法和日平均估算法等。

(1)年平均估算法。又称1/2法。假定每年中的所有保单是在365天中逐日均匀开立的,即每天开立的保单数量及保险金额大体相等,每天收取的保险费数额也差不多,这样一年的保单在当年还有50%的有效部分未到期,则应提存有效保单自留保费的50%作为准备金。其计算公式为:

未到期责任准备金=当年自留保险费总额×50%

式中,自留保险费=全年保费收入+分入保费-分出保费。该方法计算简便,但不是很准确,尤其在自留保险费在全年分布很不均匀的条件下,其计算的未到期责任准备金与实际值相差较大。我国目前采用此法,《保险法》规定,对非寿险业务,应当从当年自留保险费中提取未到期责任准备金,其提取和结转的数额,应相当于当年自留保险费的50%。

(2)季平均估算法。又称8分法。该方法假定每一季度中所承保的所有保单是逐日开出的,且每天开出的保单数量、每份保单的保额及保险费大体均匀。因此,每一季度末已到期责任为1/8,未到期责任为7/8,然后每过一季,已到责任加上2/8,未到责任减去2/8,所以到年末时,第一季度开出的保单其未到期责任准备金为保费的1/8,第二季度的是3/8,其余类推,第四季度的保单则提取到7/8。

年末未到期责任准备金=第一季度自留保险费×1/8+第二季度自留保险费×3/8+
第三季度自留保险费×5/8+第四季度自留保险费×7/8

(3)月平均估算法。又称24分法。假定一个月内所有承保的保险单是在当月内逐日开出的,且保单数量、保额、保费大体均匀,则对一年期保单来说,出立保单的当月已到期责任为1/24,23/24的保费则是未到期责任,以后每过一个月已到期责任增加2/24,未到期责任准备金减少2/24,所以到年末时,一月份开出的保单其未到期责任准备金为保费的1/24,二月份的是3/24,其余类推,到十二月份的保单则提取到23/24。

未到期责任准备金=第1月自留保险费×1/24+第2月自留保险费×3/24+…
+第12月自留保险费×23/24

这种方法比年平均估算法和季平均估算法都要精确,适用于每月内开出保单份数与保额及保费大致相同而各月之间差异较大的业务。

(4)日平均估算法。该方法假定每一天中所承保的所有保单是均匀开出的,而且每份保单的数量、保额及保险费大体均匀。因此,每一天末已到期责任为1/730,未到期责任为729/730,然后每过一天,已到责任加上2/730,未到责任减去2/730,所以到年末时,第一天开出的保单其未到期责任准备金为保费的1/730,第二天的是3/730,其余类推,第365天的保单则提取到729/730。

年末未到期责任准备金=第一天自留保险费×1/730+第二天自留保险费×3/730+…
+第365天自留保险费×729/730

显然,该方法较月平均估算法更精确,但计算工作量非常大。故常采用简化的近似计算公式:未到期责任准备金=有效保单保险费×未到期天数/保险期天数

（三）保险保障基金

保险保障基金是保险人为应付巨灾和巨损而引起的特大赔款而从保费收入中所提存的准备金。它是为了保护被保险人的利益,支持保险公司稳健经营的需要,由保险公司按照金融监督管理部门的规定而提取保险保障基金。按照有关规定:保险保障基金应当集中管理,统筹使用。保险保障基金平均按照当年保费收入的1%来计提,当然不同险种业务提取比例有所不同,计入当期损益,当该项基金提取金额达到保险公司总资产的10%时,停止提取。由保险公司单独提取后,专户储存于国家保险监管机关指定的商业银行,只有在当年业务收入和其他准备金不足以赔付时方能运用。

二、寿险责任准备金及其计算

人寿保险公司在经营过程中也必须提取各种准备金,如寿险责任准备金(只适用于一年期以上的长期寿险)、未到期责任准备金(只适用于一年定期寿险、健康保险和意外伤害保险)、赔款准备金及保险保障基金等。其中,未到期责任准备金、赔款准备金以及保险保障基金的内容与财产保险相似,故下面只讨论寿险责任准备金的计算。

（一）寿险责任准备金的概念

寿险责任准备金是指在长期寿险中保险人为了承担未到期责任而计提的准备金,它是由保险人所收的纯保险费中超缴的部分及其利息累积而成。寿险责任准备金源于均衡保险费制。因为在长期寿险中,保险费的缴纳既可以采用趸缴方式,也可以用分期缴方式,但后者比较普遍。在分期缴方式中,投保人在规定的缴费期限内每年缴纳固定金额的保险费,这就是均衡保险费制。由此,长期寿险中有两个重要的保险费概念:①自然保险费,是指保险人为了承保被保险人在某一年内的人身风险而在当年应收取的保险费,它与被保险人的年龄和体格等有关,因为随着年龄的增长,人的死亡率在增加,所以自然保险费就会随着被保险人年龄的增长而增长。②均衡保险费,是指在长期寿险中,分期缴方式下投保人每年应缴纳的数额固定的保险费,它实际上是将投保人在整个保险期内所应缴的总自然保险费平均分摊到每年中去。

在采取均衡保险费的方式下,以投保后的一定时刻为限,投保人在前期缴付的均衡保险费大于自然保险费(或支出),而在后期所缴付的均衡保险费又小于自然保险费(或支出)。投保人早期缴付的均衡保险费中多于自然保险费的部分,不能作为公司的业务盈余来处理,只能用于应付保险后期均衡纯保险费不足以支出保险金给付的差额。它可被视为保险人对被保险人的负债,须逐年提存并加以运用增值,以保证履行将来的保险金给付义务。这种逐年提存的负债就是寿险责任准备金,即均衡保险费责任准备金。

（二）寿险责任准备金的计算

寿险责任准备金的计算包括理论责任准备金计算和实际责任准备金计算。

1. 理论责任准备金的计算

理论责任准备金的提存前提是假定每年的营业费用相同,从而每年的均衡附加保险费正好满足实际营业费用支出的需要。这样,在提存责任准备金时,只需将每年收取的均衡纯保险费在用于保险金支出后的剩余部分作为责任准备金提存,这样提存的责任准备金称为理论责任准备金。

由于寿险均衡纯保险费的计算基于收支平衡原则,即在任何时点上保险人已收和未来应收的均衡纯保险费应等价于保险人已付和将来应付的保险金额。因此,在保险合同有效期限内的任一时点,收支平衡关系如下:

已收纯保险费的终值＋未收纯保险费的现值 ＝ 已付保险金的终值＋未付保险金的现值

移项得:(已收纯保险费－已付保险金)的终值＝(未付保险金－未收纯保险费)的现值

上述关系式中的左右两端差额相等,每个差额都是保险人在这一时点上的对保单所要承担的未来的给付责任,所以这个差额就是保单在这一时点上的责任准备金。我们既可以通过计算左端差额也可以通过计算右端差额来计算责任准备金,从而得到计算责任准备金的两种等价方法,即追溯法和预期法。

(1)追溯法,也称过去法或已缴保险费推算法,是用过去已收纯保险费的精算终值与过去已付保险金的精算终值的差额来计算责任准备金的一种方法。其计算公式为:

寿险责任准备金＝过去已收纯保险费的精算终值－过去已付保险金的精算终值

(2)预期法。也称未来法或未缴保险费推算法,是用未来应付保险金的精算现值与未来应收纯保险费的精算现值的差额来计算责任准备金的一种方法。其计算公式为:

寿险责任准备金＝未来应付保险金的精算现值－未来应收纯保险费的精算现值

追溯法和预期法是计算责任准备金的两种方法,前者以过去已发生的收付金额来推算责任准备金;后者以未来要发生的收付金额来推算责任准备金。在预定利率和预定死亡率不变的情况下,按照追溯法和预期法计算的理论责任准备金是一致的。

2. 实际责任准备金的计算

实际责任准备金是考虑到附加保险费在时间上分配不均衡的因素,在理论责任准备金的基础上修订而成的。在实际业务中,营业费用并不是均衡的,表现为前期营业费用(特别是首年营业费用)远高于后期营业费用。原因在于,保险公司在保单签订的前期(特别是首年)需要支出大量费用(如宣传广告费、代理人佣金、体检费等),这些前期营业费用(特别是首年费用)通常远大于均衡附加保险费。因此,若按理论责任准备金提存,则前期(特别是首年)所收取的附加保险费将不足以满足前期(特别是首年)营业费用支出的需要,如果投保人因某种原因要解除保险合同,则保险人无法分摊其已开支的经营费用。所以,在实际中要根据实际经营费用对理论责任准备金进行修订才能形成实际责任准备金。

均衡毛保险费＝均衡纯保险费＋均衡附加保险费＝纯保险费＋附加保险费。为解决这一问题,可以对均衡保险费的构成比例加以修正,使得修正后的前期纯保险费小于均衡纯保险费,前期附加保险费大于均衡附加保险费;后期纯保险费大于均衡纯保险费,后期附加保险费小于均衡附加保险费。然后根据修正后的各年毛保险费与保险金的支出的差额提存责任准备金,即实际责任准备金。

(1)Zillmer修正法,又称一般修正法,它由1863年德国的精算师Zillmer所提出,该方法由此而得名。因为第一年保险公司要支付大量的初始费用,所以第一年的实际附加保险费要高于均衡附加保险费,第一年的纯保险费要少于均衡纯保险费。而第二年开始以后各年的附加保险费减少,这样第二年开始以后各年的纯保险费就必须高于均衡纯保险费。若用P_x表示均衡纯保险费,α为修正后的第一年纯保险费,β为第二年及以后各年修正后的纯保险费,$\ddot{a}_{x:n}$为n年期期初付年金现值,则:

$$\beta = P_x + \left[(\beta-\alpha)/\ddot{a}_{x:n}\right]$$

注意在Zillmer修正法中,为使修正准备金不为负值,要求第一年的纯保险费不得小于当年的自然保险费。

(2)FPT法,即一年定期修正法。一年定期修正法是将第一年的自然纯保险费作为修正的第一年纯保险费,即$\alpha = A^1_{x:1}$,以后各年的纯保险费为以$x+1$岁开始的同一类保险的均衡纯保险费(假定投保时被保险人年龄为x岁)。由于FPT法计算的修正准备金存在一个缺陷,对于高额保险费的保单,第一年提取的附加保险费往往超过实际费用很多。为此,实践中产生了其他多种修正法,如保险监督官修正法(CRVM法)、加拿大修正法(CAN法)等。

实际责任准备金和理论责任准备金在保险期间的什么时间达到一致,随缴费方式(如限期缴费年限的长短)和修正方法不同而有所不同,但到保单满期时,两者的差额必定为零。

—— 本章小结 ——

1. 保险费率是单位保险金额的保费,可分解为纯费率与附加费率。保险人在厘定费率时要遵循公平合理原则、保证偿付原则、相对稳定原则和促进防灾防损原则。

2. 在实际业务过程中,主要有以下三种不同的费率厘定方法:分类法、增减法、判断法。分类法是基于风险分类来计算保险费率的方法;增减法在分类法确定基本费率的基础上,再依据个别保险标的的实际风险状况进行适当的修正;判断法是通过保险费率厘定者的个人观察和判断来对每一保险标的的分别单独确定费率的方法。

3. 财产保险费率的厘定主要分为四个步骤:第一,根据历年保额损失率来计算平均保额损失率;第二,在平均保额损失率的基础上计算均方差确定纯费率;第三,根据保险经营中发生营业费用来确定附加费率;第四,将纯费率和附加费率相加得到保险费率。

4. 人寿保险经营中要用到生命表和利息率,生命表反映了某一特定人群在各个年龄阶段的生存或死亡的概率分布情况,是厘定人寿保险纯费率的基本依据。

5. 人寿保险的保险费可以采用趸缴和分期缴两种方式,所以要求掌握三种人寿保险趸缴纯保险费和三种人寿保险年缴纯保险费的计算公式。

6. 保险责任准备金有未决赔款准备金、未到期责任准备金和保险保障基金三种。财产保险的未到期责任准备金的提取有年平均估算法、季平均估算法、月平均估算法等。寿险责任准备金的提取有追溯法和预期法两种。

—— 关键术语 ——

保险费率，保险费率，纯费率，附加费率，趸缴保险费，均衡保险费，分类法，增减法，观察法，平均保额损失率，稳定性系数，生命表，利息，精算现值，三元素法，未决赔款准备金，未到期责任准备金，保险保障基金，寿险责任准备金。

—— 思考及计算题 ——

1. 保险费率厘定的主要方法有哪些？

2. 简述财产保险费率厘定的基本步骤。

3. 假设某公司过去10年某项财产保险业务的各年保额损失率统计资料见表4-2，并且已知保险公司要求将每年亏损的概率控制在0.135%以内，附加费率为3‰。请按照财产保险费率的厘定方法求出保险费率。

表4-2 某公司2011—2020年的保额损失率统计资料

年度	2011	2012	2013	2014	2015	2016	2017	2018	2019	2020
保额损失率/‰	6.1	5.7	5.4	6.4	5.8	6.3	6.0	6.2	5.9	6.2

4. 简述生命表的种类及分别适用哪些险种。

5. 已知某人将一笔钱存入银行，准备3年后将它取出，到那时的本息共10000元，$i=0.05$，请问：按照复利法计算他现在应该存入多少钱？

6. 已知：$q_{55}=0.01$，$d_{50}=50$，$d_{57}=56$，$d_{58}=62$，$d_{59}=69$，$l_{60}=5260$，求l_{55}。

7. 已知：$_{10}P_{30}=0.04$，$P_{30:10}=0.06$，$A_{40}=0.5$，求$P^1_{30:10}$。

8. 已知：$q_{70}=0.05$，$d_{70}=4328$，求l_{71}。

9. 设有一个40岁的男性投保人为自己投保3年期人寿保险，预定利率为3%，保险金额为50000元，求在下列6种情况下，投保人应缴纳的纯保险费。（生命表参照附录《中国人寿保险业经验生命表》(2010~2013)，男表部分）

(1)所投保的险种为趸缴定期死亡保险；

(2)所投保的险种为趸缴定期生存保险；

(3)所投保的险种为趸缴定期两全保险；

(4)所投保的险种为年缴定期死亡保险；

(5)所投保的险种为年缴定期生存保险；

(6)所投保的险种为年缴定期两全保险；

10. 某40岁的被保险人，购买了保额为100万元的20年期的两全保险，营业保险费在每年年初支付，保险金在年末给付，费用情况如下，初年费用：佣金为营业保险费的50%，固定费用为1000元；续年费用为：佣金为营业保险费的10%，固定费用为100元；死亡理赔费用为1000元，$i=6\%$，求营业保险费。

第五章
财产保险

► **本章学习要求**

- 理解财产保险的概念与特征；
- 掌握财产保险的承保与理赔方式；
- 掌握火灾保险的主要内容及主要险种；
- 掌握运输保险的主要内容及主要险种；
- 理解责任保险的概念与特点；
- 了解责任保险的主要险种；
- 掌握信用保证保险的概念与特点。

第一节　财产保险概述

一、财产保险的概念与特征

(一)财产保险的概念

财产保险是以财产及与之相关的利益为保险标的，以自然灾害及意外事故为保险事故的保险。财产保险有广义与狭义之分，广义的财产保险是指包括财产损失保险、责任保险、信用保证保险等业务在内的一切非人身保险业务；而狭义的财产保险仅指财产损失保险，它承保的保险标的是各种具体的财产物资。可见，狭义的财产保险是广义的财产保险的重要组成部分。当然，财产保险还有另一种划分方法，即按承保标的的虚实，分为有形财产保险和无形财产保险。有形财产保险是指以各种实体的财产物资为保险标的的财产保险，它在内容上与狭义的财产保险基本一致；无形财产保险则是指以各种没有实体但属于投保人或被保险人的合法利益为保险标的的保险，如责任保险、信用保险、利润损失险等。

国际上，对财产保险还有不同的称谓，如产物保险、损害保险和非寿险等。这些概念与我国的财产保险概念存在差别，如产物保险强调以各种有形财产物资为保险标的，经营范围较窄;而非寿险是将各种短期性人身保险业务也包括在内,经营范围最广。

(二)财产保险的特征

1. 保险标的具有广泛性

财产保险业务的承保范围很广,覆盖除自然人的身体与生命之外的一切危险责任,它不仅包括各种差异极大的财产物资,而且包含各种民事法律责任和信用风险等。大到航天工业、核电工程、海洋石油钻探,小到家庭或个人生活用具等,无一不可以从财产保险中获得相应的危险保障。财产保险承保标的的广泛性,决定了财产保险的具体对象必然存在着较大的差异性,也决定了财产保险公司对业务经营方向具有更多的选择性。与此同时,财产保险的保险标的无论归法人所有还是归自然人所有,均有客观而具体的价值标准,均可以用货币来衡量其价值,保险客户可以通过财产保险来获得充分补偿。而人身保险的保险标的限于自然人的身体与生命,无法用货币来衡量,这就构成了财产保险与人身保险的根本区别。

2. 业务性质具有补偿性

保险人经营各种类别的财产保险业务,意味着承担起对被保险人保险利益损失的赔偿责任。尽管在具体的财产保险经营实践中,有许多被保险人因未发生保险事故而得不到赔偿,但从理论上讲,保险人的经营是建立在补偿被保险人的保险利益损失基础之上的。因此,财产保险费率的制定,需要以投保财产或有关利益的损失为计算依据;财产保险基金的筹集与积累,也需要以能够补偿所有被保险人的保险利益损失为前提。当保险事件发生后,财产保险实行损失补偿原则,它强调保险人必须按照保险合同规定履行赔偿义务,同时也不允许被保险人通过保险获得额外收益,从而不仅适用代位原则,而且还适用重复保险分摊原则。这与人身保险不同,人身保险除不允许医药费用重复给付外,并不限制被保险人获得多份合法的保险金,既不存在多家保险情况下的分摊给付问题,也不存在第三者代位问题。

3. 经营内容具有复杂性

财产保险经营内容具有相当复杂性,具体表现在三个方面:第一,承保标的的复杂性,正如前文所述,从法人单位到个人家庭,从有形财产到无形责任,从高科技工程到普通商品物资,无所不包。第二,承保技术的复杂性。标的的复杂性,要求保险人在经营过程中熟悉与各种标的相关的技术知识,如要想获得经营责任保险业务的成功,就必须熟悉各种民事法律、法规和诉讼知识;要想成功经营汽车保险,就要熟悉汽车机械构造方面的专业知识,否则汽车保险的经营就会陷入被动或盲目状态。第三,风险管理的复杂性。财产保险的危险相对集中,一旦发生巨灾,如台风、地震、洪水等,可能导致巨大损失,直接影响财产保险公司财务的稳定。所以必须采用再保险、巨灾风险证券化等手段来分散风险,风险管理的技术相对复杂。

4. 单个保险关系具有不对等性

从财产保险整体来看,保险人根据大数法则与损失概率来确定各种财产保险的费率,从而在理论上决定了保险人从被保险人那里收取的保险费与所承担的风险责任是相适应的,保险人与被保险人的关系是等价交换关系。但就单个保险关系来看,又存在着明显的不对等性,一方面,保险人承保每一笔保险业务只收取保险标的实际价值的千分之几或百分之几,而一旦被保险人发生保险事故,保险人往往要付出几倍甚至几百倍的保险赔款。另一方面,在所有承保业务中,发生保险事故的毕竟是少数,对大多数被保险人来讲,保险人也收取了保险费,但却不存在保险赔偿问题,交易双方同样是不对等的。而人寿保险中,被保险人的受益总是与其缴费联系在一起的,绝大多数保险关系是一种相互对等的关系。

二、财产保险的业务体系

财产保险是一个庞大的业务体系,它由若干险类及其数以百计的具体险种构成。其业务体系结构用图5-1表示。

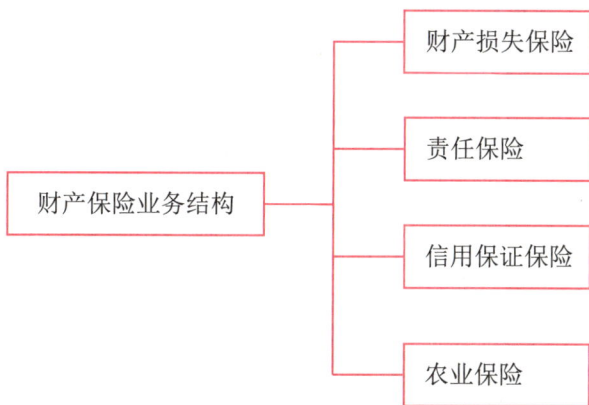

图5-1 财产保险业务体系结构图

从图5-1可以看出,农业保险从保险标的和承保风险来看,也属于财产保险范畴,但绝大多数国家是按政策性保险来经营的,而信用保险中的出口信用保险和海外投资保险一般也按政策性保险经营,所以对于这三个险种,本章不予探讨,放到第九章去分析。这样,本章的财产保险就包括财产损失保险、责任保险和信用保证保险三大类。

(一)财产损失保险

财产损失保险是以承保财产物资损失危险为内容的各种保险业务的统称。主要包括:①各种火灾保险,如企业财产保险、家庭财产保险等;②各种运输保险,如机动车辆保险、飞机保险、船舶保险、货物运输保险等;③各种工程保险,如建筑工程保险、安装工程保险、科技工程保险等。

(二)责任保险

责任保险是以被保险人依法应对第三者承担的民事赔偿责任为保险标的,以第三者的财产损失或人身伤亡为保险事故的保险。由于在法律面前人人平等,而任何法人团体或个人又均有可能因自身的过错造成对他人的损害并依法承担经济赔偿责任,这就意味着任何法人团体与个人均是责任保险的潜在保险客户。因此,责任保险业务的广泛性并不亚于财产损失保险与人身保险,它是西方国家20世纪发展最快的险种。责任保险主要包括公众责任保险、产品责任保险、雇主责任保险和职业责任保险。

(三)商业性信用保证保险

商业性信用保证保险是指除政策性信用保险以外的信用保证保险,如企业贷款保险、履约保证保险、忠诚保证保险、产品保证保险、消费贷款保证保险等。目前我国已开办了产品保证保险、住房抵押贷款保证保险和车辆贷款保证保险等险种。

三、财产保险的业务运行

财产保险的业务运行比较复杂,概括起来有五个环节:保险展业、承保、防灾防损、再保险、理赔,具体见图5-2。

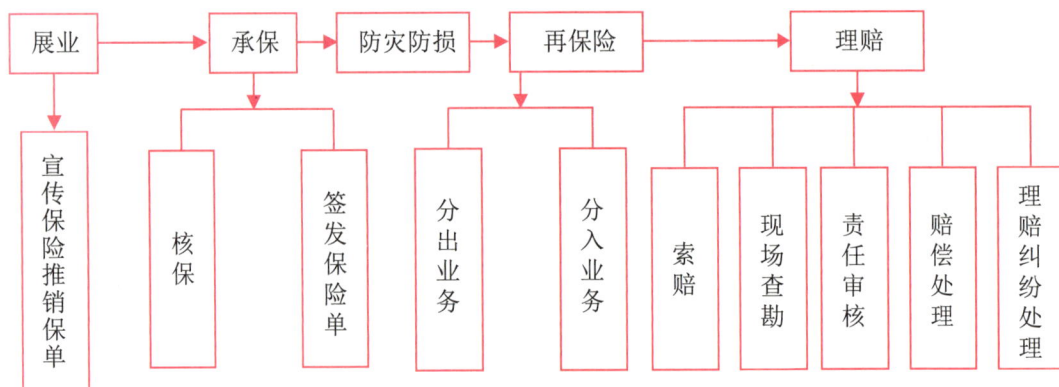

图5-2 财产保险业务运行程序

(一)财产保险的展业与承保

在承保前,保险人需要展业,即进行有关财产保险的宣传,确定推销保单的合适渠道和方式,寻找目标市场和目标人群,因此,展业是承保的基础。

保险人的承保主要包括核保和签单两个环节。核保是指保险人对投保人的投保进行审核,以决定是否承保的过程。在这一过程中,保险人对不良的投保业务可以拒绝承保或与投保人商定新的承保条件,如提高费率、降低保险金额等,以防止不良业务的承保,影响业务的效益。因此,核保不仅是承保环节的关键,也是确保承保业务效益的关键。核保通过后就是签单,签单是指保险人经过核保,同意投保人的投保要求,决定承保并签发保险单的行为,它是承保的结果,也是该笔保险业务的真正开始。保险单的签发,标志着保险人对投保人风险转嫁的承诺。签单的基本程序包括缮制保险单、复核签章、收取保险费并出具收据、单证验收等。

（二）财产保险的防灾防损

财产保险的防灾防损包括预防和抑制两方面。首先,保险人需要采取有关措施,在保险事故发生前,转移保险财产,以防范保险损失的发生。如平时加强对被保险人的防灾防损检查,发现隐患,及时向被保险人提出整改建议,督促被保险人将灾害事故隐患消除在萌芽状态。其次,当采取预防措施仍然发生了保险事故时,就需要采取相应的措施来抑制保险损失的扩大,即保险人需要对被损害财产进行施救、整理和保护。如在发生洪水灾害时,帮被保险人抢救财产物资等。最后,保险人还可以通过参与社会的防灾防损工作来达到减轻保险损失的目的,如举办风险管理培训,开展防灾防损宣传,为某些重点保户购买消防设施等,均可起到减损的作用。

（三）再保险

再保险是财产保险中分散集中性风险的重要环节,财产保险风险分布的不平衡性和保险损失的集中性,就决定了任何一家保险公司都不可能独立支撑起稳定的财务,任何一家保险公司均需要通过再保险来将自己的承保风险进一步在保险人之间进行分散。具体内容参见第十章。

（四）理赔

理赔是财产保险最后一个但又是最重要的业务环节。理赔程序主要包括受理索赔、现场查勘、责任审核、损失核定、赔款计算、支付赔款等。前一个环节是后一个环节的基础,任一环节的失误均可能损害保险人或被保险人的利益。

在财产保险理赔过程中,需要注意以下几个问题:第一,根据近因原则来判明保险责任,分清保险责任与除外责任的界限;第二,根据保险金额、保险利益或保险财产的实际损失来确定保险赔偿的最高限额;第三,对第三者导致的财产损失,保险人在赔偿后要行使代位追偿权,以维护自身的利益;第四,对重复保险的财产损失,要按分摊原则在所有承保人之间分摊损失;第五,在赔款计算时,除剔除不属于保险责任范围以内的损失外,还应扣除免赔额,对有关费用还需要进行分摊。

四、财产保险的承保与赔偿方式

（一）不定值保险与比例赔偿方式

不定值保险是指在订立合同时,未载明其保险价值,而只约定保险标的、保险金额,保险价值留待损失发生时再确定的保险。对于不定值保险,当发生保险事故时,如果被保险人的保险金额低于损失发生时财产的实际价值,称为不足额保险,出现这种情况,未投保部分应由被保险人自保,保险人按比例赔偿损失,计算公式是:

$$赔款 = \frac{保险金额}{损失发生时财产的实际价值} \times 损失$$

如果被保险人在损失发生后对保险标的进行了积极施救,由此支付了施救费用,那么施救费用同样要按比例责任计算赔偿,计算公式如下:

$$保险人支付的施救费用 = \frac{保险金额}{损失发生时财产的实际价值(保险价值)} \times 施救费用$$

(二)第一损失保险与第一损失赔偿方式

第一损失保险又称第一危险保险,它是指保险人在承保时把责任或损失分为两部分:第一部分是小于或等于保险金额的损失,也称第一损失;第二部分是大于保险金额的损失,也称第二损失。保险人仅对第一部分的损失承担赔偿责任,第二损失不在保险责任范围内,应由被保险人自己负责。在这种承保条件下保险人采用的赔偿方式就是第一损失赔偿方式。

第一损失赔偿方式对被保险人更为有利,对于保险标的小,保险价值不易确定的险种,这种方式可以避免烦琐的计算方法,提高了办事效率。目前国外适用第一损失赔偿方式的险种已经不少,但我国目前只适用于家庭财产保险中的室内财产损失赔偿。

(三)定值保险与定值保险赔偿方式

定值保险是指保险合同当事人将保险标的的保险价值事先约定并在合同中予以载明的保险。如果将合同载明的保险价值作为保险金额,则在保险期内发生保险事故造成标的损失时,只要是全部损失,保险人就按保险金额赔偿,而不必考虑该财产损失时的实际价值如何变化。若发生部分损失,先确定受损程度,然后按保险标的的损失程度赔付,赔偿的计算公式是

$$赔款 = 保险金额(保险价值) \times 损失程度$$

定值保险赔偿方式主要适用于货物运输保险和远洋船舶保险,但财产保险中有些标的,如飞机、高档工艺品、名贵书画、古玩等,往往也使用此种赔偿方式。

(四)重置价值保险与重置价值赔偿方式

重置价值保险是指保险双方按保险标的的重置价值确定保险金额。重置价值是指以同一或类似的材料和质量重新置换的价值或费用。当发生保险责任范围内的损失时,如果保险金额高于或等于损失发生当时保险标的的重置价值,保险人应按重置价值赔偿,但以损失发生当时保险标的的重置价值为限。如果保险金额低于损失发生当时保险标的的重置价值,保险人仅负比例赔偿责任。赔偿的计算公式如下:

$$赔款 = \frac{保险金额}{保险发生当时保险标的重置价值} \times 损失$$

重置价值保险适用于我国企业财产保险和工程保险中的一些保险项目。

第二节 财产损失保险

一、火灾保险

(一)火灾保险的概念与特征

在当今社会,火灾造成的损失在所有风险导致的损失中所占比重最大,因为它不仅涉及各种财物,还会涉及人的生命。它导致的损失不仅包括直接损失,还包括间接损失。本节将以1943年纽约标准火险保单为例,结合我国的财产保险进行探讨。

纽约标准火险保单给火灾保险下的定义是:火灾保险(fire insurance)是指保险人对所承保的房屋建筑物及其他装修设备或屋内存放的财物等标的,在保险期间因火灾、雷击造成的直接损失以及火灾搬迁财产到安全地带而导致的费用负赔偿责任的保险。可见早期的火灾保险仅承保火灾,承保的标的也以建筑物为主。但随着社会经济的发展,物质财富不仅种类日益繁杂,而且面临火灾以外的风险也日渐扩大,因此火灾保险的内容也在不断丰富。火灾保险的概念也在发展,国内对火灾保险下的定义是:火灾保险是指以存放在固定场所并处于相对静止状态的财产物资为保险标的,由保险人承担保险财产遭受火灾及其他自然灾害意外事故损失的经济赔偿责任的一种财产保险。我国目前开办的财产保险业务虽没有直接用火灾保险的名称,但企业财产保险、家庭财产保险、利润损失险等都是在火灾保险基础上发展起来的险种,而且火灾是其中最重要的承保风险。

火灾保险是一种传统的、独立的保险业务,其独立存在并发展至今,是由其区别于其他保险的自身特点决定的。

(1)火灾保险的保险标的必须是处于相对静止状态的各种财产物资。这一特点实际上将处于流动状态的货物、运输工具以及处于生长期的各种农作物、养殖动物排除在外,因为这些是由运输保险和农业保险来承保的。

(2)火灾保险承保财产的存放地点是相对固定的,被保险人不得随意移动。火灾保险合同一般都规定保险财产必须存放在合同约定的固定地址范围内,在保险期间不得随意变动,否则,保险人将不负赔偿责任。如果被保险人确实需要变动保险财产的存放地点,亦需征得保险人的同意。

(3)火灾保险的保险标的是相当广泛的。与其他保险相比,火灾保险的保险标的相当广泛,既有土地、房屋、机器设备,又有各种各样的原材料、在产品及产成品,还有各种消费资料等。

(二)火灾保险的承保标的

纽约标准火险保单只在声明中简略列举了所保财产的种类,而在有关附加保单中加以详细说明。如,为特定财产购买火灾保险,原则上应以购买保险时的指定财产为保险标的,但它详细列举了不保财产:账簿、票据、通货、契据、债务证明、有价证券等。金银条块及文稿两项除非特别约定,否则不保。而我国火灾保险——以企业财产保险为例,其保险标的分为可保财产和特别约定可保财产,前者主要是被保险人所有的或与他人共有的财产;后者主要是价值量特别大或价值难以确定的财产,如金银、珠宝、铁路、涵洞、堤坝、港口等。其他的属于不可保财产,主要有土地、矿藏、货币、票证、有价证券、账册和技术图纸等以及其他险种承保的财产物资。

(三)火灾保险的被保险人

纽约标准火险保单规定:"本保险承保指定的被保险人和其法定代表人的火灾损失及由于火灾而搬迁财产到安全地带造成的损失。"可见,除了被保险人本人外,其法定代表人也可以要求损失赔偿。这里的法定代表人主要包括被保险人的监护人、遗嘱执行人、破产管理人、遗产继承人或其他具有合法资格的代理人。这样规定的意义在于,当指定的被保险人在保险事故中死亡或丧失行为能力时,可由其法定代表人代为行使保单所赋予的权利。纽约标准火险保单还规定,没有保险人的书面同意,火险保单不得转让给他人。因火险保单是对人的合同,一旦被保险人变更,可能会出现各种新的风险,而给保险人带来不必要的损失。

我国财产保险一切险保单也提到了"被保险人及其代表",但未作详细解释。关于火险保单转让的规定,与纽约标准火险保单大致相同。

(四)火灾保险的保险责任

火灾保险的保险责任范围因国度不同而有区别。纽约标准火险保单的保险责任主要有三项:①火,构成火的条件有两个,一是有火光或火陷,二是须为敌意之火,而非善意之火。②雷击,由雷击引起火灾本身所造成的损失,需赔偿。③财物从遭受火灾威胁的处所搬迁出去所造成的损失。除上述风险事故外,被保险人可以以批注的方式加保其他风险事故,如飓风、地震、爆炸、物体坠落等。

(五)火灾保险的除外责任

纽约标准火险保单的除外不可保风险主要有:①战争。包括攻击、敌人入侵、叛乱、谋反、革命、内战、篡权等,凡由战争引起的火灾,保险人均不负责。②内政当局的命令。即按内政当局的命令焚毁的财物不在承保之内。③被保险人疏于采取合理抢救行动所致的损失。④偷盗,标的物在火灾发生时被偷盗,保险人可以不赔。⑤爆炸与骚乱。纽约标准火险保单不承保爆炸与骚乱,但因爆炸与骚乱所引起的火灾,仍需赔偿火灾损失,若所保火灾引起爆炸或骚乱,是爆炸或骚乱的损失又可视同火灾予以赔偿。

(六)火灾保险的费率确定

火灾保险费率主要由以下因素决定:①用途,即建筑物的占用性质;②构造,即房屋的建筑材料及建筑物大小和形式;③防护,主要是指消防设备和人员的培训;④位置,指建筑物的地点和周围环境;⑤季节,一般来说冬季比夏季遭受火灾的可能性大。

（七）火灾保险的主要险种

目前我国开办的火灾保险主要有四个险种：财产保险基本险、财产保险综合险、家庭财产保险、利润损失保险。

1. 财产保险基本险

财产保险基本险是以企事业单位、机关团体等的财产物资为保险标的，以被保险人面临的基本风险为保险责任的财产保险。财产保险基本险主要有四项责任：火灾、雷击、爆炸和飞行物及其他空中物体坠落。

(1)火灾责任，是指在时间和空间上失去控制的燃烧对保险标的所造成的损失。

(2)爆炸责任，是指在物理原因或化学原因的作用下，物质结构的温度和压力急剧升高所形成的能量释放现象对保险标的所造成的破坏。爆炸分为物理性爆炸和化学性爆炸两种。

(3)雷击责任，是指雷电现象对保险标的所造成的破坏。雷击的破坏分为直接雷击和感应雷击两种。

(4)飞行物及其他空中物体坠落，是指在空中飞行或运行过程中的飞机、飞机部件或飞行物体突然发生的坠落现象对陆地上的保险标的造成的损失。

2. 财产保险综合险

财产保险综合险的保险标的、保险金额确定和保险赔偿处理等内容与财产保险基本险相同，所不同的就是保险责任较财产保险基本险有所扩展。除了承保上述四项基本责任外，另加暴雨、洪水、台风、雪灾、雹灾等12项自然灾害和意外事故。

3. 家庭财产保险

家庭财产保险是面向居民家庭或个人的火灾保险。保险人在承保家庭财产保险时，其保险标的、承保地址、保险责任等均与企业火灾保险有相通性，在经营原理与程序上也基本相同。家庭财产保险的业务特点是业务分散、额小量大；承保风险以火灾、盗窃为主；赔偿方式是第一损失赔偿；主要险种有普通家庭财产保险、家庭财产两全保险、家庭财产长效保险。

4. 利润损失保险

利润损失保险，又称营业中断险(business income insurance)，是指为物质财产遭受火灾责任范围内的损毁后，被保险人在一段时间内因停产、停业或经营受影响而损失的预期利润及必要的费用支出提供补偿的保险。

利润损失保险的保险责任范围包括在恢复期间发生的、由营业中断而导致的营业收入损失。营业收入被定义为应赚得的净利润损失加上保持持续经营的费用。

利润损失保险的赔偿期是指企业在保险有效期内遭受保险责任范围内的损失后从企业利润损失开始形成到企业恢复正常的生产经营所需要的具体时间，通常按照一个固定的时间长度来确定，或者以月为单位，或以年为单位。因此，在承保利润损失险时，必须根据火灾保险单列明的保险标的发生最大限度损失时，所需要的恢复到损失发生前的状态的最长时间，由保险人和投保人确定合理的赔偿期限。

利润损失保险的赔款计算必须考虑三个基本因素,即营业额减少所造成的毛利润损失、营业费用增加所造成的毛利润损失和固定费用实际开支少于确定保险金额时的数额而出现的毛利润实际损失减少的情况。赔款计算公式如下:

利润损失保险赔款＝(营业额减少所造成的毛利润损失 ＋ 营业费用增加所造成的毛利润损失－压缩固定费用支出所减少的毛利润损失)×保险金额÷预计的赔偿期毛利润

二、运输保险

(一)运输保险概述

1. 运输保险的概念

运输保险(transportation insurance),是以处于流动状态下的财产为保险标的的一种保险,包括货物运输保险和运输工具保险。这种保险的共同特点是,保险标的处于运输状态或经常处于运行状态,从而与火灾保险的保险标的的要求存放在固定场所处于静止状态相区别。

2. 运输保险的特征

尽管运输保险涉及运输货物和运输工具两类,且各自有很多险种,但它们还是有一些共同特征。

(1)保险标的具有流动性。无论是运输货物还是运输工具,总是处于流动过程中或经常处于流动过程中,这一特点决定了保险标的及其风险很难为保险人所控制,货物运输中的风险甚至连被保险人也无法控制,完全掌握在承运人手中。

(2)保险风险具有复杂性。由于保险标的并非存放在固定场所而处于运行状态,这一特点决定了运输保险的风险结构也是动态、广泛且复杂的,包括陆地上的各种风险、内河及海洋中的各种风险以及各种空中风险,均可能带来运输保险的索赔。

(3)保险事故具有异地性。由于保险标的具有流动性,许多运输保险事故往往发生在异地,即远离保险合同签订地或被保险人所在地,相对增加了保险人的理赔难度。如飞机出事往往远离机场或异地机场,船舶碰撞多发生在异地水域,货物出险多发生在运输途中。

(4)保险事故通常涉及第三者责任。一方面,运输工具发生碰撞事故,往往损害第三者的利益,涉及第三者责任,如果受害人索赔属于保险责任范围,则保险人需要承担起对第三者的赔偿责任;另一方面,由于运输货物直接受承运人控制,一旦受损,首先被追究责任的往往是第三方——承运人。因此,运输保险关系虽然仅存在于保险人与被保险人之间,但客观上要涉及第三方,相对较为复杂。

(二)货物运输保险

1. 货物运输保险的概念

货物运输保险(cargo transportation insurance),是以运输途中的货物作为保险标的的保险。保险人对运输途中的各种保险货物因保单承保风险造成的损失负赔偿责任。根据货物运输方式不同,货物运输保险通常分为海洋货物运输保险、陆上货物运输保险、航空货物运输保险和邮包运输保险等。根据保险人承担责任的方式不同,货物运输保险还可以划分为基本险、综合险和附加险三类。基于货物运输保险保障的是运输过程中的货物安全,所以该险种的投保人是收货人或发货人。在国际贸易中,货物运输保险是由收货人投保还是由发货人投保,通常由贸易合同明确规定,并往往包含在进出口货物的价格中。

2. 货物运输保险的基本内容

(1)货物运输保险的保险责任。货物运输保险的保险责任通常分为基本险和综合险两种,后者较前者的责任范围要宽。

一般而言,货物运输保险的基本险责任通常包括:① 由火灾、爆炸及相关自然灾害所导致的货物损失;② 由运输工具发生意外事故而导致的货物损失;③ 在货物装卸过程中的意外损失;④ 按照国家规定或一般惯例应当分摊的共同海损费用;⑤ 合理的、必要的施救费用等。

而综合性的保险责任在基本险的基础上,还承保盗窃、雨淋等原因造成的货物损失。无论是基本险还是综合险,保险人对下列原因导致的损失均不负责:① 战争或军事行动;② 被保险货物本身的缺陷或自然损耗;③ 被保险人的故意行为或过失;④ 核事件或核爆炸;⑤ 其他不属于保险责任范围内的损失等。

(2)货物运输保险的保险金额。货物运输保险通常采用定值保险方式,即确定的保险金额是保险人承担赔偿责任的最后价值,从而避免了受市场价格变动的影响。国内货物运输保险的保险金额可依据起运地的成本价、目的地成本价、目的地市场价确定;涉外货物运输保险的保险金额可依据离岸价(FOB)、成本加运费(CFR)、到岸价(CIF),由投保人根据贸易合同确定。

(3)货物运输保险的保险费率。费率的厘定通常要考虑所选用的运输工具、运输路线、运输方式和所经区域,以及货物本身的性质与风险等因素,保险人据此综合评估风险,并根据费率规章确定费率。

3. 货物运输保险的主要险种

目前我国开办的货物运输保险主要有海洋货物运输保险,国内水、陆路货物运输保险和国内航空货物运输保险等。

(1)海洋货物运输保险。

海洋货物运输保险(marine cargo insurance)是指保险人对于货物在运输途中因海上自然灾害、意外事故或外来原因而导致的损失负赔偿责任的一种保险。习惯上分为基本险、附加险和专门险三类。基本险根据承保责任大小不同分为平安险、水渍险和一切险;附加险分为一般附加险和特殊附加险;专门险主要有海洋运输冷藏货物保险和海洋运输散装桐油保险。具体内容参看本书第七章。

(2)国内水、陆路货物运输保险。

国内水、陆路货物运输保险分为基本险和综合险两种。基本险的责任主要有:①火灾、爆炸、雷电、暴风、暴雨、海啸等自然灾害造成的损失;②运输工具发生碰撞、搁浅、触礁、沉没等意外事故造成的损失;③在装货、卸货或转载时,因遭受不属于包装质量不善或装卸人员违反操作规程所造成的损失;④按国家规定或一般惯例应分摊的共同海损的费用;⑤在发生上述灾害事故时,因纷乱而造成的货物散失以及因施救或保护货物所支付的直接而合理的费用。

保险人除承担基本险责任外,还要承担综合险的责任:①因受震动、碰撞、挤压而造成破碎、弯曲、折断、开裂等导致货物散失的损失;②液体货物因受震动、碰撞或挤压导致所用容器损坏而渗漏的损失;③遭受盗窃或承运人责任造成的整件提货不着的损失;④符合安全运输规定而遭受雨淋所致的损失。

国内水、陆路货物运输险的保险期限采用"仓至仓条款":自签发保险凭证和保险货物运离起运地发货人的最后一个仓库或储存处所时起,至该保险凭证上该货物的目的地收货人在当地的第一个仓库或储存处所时终止。但保险货物运抵目的地后,如果收货人未及时提货,则保险责任的终止期最多延长至以收货人接到"到货通知单"后的15日为限。

国内水、陆路货物运输险的保险金额采取定值的方法加以确定并载明于保单,保险金额按货价加运费、保险费计算确定。

(3)国内航空货物运输保险。

国内航空货物运输保险的保险责任主要有:①由于飞机遭受碰撞、倾覆、坠落、失踪(在3个月以上),以及危难中发生卸载且遭受恶劣气候或其他危险事故发生抛弃行为所造成的损失;②被保险货物因遭受火灾、爆炸、雷电、冰雹、暴风、暴雨、洪水等所造成的损失;③被保险货物受震动、碰撞或压力而造成的破碎、弯曲、折断、开裂等损伤以及由此引起包装破裂而造成的损失;④属液体、半流体或需要用液体保藏的被保险货物,在运输中受震动、碰撞或压力致使容器损坏发生渗漏而造成的损失;⑤被保险货物因遭受偷窃或者提货不着的损失;⑥装货、卸货时和地面运输过程中,因遭受不可抗力的意外事故及雨淋造成的被保险货物的损失。

国内航空货物运输保险的保险期限是:自保险货物经承运人收讫并签发航空货运单注明保险时起,至空运目的地的收货人在当地的仓库或储存处所时终止。但保险货物运抵目的地后,如果收货人未及时提货,则保险责任的终止期最多以承运人向收货人发出"到货通知单"后的15天为限。

(三)运输工具保险

1. 运输工具保险的概念

运输工具保险(conveyance insurance),是专门承保各种机动运输工具,包括机动车辆、船舶、飞机、摩托车等各种以机器为动力的运载工具的保险。保险人对各种运输工具因保单承保风险所造成的损失负赔偿责任。

2. 运输工具保险的主要险种

运输工具保险包括机动车辆保险、船舶保险和飞机保险。

(1)机动车辆保险。

我国机动车商业保险中的被保险机动车是指在中华人民共和国境内(不含港、澳、台地区)行驶,以动力装置驱动或者牵引,上道路行驶的供人员乘用或者用于运送物品以及进行专项作业的轮式车辆(含挂车)、履带式车辆和其他运载工具,但不包括摩托车、拖拉机、特种车。

机动车保险可分为主险、附加险。主险包括机动车损失保险、机动车第三者责任保险、机动车车上人员责任保险共三个独立的险种,投保人可以选择投保全部险种,也可以选择投保其中部分险种。保险人依照本保险合同的约定,按照承保险种分别承担保险责任。附加险不能独立投保。

①机动车损失保险(以下简称为车损险)是指在保险期间内,被保险人或被保险机动车驾驶人在使用被保险机动车过程中,因自然灾害、意外事故造成被保险机动车直接损失,且不属于免除保险人责任的范围,保险人依照本保险合同的约定负责赔偿。

从保险金额的确定看,车损险的保险金额按投保时被保险机动车的实际价值确定。投保时被保险机动车的实际价值由投保人与保险人根据投保时的新车购置价减去折旧额后的价格协商确定或其他市场公允价值协商确定。按投保时的实际价值确定保险金额的,最高折旧金额不超过新车购置价的80%。

从保险费的确定看,车损险采用了基本保险费加上按费率计算保险费的办法,以缩小新旧车辆保险费的差距,其计算公式为:保险费=基本保险费+(保险金额×费率)。

从赔偿处理来看,在车损险中,如果全部损失,则赔款=保险金额-被保险人已从第三方获得的赔偿金额-绝对免赔额;如果部分损失,保险人按实际修复费用在保险金额内计算赔偿,赔款=实际修复费用-被保险人已从第三方获得的赔偿金额-绝对免赔额。

②机动车第三者责任保险是指在保险期间内,被保险人或其允许的驾驶人在使用被保险机动车过程中发生意外事故,致使第三者遭受人身伤亡或财产直接损毁,依法应当对第三者承担的损害赔偿责任,且不属于免除保险人责任的范围,保险人依照本保险合同的约定,对于超过机动车交通事故责任强制保险各分项赔偿限额的部分负责赔偿。

从保险金额的确定看,第三者责任保险的每次事故最高赔偿限额分为六个档次:5万元、10万元、20万元、50万元、100万元和100万元以上至1000万元,供被保险人选择投保。

从保险费的确定看,第三者责任险采用按照赔偿限额档次收取固定保险费的办法。

从赔偿处理来看,在第三者责任险中,当保险车辆发生第三者责任事故时,保险人按照公安部《道路交通事故处理办法》规定的赔偿范围、项目和标准以及保险合同的规定,依据被保险机动车一方在事故中所负的事故责任比例,在保险单载明的赔偿限额内,承担相应的赔偿责任。赔款=(依合同约定核定的第三者损失金额-机动车交通事故责任强制保险的分项赔偿限额)×事故责任比例。被保险人或其允许的驾驶人给第三者造成损害,对第三者应负的赔偿责任确定的,保险人应当直接向该第三者赔偿。

(2)船舶保险。

船舶保险(hull insurance),是以各类船舶为保险标的的保险。按保险责任范围划分,船舶保险分为全损险和一切险两种。

全损险的责任范围:①八级以上大风、洪水、地震、海啸、雷击、崖崩等自然灾害;②火灾、爆炸;③碰撞、触碰;④搁浅、触礁;⑤由上述①至④款灾害事故引起的船舶倾覆、沉没;⑥船舶失踪达6个月以上仍无下落的,保险人按推定全损赔偿。

一切险的责任范围:除承担全损险的六项责任外,还要承担:①碰撞、触碰造成的第三者责任;②共同海损分摊额;③保险船舶在发生保险事故时,被保险人为减少或防止损失而采取施救及保护措施所支付的合理必要的费用。

船舶保险的保险期限分为定期和航次保险两种,定期保险一般为一年。航次保险按保险单订明的航次为准,不载货船舶自起运港解缆或起锚时开始,至目的港抛锚或系缆完毕时终止;载货船舶自起运港装货时开始,至目的港卸货完毕时终止。

船舶保险的保险金额,船龄在3年(含3年)以内的船舶视为新船,新船的保险价值按重置价值确定,船龄在3年以上的视为旧船,旧船的保险价值按实际价值确定,其中,重置价值是指市场新船购置价,实际价值是指船舶市场价或出险时的市场价,保险金额按保险价值确定,也可以由保险双方协商确定,但保险金额不得超过保险价值。

(3)飞机保险。

飞机保险(aircraft insurance),是航空保险的一种,它是以飞机及其相关责任风险为保险对象的一类保险,它主要包括机身保险、第三者责任保险和旅客法定责任保险三个基本险及飞机战争、劫持险和飞机承运货物责任险两个附加险。机身保险以一切险方式承保,即负责赔偿除外责任以外的任何原因造成的飞机损失或损坏。第三者责任保险是承保由飞机或从飞机上坠人、坠物造成第三者的人身伤亡或财物损失,应由被保险人负担的赔偿责任。旅客法定责任保险是承保旅客在乘坐或上下保险飞机时发生意外,致使旅客受到人身伤害,或随身携带和已经交运登记的行李、物件的损失,以及旅客、行李或物件在运输过程中因延迟所造成的损失根据法律或合同应由被保险人负担的赔偿责任,由保险公司负责赔偿。

飞机保险的保险金额,一般采用定值保险方式。机身保险的保险金额可以按净值确定,也可由双方协商确定;飞机第三者责任保险的赔偿限额按不同飞机类型判定,以保险单附表规定的最高赔偿额为限。通常在飞机保险中,第三者责任及旅客责任都有一个责任限额,这两个责任限额与其他责任限额合并规定一个最高责任限额,即综合责任限额。

飞机保险的保险费率包括机身保险费率和责任保险费率,机身保险费率一般按照保险金额的一定比例收取,而责任保险费可以按固定的金额收取,也可以按实际承担责任的一定比例收取。保险费率是根据飞机种类、用途、航行范围、险种、保险金额、飞机维护保养情况而定的。

飞机保险的赔偿处理。全部损失按保险金额赔偿,不扣除免赔额。清除飞机残骸的费用,也由保险公司负责,但保险公司不接受残损飞机的委付。部分损失按实际修配费用赔偿,但要扣除免赔额。施救费用、飞机从出事地点运往修理厂的费用、救助费用、修好后的飞机运往出事地点和指定地点的运输费用等各种费用均予以赔偿。

第三节 责任保险

一、责任保险概述

（一）责任保险的概念

责任保险（liability insurance），是以被保险人的民事损害赔偿责任作为保险标的的，以第三者（受害者）向被保险人提出损害赔偿请求为保险事故的保险。保险人负责赔偿因被保险人的疏忽或过失，造成第三者的人身伤害或财产损失应负的经济赔偿责任。

（二）责任保险的特点

责任保险属于广义财产保险的一种，也以大数法则为数理基础，并与其他财产保险在经营原则、经营方式上基本一致，均是对被保险人经济利益损失进行补偿。责任保险作为一类独特的保险业务，有如下特点：

（1）责任保险的保险标的是无形的财产。因责任保险的保险标的是被保险人对第三者依法应承担的损害赔偿责任，这是一项法律责任，而不是财产实体，故责任保险只有保险金额，没有保险价值，保险金额的数额由当事人根据需要并参考有关法律赔偿规定来确定。

（2）责任保险的保险事故是被保险人需承担的民事赔偿责任。责任保险的保险事故需满足两个条件：一是被保险人对于第三者依法应负赔偿责任；二是需要受害者向被保险人提出赔偿损失的请求。因此，责任保险虽以被保险人对第三者的损害赔偿责任为标的，但如果该项赔偿责任虽已发生，第三者却并没有向被保险人提出赔偿请求，则被保险人仍无损失可言，保险人也不必对此赔偿负责。

（3）责任保险的保险赔款可以直接支付给受害的第三者。一般财产保险中，保险人补偿的是被保险人因保险财产遭受损失而给自己带来的经济损失，保险赔偿直接支付给被保险人。但在责任保险中，保险人补偿的是被保险人依法应对第三者履行的损害赔偿责任损失，保险赔偿可以直接支付给遭受损失的第三者。

（4）责任保险一般都有最高赔偿限额的规定。责任保险的赔偿采用限额责任赔偿方式，而限额责任赔偿又分为每次事故的赔偿限额和保险期内累计赔偿限额两种。

（三）责任保险的法律基础

当某个体或企业组织侵犯他人的合法权益，或者是未履行对他人或整个社会的义务时，我们称为法律错误。法律错误通常有犯罪、违约和侵权行为，其中侵权行为是允许以货币的形式进行弥补的，即一方因他方的行为遭受财产损失或人身伤害，可对其起诉要求赔偿。民事侵权行为通常包括过失责任和绝对责任，这两项责任是责任保险承保的主要风险责任。

（1）过失责任，是指因行为人的疏忽或过失行为违反了法律规定的应尽义务，或违背了社会公共行为准则，并造成了他人的人身伤亡或财产损失时，行为人对受害人依法应承担的赔偿责任。过失行为通常被定义为未按法律要求的谨慎标准或尽职责标准来保护他人免受不合理伤害的行为。由于过失行为的直接后果往往是使无辜的他人受到损害,在这种情况下,依照法律的规定,受损害的一方有权向致害方提出损害赔偿的要求,因此,过失责任是责任保险所承保的主要责任风险。

(2)绝对责任,也称为严格责任,是指无论行为人有无过失行为,只要受害者的损害结果或事实存在,依照法律规定,行为人就必须对他人受到的损失负赔偿责任。采用绝对责任制,损害后果或事实是确定民事赔偿责任的决定性因素。许多国家的法律规定雇主对雇员在工作时的意外伤害承担绝对责任;生产者对消费者在消费和使用其制造的产品时造成的伤害承担绝对责任。即雇员不需要证明雇主存在疏忽或过失,消费者也不需要证明生产者在生产产品中存在疏忽或过失,只要雇员和消费者遭受损失的事实存在,雇主和生产者就要承担赔偿责任。因此,绝对责任也是责任保险所承保的主要责任风险。

(四)责任保险的基本内容

(1)保险责任。保险人在责任保险单下承担的赔偿责任主要有两项:①按照有关法律规定被保险人对造成他人财产损失或人身伤亡应承担的赔偿责任,由保险人负责。②因赔偿纠纷引起的由被保险人支付的诉讼费、律师费用以及其他事先经保险人同意支付的合理费用。

(2)保险费率。责任保险的保险费率是根据各种责任保险的风险及损失率而确定的,在厘定责任保险费率时,主要考虑以下因素:①被保险人的业务性质、种类和产品等产生意外损害赔偿责任的可能性;②赔偿限额及免赔额;③当地法律对损害赔偿的规定;④承保区域;⑤同类业务的历史损失资料;⑥保险人的业务水平和每笔业务的酬劳。

(3)保险期限。责任保险的保险期限通常为1年,期满可以续保。保险公司对责任保险承担的责任,一般以两种方式作为承保基础,一是期内发生式,即只要责任事故发生在保险期限内,那么,不论责任事故何时发现,也不论被保险人提出的索赔是在保险期限内还是期满之后,保险人都应该承担赔偿责任。二是期内索赔式,即不管保险事故发生在保险期内还是保险期限之前,只要被保险人在保险期间内请求保险赔偿,保险人均应予以赔偿。传统的责任保险保单均采用期内发生式。但由于采用该种方式,常会出现这样的情况,即在保险期间内发生的事故常到保险期间结束后很长一段时间才提出索赔,通常称为"长尾期",保险人必须随时准备处理那些保单早已到期但却刚刚报来的索赔案,这样的案件越多,对保险人越不利。因此,为避免这一问题,国外责任保险的承保人已开始采取期内索赔式作为承保基础。原则上讲,凡保险事故发生后能立即得知或发现的,宜采用期内发生式,如果事故的发生不能立即得知或发现的,宜采用期内索赔式。

(4)赔偿限额。责任保险承保的是被保险人的民事赔偿责任,而没有固定价值标准,因此不论何种责任保险,均无保险金额的规定,而是确定赔偿限额作为保险人承担赔偿责任的最高额度。超过赔偿限额的索赔,仍由被保险人自行负责。

二、责任保险的主要险种

（一）产品责任保险

产品责任保险（product liability insurance），是承保产品的生产商、销售商和维修商因其生产、销售或修理的产品存在缺陷，致使用户或消费者在使用过程中发生意外事故，而遭受人身伤害或财产损失，依法应由产品的生产商、销售商或修理商承担的经济赔偿责任。生产商、出口商、进口商、批发商、零售商及修理商等一切可能对产品事故造成的损害负有赔偿责任的人，都可以投保产品责任保险。根据具体情况需要，可以由他们中间的任何一人投保，也可以由他们中间的几个人或全体联名投保。对于产品责任保险的被保险人，除投保人本身外，经投保人申请，保险人同意，可以将其他有关方也作为被保险人，必要时加缴保费，并规定对各被保险人之间的责任互不追偿。

产品责任保险的承保责任主要有两项：①在保险期限内，被保险人生产、销售、装配或修理的产品发生意外或偶然事故，由此造成使用、消费或操作该产品的人或其他任何人的人身伤害、疾病、死亡或财产损失，依法应由被保险人承担的损害赔偿责任，保险人在保单规定的赔偿限额内予以赔偿；②被保险人为产品责任事故所支付的法律费用及其他经保险人同意支付的合理费用，保险人也负责赔偿。

（二）公众责任保险

公众责任保险（public liability insurance），是承保被保险人在各种固定的经营场所或地点进行生产经营活动时，因意外事故的发生造成他人的人身伤害或财产损失，依法应由被保险人承担的损失赔偿责任。公众责任保险的具体险种较多，主要有场所责任保险、电梯责任保险、承包人责任保险、个人责任保险等。

公众责任保险的承保责任主要有三项：①第三者人身伤亡或财产损失；②事先经保险人书面同意的诉讼费用；③发生保险责任事故后，被保险人为缩小或减少对第三者人身伤亡或财产损失的赔偿责任所支付的必要的、合理的费用。

（三）雇主责任保险

雇主责任保险（employer liability insurance），是承保被保险人（雇主）的雇员在保险期间内从事本职工作时，因遭受意外事故导致伤、残、死亡或患有与职业有关的职业性疾病，而依法或根据雇佣合同应由被保险人承担的损害赔偿责任。

雇主责任保险的承保责任主要有两项：①凡被保险人所聘用的员工，于保险有效期内，在受雇过程中（包括上下班途中），从事与该保险单所载明的业务工作而遭受意外或患与业务有关的国家规定的职业性疾病，所致伤、残或死亡，对被保险人根据劳动合同和有关法律法规，须承担的医疗费及经济赔偿责任，保险人依据保险单的规定，在约定的赔偿限额内予以赔偿；②对被保险人应付索赔人的诉讼费用以及经保险人书面同意负责的诉讼费用及其他费用，保险人亦负责在约定的分项赔偿限额内赔偿。

雇主责任保险的保险费率按所适用行业在费率栏中选定，再视具体风险及赔偿限额的

不同最终确定承保费率。在具体计算应保费时,按工种分别计算并加和,计算公式为:

应收保费＝A工种保险费(年工资总额×适用费率)＋
B工种保险费(年工资总额×适用费率)＋…

雇主责任保险的赔偿限额,通常是规定若干个月的工资收入,即以每一雇员若干个月的工资收入作为其发生雇主责任保险事故时的保险赔偿额度,每一个雇员只适用于自己的赔偿额度。其计算公式为:

赔偿金额＝该雇员的赔偿限额×适用的赔偿额度比例

(四)职业责任保险

职业责任保险(professional liability insurance),是承保各种专业技术人员因工作上的疏忽、过失或专业的落后造成其客户或他人的人身伤害或财产损失,依法应由专业技术人员承担的经济赔偿责任。职业责任保险的险种非常多,较常见的有医生职业责任保险、律师职业责任保险、会计师职业责任保险、工程师职业责任保险等。

职业责任保险的承保责任主要有三项:①负责专业人员由职业上的疏忽行为、错误或失职造成的他人的损失;②负责被保险人的疏忽行为,既包括被保险人自己,也包括被保险人从事该业务的前任、被保险人的雇员及从事该业务的雇员的前任的职业疏忽行为造成他人的损失;③负责有关的诉讼费用及经保险人同意的其他费用。

职业责任保险保单的赔偿限额一般为累计的限额,而不规定每次事故的限额,但也有些承保人采用每次索赔或每次事故限额而不规定累计限额。法律诉讼费用,一般在赔偿限额以外赔付。但若最终裁决的赔偿额超过保单限额,法律诉讼费用应按两者的比例分摊。

第四节　信用保证保险

一、信用保证保险的概念

(一)信用保险的概念

信用保险是权利人向保险人投保义务人信用的保险。具体来说,就是以权利人作为投保人和被保险人,以义务人的信用作为保险标的,当义务人到期不能履行契约中规定的清偿义务时,由保险人负责赔偿被保险人经济损失的一种保险。

信用保险主要包括短期出口信用保险和中长期出口信用保险、海外投资险等。

(二)保证保险的概念

保证保险是被保证人根据权利人的要求,请求保险人担保自己信用的保险。如果被保证人的作为或不作为致使权利人遭受损失,由保险人代替被保证人承担赔偿责任。

保证保险的被保证人可以是法人,也可以是自然人。保证保险承保投保人的履约责任,主要是还款、提供劳务或商品及其质量。保证保险通常采取出具保函的形式办理,与一般财产保险单差别很大。

我国已开办的保证保险主要有抵押贷款保证保险、产品质量保证保险等。

二、信用保险与保证保险的联系与区别

(一)信用保险与保证保险的联系

1. 保险标的相同

信用保险与保证保险承保的标的都是信用风险,信用保险承保的是被保险人交易伙伴的信用风险,而保证保险担保的是被保证人的信用风险。

2. 经营基础相同

信用保险与保证保险在经营过程中都必须依靠信息来经营业务,保证保险业务中,保证人是否受理担保申请,完全取决于对被保证人的资信、财力及以往履约状况等信用资料的获得和核实;信用保险业务中,决定保险费率的主要是被保险人交易伙伴的信用资料,如财务状况、经营现状、经营历史及所在国家的政治与经济环境等信息。

(二)信用保险与保证保险的区别

1. 当事人关系不同

信用保险的当事人与一般财产保险一样,包括保险人与投保人,投保人同时也是被保险人。而保证保险涉及三方当事人,即投保人(义务人、被保证人)、保险人(保证人)和权利人(第三者),甚至包括反担保人。

2. 业务性质不同

信用保险在性质上属于保险,信用保险业务中被保险人所付出的费用是一种保险费,是被保险人将被保证人的信用风险转移给保险人所支付的价格。而保证保险在性质上属于担保行为,保证保险业务中被保证人所交付的费用是一种担保手续费。

3. 经营风险不同

信用保险是被保险人将风险转移至保险人的保险业务,在理论上,保险人承担的风险来自保险人和被保险人都不能控制的交易对方的信用风险,保险人实际承担的风险相对较大。保证保险在理论上属于"零风险"业务,即保险人在签发保证书(或保函)之前已经排除了可以预见的风险,一般不存在风险转移的问题。与此相联系,信用保险的保险费是被保险人转移风险的价格;而保证保险中,被保证人向保证人支付的款项并非真正意义上的保险费,而是保险人凭借其信誉、财力和专业技术服务获得的服务费用。

4. 承保方式不同

信用保险是以保险单形式来承保的,其保险单与一般财产保险单无太大区别,同样规定责任范围、除外责任、保险金额、保险费、损失赔偿和被保险人权利义务等内容;而严格的保证保险是通过出具保证书(或保函)来承保,该保证书只是一个内容简单的文字凭证,只规定担保事宜,分一般保证和连带责任保证,具体承保条件、费率及其他保险事项,一般在保证人和被保证人签署的补充协议书中进行约定。

5. 追偿方式不同

在信用保险中,保险人和第三方没有任何合同关系,如果保险人发生赔付,只能获得代位向第三方追偿的权利,不能向被保险人索赔或追偿。而在保证保险业务中,义务人是保险合同中的投保人,一旦保险人发生赔付后,保险人可以直接向被保证人或其提供的反担保人进行追偿。

—— 本章小结 ——

1. 财产保险是以财产及与之相关的利益为保险标的,以自然灾害及意外事故为保险事故的保险。广义的财产保险主要包含财产损失保险、责任保险、信用保证保险和农业保险等业务内容。

2. 财产保险的业务运行涉及展业、承保、防灾防损、再保险和理赔几个环节。

3. 财产保险的承保和赔偿方式主要有四种:不定值保险与比例赔偿方式、第一损失保险与第一损失赔偿方式、定值保险与定值保险赔偿方式、重置价值保险与重置价值赔偿方式。

4. 火灾保险是指保险人对所承保的房屋建筑物及其他装修设备或屋内存放的财物等标的,在保险期间因火灾、雷击造成的直接损失以及火灾搬迁财产到安全地带而导致的损失负赔偿责任的保险。火灾保险主要有四个险种:财产保险基本险、财产保险综合险、家庭财产保险和利润损失保险。

5. 运输保险是以处于流动状态下的财产为保险标的的一种保险,包括货物运输保险和运输工具保险。货物运输保险主要有海洋货物运输保险,国内水、陆路货物运输保险和航空货物运输保险等险种。运输工具保险主要有机动车辆保险、船舶保险和飞机保险等险种。

6. 责任保险是以被保险人的民事损害赔偿责任为保险标的,以第三者(受害者)向被保险人提出损害赔偿请求为保险事故的保险。责任保险主要有四个险种:产品责任保险、公众责任保险、雇主责任保险和职业责任保险。

7. 信用保险是权利人向保险人投保义务人信用的保险;保证保险是被保证人根据权利人的要求,请求保险人担保自己信用的保险。

—— 关键术语 ——

财产保险,财产损失保险,责任保险,第一损失保险,重置价值保险,火灾保险,财产保险基本险,财产保险综合险,家庭财产保险,利润损失保险,运输保险,货物运输保险,海洋货物运输保险,船舶保险,飞机保险,期内发生式,期内索赔式,产品责任保险,公众责任保险,雇主责任保险,职业责任保险,信用保险,保证保险。

—— 复习思考题 ——

1. 财产保险的运行包括哪些环节?
2. 举例说明财产保险的承保与赔偿方式。
3. 试述火灾保险与其他财产保险的主要区别。
4. 试比较机动车辆保险、船舶保险和飞机保险的异同。
5. 责任保险有何特点?
6. 信用保险与保证保险有何联系?

—— 案例分析题 ——

1. 2018年11月9日,某电子元件厂三车间突然燃起大火。厂领导一面安排职工奋力抢救,一面通知消防及保险公司。待保险公司赶到后,火已被扑灭。理赔人员经过细致的查勘得出以下结论:大火是由车间成品库内存放的两桶香蕉水及一桶乙醇不慎燃着导致的,成品库内的两万多只电子元件受到了不同程度的损坏,初步估计损失在3万元以上。至于究竟是什么原因引起香蕉水及乙醇燃烧,厂内许多人都猜测是线路短路造成的,但保险理赔人员经查勘觉得有疑点。就在这时候,公安部门接到此车间某工人检举,大火是车间某领导蓄意制造的。经公安局立案侦查,最后得以证实。该车间主任李某自上任后工作少有业绩,导致生产质量大滑坡,几个月内先后制造出近一万只废品,他考虑如果将其报废处理,不仅得不到质量奖,还会被厂里处罚,可能职务也保不住,就唆使两个工人人为制造了这起火灾损失案。经审讯,李某对此供认不讳。在这起事故中,除了8135只废品外,还有13560只合格品有不同程度的损坏,经仔细理算,最后定为损失24530元。由于李某正处被收审之时,该厂对其赔偿能力产生怀疑,遂向保险公司提出索赔,并同意将向李某追偿的权利转交给保险公司。保险公司内部有两种不同意见:一种意见认为,这场火灾是车间主任李某的故意行为造成的,根据企业财产保险条款规定,被保险人的故意行为属于除外责任,因此,保险公司对这场火灾造成的财产损失不予赔偿。另一种意见认为,虽然这场火灾是车间主任李某的故意行为所致,但李某的行为纯属个人行为,而非法人行为,对于企业财产保险,被保险人只能是企业法人,因此,保险公司对此应予以赔偿。你认为保险公司是否需要承担赔偿责任? 为什么?

2. 某市居民李某将其家庭财产向保险公司投保了家庭财产保险,保险期限自2019年 3月8日起至2020年3月7日止,保险金额为83000元。2020年春节期间,李某为其刚满8岁的儿子买了200元左右的各式烟花爆竹。2020年2月16日上午,李某与其妻到朋友家做客,将儿子留在家中。李某与其妻走后,其子感到清静无聊,将李某藏好的烟花爆竹翻出,在屋里玩耍,将一只爆竹点着,爆竹在屋里乱窜喷火,其余烟花爆竹也被相继点燃,导致大火燃起。所幸李某之子逃出门外,只有皮肉之伤,但当大火被扑灭后李某清点家产时,发现衣服、被褥、家用电器、家具等均有不同程度的损坏,经保险公司核定,损失为38450元。对这起火灾,保险公司认为,根据家庭财产险保险条款规定,被保险人及其家庭人员的故意行为,属于本保险的除外责任,火灾是李某之子故意行为所致,因此保险公司不承担赔偿责任。而被保险人李某则认为,其子并非故意纵火,而只是玩耍不慎导致室内财物被烧,不应视为被保险人家庭人员的故意行为。根据上述案情,你认为保险公司是否应该赔偿?为什么?

3. 2021年3月21日10时,胡某驾驶车主王某所有的上海大客车,自安徽蒙城开往浙江温州。当车行至浙江省余姚市境内,在距高速公路入口约1公里处,因车辆出现故障,胡某将车停靠于路边,车身有1/3在行车道上。在司机处理发电机故障时,有部分乘客下车方便,其中乘客张某在下车后,从车的前面横穿公路,被后方驶来的一辆河南客车当场撞死,造成事故。此事故经过当地交警部门的处理后,认定死者张某违章横穿公路,是导致事故的主要原因,张某应负主要责任,胡某违章停车是导致事故的间接原因,应负次要责任,河南客车超速行驶也负次要责任,胡某及河南客车分别承担本次事故赔偿费用的20%。事故处理完毕后,车主王某持交警部门出具的相关手续到承保的保险公司索赔。但保险公司内部对是否要承担赔偿责任有两种不同意见:一种意见认为,张某买票乘王某的车,即与其达成客运合同,张某是车上的乘客,车上人员下车后所受伤害应属于机动车辆第三者责任险的除外责任,保险人应当拒绝赔偿。另一种意见认为,张某是在车外死亡,其死亡时并未与保险车辆发生接触,但此次事故交警部门认定司机胡某有违章停车的责任,且本次事故属于意外事故,根据机动车辆险条款,本次事故是被保险人(王某)允许的合格的驾驶员(胡某)在使用车辆过程中发生的意外事故,据此保险公司应当给予赔偿。你认为哪一种意见正确?为什么?

4. 2020年8月4日,某实业公司与某轮船公司签订了一份货物运输合同。合同规定,由该轮船公司所属L号货轮将2485吨饲料由北方某港口运往南方的××港。同日,该实业公司就这批货物向当地保险公司投保了国内水路货物运输保险。每吨保险金额1670元,总保险金额为人民币4149950元。该公司按规定费率向保险公司交纳保险费。8月7日至9日,在L号货轮装船期间,突然天降大雨。由于该船第6舱液压管爆裂,舱盖未能关上,雨水进入船舱造成货物水湿。待雨停后,承运方卸下部分水湿货物后,继续装船。当该批货物运至南方××港后,卸货时发现相当一部分饲料已发生霉变。经××港港务局证实,卸货时挑出水湿货物7000余包,还有一些水湿不太严重的货物未挑出。由于港务不允许霉变的货物滞留,同时也为了减少损失,该实业公司一方面通知保险公司货物受损的情况,另一方面委托某饲料厂等单位代为保管和尽快销售出去。虽然通过采取紧急措施降价销售避免了损失的进一步扩大,但由于降价销售及霉变严重的货物被白白扔掉,全部损失仍高达140多万元。事故发生后,作为被保险人的实业公司即向保险公司索赔。后者答应赔偿30万元,实业公司认为,这一数额与本公司实际损失有很大差距,因而是无法接受的。故实业公司不得不向某海事法院提起诉讼,要求保险公司赔偿全部货物损失。你认为法院怎样判才是合理的?

5. 某市政公司于2019年5月向保险公司投保了公众责任保险,保险责任是其施工过程中的过失造成他人的人身伤害或财产损失的赔偿责任,赔偿限额为每起事故10000元。同年10月2日,该公司一队工人在维修路边窨井时,因下大雨跑回了施工棚,忘记在井边设立警示标志,也未盖好窨井盖子。傍晚时分,雨还在下,一行人骑自行车经过此地时跌入井中受伤,并受感染而死亡。受害人家属向该市人民法院起诉要求市政公司承担损害赔偿责任。法院判决被告方应向死者家属支付人民币16756元。你认为保险公司是否应承担赔偿责任? 赔偿多少?

第六章
人身保险

> **本章学习要求**

- 掌握人身保险的概念、特点与分类；
- 理解传统人寿保险及新型人寿保险险种的主要内容；
- 掌握人身意外伤害保险的特点与主要险种；
- 掌握健康保险的特点及主要险种。

第一节　人身保险概述

一、人身保险的概念与特点

（一）人身保险的概念

人身保险是以人的生命和身体作为保险标的的保险。投保人依照保险合同的约定，向保险人支付保险费，当被保险人死亡、伤残、疾病或生存到合同约定的年龄或期限时，由保险人承担给付保险金的责任。

人的生命是一个抽象的概念，它对应的是人的死亡和生存两种状态，当被保险人由于生存或死亡的原因而产生经济上的需要时，由保险人给付保险金。人的身体是人身保险的另一个标的，它主要保障的是当被保险人由于身体伤害而需要进行医学治疗或者全部或部分地丧失劳动能力时所产生的经济需要。长期以来，人身保险在个人或家庭财务规划中有着重要的地位，是进行财务风险管理的一种金融工具，特别是在对于个体死亡和残疾能很快提供高额资金以进行风险保障方面，人身保险是唯一的财务工具。

（二）人身保险的特点

人身保险是保险业的两大类业务之一，因而具有保险的一般特征。同时，由于其保险标的具有特殊性,人身保险与财产保险相比又有自身的一些特点。

(1)人身保险的保险标的是人的生命和身体。财产保险的保险标的是财产及其有关利益,其保险价值容易确定。而人身保险的保险标的是人的生命和身体,其价值无法用货币来衡量,保险价值难以确定,由此带来了人身保险合同和财产保险合同在许多方面的不同,如两者在保险金额的确定、合同偿付性质、适用的经营原则等方面均存在着一定的差异。

(2)人身保险的保险金额是双方约定的。财产保险的保险金额是依据保险价值确定的。由于生命和身体的价值很难用货币度量,因而人身保险的保险价值难以确定,其保险金额主要根据投保方的经济保障需要和交纳保费的能力,双方在保单中约定,投保人所购买的保险金额可多可少。而且人的生命和身体是无价的,无论投保人购买多少保险金额或多少份保险单,都不会出现超额保险和重复保险的问题。

(3)人身保险的保险金支付属于约定给付。财产保险的赔偿金额根据实际损失额和投保方式来确定,具有损失补偿的性质,适用补偿原则,若因第三者侵权而发生保险事故,则被保险人在获得保险人赔偿的保险金后,向第三者追偿的权利自动转移给保险人,即存在代位求偿问题。而人身保险中当保险事故发生时,保险人按照保险合同约定的保险金额来给付,而不是对损失的补偿,它不适用补偿原则。由于人的生命和身体是无价的,如果保险事故是第三者造成的,当被保险人或受益人获得保险给付后,还是可以向第三者追偿,不存在代位求偿问题。

(4)人身保险大多是具有储蓄功能的长期性合同。财产保险大多为短期性合同,保费低廉,单纯用于风险保障,返还性弱,无储蓄投资功能。而人身保险多为长期性合同,具有一定的储蓄投资性。特别是目前的分红保险、投资连结保险等现代人寿保险险种,其传统的保障功能缩小,而储蓄投资功能增强,具有必然的返还性,常常被视为投保人的一项金融资产。

二、人身保险的分类

(一)按保障的范围不同划分

(1)人寿保险,是以人的寿命为保险标的,以人的生存和死亡为保险事故的保险。人寿保险所承保的保险事故可以是死亡,可以是生存,也可以同时承保生死,所以人寿保险又有死亡保险、年金保险及生死两全保险。

(2)年金保险

年金保险是指以被保险人生存为给付保险金条件,并按约定的时间间隔分期给付生存保险金的人身保险。

(3)人身意外伤害保险,是以人的身体为保险标的,对被保险人因遭受意外伤害事故所造成的死亡或残疾的后果进行给付的保险。在全部的人身保险业务中,意外伤害保险所占的比重虽然不大,但由于保费低廉,保障程度高,投保简便,无须检验身体,所以承保人次很多。

(4)健康保险,是以人的身体为保险标的,对被保险人因健康问题而支出的医疗费、失能导致的收入损失及护理费用给予补偿的保险。

(二)按投保方式不同划分

(1)个人人身保险,是以个人作为投保人,以一张保险单承保一个被保险人的人身风险的保险。

(2)团体人身保险,是以一张保险单承保一个团体的全部或大部分成员的人身风险的保险。团体人身保险又可分为团体人寿保险、团体意外伤害保险和团体健康保险等。

(三)按保险期限不同划分

(1)短期保险,是指保险期限不足一年的人身保险业务。一般是那些只保一次航程、一次旅程的旅游、旅客或公共场所游客意外伤害保险。

(2)一年期保险,是指保险期限为一年的人身保险业务,以意外伤害险和短期健康保险居多。

(3)长期保险,是指保险期限超过一年的人身保险业务,以人寿保险和长期健康险居多。

(四)按保险功能不同划分

(1)保障型人身保险,是指保险人纯粹为被保险人提供风险保障的人身保险,只有在保险期内发生约定保险事故时,保险人才承担给付责任,具有的特点是:不还本、保费低廉。常见的险种包括定期寿险、意外伤害保险和健康保险等。

(2)储蓄型人身保险,是指保险人在提供风险保障的同时,还能在到期或分期返还投保人所交保费及适当利息的人身保险,具有的特点是:还本性强、有较为稳定的收益、保费较高。常见的险种有终身寿险、两全保险、分红保险等。

(3)投资型人身保险,是指保险人将收取的保险费分成保障账户和投资账户两部分,保障部分用于风险保障,投资部分用于资本市场投资,投资收益大部分归保单持有人,但保单持有人要承担投资风险。常见的险种有万能人寿保险和投资连结保险。

第二节　人寿保险

一、人寿保险的含义

人寿保险是指以人的生命为保险标的,以人的生存或死亡为保险事故的保险。人寿保险保障项目有死亡和期满生存,即当被保险人死亡或生存至合同规定的时间,保险人按照约定对被保险人给付保险金。早期的人寿保险是死亡保险,以被保险人死亡为保障项目,它从简单定期寿险开始,后来发展成了终身寿险。由于它们只能解决被保险人家属的经济需求,而不能满足被保险人本人的需要,因此,就出现了生存保险,以被保险人生存为保障项目。再后来人们把两者结合起来,既保障死亡风险,又保障生存风险,这就是生死两全保险。为了满足人们既要保险保障又要储蓄投资的需求,又出现了现代的人寿保险产品,既具有传统的风险保障的功能,又具有了储蓄投资的功能。

二、传统人寿保险

传统人寿保险主要有定期死亡保险、终身死亡保险和两全保险。

(一)定期死亡保险

定期死亡保险又叫定期寿险,是在一定期限内提供死亡保障的一种人寿保险。定期寿险只对在保险期限内死亡的被保险人负有支付保险金的责任,保险期限由保险双方自由约定。保险期限可以有两种规定方式:一种是以时期作为保险期限,如1年、3年、5年;二是以被保险人达到某个年龄时为保险期限,如被保险人50岁、65岁或70岁。

定期死亡保险有如下特点:

(1)纯保障性,无储蓄性。被保险人在保险期间内死亡,保险人给付保险金,相反,则保险人不负任何给付责任。该类保险的返还性较弱,人们购买它主要是为了获得对死亡风险的保障。

(2)利他性。定期寿险是以被保险人在规定的时间死亡为保险人给付保险金的条件,所以保险金只能由他的受益人或者遗产继承人领取。被保险人参加此类保险的主要目的是防止在其发生意外死亡事故后遗属缺少继续生存的经济来源,通过领取死亡保险金能维持一定的生活水平,避免因被保险人的死亡而陷入困境,所以该类死亡保险具有很明显的利他性。

(3)保险费低廉。和其他寿险相比,定期寿险支撑在特定期限内被保险人的死亡风险,由于死亡率较低,保险金支付概率较低,赔付成本较低,因此投保人承担的保险费率也是最低的。在相同保险金额和投保条件的情况下,定期寿险费率低于任何一种人寿保险,这也是定期寿险最大的优点,但也容易诱发道德风险和逆向选择。

(二)终身死亡保险

终身死亡保险又称终身寿险,它提供被保险人终身的死亡保障,无论被保险人何时死亡,保险人都向受益人给付保险金。也有的终身寿险规定保险期限截至终端年龄100岁为止。在此类保险中,只要保险合同效力维持,不论被保险人在100岁以前何时死亡,保险人都向受益人给付保险金。如果被保险人生存到100岁,保险人向其本人给付生存保险金,终止合同。

终身死亡保险有如下特点:

(1)给付的必然性。终身寿险提供的终身死亡保障,被保险人无论在何时死亡均可获得死亡保险金。因为人的死亡是一件必然发生的事件,所以终身寿险具有给付的必然性。

(2)利他性。像定期寿险一样,终身寿险给付的前提也是被保险人的死亡,然后由保险人支付给受益人或遗产继承人,所以也具有很明显的利他性。但是与定期寿险不同的是,当被保险人死亡时,大多数情况下受益人一般也已届中年,并不需要此笔保险金来维持生活,人们投保此类保险更多地是以遗产传承为目的。

(3)费率较高。由于终身寿险具有返还的必然性,保险人预期保险金支付成本较高,所以同样金额的保险,终身寿险的费率要远远高于定期寿险的费率。

(4)具有储蓄性。由于终身寿险具有返还的必然性,前期所缴保费可视作储蓄。所以终身寿险保单还可积累现金价值,具有一定的储蓄性。如果投保人中途退保,保险人必须支付保单的现金价值。

(三)两全保险

1.两全保险的概念

两全保险是指无论被保险人在保险期内死亡或保险期满时生存,都能获得保险人的保险金给付的保险。它既为被保险人提供死亡保障,又提供生存保障。在保险有效期内,被保险人死亡,保险人给付受益人约定数额的死亡保险金;若被保险人生存至保险期满,被保险人得到约定数额的生存保险金。

从保障责任来看,两全保险是定期寿险和生存保险这两部分的结合。从经济需求角度分析,两全保险中含有两个部分,即保险金额递减的死亡保险和保险金额递增的生存保险。保险费的交纳通常限期分期交纳,也可趸交。

2.两全保险的特点

(1)两全保险是承保责任最全面的一个险种。被保险人无论是生存还是死亡都可以得到保险人给付的保险金,它是死亡保险和生存保险的结合。

(2)两全保险每张保单的保险金给付是必然的。人不是生存,就是死亡,非此即彼,因此,两全保险的保险金给付就是必然的。由此,其保险费率较高。

(3)两全保险的保单具有现金价值。两全保险是定期的死亡保险和生存保险的结合。被保险人生存与死亡,受益人都能得到保险金,因此两全保险与终身寿险一样,保单具有现金价值,保单所有人享有各种由保单的现金价值带来的权益。

三、新型人寿保险

传统人寿保险的保险金额通常为一个固定的数额,在保单的有效期限内不会随着经济条件的变化而变化。由于没有考虑通货膨胀因素,人寿保险往往为长期性合同,保险的保障功能会因通货膨胀而明显减弱,减少了对客户的吸引力。另外,在高利率与高通货膨胀率时期可能会诱发大量的退保与保单质押贷款,严重威胁人寿保险公司的财务安全。上述因素引发了人寿保险的产品创新,人寿保险公司开发出了一系列对付通货膨胀和更灵活地满足顾客需求的产品,如分红保险、万能人寿保险和投资连结保险等。新型人寿保险从保障功能上来说并不是一种新险种,它们都是在传统人寿保险的基础上附加某种理财功能的一种设计类型。

(一)分红保险

1.分红保险的概念

分红保险是指保险公司在每个会计年度结束后,将上一会计年度该类险种的可分配盈余,按一定的比例以现金红利或增值红利的方式,分配给客户的一种人寿保险。

分红保险最早出现在18世纪的英国,当时是为了抵御通货膨胀和利率波动而推出的,它兼具保障和投资功能,因此一经推出,立即受到市场的普遍欢迎。到20世纪60年代,西方发达国家的寿险公司又在此基础上进行了多样化的开发。分红保险的特点在于:在保证保单保险利益的基础上,客户与保险公司共同承担经营风险,使客户有机会分享到保险公司的大部分经营成果,能够提供给客户更多盈利的空间。正是因为这一点,它受到了同时注重保障和投资的客户的青睐,因此发展得十分迅速,现已成为世界寿险市场的主力险种之一。

2.分红保险的红利来源

寿险费率厘定的三要素是预定利率、预定死亡率和预定费用率,上述三要素决定了寿险的基本成本,也就是保险人向投保方所收取的基本保险费。但是在保险产品的实际运作过程中,会产生实际的投资收益、实际死亡支付成本和实际经营费用,它们可能会与预定值不一致,这就导致了保险人收取的保险费与实际支付成本不一致,保单由此产生了盈余或亏损。具体而言,分红保险的红利主要来源于人寿保险经营过程中的死差益(损)、利差益(损)和费差益(损)。

(1)死差益(损)。它是指由于实际死亡率低于预定死亡率所得的利益。一般情况下,为了保障财务上的安全,保险人在制定费率时,将预定的死亡率定得较高,则依照预定死亡率收取的保险费足够支付实际死亡给付,来自这部分的收益即为死差益。但实际上也有可能在某些年度内实际的死亡情形超出保险公司的预测,即实际死亡率高于预定死亡率,则会产生死差损的不利情形。

$$死差益=(预定死亡率-实际死亡率)\times风险保额$$

(2)利差益(损)。它是指保险公司实际的投资收益高于预计的投资收益时所产生的盈余。一般保险公司在计算保险费时对预定利率均采取保守的低估政策,以期获取足够的保险费支付所需的成本。一旦实际情况好于预期情况,就会出现以上利差益,保险公司将这部分差益产生的利润按一定的比例分配给客户,这就是红利的来源。如果预定利率过于高估,所收保险费可能会不够支付所需成本,同时资金运用收益率也并不如利率来得高的话,此时会危及公司的财务安全,即产生了利差损现象。

$$利差益=(实际收益率-预定利率)\times责任准备金总额$$

(3)费差益(损)。它是指公司的实际营业费用少于预计营业费用所产生的利益。行政管理混乱会造成许多无谓的浪费,营业费用必定会比预计的来得高而产生费差损的情形。

$$费差益=(预定费用率-实际费用率)\times保险费$$

保险公司在一个会计年度内对特定分红产品的上述三项收益(亏损)进行汇总核算,就得出该产品在当年的总红利。上述在保单红利来源的三项差益中,由于死亡率的变化有一定的规律性,费用率可以通过寿险公司的内部管理控制在一定的水平,因此死差益和费差益是稳定的,对红利影响最大的是利差益。

3.分红保险的红利确定

首先由保险人在会计年度末核算和决定该类分红产品的总红利、留存红利和当期可分配红利。然后依据一定的方法计算出每份分红保单项下的红利。

保险人在每个会计年度期末核算出特定分红保险产品的总红利后,先留存部分红利,然后将剩余部分红利分配给保单持有人,此即为当期可分配红利。为了维护保单持有人的利益,各个国家保险监管机构对可分配红利的比例都有明确规定,我国规定要将分红保险产生的当年红利的至少70%分配给客户。

4.分红保险的红利领取方式

(1)领取现金红利。由公司每年向保单持有人分配红利。一般是由保险公司在保单分红日(一般为保单周年)的次日直接转账至保单持有人在投保时指定的银行账户。

(2)累积生息。红利留存于本公司,按本公司每年确定的红利累积利率,以复利方式储存生息,并于本合同终止或投保人申请时给付。

(3)抵交下期保险费。红利用于抵交下一期应交保险费,若抵交后仍有余额,则用于抵交以后各期的应交保险费。

(4)购买交清增额保险。依据被保险人的当时年龄,以红利作为一次性交清的保险费,按相同的合同条件增加保险金额。

(5)增额定期保险选择权。保单持有人将红利作为趸缴保险费购买一年定期寿险。

投保人通常在填写投保单时就选定一种红利选择权。如果投保人在投保时没有明确具体的红利领取方式,则默认以累积生息方式处理,同时在保单有效期内,保单持有人可以随时改变红利选择权,但从其他红利选择权转变为增额定期保险选择权要受到一些限制。

(二)万能人寿保险

1.万能人寿保险的概念

万能人寿保险是一种交费灵活、保额可调整、非约束性的寿险。具体说来,它是一种弹性保费寿险,在条款规定的最低保险费上,投保人可以任意额度交纳保险费,可以根据自己的实际经济情况安排交费时间和交费数额,还可以改变保险金额。这是美国寿险公司于1979年推出的新险种。万能人寿保险具有灵活性和投资特征,它能满足消费者的需要,并能与投资公司、银行和其他金融机构提供的货币市场共同基金、大额存款单业务相竞争。万能人寿保险的保险费、保险金额和现金价值都可以随保单所有人的需要而改变,甚至可以暂时停缴保险费。保单所有人也可提出部分现金价值,而不致使保险合同失效。

2.万能人寿保险的运作原理

在万能人寿保险中,保险公司为每个保单所有人设置单独账户,如表6-1所示,该账户上有三个收入项目:收取的保费、保证收益和超额收益。支出项目有两个:风险保费(按死亡率收取的提供死亡给付保障的费用）、管理费。

表6-1　万能人寿保险的账户设置

保险周期	收入项	支出项	收支差额	累计现金价值
n	收取的保费 保证收益 超额收益	风险保费 管理费	a_n	A_n
$n+1$	收取的保费 保证收益 超额收益	风险保费 管理费	a_{n+1}	A_{n+1}
$n+2$	收取的保费 保证收益 超额收益	风险保费 管理费	a_{n+2}	A_{n+2}

　　保险人在收到保费以后扣除支出项的费用,余额作为投资获取保证利息和超额回报,在结算周期末期个人账户余额即为现金价值,此后如此这般地循环往复。目前国内的万能人寿保险都是每月结算一次。

期末现金价值A_{n+1}＝期初现金价值A_n＋本期收取的保险费－期初扣除的风险保费
－期初扣除的管理费＋期末应计的利息

　　保单期满终止或者中途解约时,保单持有人可以获取个人账户累积的现金价值。如果被保险人死亡时,保险人除了支付现金价值以外,还要按照保险金额支付身故保险金。万能人寿保险每隔一定周期(年、半年、季)向投保人寄送财务报告,显示所交保费如何在提供死亡给付保障、费用和现金价值之间进行分配。

3.万能人寿保险的特点

　　(1)保费交费方式灵活。万能人寿保险保单规定第一年应交的最低保险费金额,以后每年交付多少保险费由保单持有人自己决定(在公司规定的限额内),甚至可以跳过不交,只要其现金价值足以支付当期保险费和费用即可。

　　(2)保险金额可变。投保人要增加保险金额,只要提供可保性证据即可更改,若想减少保险金额,保险公司在一定的限额内也予批准。最后给付的保险金为保险金额和投资账户的投资收益之和。

　　(3)投资收益大部分归保单持有人所有。万能人寿保险给客户一个最低保证收益率,实际收益率高于保证收益的部分由保单持有人和保险公司共同分享,但大部分由保单持有人所有。

(三)投资连结保险

1.投资连结保险的概念

　　投资连结保险是指包含保险保障功能并至少在一个投资账户中拥有一定资产价值的人身保险。它是一种将投资与风险保障相结合的保险,保险公司将客户所交的保费分成"保障"和"投资"两个账户,被保险人在获得风险保障的同时,将保费的一部分用来购买保险公司所设立的基金单位,由保险公司进行投资运作。

投资连结保险又称为变额人寿保险,它于20世纪70年代初出现在欧洲和加拿大,1976年美国的人寿保险公司也开始销售这个险种。它是通货膨胀的产物,70年代初,整个西方资本主义国家发生了严重的通货膨胀,使得传统的固定保险费、固定保险金额的险种受到极大的挑战,以至于整个保险业都受到威胁。在这种情况下,一种固定保险费但死亡给付金额不固定(有最低死亡给付金额保证)的新险种就产生了。变额人寿保险的死亡给付金额是可以变动的,有别于传统的定额终身寿险。

2. 投资连结保险的运作原理

投资连结保险的运作程序如图6-1所示。保险人为了发售变额保险,先会建立几个不同风格的投资账户,如图中的A投资账户、B投资账户、C投资账户等,不同账户的投资风格不同,一般包括激进型账户、平衡型账户、稳健型账户,以供投保人选择。

投保人在购买了变额保险以后,保险人先扣除一定的初始费用,剩余的保险费按照一定的比例配置在不同的投资账户上,此后的账户运作与一般的基金运作模式完全一样。在进入投资账户时按照该投资账户的当天买入价换算为账户单位,然后该部分账户单位的现金价值由该投资账户的整体投资业绩来决定,最后理赔或者退保时是按照当日的账户卖出价来计算价值的,此即为保单账户的现金价值。在此过程中,保费进入的账户以及比例由保单所有人来决定。

在每期初还要扣除风险保费、资产管理费用、保单管理费用、账户转换费用(有账户转换时才会收取),这些费用都按照当日的单位卖出价换算为基金单位,然后在投保人的个人投资账户里扣除。

如果在保险期限内被保险人死亡,则保单受益人会拿到死亡保险金(等于风险保额+账户现金价值),合同结束。如果被保险人没有死亡,只是单纯退保,则其会拿到退保金(等于账户现金价值-退保费用),合同结束。也可以是部分退保,则投保人拿到部分领取现金(等于申请部分退保金-部分领取费)。

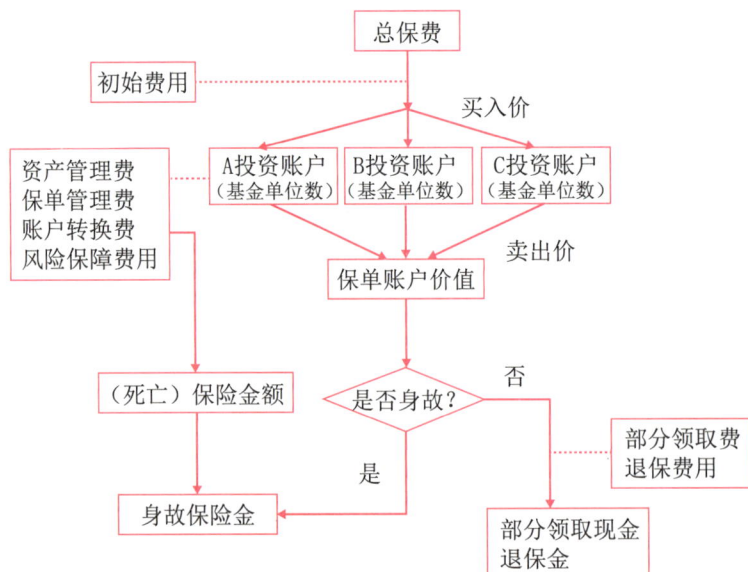

图6-1 投资连结保险的运作程序示意图

3.投资连结保险的特点

(1)具有保险和投资双重功能。由于保险费被分为保障和投资两部分,顾客在获取基本保障的同时可以享受专家理财的好处,实现资产的保值和增值。

(2)独立账户,运作透明。投资账户是保险公司为投保人单独设立、单独管理的资金运用账户。在此账户中,保险公司要记录资金的流入流出和投资损益情况,公布投资业绩,客户也可随时查询投资账户的买入价、卖出价及账户价值的变化。

(3)保障水平不固定,风险较大。在这种保险中,所有投资风险都由保险单所有人来承受,保险人对投资收益不做任何保证,只承担死亡率和费用变动风险,保险给付金额最终结果如何完全取决于投资业绩。投资连结保险在给付保险金时取保险金额和投资账户价值的最大值,保障水平体现出一定的不确定性,有可能出现亏损。

第三节　年金保险

一、年金保险的概念

年金保险是指在被保险人生存期间或一定时间,保险人按照合同的约定,定期向被保险人或者其他年金受益人给付保险金的人寿保险。在年金保险合同中,保单持有人是指购买年金负有缴纳保费义务的人,而被保险人是指以其生存为年金给付条件的人,通常保险金也是给付给他的。年金受益人是指当被保险人在年金积累期间死亡,或者给付期间过早死亡没有获得最低保证给付金额时,有权领取遗属给付金的人。在多数情况下,保单持有人和被保险人都是同一人。

二、年金保险的分类

(一)按照年金购买方式分类,分为趸缴年金保险和期缴年金保险

(1)趸缴年金保险是指在购买时保险费一次性缴清的年金保险,在保险费缴清后的下一周期开始领取年金,也可以在约定时间开始领取年金。

(2)期缴年金保险是指在合同规定的缴费期内分期缴纳保险费的年金保险,可以分为年缴、季缴、月缴等。

(二)按照年金给付的起付时间分类,分为即期年金保险和延期年金保险

(1)即期年金保险是指从购买年金之日起,满一个年金期间(通常为一个月或者一年)后即开始给付的年金保险,它必须采用趸交保费方式购买。

(2)延期年金保险是指从购买年金之日起,超过一个年金期间后才开始给付的年金保

险。任何期交年金保险都属于延期年金保险,通常被用作养老规划需要,最常见的模式是投保人在工作期间交费,退休后开始领取保险金,以满足养老需要。延期年金保险一般有一个累积期和领取期,累积期是指从保单持有人购买延期年金保险之日起到开始领取年金之日为止的这段时间,在此期间保险公司会对投保人已经交纳的保费进行投资,形成累计价值,累计价值=已交净保费+利息-已提现金额。

(三)按照年金给付期限分类,分为普通终身年金保险、限期生存年金保险

(1)普通终身年金保险,这种年金保险在被保险人达到开始领取年龄后,开始支付保险金,直到其死亡为止,没有期限的限定。

(2)限期生存年金保险,它是一种在约定期限内、年金领取人死亡之前(以先发生者为准)提供定期给付的年金保险。被保险人要想获得保险金支付,除了要求其生存以外,还要在约定期限内,两者必须同时具备。人们购买这种保险的目的是满足工作收入终止之后预期收入(如养老金)开始之前这一段时间的收入需求。

(四)按照年金有无最低保证分类,分为纯粹年金保险、保证期间年金保险、保证金额年金保险

(1)纯粹年金保险。在这类年金保险中,年金的给付主要取决于合同中的支付条件,例如达到开始领取年龄、处于生存状态、是否在限定期限内等,其中被保险人是否生存是主要决定因素,因此保险金的支付具有不确定性。在这种保险中,被保险人存活时间越长越有利,死亡时间越早越不利,一些被保险人害怕因为过早死亡而损失保险费本金。

(2)保证期间年金保险。在这类保险中,保险人保证支付一个最低期限的保险金,如果被保险人在保证支付期限内死亡,保险人会继续支付相同金额的年金给年金保险收益人,直到保证期限结束。当然被保险人如果一直生存超过最低保证期限,保险人会支付年金直到其死亡为止。

(3)保证金额年金保险。在这类保险中,保险人保证支付一个最低金额的累积保险金,如果被保险人过早死亡,累计领取的保险金尚未达到保证金额,则保险人将剩余的保险金支付给年金保险受益人,才能结束合同。

(五)按照年金给付数额是否变化分类,分为定额年金保险和变额年金保险

(1)定额年金(fixed-benefit annuity)保险是指保险公司保证对所收取的年金保费按约定金额定期给付的年金保险,给付金额是固定不变的。

(2)变额年金(variable annuity)保险是指给付金额随时间变动的年金保险。一种是给付金额与物价指数相挂钩,主要是为了保持保险金的购买力;另一种保单累计价值和每月给付金额随着分立投资账户的业绩上下波动的年金保险,这种年金保险是一种投资型的保险产品。

（六）按照购买目的分类，分为普通年金保险、养老保险和少儿教育基金类保险

（1）普通年金保险。人们购买此类保险的目的是投资理财，此类保险的特点是合同成立若干年后可按期固定返还一定比例的保险金额。

（2）养老保险。人们购买养老保险主要是为自己年老退休之后的生活费用作打算，一般将退休年龄作为年金保险的开始领取日，退休之后不再有工资收入，转而依靠养老金来维持生活所需。

（3）少儿教育基金类保险。这类保险的被保险人是未成年的少年儿童，投保人往往是其父母，父母在孩子小的时候购买此保险，主要是为孩子日后的教育费用做储备。目前此类险种的主要给付年龄是18岁、19岁、20岁、21岁，目的是为被保险人提供接受高等教育的费用。

第四节　人身意外伤害保险

一、人身意外伤害保险的含义

人身意外伤害保险是指被保险人在保险有效期内，因遭受非本意的、外来的、突发性的意外事故，致使身体蒙受伤害而残废或死亡时，保险人按照保险合同的规定给付保险金的保险。在人身意外伤害保险中，保险保障主要是因意外伤害而致死亡或残疾时，所导致的死亡给付、伤残给付以及费用损失补偿、收入补偿。因此，该险种既具有人寿保险的给付性，又具有财产保险的补偿性。所以，寿险公司和财险公司都可以经营该类险种。人身意外伤害保险必须具备两个条件：意外和伤害。

意外事故通常有三个要件：

（1）非本意的。它是就被保险人的主观状态而言的，是指伤害的发生是被保险人事先没有预见到的或违背了被保险人的主观意愿。它通常包括以下几种状况：一是事先无法预见，这类风险事件的发生属于小概率事件，人们在事前一般很少能够预见到它的发生；二是因疏忽大意或侥幸心理而忽视风险；三是可以预见但无法避免，当事人能够预见风险的发生，但是由于技术上无法采取措施来避免损害的发生；四是基于道德、职责或法律的规定，被保险人明知面临风险，但是为了维护他人及社会利益仍采取了风险行为。

（2）外来性。外来事故是指影响被保险人身体健康的来自外部的有效原因，身体内在的原因不属于意外事故。即是被保险人身体外部原因造成的事故，如食物中毒、烫伤、交通事故中被车撞伤、失足落水等。在当前很多意外险的保险条款中会规定"非疾病的"对此加以强调。

（3）突发性。突然间发生的事故，是相对于缓慢发生的事故而言的，表现为事故的原因与伤害结果之间具有直接瞬间的关系，而并非长期积累而成。即事故的原因与伤害结果之

间有直接的因果关系,在瞬间造成伤害,来不及预防,而非经年累月造成。例如交通事故、烫伤等。因此,像铅中毒、硅肺等职业病虽是外来致害物质对人体的伤害,但它们是逐渐形成的,不属于意外事故。

二、人身意外伤害保险的特点

人身意外伤害保险是一种介于财产保险与人寿保险之间的保险,与它们既有相同之处,也有不同之处。由于人身意外伤害保险只承担意外伤害责任,因而具有较为明显的特点:

(1)保险期限较短。一般不超过1年,有的甚至只有几天或几个小时。如公路旅客意外伤害保险只承保旅客从上车到下车的这段时间。游泳者平安保险的保险期限更短,只有一个场次。而人寿保险的期限往往较长,甚至可达终身。

(2)保险费率主要考虑被保险的职业。与财产保险类似,人身意外伤害保险是依据保险金额损失率来计算的,它主要考虑被保险人的职业、工种或从事活动的危险程度,一般不需要考虑被保险人的年龄、性别等因素。

(3)承保条件较宽,免体检。人身意外伤害保险不受年龄、被保险人身体状况等条件的限制。

(4)多属于小额保险。人身意外伤害保险的保险责任比较单纯,只负责意外事故所引起的死亡或残疾,保险期限短、出险概率低,免体检,保险金额低,单均保费少,经常通过兼业代理机构(车站、航空公司、旅行社)来出售,因此一般承保过程很简单,只出具保险凭证。除了团体人身意外伤害保险以外,人身意外伤害保险一般都属于短期小额保险业务。

三、人身意外伤害保险的分类

(一)按保险责任分类,分为意外伤害保险、意外伤害医疗保险和意外伤害收入保障保险

(1)意外伤害保险。此种保险只保障被保险人的意外伤害所致的死亡和残疾。在其保险责任中通常规定,被保险人遭受意外伤害后,在责任期限内死亡、残疾等按合同规定给付保险金。

(2)意外伤害医疗保险。其保险责任中通常规定,被保险人因遭受意外伤害,且在责任期限内,因该意外伤害在医院治疗且由本人支付的治疗费用,保险人按合同规定进行医疗保险金的支付。通常,被保险人在合同有效期内,不论一次或多次因遭受意外伤害而需医院治疗,保险人均按规定支付保险金,但累计给付医疗保险金不超过保险金额。但因疾病所致医疗住院费用等为除外责任。此险种大多为附加险。

(3)意外伤害收入保障保险。其保险责任中通常规定,对被保险人因遭受意外伤害,且在责任期限内死亡、残疾的,保险人依合同规定给付死亡保险金或残疾保险金;对于被保

人因遭受意外伤害造成身故或残疾达到一定程度时,保险人对被保险人或受益人按合同约定给付收入保障年金。该种保险旨在保障被保险人因意外伤害而导致收入的减少,维护依靠被保险人的收入生活的人的利益。此种保险可以单独投保。

(二)按承保危险分类,分为普通意外伤害保险和特定意外伤害保险

(1)普通意外伤害保险,又称为一般意外伤害保险或个人意外伤害保险,即指被保险人在保险有效期内,因遭受意外伤害而致死亡、残疾时,由保险人给付保险金的保险。

(2)特定意外伤害保险,此类保险承保的是特别原因造成的意外伤害或特定时间、特定地点遭受的意外伤害。通常需要投保人与保险人特别约定,有时还要加收保险费后才能承保。此类保险承保的意外伤害包括:战争所致意外伤害;从事剧烈体育运动、危险娱乐运动所致意外伤害;核辐射造成的意外伤害;医疗事故所致意外伤害等,目前比较常见的是交通工具意外伤害保险。

(三)按投保方式不同,分为个人意外伤害保险和团体意外伤害保险

(1)个人意外伤害保险,是投保人或被保险人个人购买的意外伤害保险,承保的是单个人的人身意外风险。我国保险公司开办的个人意外伤害保险主要有:航空人身意外伤害保险、机动车驾驶员人身意外伤害保险、厂长经理人身意外伤害保险、液化气用户平安保险、出国人员人身意外伤害保险、铁路和公路旅客意外伤害保险等。

(2)团体意外伤害保险,是以团体方式投保的人身意外伤害保险,它以一张总保单,承保一个团体中全部或者部分团员的人身风险。它在保险责任、给付方式方面与个人意外伤害保险相同,但在保单效力方面有所不同。在团体意外伤害保险中,被保险人一旦脱离投保的团体,保单效力对该被保险人即行终止,投保团体可以为该被保险人办理退保手续,但保单对其他被保险人依然有效。

四、人身意外伤害保险的保险金给付

当人身意外伤害保险中构成保险责任时,保险人应该按照保险合同约定的方式给付保险金。

(一)死亡保险金的给付

当被保险人由意外伤害事故导致死亡时,保险人一般按照保险合同中约定的保险金额来给付身故保险金,它是一种定额给付。

当被保险人是因意外事故而失踪的,事故发生之日后的2年,法院才能宣判死亡,此时已经过了责任期限。为了处理这种特殊情况,人身意外伤害保险中制定有失踪条款,条款规定被保险人确实由意外事故导致死亡,保险人给付死亡保险金。但是日后被保险人生还,死亡保险金的受领人必须将保险金返还给保险人。

(二)残疾保险金的给付

目前在我国的保险实务中,人身意外伤害保险的残疾给付比例主要依据《人身保险伤残评定标准》中的规定,该标准规定了人身保险伤残程度的评定等级以及保险金给付比例的原则和方法,人身保险伤残程度分为一至十级,保险金给付比例分为100%至10%。例如被保险人因意外伤害造成双侧眼球缺失,伤残等级为1级,给付比例为100%,而如伤害后果为一侧眼球缺失,则伤残等级为7级,给付比例为40%。

(三)一些特殊情况的处理办法

(1)一次事故,多处致残。被保险人因同一意外伤害事故导致一项以上残疾时,若各项伤残等级不同,保险人仅给付其中给付比例最高一项残疾所对应的残疾保险金;若有两项以上伤残等级相同,则最多晋升一级后按其对应的给付比例给付残疾保险金。

(2)保险期限内多次发生意外伤害。当被保险人在保险期限内多次遭受意外伤害,只要都属于保险责任,保险人对每次意外伤害造成的残疾都给付保险金,但是累计给付金额不能超过保险金额。而对于同一残疾部位,该次意外伤害导致的残疾合并前次残疾可领取较高比例残疾保险金者,按较高比例给付,但前次已给付的残疾保险金(投保前已患或因责任免除事项所致《人身保险伤残评定标准》所列的残疾视为已给付残疾保险金)应予以扣除。

第五节　健康保险

一、健康保险的含义

健康保险是以人的身体为对象,当被保险人因疾病、生育和受到意外伤害事故时的医疗费用支出、因丧失生活自理能力需要的护理费用、因丧失工作能力时的收入损失由保险人对其进行补偿的一种保险。其保险责任是被保险人的医疗费支出、护理费支出、收入损失等。其内容广而复杂,一般来讲,凡不属于人寿保险和人身意外伤害保险的人身保险,都可以归为健康保险。

二、健康保险的分类

(一)按照保障内容分类

(1)医疗保险,是指按照保险合同约定为被保险人的医疗、康复等提供保障的保险。它往往以保险合同约定的医疗行为的发生为给付保险金条件,为被保险人接受诊疗期间的医疗费用支出提供保障的保险,大多采用医疗费报销的形式。

(2)疾病保险,是指发生保险合同约定的疾病时,为被保险人提供保障的保险。它以保险合同约定的疾病的发生为给付保险金的条件,当被保险人罹患合同约定的疾病时,保险人按照保险金额给付保险金而不问被保险人实际支出的医疗费用,常见的疾病保险有重大疾病保险和特种疾病保险。

(3)失能收入损失保险,是指以保险合同约定的疾病或者意外伤害导致工作能力丧失为给付保险金条件,为被保险人在一定时期内收入减少或者中断提供保障的保险。目的是为那些因为疾病或者意外伤害不能正常工作而失去原来的工作收入或者收入减少的被保险人提供定期的收入保险金,以满足被保险人在残疾期间的生活费用等支出的需要。

(4)长期护理保险,是指按照保险合同约定为被保险人日常生活能力障碍引发护理需要提供保障的保险。

(5)医疗意外保险,是指按照保险合同约定发生不能归责于医疗机构、医护人员责任的医疗损害,为被保险人提供保障的保险。

(二)按照保险期限分类

(1)长期健康保险,是指保险期间超过一年或者保险期间虽不超过一年但含有保证续保条款的健康保险。在我国一般指的是重大疾病保险,它的保险期限一般是10年、20年和终身等。有些短期健康保险规定有保证续保条款,保证续保条款是指在前一保险期间届满后,投保人提出续保申请,保险公司必须按照约定费率和原条款继续承保的合同约定。

(2)短期健康保险,是指保险期间在一年及一年以下且不含有保证续保条款的健康保险。在我国常见的有住院医疗保险,一般是一年一保。

(三)按照保险金给付性质分类

(1)费用补偿型医疗保险,是指根据被保险人实际发生的医疗费用支出,按照约定的标准确定保险金数额的医疗保险。例如我国的住院医疗保险,被保险人根据实际医疗费用的单据到保险人处进行报销,给付金额不得超过被保险人实际发生的医疗费用金额。

(2)定额给付型医疗保险,是指当保险事故发生以后保险人按照事先约定的数额给付保险金的健康保险。在我国,这类保险主要指的是重大疾病保险,当被保险人在保险期限内罹患约定的疾病后,由保险人一次性按照约定的金额给付保险金,与被保险人的实际医疗费用无关。

三、医疗保险

医疗保险是健康保险的重要组成部分,主要提供医疗费用保障,当被保险人因疾病、生育或意外伤害而发生医疗费用支出时,由保险人按照规定赔付保险金。

（一）医疗保险的主要内容

1.保险期限、观察期和责任期限规定

（1）保险期限。医疗保险合同中规定了保险期限，只有医疗行为（门急诊、住院）在此时间内发生，保险公司才负责赔偿保险金。医疗保险的保险期限通常为一年，需要注意的是，许多人购买了人寿保险后往往附加有短期的医疗保险，虽然主险的保险期限较长，但附加险还是属于短期险，保费每年缴纳，保险人没有权利终止保险合同，但保险期限结束，被保险人在续保的同时，保险人也有权决定是否同意续保，也可以变更保险费率或其他合同条款内容。

（2）医疗保险一般还要规定一个疾病观察期，也被称为等待期，它是保险期限开始初期保险人不负责保险责任的一段时间，被保险人在此期间发生保险事故（患病），保险人不负责赔偿责任。观察期条款的规定主要是为了防止被保险人带病投保，所以在开始时设立一段免责期，以过滤掉那些投保前身体就不健康的人。

（3）延续责任期限。在实际生活中当被保险人被确诊患有某种疾病后，会在其后的一段时间内接受医学治疗，该时间可能会超过保险期限，那么在保险期限结束以后的医疗费用支出是否应该由保险人负责呢？对此许多保单规定了延续责任期限，它一般规定保险期间届满被保险人仍在接受门诊或者住院治疗的，自保险期间届满次日起计算，最长以责任期限为限，延续责任期限一般有90天、180天、360天等，以180天居多。

2.保障项目

被保险人在接受医学治疗过程中所花费的医疗费用范围广泛，诊疗费、检查费、药费、手术费、护理费、床位费、膳食费、整容整形费等，一般的医疗保险都不会承担所有的项目，一般会在合同当中明确规定哪些项目或范围的费用给付补偿。一般的原则是直接费用予以负责，间接费用可以负责也可以不负责，无关费用不予负责。另外，一般对于医保目录内的医疗费用都予以承保，但是医保目录外的医疗费用是否承担，不同险种的规定有所不同。

3.医疗费用分担条款

为了减少医疗保险中的道德风险问题，医疗保险合同中常常规定了医疗费用分担条款，将发生的医疗费用由被保险人负担一部分，一方面能够有效地避免道德风险的发生，另一方面有助于减少不必要的费用支出，为保险人降低费率创造条件。医疗费用分担条款一般包括免赔额条款、比例给付条款和最高限额条款。

（1）免赔额条款。

免赔额，又被称为起付线，它是指保险公司在对医疗费进行赔付时先由被保险人自行负担的较小金额。在医疗保险合同中规定免赔额，如果被保险人实际支出的医疗费用低于免赔额的，由被保险人自己负责，如果被保险人实际支出的医疗费用超过免赔额的，超过部分由保险人予以补偿。

（2）比例给付条款。

比例给付条款也叫共保条款，它规定对于超过免赔额以上的医疗费用采用保险人与被保险人共同分摊的比例赔付方法。例如，如果共保条款规定有一个30％的自付比例，则按

照这一要求,被保险人在支付免赔额以后还必须支付剩余医疗费用的30%。比例给付条款的规定,主要是为了有利于保险人控制医疗费用支出,减少被保险人的道德风险问题。

(3)赔付限额条款。

除了规定免赔额和给付比例以外,保险人一般还在医疗保险合同中规定以下几种方式来限制其赔偿责任:规定总保险金额、每次事故费用限额、每日费用限制、总住院天数限额等。

(4)补偿原则条款。

医疗保险合同适用于补偿原则,被保险人通过任何途径所获得的医疗费用补偿金额总和以其实际支出的医疗费用金额为限。被保险人已经从社会基本医疗保险或任何第三方(包括任何商业医疗保险或者民事责任人)获得相关医疗费用补偿的,保险人仅对扣除已获得补偿后的剩余医疗费用,按照合同约定承担给付保险金责任。

(二)当前我国商业医疗保险的种类

1.门诊医疗保险

门诊医疗保险主要是为被保险人通过门(急)诊形式接受医学诊断治疗时所发生的医疗费用提供保障的保险。门诊治疗所花费的费用主要有检查费、化验费和医药费,虽然金额相对较低,但是发生频率较高,但是保险公司面临着来自被保险人和医务人员的道德风险问题,对费用控制难度较大,所以在我国门诊医疗保险极少开展。

2.住院医疗保险

住院医疗保险是为被保险人住院期间所发生的医疗费用提供保险保障的保险。住院费用包括住院期间的床位费用、治疗费用、检查费用、医药费用、手术费用以及医院杂费等。为了防止被保险人的道德风险,控制不必要的长时间住院,住院医疗保险一般规定了每日的给付金额、免赔天数、最长的给付天数,住院人只对超过免赔天数的但没有超过最长给付天数内的住院费用承担赔付责任。

3.综合医疗保险

综合医疗保险是为被保险人提供的一种全面的医疗保险,它的费用包括门诊、住院以及手术等一切费用。综合医疗保险投保范围广泛、保险费率也高。例如当前常见的"百万医疗保险",常规的保障范围包括以下三个项目:住院医疗保险金、指定门(急)诊医疗保险金和住院前后门(急)诊医疗保险金,还有的在上述基础上附加特定疾病的医疗保险金。

4.城市定制型商业医疗保险

城市定制型商业医疗保险,也称为"惠民保",它是由我国各个地方政府指导、推动商业保险公司承保,以低保费、低门槛、高保额为卖点,利用互联网化的运营方式,面向参加基本医疗保险的城乡居民、城镇职工销售的医疗保险。主要特点是:① 投保要求低。目前国内推出的惠民保产品,投保无年龄限制、无职业限制,既往病症限制少,仅要求投保人须参加当地的基本医保。② 产品保费低、保额高。大部分惠民保产品价格集中在60~120元,保额集中在100万~200万元。

四、重大疾病保险

（一）重大疾病保险的含义

重大疾病保险是指被保险人在保险期限内被确诊患有保单规定的重大疾病或者因疾病身故时由保险人一次性给付死亡保险金的保险。它给付的条件不是被保险人的死亡或生存，而是由保险人确认被保险人确实患有保单中所约定的重大疾病。

重大疾病保险与医疗保险相比，最大的区别是定额给付方式，也就是只要被保险人在保险期限之内患有保单约定的疾病，并且符合所规定的医学指标，则由保险人一次性按照合同中所约定的金额来给付重大疾病保险金，至于被保险人在患病以后的具体治疗地点、治疗过程和实际花费的医疗费用，与保险人并无关系。

（二）重大疾病保险的种类

1.按照保险期限分类，分为一年期重大疾病保险和长期重大疾病保险

（1）一年期重大疾病保险。这类保险的保险期限为1年，保险期限仅限于投保的1年内，1年结束后保险责任即告终止。被保险人如果想继续获得保障，需要办理保单续保。

（2）长期重大疾病保险。长期重大疾病保险的保险期限为10年、20年或者终身等。被保险人在投保后的长期时间内一旦患有约定疾病，就可以得到给付。由于人们罹患重大疾病的概率较低，所以长期重大疾病保险是比较主流的险种。

2.按照保险责任，分为单一责任重大疾病保险和多重责任重大疾病保险

（1）单一责任重大疾病保险。此类保险规定被保险人在保险期限内首次罹患合同中规定的病种后，由保险人按照保险金额给付一次保险金后，保险责任即告终止。

（2）多重责任重大疾病保险。这类保险承保的疾病范围更加广泛，包括重大疾病保险金、中症疾病保险金、轻症疾病保险金、特定重大疾病保险金、二次赔付重大疾病保险金、ICU重大疾病保险金等，被保险人在保险期限出险一次获得赔付后，合同并未结束，可以多次获得给付保险金，保障更加全面。

3.按照适用人群分类，分为普通重大疾病保险、女性（男性）重大疾病保险、少儿和中老年人重大疾病保险等

（1）普通重大疾病保险。它以整个社会群体，凡年龄在1周岁以上60周岁以下，身体健康、能正常工作或者劳动的人作为保障对象，承保人一生中最可能面临的几种重大疾病，如恶性肿瘤、急性心肌梗塞、脑中风、重要器官移植等。

（2）女性（男性）重大疾病保险。它专门以女性或者男性作为承保对象，单独设计女性或者男性重大疾病保险。由于性别差异，男性和女性患同种重大疾病的概率不同，不少与性别有关的特定疾病对健康有非常大的危害。例如：女性的乳腺癌和子宫癌，男性的前列腺癌。

（3）少儿和中老年人重大疾病保险。少儿重大疾病保险是专门以婴儿、儿童作为承保对象的重大疾病保险，儿童基于体质、遗传、出生环境等方面的原因，容易患病，特别是儿童

特有的疾病,会给家庭带来沉重的负担,儿童重大疾病保险则是主要减轻因此而带来的风险。常见的可承保的儿童重大疾病有主型脑损伤、再生障碍性贫血、失聪、严重心肌炎等。中老年人重大疾病保险是以中老年人作为承保对象,由于60岁以上患有癌症的概率急剧上升,所以这类保险承保病种主要是癌症,因此比较主流的险种是中老年防癌险。

五、长期护理保险

随着人类社会中人口寿命的延长,家庭机构的小型化和医疗费用的激增,人们对长期护理的需要不断上升,长期护理保险正是顺应了这种需求,为缺少生活自理人群特别是老年人提供了生活保障。

(一)长期护理保险的概念

长期护理保险是针对那些身体衰弱、生活不能自理或者不能完全自理,需要他人辅助全部或部分日常生活的被保险人,为其在护理院、医院和家中接受的长期医疗护理或者照顾性护理服务提供经济保障的保险。

(二)长期护理保险的给付条件

保险人在接到赔付申请时首先要对被保险人生活自理能力进行评估,看其是否丧失了全部或者部分日常活动的能力,这是他对长期护理保单支付保险金的重要条件。评估有一定标准量表,通常包括两大类:日常活动能力的丧失、认知能力障碍。典型长期看护保单要求被保险人不能完成下述五项活动之两项即可:进食、沐浴、穿衣、如厕、移动,同时目前所有长期护理保险已将老年痴呆症、阿基米德病及其他精神疾患也包括在内。

(三)长期护理保险的给付方式

长期护理保险的保险金主要分为三种形式:

(1)费用补偿型。保险人根据被保险人在接受护理过程中发生的实际费用按照一定比例进行报销,给付金额以保单所约定的保险金额为限。在这种保单中只补偿被保险人自己支付的合理实际费用,而且还要到获得许可的一定资质机构接受护理,因此一旦发生护理费用,被保险人要出具许多证明,包括各种鉴定书、医院的证明、护理费用账单等,由保险公司审核后再进行理赔,比较烦琐,成本较高。

(2)定额给付型。一旦被保险人在保险期限内出现了生活不能自理的情况并且满足保险单上约定的标准,保险人向被保险人支付一笔护理津贴,而不管其实际支出的费用是多少。在这种情况下,保险人一般还要根据被保险人生活无法自理的项目来确定给付的保险金,一般列出日常活动表:饮食、如厕、洗浴、穿衣等,采用分段计算给付数额,例如所有的活动都无法自理给付100%的保险金,3～5项无法自理则给付50%的保险金。在这种保险的理赔中只需要鉴定被保险人是否达到了理赔标准,处理程序较为简单,被保险人也能有更多的选择权,但是容易引发道德风险。

（3）直接提供护理服务。当被保险人在保险期限内出现了生活不能自理的情况并且满足保险单上约定的标准时，保险人不提供货币补偿，而是直接派专人为被保险人提供护理服务。这种保单既简化了理赔的程序，又可以有效防范道德风险，因此这种方式是目前各国比较推崇的做法。常见的护理服务有三种：基本生活照料，主要包括与服务对象身体护理密切相关的项目（如头面部清洁梳理、协助进食/水等）；非治疗性护理，是由专业护理人员完成的项目（如鼻饲、药物喂服等）；特需护理，是由专业执业护士完成的项目（如导尿、置胃管等）。

—— 本章小结 ——

1. 人身保险是以人的生命和身体作为保险标的的保险。由于保险标的具有特殊性，人身保险与财产保险相比又呈现出许多重要的特点，人身保险的保险金额是双方约定的，具有约定给付的性质，保险单具有长期性和储蓄功能。

2. 人身保险险种从各个角度可以有不同的划分方法，目前主要有下列几种分类方法：从保障范围分为人寿保险、人身意外伤害保险、健康保险；从投保方式可分为个人人身保险和团体人身保险；从保险功能来分，可分为保障型人身保险、储蓄型人身保险和投资型人身保险。

3. 人寿保险是指以人的生命为保险标的，以人的生存或死亡为保险事故，当发生保险事件时，保险人履行给付保险金责任的一种保险。传统的人寿保险包括定期死亡保险、终身死亡保险和两全保险。

4. 新型人寿保险包括分红保险、万能人寿保险和投资连结保险等。分红保险就是指保险公司在每个会计年度结束后，将上一会计年度该类险种的可分配盈余，按一定的比例以现金红利或增值红利的方式，分配给客户的一种人寿保险。万能人寿保险是一种交费灵活、保额可调整、非约束性的寿险，即在一定程度上投保人可以任意额度地交纳保险费，也可以改变保险金额。投资连结保险是指包含保险保障功能并至少在一个投资账户中拥有一定资产价值的人身保险产品。

5. 人身意外伤害保险是指被保险人在保险有效期内，因遭受非本意的、外来的、突发的意外事故，致使身体蒙受伤害而残废或死亡时，保险人按照保险合同约定给付保险金的保险。

6. 健康保险是以人的身体为对象，对被保险人因疾病和受到意外伤害事故时的医疗费用、丧失工作能力的收入损失以及丧失生活自理能力的护理费用进行补偿的一种保险，主要包括医疗保险、疾病保险、失能收入损失保险、长期护理保险和医疗意外保险。

—— 关键术语 ——

人身保险，人寿保险，定期寿险，终身寿险，两全保险，分红保险，万能人寿保险，投资连结保险，年金保险，人身意外伤害保险，健康保险，医疗保险，重大疾病保险。

—— 复习思考题 ——

1. 简述人身保险的特点。
2. 试比较传统人寿保险与新型人寿保险的主要区别。
3. 万能寿险、分红保险和投资连结保险各有什么特点?
4. 简述人身意外伤害保险的内容。
5. 简述健康保险主要有哪些险种?

—— 案例分析题 ——

1. 2019年6月,韩某是一名30岁男性,在银行营业厅等待办理存款时,一名银行职员向他推销一款万能寿险,该名人员介绍说该保险不但能提供死亡保障,而且还提供保底利息,实际上可以获得比银行同期利率要高的利息回报,并拿出该万能险在当时的实际结算利率进行比较,确实较高,因此韩某就此购买了一款万能寿险,趸缴保费10000元,保险金额为10万元。此后1年内,韩某看到该公司每月公布的该款产品的年化结算利率都在4%以上,就认为自己账户里的本利之和应该在10400元以上,但是在接到对账单后,却发现自己账户里只有现金价值7175元,遂和保险公司发生纠纷,请你解释一下出现该结果的原因。

2. 2021年9月,文某以自己为被保险人向保险公司投保了人寿保险和人身意外伤害保险。保险受益人为文某的儿子文甲和文乙。在人寿保险合同中将被保险人的犯罪行为和投保人的故意行为造成被保险人全残或者身故列为免责条款,但是未将醉酒或酗酒列为免责条款。在人身意外伤害保险合同中规定:“被保险人醉酒或受毒品管制药物的影响期间伤害导致身故、伤残、医疗费用支出或住院治疗的保险人也不承担给付保险金责任。”2022年1月13日晚6时,被保险人文某与公司同事一道去酒楼吃饭。在进餐过程中,文某饮了白酒和洋酒若干,突然神志不清,摔倒在地,后被同事扶在沙发上横卧。第二天凌晨1时,文某被同事送回家。不久,家人发现文某没有知觉、呼吸停止、口吐白沫,立即将其送往医院抢救。医院抢救无效,文某死亡。医院诊断其原因为:①酒精中毒;②多器官功能衰竭。2022年4月3日,文甲和文乙办好索赔手续向保险公司索赔。保险公司认为文某因故意酗酒导致死亡,有重大过错为由,拒绝给付保险金。2022年5月13日,文甲和文乙以被保险人文某系意外死亡为由向法院提起诉讼,要求保险公司全额赔付各项保险金。请问:该案该如何处理?

3. 2021年8月1日,A投保了人身意外伤害保险,保险金额为30万元,保险期限为2021年8月1日到2022年7月31日。2021年8月30日,A遭遇车祸,经过住院治疗后于12月15日出院,经评定仍有两处残疾:一是颅脑损伤导致重度智力缺损(智商小于或等于34),不能完全独立生活,需经常有人监护,处于大部分护理依赖状态,属于3级伤残;二是右上肢三大关节中有一个关节完全丧失功能,属于8级伤残。请问:此种情况下保险人应给付多少保险金? 2022年7月30日A因摔伤入院抢救,于8月15日救治无效去世,此时保险公司是否还应承担给付责任? 如果要承担责任,需要给付多少保险金?

4. 贺某是某中学高中2年级学生,2022年9月3日,他通过学校向某人寿保险公司投保了人身意外伤害保险,保险金额1万元。同年12月17日下午,贺某在放学途中,被一辆小汽车撞伤,导致头部外伤,被送往医院治疗,共花费医疗费用4219元,经交警部门认定,小汽车方在这次事故中负全部责任。通过协商,小汽车方赔偿了贺某的各项医疗、护理等费用。之后,贺某又持保险合同向人寿保险公司索赔。人寿保险公司认为,贺某的损失已由第三者给予赔偿,贺某已不存在什么损失,并且贺某不能提供医疗费的原始发票,因此作出拒赔决定。贺某不服,向当地人民法院提起诉讼。请问:该案该如何处理?

5. 2020年6月2日,张某以自己为投保人向某保险公司投保分红险,保险金额为30000元,并以优惠价购买附加住院医疗险,保险金额为5000元。分红险的期限为5年。保险合同约定,投保主险后,可以投保附加险,但附加险期满时需另行办理续保手续。2021年7月,张某因患肺炎住院治疗,想起自己曾经买过保险,遂要求保险公司予以赔付,保险公司以"附加住院医疗险的期限为1年,期限已过"为由不予赔偿。张某要求按原价格续保也遭到拒绝,遂向法院起诉,要求保险公司继续承保附加住院医疗险,并赔偿保险金。请问:该案该如何处理?

第七章
海上保险

➤ **本章学习要求**

- 掌握海上保险的概念与特点；
- 掌握海上风险、海上损失和费用的内容；
- 理解海上货物运输保险的主要险别；
- 了解海上运输船舶保险的基本内容。

第一节　海上保险概述

一、海上保险的概念与特点

(一)海上保险的概念

海上保险(marine insurance)，俗称水险，是指以同海上运输有关的财产、利益或责任作为保险标的的一种保险。海上保险以船舶和货物作为保险标的，把船舶在运营过程中、货物在运输途中可能遭遇的危险作为其保障的范围，所以，海上保险属于财产保险，表现为一种经济补偿关系。但是，海上保险又不同于一般的财产保险，它体现的法律关系比一般的财产保险更为明显。由于海上的风险较大，各国都制定了完备的海上保险法。英国《1906年海上保险法》对海上保险曾下过这样的定义："海上保险合同是保险人向被保险人承诺，当被保险人遭遇海上损失，即海上冒险所发生的损失时，依据约定的条件和数额，赔偿被保险人损失的合同。"美国海上保险法对海上保险下的定义："海上保险是被保险人按照约定向保险人支付保险费，保险人按照约定当被保险人所有处在海上危险中的特定利益受到损失时承担赔偿的合同。"《中华人民共和国海商法》(简称《海商法》)对海上保险下的定义是："海上保险合同，是指保险人按照约定，对被保险人遭受保险事故造成保险标的的损失和产生的责任负责赔偿，而由被保险人支付保险费的合同。"以上各国对海上保险下的定义，尽管表述各不相同，但是无一不是根据损失补偿合同的性质来对海上保险下定义的，所以海上保险体现的法律关系非常明显。而且,海上保险同国际贸易、国际金融和国际运输的关系非常密切,国际海运是国际贸易中最主要的运输方式,占国际贸易总运量的三分之二以上,我国绝大部分进出口货物,都是通过海洋运输方式运输的。所以,国际上制定了许多有关海上保险的国际法。

(二)海上保险的特点

海上保险与其他保险的区别,主要表现在它所承保的风险是一种"移位"风险,即运输工具和运输货物从一个地区到另一个地区,从一个国家到另一个国家的移动过程中的风险。在它们变换场所、变更位置的同时,保险标的完全暴露在各种各样的风险之中,由此显示出同其他保险不同的一些特征。

(1)承保风险的综合性。海上保险承保的风险,从性质上看,既有财产和利益上的风险,又有责任上的风险;从范围上看,既有海上风险,又有陆上风险;从风险的种类上看,既有自然灾害和意外事故引起的客观风险,又有外来原因引起的主观风险;从形式上看,既有海陆运输中的动态风险,又有途中仓储的静态风险。因此,海上保险承保的风险种类之多,变化之大,是其他任何保险所不能比拟的,具有综合性的特点。

(2)承保标的的流动性。海上保险承保的标的,以船舶和运输货物为主。船舶和运输货物要求从一个港口到达另一个港口,以实现其航运经营的目的。因此,无论船舶还是运输货物都经常处于流动状态。从这个意义上来说,海上保险承保的标的总是那种流动性的保险标的。

(3)保险对象的多变性。海上保险的保险对象多变性,系指海上保险中的货物运输保险的被保险人变动性。众所周知,海上保险中的船舶保险合同是一种对人合同。船舶保险单的转让必须经得保险人的书面同意,它不能随着船舶所有权或经营权的转移而自动转让。然而,货物运输保险合同与此不同。货物运输保险单可以随着保险标的的转让而转让,只要原保险人在保险单上背书,而不需要征得保险人的同意。这是由国际贸易的特点所决定的,因货物在运输过程需要频繁易手,不断变换其所有人,这便于货物的流通转让。货物所有者的不断更换,就使得货物运输保险的被保险人不断变化,这种保险对象的多变性,是海上保险的又一个重要特点。

(4)保险种类的多样性。海上保险的种类包括海上保险的险种和险别。从险种上看,海上保险有运输工具保险、运输货物保险和运费保险之分。每一种保险又因运输方式的不同而区分为海上货物运输保险、陆上货物运输保险、航空货物运输保险和联合货物运输保险等;运输工具保险有船舶保险、汽车保险、飞机保险等。从险别上看,海上货物运输保险有基本险和附加险之别,基本险又有平安险、水渍险、一切险三种;附加险分为一般附加险和特殊附加险等。船舶保险有全损险和一切险。海上保险种类的多样性,由其承保标的的多样性和承保风险的综合性所决定。

(5)保险关系的国际性。海上保险保障的对象大多是国际贸易、远洋运输和海上资源开发的经营者,其财产不论是运输工具还是运输货物,都是往返于不同的国家或地区的远距离运输。这种保险主体和客体的存在形式和运行方式,使海上保险成为一种国际性的保险。海上保险合同的签订与履行,应当遵循国际法有关规定。在海事处理中必将涉及管辖权、诉讼、仲裁等一系列国际法律问题。因此,海上保险争议和纠纷的解决,应当遵循国际惯例和国际通用准则。

二、海上保险的分类

海上保险的最初分类是按承保标的来划分的,主要是船舶、货物和运费三类。随着国际贸易方式的变化、运输工具多样化、现代科学技术的进步以及近几十年来海洋资源的开发,海上保险的内容越来越丰富,海上保险承保对象、保险标的以及保障责任范围日趋扩大,使得海上保险的分类多样化。

通常按照承保标的不同分类,将海上保险分为货物保险、船舶保险、运费保险、责任保险和保障与赔偿保险。

(1)货物保险。货物保险是指以各种运输工具承运的货物作为保险标的的一种保险。运输货物包括用海轮、火车、飞机、汽车邮运和联运的各种货物。此类货物基本上为贸易商品,但非贸易商品如展览品、援助物资等也都可以列入货物范围。

海上货物保险一般按航程保险方式投保,所采用的保险单有以下四种形式:① 指定船名保险单,这种保险单适用于载货船舶已定,投保人应将其船名和开航的大致日期等情况告知保险人。这种保险单只承保指定的货物交由指定的船舶,在指定的航次上运输的危险。② 待报保险单,这种保单的特点是在保险单上船舶名称及开航日期两栏填写"船名与航期待货主日后通知"字样。货主接到国外卖方通知船名与航期后,立即通知保险公司签发批单,确定承运船名、启航的地点和日期,以此核算保险费的差额。③ 预约保险单,是承保约定期间内若干批运输货物的保险单。通常以暂保单签订,不限制总保险金额,在每次运输情况如货物名称、数量、金额、船名等确定后,再向保险人申报,保险人据此计算保险费并出具保险单。④ 流动保险单,是承保一个总保险金额内若干批货物运输的保险单。每次运输事项确定后,被保险人应将船名、航期、货物数量等通知保险公司,该次运输货物的金额即从总保险金额中扣减,直至扣减完毕,保险单即终止。

(2)船舶保险。 船舶保险是以各种水上交通工具及其附属设备为标的的一种保险。保险人承保的船只分为两大类:一类是普通商船,如货轮(包括班轮、期租船、程租船等)、客轮等;另一类是特殊用途船,如油轮、渔船、游船、拖船、驳船、渡船、集装箱船、液化天然气船、改装船以及各种海上作业船,如钻井平台、挖泥船、浮式起重机、趸船和海上仓库等。船舶保险除了承保船体外,还承保机器、锅炉、救生船、仪器,同时还可兼保船舶碰撞责任和费用,等等。但不论何种船舶,其保险不一定是为了航行,船舶由于停航、修理或改装等原因需要在港内停泊一段时间,其船东可以为船舶购买一份"港口保险单",这种保险单承保该船在港口停泊期间某些可能发生的危险。另外,保险人也可以向造船人签发"造船保险单",承保自安放龙骨至建成交船过程中的全部危险。

(3)运费保险。运费是承运人为他人运送货物所获取的报酬(即普通运费),或是船东将船舶出租所收取的费用(即租船运费)。普通运费一般分为预付运费、到付运费和保付运费。预付运费是指货主将货物托交承运人运输时交付的运费,其风险承担者是货主,通常包括在货物保险价值之内,无须单独投保运费保险。保付运费和预付运费性质一样,只不过是在事后支付,风险承担者也是货主,也不必单独投保运费保险。而到付运费的支付是以货物实际运抵目的地为条件,否则承运人或船东无权请求到付运费。所以,承运人或船东对到付运费承担风险,可以投保运费保险。租船运费是船东与承租人签订租船合同按规定收取的租船费用。承租人对预付的租船费用以及船东对预期的租船运费或具体航程中待收的运费都需投保运费保险。

(4)责任保险。海上保险中的责任保险主要是指船舶的碰撞责任保险。船舶航行在海上,因技术上的原因或其他无法预防、控制的偶发事故的发生,致使第三者遭受损失的情况时有发生。此种损失一旦发生,事故责任者应承担法律赔偿责任。例如,在船舶碰撞条件下,肇事船对他船及船上货物等损失应负赔偿责任。承保这种碰撞责任保险与承保船舶本身物质损失的船舶保险,本来是有严格区别的,然而在实务中大都将碰撞责任保险并入船舶保险一同办理。不过,并入船舶保险以后的碰撞责任保险,其本身仍然是一种相对独立的保险合同,或补充的船舶保险合同。

(5)保障与赔偿保险,简称"保赔保险"。它是由保险公司承担船东因违反运输合同产生的经济责任以及航运中引起的法律责任的保险。这种保险最初由船东之间的互助保险组织——船东互保协会负责承办。该组织由参加协会的船东会员相互提供资金,共同承担那些不属于保险公司负责的由包括航运管理上的错误和疏忽等原因引起的船东在法律上对第三者应负的经济赔偿责任,包括碰撞责任、财产损毁责任、人身伤亡责任、运费责任等。保赔责任包括保障责任和赔偿责任,前者是指保险船舶本身所引起的责任,后者是指保险船舶的经营引起的损失,主要是船东违反合同或侵权行为的民事责任。近几十年来,一些船东为了追求更多的利润,把经过选择的一部分保障与赔偿责任,通过协议从船东相互保险协会转嫁给保险公司承担,并向保险公司交纳规定数量的保险费,作为固定支出摊入运输成本。

三、海上保险合同的基本内容

(一)保险标的

在海上保险合同中,保险标的可以是有形财产,如船舶或货物,也可以是与这些有形财产有关的无形财产,如运费、租金、责任或利益等。《海商法》第二百一十八条规定,下列各项可以作为保险标的:船舶;货物;船舶营运收入,包括运费、租金、旅客票款;货物预期利润;船员工资和其他报酬;对第三人的责任;由于发生保险事故可能受到损失的其他财产和产生的责任、费用。

(二)保险价值

保险价值是指被保险人对保险标的所持有的,以货币表示的保险利益的价值金额,是衡量保险金额和确定损失赔偿额的基础。在海上保险中,保险标的的保险价值,可以按下列各项分别进行估算:

（1）船舶的保险价值，是订立保险合同时船壳、机器、设备、燃料等的当地市场价格和保险费的总和。《海商法》第二百一十九条规定：船舶的保险价值，是保险责任开始时船舶的价值，包括船壳、机器、设备的价值，以及船上燃料、物料、索具、给养、淡水的价值和保险费的总和。

（2）货物或商品的保险价值，是订立保险合同时货物在起运地的发票价格加上运输费用和保险费的总和，或按货物的到岸价格估算。若采用到岸价格，习惯上还可以包括预期利润。《海商法》第二百一十九条规定：货物的保险价值，是保险责任开始时货物在起运地的发票价格非贸易商品在起运地的实际价值以及运费和保险费的总和。

（3）运费的保险价值，是订立保险合同时承运人应当收取的运费与保险费的总和。《海商法》第二百一十九条规定：运费的保险价值，是保险责任开始时承运人应收运费总额和保险费的总和。

（三）保险金额

保险金额是保险人根据保险合同承担赔偿保险金责任的最高限额，是计算保险费的依据。在海上保险中，被保险人在可保利益范围内，可以把保险标的的保险价值当作保险金额，也可以将保险价值的一部分作为保险金额。

（四）保险期限

1. 船舶保险

（1）定期保险。这种船舶保险中，保险期限的起止时间以保险单上注明的日期为准，期限最长一年。可以不受航程制约，在规定的期限内，船舶每次航程被保险人无需通知保险人，但若船舶驶出保险单规定的航行区域，则被保险人应事先征得保险人的同意，必要时加收保险费。若保险到期时，如被保险船舶尚在航行中或处于危险中或在避难港、中途港停靠，经被保险人事先通知保险人并按日比例加付保险费后，本保险继续负责到船舶抵达目的地港为止。保险船舶在延长时间内发生全损，需要加交 6 个月保险费。

（2）航次保险。船舶保险的保险期间是以航程为基础，有单程、往返程和多程之分，按保单订明的航次为准。它分为不载货船舶和载货船舶的航程起讫时间，起止时间按下列规定办理：①不载货船舶，自起运港解缆或起锚时开始至目的港抛锚或系缆完毕时终止。②载货船舶，自起运港装货时开始至目的港卸货完毕时终止。但自船舶抵达目的港当日午夜零点起最多不得超过30天。

（3）混合保险。这是一种既保航程又保航期的保险单。混合保险承保的是一定时间内特定航程过程中的风险。一方面，这种保险对规定的保险期间以外的期间所发生的损失不负责赔偿，因此具有期间保险的性质；另一方面，它对于原定航程以外航行区域发生的损失也不负赔偿责任，因此又具有航程保险的性质。在海上保险实践中，混合保险以承保航程为主，但为避免航程中拖延时间过长，保险人常用时间加以限制，通常用语是："自某年某月某日至某年某月某日，从某港至某港"，或是"从某港至某港，1年为限"等，在这种情况下，保险人的责任期限终止的办法是以两者何者先发生为准。

2.海上货物运输保险

海上货物运输保险采用"仓至仓"责任,自被保险货物运离保险单所载明的起运地仓库或储存处所开始运输时生效,包括正常运输过程中的海上、陆上、内河和驳船运输在内,直至该项货物到达保险单所载明目的地收货人的最后仓库或储存处所或被保险人用作分配、分派或非正常运输的其他储存处所为止。如未抵达上述仓库或储存处所,则以被保险货物在最后卸载港全部卸离海轮后满60天为止。如在上述60天内被保险货物需转运到非保险单所载明的目的地时,则以该项货物开始转运时终止。

第二节　海上风险与海上损失

一、海上风险

海上风险是指导致海上损失的不确定性。海上保险的基本作用就是分散海上风险和补偿海上风险造成的损失,但是这些海上风险只能是纯粹性的,即只有损失可能性的海上风险。对于既可能导致损失又有受益获利机会的海上风险,海上保险是不予承保的。英国《1906年海上保险法》第3条第2款规定:"海上风险是指因航海所发生的一切风险。例如,海难、火灾、战争、海盗、抢劫、盗窃、捕获、拘留、限制,以及王子和人民的扣押、抛弃、船长船员的故意行为,或其他类似性质的,或在保险合同中所注明的风险。"

海上风险按其性质可分为自然灾害、意外事故和外来风险。

(一)自然灾害

自然灾害是指不以人们意志为转移的自然界力量所引起的风险。但是在海上保险中,它并不是泛指一切由自然力量所造成的风险,而且在不同国家,对自然灾害的解释也有所不同。据我国1981年1月1日修订的海洋运输货物保险条款的规定,所谓自然灾害,仅指恶劣气候、雷电、海啸、地震、洪水及其他人力不可抗拒的灾害等。而英国协会货物保险条款(1982年1月1日开始使用)规定:"属于自然灾害性质的风险有雷电、地震或火山爆发、浪击落海以及海水、湖水、河水进入船舱、驳船、运输工具、集装箱、大型海运箱或贮存处所等。"

(1)恶劣气候:一般指海上飓风、大浪引起船舶颠簸、倾斜造成船舶的船体、机器设备的损坏。在实务上,保险人对"恶劣气候"一词也没有统一明确的定义,往往根据风险的具体情况进行解释。例如,我国对暴风的解释为,风力在8级以上,风速在17.2米/秒以上即构成暴风责任。

(2)雷电:指保险标的在保险的有效期内,由雷电所直接造成的,或者由雷电引起火灾所造成的风险。例如,因雷击中船上桅杆造成倒塌,压坏船舱,致使海水浸入,货物受海水浸泡的损失,都属于雷电责任。

(3)海啸:指由于海底地壳发生变异,有的地方下陷,有的地方上升,引起海洋剧烈震荡而产生巨大波浪,致使货物和船舶受损害或灭失。

(4)地震或火山爆发:指直接或归因于地震或火山爆发所致货物或船舶的损失。陆地上发生的地震虽不会影响船舶在海上的航运,但可能影响停泊在港口的船货。此外,海下地震可能引起海面波涛汹涌,影响潮沙或海流,引起海啸危及航运。

(5)洪水:山洪暴发、江河泛滥、湖水上岸及倒灌使保险标的受浸泡、冲散、冲毁等损失,都属于洪水责任。

(6)其他人力不可抗拒的灾害:通常包括浪击落海和海水、湖水、河水进入船舶、驳船、运输工具、集装箱或大型海运箱及储存处所等。

(二)意外事故

海上意外事故是指运输工具遭遇外来的、突然的、非意料中的事故,如船舶搁浅、触礁、沉没、互撞与流冰或其他物体碰撞、船舶失踪以及火灾、爆炸等。海上保险所承保的意外事故,并不是泛指的海上意外事故,而是指保险条款规定的特定范围内的意外事故。

(1)搁浅:指由于意外,船体与海中岩礁、海岸或其他障碍物(如沉船、木桩、渔栅等)发生接触,而且持续一定时间,如停航达12小时以上,使其处于失去进退自由的状态。如果经常发生于特定地区,或发生在运河中,或发生在港内退潮时间,则不得视为搁浅。因为船舶搁浅应是意外的、偶然的原因所引起,且船舶必须是搁置在沙滩、岩礁、河床或其他障碍物之上,不能继续前进。

(2)触礁:指船舶擦过水中岩礁或其他障碍物而仍能继续前进的一种状态。构成触礁的前提条件是船舶接触水中障碍物以后,仍能继续移动,这也是触礁与搁浅的区别之处。触礁与搁浅之间有时很难区别,因为有可能船舶在发生搁浅以后,还能继续前进。从理论上来考虑,一个海上事故是属于触礁还是属于搁浅,主要是看事故发生之后船舶是否有可能沉没的危险。如果船舶发生与水底障碍物接触事故后仍存在着沉没的潜在危险,则属于触礁,反之则属于搁浅。

(3)沉没:指船体的全部或大部分已经浸入水面以下,并失去继续航行能力的一种状态。如果船体虽有一部分浸入水中,但仍有航行能力,则不能视为沉没。

(4)碰撞:指船舶在航行中与其他可航行的物体发生猛烈接触,或船舷与任何漂浮物体、航行物体、浮冰、残破沉船以及港口、码头、河堤等建筑物的接触。换言之,碰撞是指船舶和船舷与非船舶的其他约定物体的碰撞。

(5)失踪:指船舶在海上航行,失去联络超过合理期限的一种情况。各个国家根据各自的情况,分别定出4个月或6个月的期限为合理期限。被保险船舶一旦宣告失踪,除非能够证明失踪是由战争风险导致的,否则均由保险人当作海上风险损失负责赔偿,如果在保险人赔偿以后,船舶又重新出现,该船的所有权则应归保险人。

(6)倾覆:指船舶受灾害事故,船身倾覆或倾斜,处于非正常的、非经施救或救助而不能继续航行的状态。在海上保险中,保险人除了承保船舶倾覆所造成的损失外,还承保陆上运输工具的倾覆损失。

(7)火灾:指保险标的物被烧毁、烧焦、烧裂、烟熏以及救火行为所致的损失。海上保险所承保的火灾,通常是指雷击电闪、爆炸、船长或船员的过失、货物自燃以及其他不明原因所引起的火灾。但是，如果由战争、罢工或民众暴乱行为所导致的火灾，以及因货物固有瑕疵而发生的自燃，则不在保险人的承保责任范围之内。

（8）爆炸：一般指物体内部发生急剧的分解或燃烧，爆发出大量气体和热力，致使物体本身及周围其他物体遭受猛烈破坏的现象。在海上运输过程中，货物发生爆炸的原因很多，例如，船舶锅炉爆炸，或货物因气候影响产生化学作用而引起爆炸等。

（9）暴力偷盗：指使用暴力掠夺货物或船舶的行为。这里所说的使用暴力，并非必须行暴于人身伤害，只要利用强制暴力手段盗取货品，就属于暴力偷盗。暴力偷盗不包括暗中偷盗行为，也不包括船上人员或旅客的偷盗。

（10）投弃：指当船舶和其承载的货物均处于紧急危险性情况下，船长为了保全船舶与货物的共同安全，故意将船上部分货物或设备投弃海中所造成的损失。这种损失是共同海损牺牲的一种典型情况。按照国际惯例，若无特别约定，甲板货、危险品、腐败物的抛弃，不属于投弃损失之列。

（11）船长、船员的恶意行为：指船长或船员故意损害船东或租船人利益的一种非法行为。海上保险承保这种风险的条件是：第一，船长或船员的恶意行为不是由于船东或租船人的纵容、共谋或授意所作出的；第二，他们的行为使船东、租船人或货主的利益受到了损害。船长、船员的恶意行为的表现形式有下列几种：① 故意弃船、纵火烧船或凿沉船舶；② 故意违反航行规则，导致船舶遭受处罚；③ 与敌人交易、走私或冲越封锁线，以致船舶货物被扣押或没收；④ 欺诈出售或私自抵押船舶和货物等。

（三）外来风险

外来风险一般是指海上风险和意外事故以外的其他外来原因造成的风险。所谓外来原因，必须是意外的、事先难以预料的，而不是必然发生的外来因素，类似货物的自然损耗和本质缺陷等属于必然发生的损失，不属于外来风险引起的损失。外来风险又可分为一般外来风险和特殊外来风险两类。

1.一般外来风险

这里所说的一般外来风险是指海上货物运输保险业务中所确认的风险。海上货物运输保险业务中所能承保的一般外来风险有以下几种：偷窃、提货不着、淡水雨淋、短量、渗漏、破碎、受潮受热、串味、玷污、钩损、生锈、碰损。

2.特殊外来风险

特殊外来风险是指除一般外来风险以外的其他外来原因导致的风险。特殊外来风险往往是由战争、罢工、拒绝交付货物等政治、军事、国家禁令及管制措施所导致的风险。

二、海上损失

海上损失是指在海上运输中，由自然灾害、意外事故或其他外来风险导致船舶或货物的损害或灭失，以及由此而引起的额外费用支出。海上损失的分类可以从许多不同的角度进行,但最常见的是按其损失程度分类,即分为全部损失和部分损失。

(一)全部损失

全部损失简称全损,是指保险标的全部毁损或灭失。根据全损情况的不同,其又可分为实际全损、推定全损、协议全损和部分全损。

1. 实际全损

实际全损是指保险标的(船舶或货物)遭受保险承保范围内的风险而造成的全部灭失,或受损程度已使其失去原有形态和特性,以及无残余价值的一种损失。

构成海上保险标的实际全损的条件有下列四种:

(1)保险标的物的完全灭失。例如,船舶因恶劣气候或遭受碰撞而沉入海底,无法打捞修复;货物被大火全部烧毁或被海水溶解等。但是,如果船舶在碰撞后沉没,随后又很快被打捞上来,不能列入实际全损。实际全损必须是保险标的物在实体上的完全灭失。

(2)保险标的物已丧失原有的用途或价值。例如,水泥经海水浸泡变成硬块,已失去原有的用途;船舷触礁后,在海浪的作用下,其支离破碎不成船形。尽管这些标的物的实体还存在,但保险标的物的商业属性已完全丧失,无法再按原物出售。

(3)被保险人对保险标的物失去所有权,并无法挽回。例如,货物被敌人没收、船舶被海盗盗走等。在此种情况下,虽然保险标的物实际上仍然存在,但被保险人已经被剥夺了对该标的物的所有权,并无法恢复。

(4)船舶失踪达一定时期仍无音讯。所谓失踪"一定时期"要视其具体情况而定。如果保险人按实际全损赔付被保险人后,失踪的船舶又找到了,被保险人应退还赔款。

2. 推定全损

推定全损,是指保险标的物在遭遇保险事故之后,虽然尚未达到全部灭失、损毁或变质状态,但是完全灭失将是不可避免的,或者恢复、修复该标的物或运送货物到达原定目的地所耗费用,估计已达到或超过其实际价值或保险价值。

若保险标的以推定全损索赔,被保险人首先要向保险人办理委付。委付是构成推定全损索赔的前提条件。如果在推定全损的情况下,被保险人不采取委付措施,那么,被保险人就只能以部分损失要求索赔。被保险人是否提出委付,其基本原则是选择对自己最有利的索赔方式,以达到最大限度地保障自身利益的目的。而对于保险人来说,通过被保险人发出的委付通知,可以了解保险标的损失发生情况,以便采取有利行动,减少危险事故造成的损失。

实际全损和推定全损的主要区别为:

第一,实际全损是指保险标的物在物质上的完全灭失;而推定全损则侧重于从经济价值上来考虑保险标的物的恢复和修理是否合算。

第二,在实际全损的情况下,被保险人无须办理委付,就可要求保险人按照全部损失承担赔偿费用与责任;而在推定全损的情况下,被保险人要么向保险人发出委付通知书,按全损要求索赔,要么不提出委付,由保险人按照部分损失赔偿。

3. 协议全损

在某些情况下,被保险标的物所遭受的损害,既不是实际全损,又没有达到推定全损的要求,但从基本维持保险人与被保险人之间良好的业务关系等因素考虑,双方一致认为,如以全损为基础进行赔偿,更有利于对保险合同的理解,有利于保险业务的开展。因此,保险人应被保险人的要求按全部保险金额进行赔偿。严格来说,协议全损并非指保险标的物真正达到全部损失的程度,而是保险人处理损失赔偿的一种方式。

4. 部分全损

在海上保险中,凡是货物中可以分割的某一部分发生全部损失时,称为部分全损。例如,在装卸货物或在存仓转运过程中,所有货物中的一件或数件发生全部损失,英国《1906年海上保险法》规定:"如合同是可以划分的,被保险人对于任何可划分部分的全部损失可以得到赔偿。"如果受损货物不可以划分,这种损失只能是部分损失,而不是全部损失。在海上保险中,部分全损主要是针对货物而言的。目前在国际保险市场上,保险人一般对下列几种情况按部分全损负责赔偿:①同一张保险单上载有两项以上的保险金额,其中有一项发生全部损失。②同一张保险单承保两种以上不同货物,其中有一类货物发生全部损失。③在装卸货物或转船时,整件货物发生全部损失。④货物使用驳船驳运时,同一驳船上的全部货物发生损失。

(二)部分损失

部分损失,又称分损,是指保险标的物的损失没有达到全部损失程度的一种损失。部分损失按其性质可以分为单独海损和共同海损。

1. 单独海损

单独海损(particular risk),是指保险标的(船舶或货物)在运输途中,纯粹由海上灾害事故造成的,而且无共同海损性质的部分损失。单独海损可能是船舶的单独海损,也可能是货物的单独海损,也可能是运费的单独海损。这种损失只能由对受损保险标的具有可保利益的人即被保险人单独承担。如果被保险人投保了相应的险种,且在保险单上载明保险人承担单独海损责任,那么不论是船舶、货物还是运费,在受损后均可向保险人要求赔偿。

单独海损必须具备以下两个条件:一是必须是意外的、偶然的或其他承保风险所直接导致的损失。二是必须是船方、货方或其他利益方单方面所遭受的损失。

2. 共同海损

共同海损(general average),是指在海洋运输中,船舶和货物等遭受自然灾害、意外事故和其他特殊情况,为了解除共同的危险,采取合理的人为的措施所引起的特殊牺牲和合理的额外费用。英国《1906年海上保险法》第66条对共同海损的规定比较具体,其内容包括:① 共同海损损失是由共同海损行为或共同海损行为直接引起的后果造成的损失,包括共同海损牺牲和共同海损费用。② 所谓共同海损行为,是指在航海冒险中,如船货发生共同危险,为了保护处于危险中的财产,主动而合理地作出或产生的任何特殊牺牲或费用。③ 如果发生共同海损损失,依照海商法的规定,遭受损失的一方应与其他有关利益方一起承担比例分摊责任,这种分摊称为共同海损分摊。

构成共同海损的条件:① 共同海损的危险必须是危及船舶和货物共同安全的,而且必须是实际存在的;② 共同海损行为必须是有意而合理的;③ 共同海损的牺牲必须是特殊的,费用必须是额外的,而且是共同海损行为的直接后果;④ 共同海损行为必须有效果。这四个条件缺一不可,非如此,共同海损就不能成立。

共同海损也属于部分损失的范畴。它是由共同海损行为的直接后果所造成的。造成的原因是先遭遇到了海上风险,然后为了减轻或避免船货共同损害和灭失,由船长或船舶上的其他负责人指挥进行抢救的各种行为,导致了船货的部分损失。共同海损是人为的,与海上自然灾害和意外事故所造成的损失不同:海上灾害事故所造成的部分损失称作单独海损,人为造成的部分损失叫共同海损牺牲。在与产生共同海损牺牲相同的情况下,船长为了共同安全免遭危险而采取必要的合理措施所支出的额外费用,叫作共同海损费用。因此,共同海损包括共同海损牺牲和共同海损费用。

3.共同海损与单独海损的区别

(1)造成损失的原因不同。单独海损是因意外的、偶然的事故所直接导致的损失;而共同海损是因采取人为的故意的措施而导致的损失。共同海损是在海上危险危及船货的共同安全时,采取某些人为的措施,牺牲一部分货物或船舶的设备,达到保证全部财产安全的目的。

(2)承担损失的方式不同。对于单独海损损失,一般由受损方自行承担,如果损失涉及第三者责任方的过失,则由过失方负责赔偿。在这种情况下,如果受损方投保了海上保险,其损失则应由保险公司根据保险条款规定承担损失赔偿责任。而共同海损损失是为了船货共同安全而自愿做出的,所以应由各受益方按照获益多少的比例分摊。如果各受益方都投保了货物运输保险和船舶保险等,则保险公司对于被保险人应分摊到的损失金额予以赔偿。

三、海上费用

海上风险除了会使保险标的本身遭受损失外,还会带来费用上的损失。海上货物运输保险和船舶保险承保的费用损失主要有施救费用、救助费用、特别费用和额外费用等。

(一)施救费用

施救费用是指保险标的在遭遇保险责任范围内的风险事故时,被保险人或其代理人、雇佣人员等为了减少或避免损失,采取各种抢救或防护措施而产生的费用。这种费用与保险标的本身遭受的损失完全不同。比如,为了减轻或防止保险事故所导致的损害,被保险人将被保险货物在中途港卸载、存仓、整理及续运所需要的费用,都属于施救费用。总之,施救费用是被保险人为了减少或防止保险标的物的损失而产生的,有利于保险人减少财产损失的赔偿额。因此,这种费用由保险人负责赔偿。

对于施救费用的赔偿,应注意几个问题:首先,施救费用的赔偿可以在另一个保险金额内进行,也就是说,保险人对保险标的物本身的赔偿及施救费用的赔偿各为一个保险金额。因此,只要在保险标的因保险事故而发生全部损失的同时,又出现施救费用的损失,保险人都应予以赔偿。其次,施救费用的支出必须是合理的,对于不合理的部分和不属于减少或防止保险危险所致损失而支出的费用,保险人不予赔偿。最后,在海上保险实务中常用"整理费用"一词,它是施救费用的一种,是指保险货物在抵达目的地以前遭受损失,为减少损失,被保险人对遭受损失的货物进行适当的整理,比如把损坏的货物剔除,以免损失扩大,或对货物包装进行修整加固等,由此产生的费用即属整理费用,保险人对此费用也是负责赔偿的。

(二)救助费用

救助费用是指船舶和货物在海上遭遇风险事故时,对于自愿救助的第三者,因救助或保全危险中船舶及货物所支付的报酬。船舶与货物在海上遭遇海难后,按照国际惯例,其他船舶有义务采取救助措施,被救财产方则应支付相应的报酬。

按照英国《1906年海上保险法》的规定,救助费用的产生必须具备下列一些条件:① 救助人必须是海难中财产关系方的第三者;② 救助行为必须是自愿的;③ 救助行为必须具有实际效果。

救助费用的确定,是按照获救财产的价值、救助的危险程度、救助人的技术水平以及所花费的时间和费用等因素考虑的。救助人在被救助人没有给付救助报酬的情况下,对获救财产有留置权。如果被救助财产不在救助人的控制之下,可以向海事法庭申请海事留置权,或要求被救助方担保以满足救助人的救助报酬的请求,否则救助人不会取消上述留置权。

救助费用与施救费用在性质上相似,两者都是为了保护或抢救保险财产,使之脱离危险,以减少损失。但两者之间仍有一些区别。

(1)实施行为的主体不同。施救费用是被保险人及其代理人等采取的施救行为而产生的;而救助费用是由保险人和被保险人以外的第三者采取的行为而产生的。

(2)给付报酬的原则不同。施救不论有无效果,保险人对施救费用都给予赔偿;而救助费用的给付是采取"无效果,无报酬"的原则。

(3)保险人赔偿责任不同。施救费用可以在保险标的本身的保额之外,再赔一个保额;而救助费用的赔偿责任是保险标的损失与救助费用一并计算,不得超过一个保险金额,而且按保险金额与获救财产的价值比例承担责任。

(三)特别费用

特别费用是指运输工具在海上遭遇海难后,在中途港或避难港卸货、存包、重装及续运货物所产生的费用。这种费用按照国际惯例,也都列入海上保险承保责任范围。与施救费用一样,保险人对特别费用的补偿也可以单独负责。

(四)额外费用

额外费用是指为了证明损失索赔的成立而支付的费用。比如检验费用、公证费用、查勘费用、海损理算师费用等。额外费用一般只有在索赔成立时,保险人才对这些与索赔有关的费用负赔偿责任。但是,如果保险合同双方对某些额外费用事先另有约定,如船舶搁浅后检查船底的费用,不论有无损失发生,保险人都要负责赔偿。又如公证、查勘等是由保险人授权进行的,也不论索赔是否成立,保险人也需承担该项额外费用的赔偿。

第三节　海上货物运输保险

一、海上货物运输保险的内容

海上货物运输保险的险种很多,依据惯例,一般可分为基本险、附加险和专门保险三大险别。基本险亦称主险,这种险别可独立承保,不必附加在某一险别项下,是海上货物运输保险的主要险别。海上货物运输保险的基本险包括平安险、水渍险和一切险。附加险是在主要险别上附加承保的一种保险。附加险与基本险不同,它不能单独承保,而必须附属于基本险项下。附加险的种类很多,按照我国的保险习惯,它可以分为普通附加险、特别附加险和特殊附加险。对于有些特殊货物,由于其具有特殊性,所以保险公司对其提供专门的保险保障。专门保险可以单独承保,不必附属于基本险项下。目前,我国海上货物运输保险的专门保险主要有海上运输冷藏货物保险、海上运输散装桐油保险等。

(一)基本险

(1)平安险(Free from Particular Average,FPA),也称单独海损不赔险,主要对全部损失和共同海损承担赔偿责任。但随着国际航运、国际贸易发展的需要,这一险别经过多次修改与补充,目前平安险的责任范围大大拓宽了,目前该险别仅对由自然灾害(恶劣气候、雷电、海啸、地震和洪水)造成的单独海损不赔,而对意外事故所造成的单独海损还是负赔偿责任的。平安险的具体责任范围是:

① 被保险货物在运输途中由恶劣气候、雷电、海啸、地震、洪水等自然灾害造成整批货物的全部损失或推定全损。

② 运输工具遭受搁浅、触礁、沉没、互撞、与流冰或其他物体碰撞及失火、爆炸意外事故造成货物的全部或部分损失。

③ 在运输工具已发生搁浅、触礁、沉没、焚毁意外事故的情况下,货物在此前后又在海上遭受恶劣气候、雷电、海啸等自然灾害所造成的部分损失。

④ 在装卸或转运时,由一件或数件货物落海造成的全部或部分损失。

⑤ 被保险人对遭受承保责任内危险的货物采取抢救、减少或防止货损的措施而支付的合理费用,但以不超过该批被救货物的保险金额为限。

⑥ 运输工具遭遇海难后,在避难港由卸货、存仓及运送货物所产生的特别费用。

⑦ 共同海损的牺牲、分摊和救助费用。

⑧ 运输契约订有"船舶互撞责任"条款,根据该条款规定应由货方偿还船方的损失。

(2)水渍险(With Particular Average,WA 或 WPA),也称单独海损也赔险,是承保除平安险的各项责任外,还负责被保险货物由恶劣气候、雷电、海啸、地震、洪水等自然灾害所造成的部分损失,以及暴力盗窃、投弃、船长船员的恶意行为等意外事故造成的部分损失。

(3)一切险(all risks),是承保除包括平安险和水渍险的所有责任外,还包括保险货物在海、陆、空运输过程中,由各种外来原因所造成的保险货物的全部或部分损失。也就是说,一切险的责任范围是在水渍险基础上,再加上11个普通附加险。

(二)普通附加险

(1)偷窃、提货不着险(theft pilferage and non-delivery),是指被保险货物在保险有效期内,被偷窃或整件提货不着,由此所造成的损失由保险人按保险价值负责赔偿。

(2)淡水雨淋险(fresh water and rain damage),是承保被保险货物直接由于淡水、雨淋、冰雪融化所造成的损失。

(3)短量险(risk of shortage),是承保被保险货物在运输过程中因外包装破裂、破口、扯缝或散装货物发生散失与实际重量短少的损失。

(4)混杂、玷污险(risk of intermixture and contamination),是承保被保险货物在运输过程中,因混进杂质或被玷污所造成的损失。

(5)渗漏险(risk of leakage),是承保被保险货物在运输过程中,因容器损坏而引起的渗漏损失。

(6)碰损、破碎险(risk of clash and breakage),是承保被保险货物在运输途中,因震动、碰撞、受压造成的碰损和破碎的损失。

(7)串味险(risk of odour),是承保被保险食用物品、中药材、化妆品原料等货物在运输过程中,因受其他物品的影响而引起的串味损失。

(8)受潮受热险(damage caused by sweating and heating),是承保被保险货物在运输过程中,气温突然变化或船上通风设备失灵致使船舱内水汽凝结、发潮或发热所造成的损失。

(9)钩损险(hook damage),是负责赔偿袋装、捆装货物在装卸过程中,使用钩子粗鲁致使包装破损造成货物外漏及被钩子直接钩破的损失。

(10)包装破裂险(loss for damage caused by breakage of packing),是承保被保险货物在运输过程中,搬运、装卸不当,使包装破裂造成物品的短少、玷污、受潮等损失。

(11)锈损险(risk of rust),是承保被保险货物在运输过程中生锈造成的损失。通常是针对包装的金属制品。

(三)特别附加险

特别附加险和普通附加险一样,都不能独立承保,必须附加于基本险项下。它与普通附加险的主要区别在于:特别附加险不包括在一切险的责任范围内,不属于一切险的责任范畴,导致特别附加险的货物损失因素,往往同政治、国家行政管理等一些特殊风险相关。特别附加险主要有交货不到险、进口关税险、舱面险、拒收险、黄曲霉素险、出口货物到香港或澳门存仓火险等。

（四）特殊附加险

特殊附加险同样是不能独立承保的,必须附加于基本险项下。目前主要有战争险和罢工险两个特殊附加险。

二、英国海上货物运输保险条款

（一）劳合社S·G保单

劳合社S·G保单,最早于1779年在伦敦保险市场上使用。1906年英国议会通过了《海上保险法》,将劳合社S·G保单列为附件一。此规定虽非强制,但实际上劳合社S·G保单已成为英国海上保险市场上较广泛采用的标准保单,且逐渐成为国际海上保险市场上的主要保单格式。

劳合社S·G保单不仅具有其他保险单中的所有内容,而且还有16条基本条款,它们是:① 说明条款;② 转让条款;③ 不论"灭失与否"条款;④ "在"和"从"条款;⑤ 保险标的物条款;⑥ 船舶和船长名称条款;⑦ 保险责任的开始、继续和终止条款;⑧ 停留条款;⑨ 保险金额和估值条款;⑩ 危险条款;⑪ 施救和整理条款;⑫ 放弃条款;⑬ 约束条款;⑭ 保费条款;⑮ 证明条款;⑯ 附注条款。上述条款至今在水险市场上仍有重要的影响。

（二）伦敦保险协会货物保险新条款的产生

随着国际贸易和国际航运的发展,因S·G保单很少发生变化或修改,它很难适应海上保险的新发展以及被保险人的需求。为了解决这一问题,当时的技术条款委员会于1916年设计了三套条款,即平安险、水渍险和一切险条款,上述条款又于1963年重新进行了修订,形成了完整的运输货物保险条款。但此套条款有一个致命的弱点,即它也是依附于S·G保单的。所以,此套条款遭到许多发展中国家和部分发达国家的批评。面对众多的压力,英国保险界在20世纪80年代初着手对S·G保单进行修订,起草了新的保险单和保险条款,并于1982年1月1日起开始使用新保单和新条款,原来旧的S·G保单允许使用到1983年3月31日,1983年4月1日后则强制要求使用新保单和新条款。

（三）伦敦保险协会货物保险新条款的特点

伦敦保险协会货物保险新条款(简称I.C.C新条款)与1963年协会旧条款(简称I.C.C旧条款)相比,有如下特点:

(1)I.C.C新条款以英文字母A、B、C命名,取代了旧条款中的一切险、水渍险和平安险,从而解决了旧条款名称与内容相去甚远的难题,避免了对被保险人产生的诱导。此外,I.C.C新条款中每一险别都各自形成独立的保险单,改变了过去把三种险别的责任范围同时在保单背面注明的做法。

(2)I.C.C新条款的结构非常严谨、清晰,共分8大类19条,外加一些附注条款,其中包括承保风险3条(包括风险条款、共同海损条款、船舶互撞责任条款),除外责任4条(包括一般除外责任条款、不适航和不适运除外条款、战争除外条款和罢工除外条款），保险期限3条（包括运输条款、运输合同终止条款、航程变更条款），索赔事项4条（包括保险利益条款、转运费用条款、推定全损条款和增加价值条款），保险权益1条（即不适用条款），尽量减少损失2条（包括被保险人的义务条款和弃权条款），避免迟延1条（即合理速办条款），法律和惯例1条（即英国法律和惯例条款）。A、B、C三种基本险除承保责任和责任免除的内容有差异外，其余内容完全相同。

（3）与旧条款相比，I.C.C新条款完全抛弃了依附于S•G保单的做法，把全部承保风险和责任免除等事项一一在条款中列明，使被保险人无须参照保单的规定，也不必翻阅《1906年海上保险法》，与此同时，伦敦保险协会还制定出与I.C.C新条款相适应的新保险单，而且规定新保险单必须与新条款同时使用，才形成一套完整的海上保险合同。

新保单的内容主要包括：保险单编号，被保险人名称，载货船舶，保险航次或保险期限，保险标的，约定价值，保险金额，保险费，条款、批单、特别条件和保证，所附条款和批单构成本保险单的一部分。

第四节　海上运输船舶保险

一、海上运输船舶保险概述

（一）船舶与船舶保险的含义

船舶是指能漂浮和航行于海洋、江河及其他可通航水域的运载工具。这是广义上的船舶。广义上的船舶包括的范围很广，大船、小船、木船、水泥船、轮船，凡能在水上航行的，具有船的形状的工具皆可被称为船舶。但并非所有的船舶都能成为船舶保险承保的对象。海商法所称船舶的含义：①是广义上的船舶的一种；②航行于海上；⑧以海上运输生产为主要目的。

各国海商法对船舶所下的定义和适用船舶范围的规定是不同的。多数国家海商法规定的船舶是指在海上航行的商船。例如，英国的《1924年海上货物运输法》和美国的《1936年海上货物运输法》都分别在第1条第1款中规定："船舶，是指用于海上货物运输的任何船舶。"《海商法》第三条规定："本法所称船舶，是指海船和其他海上移动式装置，但是用于军事的、政府公务的船舶和20总吨以下的小型船艇除外。"所以，我国《海商法》所称的船舶是指除军事舰艇和政府公务船舶以外的，以从事海上运输生产为主要目的的海船，以及钻井平台等一类海上移动式装置。

船舶保险是以各种船舶及其附属设备为标的的一种保险。具有如下特点：

（1）船舶保险通常承保以水上风险为限。

（2）船舶保险包括损失赔偿和责任赔偿两部分。

（3）船舶保险风险集中，涉及面广泛。

(4)船舶保险单不能随船舶所有权或管理权的转移而转让。

(5)船舶保险分定期保险和航程保险两种。

(二)船舶保险的标的

船舶保险的标的可分为有形的物质和无形的与船舶有关的利益、责任等。有形的物质作为船舶保险的标的,就是各种各样的船舶和能够浮于水面上可以看作船舶的固定财产。与船舶有关的利益,可作为船舶保险的标的包括运费、经营费用、保险费、预期利润、以船舶做抵押发放的贷款等。此外,由船舶引起的事故,需要船东负责给以赔偿的经济损失,也可作为船舶保险的标的。

(三)船舶的保险价值

船舶的保险价值,是保险责任开始时船舶的价值,包括船壳、机器、设备的价值,以及船上燃料、物料、索具、给养、淡水的价值和保险费的总和。所以,船舶保险价值,就是船舶投保当时各项保险标的的实际价值的总数,不包括到达目的地的增值或预期利润。

二、我国船舶保险条款

中国人民保险公司在1972年制订自己的船舶保险条款之前,一直沿用英国劳合社的船舶货物标准保险单和伦敦保险协会船舶保险条款以及其他外国条款。以后,经过1976年和1986年两次修订,现行的船舶保险条款是我国保险公司经营船舶保险业务的规章。这个条款只适用远洋船舶保险,所以实际上是远洋船舶保险条款。至于内河和沿海航行船舶的保险,另有国内船舶保险条款作出规定。

(一)船舶保险的承保责任

我国船舶保险条款承保的险别分为全损险和一切险两种。

1. 全损险的责任范围

全损险承保由于海上风险和疏忽条款等原因造成的被保险船舶的全部损失。船舶全损险所承保的风险大致可以概括为以下两类:

(1)海上风险,通常是指由海上自然灾害和意外事故组成的海上灾难,以及与海洋无必然联系的外来因素所造成的事故。这一类风险包括:地震、火山爆发、雷电或其他自然灾害;搁浅、碰撞、触碰任何固定或浮动物体及其他物体或其他海上灾害;火灾或爆炸;来自船体外的暴力盗窃或海盗行为;抛弃货物;核装置或核反应堆发生故障或意外事故等。

(2)疏忽条款,指主要由不可预料的疏忽或过失所造成损失的风险,它们不属于海难范围,也不能归入"其他一切类似的风险"。这一类风险包括:装卸或移动货物或燃料时发生的意外事故;船舶机件或船壳的潜在缺陷;船长、船员有意损害被保险人利益的行为;船长、船员和引水员、修理人员及租船人的疏忽行为,但此种损失应不是由被保险人、船东或管理人未恪尽职守所致的;任何政府当局为减轻或防止被保险船舶损坏引起的污染所采取的行为等。

2. 一切险的责任范围

船舶一切险除承保全损险责任范围内的风险所致被保险船舶的全部损失以外,还负责这些风险给船舶造成的部分损失以及碰撞责任、共同海损分摊、救助费用和施救费用。

(二)船舶保险的除外责任

我国船舶保险条款对船舶保险的除外责任作了明确规定。列为除外责任的主要是涉及可能产生巨大损失的法律责任,战争、政治原因造成的特殊风险,以及某些应由被保险人承担的责任。保险人规定对这些风险、责任所造成的损失不予负责,是为了控制船舶损失的赔偿责任。我国船舶保险的除外责任包括以下几个方面。

(1)船舶不适航。被保险船舶除必须具有由船舶检验机构签发的船级证书和适航证书以外,还必须在开航前或开航时保持适航状态,也就是在开航前或开航时,船壳、机器、设备、人员配备、燃料、物料等都必须适宜于航程的需要。如果船舶结构、设备的技术状态不良,或人员配备不当,或装载不妥,或装备不足,皆属于不适航。因不适航而给被保险船舶造成的损失,保险人不负责赔偿。《中国人民保险公司船舶保险条款》第2条第1款规定:"不适航,包括人员配备不当、装备或装载不妥,但以被保险人在船舶开航时知道或应该知道这种不适航为限。"

(2)被保险人及其代理人的疏忽或故意行为。船舶保险合同与其他海上保险合同一样,是在最大诚信原则基础上签订的合同。被保险人作为合同一方当事人,必须尽最大努力来爱护和维修被保险船舶,避免事故的发生,以维护双方共同利益。被保险人因疏忽或故意行为而损害了保险人的利益,保险人对由此引起的损失不予赔偿。被保险人一般是指船东或经营船舶的法人代表,船东代表主要是指行使船东权利管理船舶以及有权指挥调度船舶的负责人。由他们的疏忽或故意行为造成船舶损失,保险人不负赔偿责任。

(3)被保险人恪尽职守,应予以发现的正常磨损、锈蚀、腐烂或保养不周或材料缺陷包括不良状态部件的更换或修理。船舶在正常运营过程中,船壳、机件磨损、锈蚀、腐烂是可以预见得到的机械运动和物质本身受自然界影响的必然现象,为了维护船舶安全航行,定期及时进行保养、更换或修理是被保险人应负的责任。

(4)战争、罢工险承保责任与除外责任。由政治原因造成的风险,在一般财产保险承保责任中均为除外责任,即使保险双方当事人同意按战争、罢工险条款规定,在支付保险费的条件下给予承保战争、罢工险,但战争、罢工险条款规定的除外责任,保险人仍不予负责。

(5)清除障碍物、残骸。无论船舶是否由于承保责任引起沉没而阻碍航道通行,政府当局为了保持航道通畅,采取强制手段,命令船东必须进行清除,打捞沉船或设置灯标等,这一条款规定对此类责任不予负责。

(6)人身伤亡、疾病等。被保险船舶发生海事引起人身伤亡、疾病等所支付的任何费用,无论是被保险人的雇用人员、旅客或其他第三者,也不论是法律规定或合同协议应履行的义务,这一条款不予赔偿。

（三）船舶保险的相关条款

1. 船舶保险的海运条款

海运条款是保险人对被保险人使用船舶方面所作的限制。具体内容为：被保险船舶不从事拖动或救助服务；被保险船舶不与他船（非港口或沿海使用的小船）在海上直接装卸货物，包括驶近、靠拢和离开；被保险船舶不以拆船或以拆船为目的出售意图的航行。

2. 船舶修理招标条款

当被保险船舶受损需要修理时，被保险人必须像未投保一样对船舶进行修理，并通过招标以接受最有利的报价。保险人有权对船舶的修理进行招标或要求再招标。如果被保险人未像一个精打细算没有保险的船东那样行事，保险人有权对船东决定的修理船厂或修理地点行使否决权或从赔款中扣除由此而增加的任何费用。

3. 保险终止条款

保险船舶一旦按全损赔付后，保险双方当事人的权利义务已自然消失，保险合同自动终止。船舶所属船级社被更换或者船舶的等级发生变化，被注销或撤回；船舶所有权或船舶改变或转让给新的管理部门或光船出租或被征购或被征用，除非事先书面征得保险人同意，本保险应自动终止。

三、英国伦敦保险协会船舶保险条款

伦敦保险协会（ILU）于1884年成立后，就着手将当时市场上普通使用的条款加以组合，形成标准的保险条款供被保险人使用，其中最早的一套条款就是1888年的协会定期船舶保险条款（Institute Time Clauses-Hulls，ITC-H）。1983年4月1日实施伦敦保险协会定期船舶保险新条款[Institute Time Clauses（Hulls），简称I.T.C新条款]，是与新的海上保险单共同使用格式的，而在此之前的1970年ITC-H是与劳合社S•G. 保险单配套使用的。1970年ITC-H共有三套条款：第一套承保"完全条件"（full condition），俗称一切险条款，这一套条款被移植到1983年新条款中；第二套条款为"单独海损不赔条件"（F. P. A absolutely conditions），这一套条款被1983年船舶"全损险"条款（T. L. O. Clause）所取代；第三套条款为"损害不赔条件"（F. O. D. Absolutely Conditions），这一套条款在1983年修订新条款时被完全废除。

（一）1983年I.T.C新条款的特点

1. 增加了有关法律适用的规定

新条款是根据英国《1906年海上保险法》制订的，它在标题下首先列明："本保险适用英国法律和惯例。"这就明确表明新条款接受英国法律和惯例的管辖，如发生海事争议应遵循英国《1906年海上保险法》及有关惯例的规定。

2. 采用列明风险的做法,更加明确了保险人的承保责任

新条款采用列明风险而不是用一切险减责任免除的做法,使得保险人的承保责任更加清楚、明了。新条款把S·G保险单中列明的承保风险和旧条款中"疏忽条款"的内容归纳在一起,作为承保的全部风险,自成一体,同时删除了原来的"其他一切类似风险"等含糊不清的概念,使自己所承保的风险一目了然,清楚而明确。

3. 扩大了承保责任范围

新条款把海盗风险从战争险的承保范围提取出来,作为船舶保险的承保范围予以赔偿。新条款还增加了"污染危险条款",承保有关当局为了减轻或避免油污而损坏和毁灭船舶的风险。对原有的"船底处置条款"也作了补充和修改,明确规定合理的修理费用可以赔偿。同时,新条款还删除了旧条款中的"运河搁浅条款"和"机器损失共保条款",从而扩大了承保责任范围,对被保险人有利。

4. 调整了排列顺序,结构上更加合理

新条款在原有基础上重新调整了各条的先后顺序,使得整体安排更加合理,耳目一新,更加符合海上保险业发展的趋势。

(二)1983年I.T.C新条款的内容

伦敦保险协会船舶保险新条款经多次修订,将原来极为复杂的文字合并浓缩为现有的26条,而且给每一条款冠以标题,使内容明了,易于理解。在此,我们对新条款承保责任和除外责任进行说明。

1. 新条款的承保责任

新条款的承保责任包括:船舶的全部损失;船舶由保险风险所引起的超过自负额以上的单独海损;救助费用;施救费用;共同海损牺牲的直接损失;船舶的共同海损牺牲与共同海损费用的分摊;船舶3/4的碰撞责任;为证明损失索赔的成立而支付的费用。

2. 新条款的除外责任

新条款的除外责任包括:被保险人故意行为所造成的损失;自然损耗;虫兽所导致的损害;机器故障;船舶不适航造成的损失;船舶在保险有效期内从事非法航行造成的损失;1/4碰撞责任;被保险船舶延迟或延迟所致的损失或费用;船舶未经保险人事先同意或非惯例地被拖曳或从事拖曳时的损害;船舶在海上装卸货物所致的损失。协会船舶保险新条款还规定了战争、罢工、恶意行为和核武器所造成的损失,保险人概不负责。

—— 本章小结 ——

1. 海上保险,俗称水险,是指以同海上运输有关的财产、利益或责任作为保险标的的一种保险。海上保险具有承保风险的综合性、承保标的的流动性、保险对象的多变性、保险种类的多样性和保险关系的国际性等特点。

2. 海上保险按保险标的不同,可分为海上货物运输保险、海上运输船舶保险、运费

保险和保障与赔偿保险等险种。

3. 海上风险主要有自然灾害、意外事故和外来风险。海上损失主要包括全部损失和部分损失，全部损失有实际全损、推定全损、协议全损和部分全损四种；部分损失有单独海损和共同海损。海上费用主要包括施救费用、救助费用、特别费用和额外费用四种。对施救费用和特别费用，保险人要在另一个保额中单独赔偿，而救助费用和额外费用与损失额合并计算，在一个保额中赔偿。

4. 海上货物运输保险是承保在海轮运输货物过程中，货物遭受自然灾害、意外事故等而导致的损失，由保险人承担赔偿责任。主要有平安险、水渍险和一切险三个基本险，还有偷窃险、提货不着险等11个普通附加险，交货不到险等6个特别附加险，战争险和罢工险两个特殊附加险。

5. 船舶保险是指以各种船舶及其附属设备为标的的一种保险。我国的船舶保险分为全损险和一切险两种。全损险是承保被保险船舶遭受保险范围内的风险而造成的全部损失，包括实际全损和推定全损。一切险是除承保全损险责任范围内的风险所致被保险船舶的全部损失以外，还负责这些风险给船舶造成的部分损失以及碰撞责任、共同海损分摊、救助费用和施救费用。

—— 关键术语 ——

海上保险，海上货物运输保险，海上运输船舶保险，运费保险，保障与赔偿保险，定期保险，航次保险，实际全损，推定全损，协议全损，部分全损，单独海损，共同海损，施救费用，救助费用，特别费用，平安险，水渍险，一切险，全损险。

—— 复习思考题 ——

1. 海上货物运输保险承保的海上风险、海上损失和费用包括哪些？
2. 我国海上货物运输保险包括的基本险和一般附加险有哪些？
3. 什么是船舶保险？它有哪些特征？
4. 伦敦保险协会定期船舶保险新条款(I.T.C)的特点有哪些？

—— 案例分析题 ——

1. 下列哪些情形属于单独海损，哪些属于共同海损？
(1)某船在航行中，因受恶劣天气影响，驾驶员偏离了航线，致使船舶搁浅，船底破裂。
(2)某船航行中遇到强风，因风力过大，船舶有面临倾覆的危险，为了避免这种危险的发生，驾驶员将船舶驶往附近浅滩搁浅，以致船底破裂。
(3)某船在航行途中，遇到了狂风巨浪，舱盖被海浪打坏，海水入舱，货物湿损。
2. 卖方以CIF条款出口100箱茶叶，为茶叶投保了海运一切险。在海上运输途中，由于承运人的工作疏忽，将茶叶与樟脑配载于相邻的货位上。当货物运抵目的港，收货人提货后,发现茶叶已经严重串味,不再具有饮用价值。收货人该如何处理? 保险公司该如何处理?

3. 有一份CIF合同,货物已在规定的时间装船,载货船舶在离开装运港之前发生了火灾,致使货物发生全损。火灾后,卖方凭手中持有的提单、保险单、发票等全套装运单据要求买方付款,买方以货物全损为由拒付货款。于是,卖方又持保单向保险人提出索赔。请问保险理赔人员应该如何处理?

4. 有一份FOB合同,货物在装船后,卖方向买方发出装船通知,买方已经向保险公司投保"仓至仓条款一切险",但货物在从卖方仓库运往码头的途中,因意外导致10%货物受损。卖方要求保险公司赔偿。请分析保险公司有无拒赔的权利。

5. 一艘重500吨的货船,一向都能妥善予以维修,船上设备亦良好,在一次横渡北大西洋的航程中遭遇风浪,船体抵受不住巨浪的冲击出现裂缝,海水因而渗入舱内浸湿货物,货主以"该船不适航"将船东告上法庭,索赔货损。船东在充分证明了该轮结构及设备完好后,认为完全适航,途中所受巨浪袭击属天灾,船东不应负责。请问船舶是否适航?

第八章

社会保险

➤ **本章学习要求**

• 掌握社会保险的概念、特点、功能和运作机制；
• 熟悉社会养老保险的概念和主要内容；
• 熟悉社会医疗保险的概念和主要内容；
• 了解工伤保险、失业保险和生育保险。

第一节　社会保险概述

一、社会保险的概念

社会保险是指国家通过立法采取强制手段对国民收入进行再分配形成专门的保险基金，当劳动者（或者特定公民群体）因为年老、疾病、工伤、残疾、生育、死亡、失业等风险引起经济损失、收入中断或减少时，由国家和社会提供基本生活保障的制度。

社会保险的项目主要包括社会养老保险、社会医疗保险、失业保险、工伤保险、生育保险等。社会保险和社会救济、社会福利等共同构成了社会保障制度，其中社会保险是社会保障制度中的核心部分，因为它对社会经济生活影响的广度和深度超过其他制度。社会保险与商业保险、政策保险等共同构成一个全方位的保险网络。

社会保险是在资本主义发展过程中随着社会化大生产和商品经济的发展而逐渐发展起来的。19世纪80年代德国的《疾病保险法》《工伤保险法》《养老、伤残、死亡保险法》等法令的颁布和实施是社会保险产生的标志。社会保险主要是一种国家主办的以保险形式来补偿劳动者因工伤事故遭受损失的制度，它不但保护了劳动者的利益而且有助于缓解劳资矛盾，为社会稳定和经济发展作出了重要贡献。其后，其他国家纷纷效仿，特别是20世纪60年代后，实施社会保险的国家越来越多，社会保险种类不断增加，保障体系更加全面。目前世界上有160多个国家及地区在全社会实施了包括养老、疾病、伤残、死亡和失业在内的社会保险制度。

二、社会保险的特点

(一)国家实施的强制性

社会保险是国家通过立法形式强制实施的一种社会保障制度,它的实施在于实现一定的社会管理功能,满足劳动者的基本需求,以保持社会生活的稳定,因此社会保险一般是依法实施的政府行为。国家通过立法强制实施社会保险,凡在法律规定范围之内的劳动者都必须无条件参加,而且缴纳保费的数额和保险金待遇都是由国家统一规定的。这一点是它与商业保险区别的重要标志之一——商业保险是在自愿基础上,通过协商订立保险合同的形式来实施的。

(二)保障对象的普遍性

各个国家社会保险的覆盖范围有所不同,有的覆盖全体国民,有的只覆盖全体劳动者甚至部分劳动群体。社会保险对于符合条件的社会劳动者具有普遍的保障责任,被保险人不论年龄、就业年限、收入水平以及健康状况如何,一旦丧失劳动能力(或失业),政府即依法向其提供收入损失补偿,以保障其基本生活需要,从而促使整个社会协调、稳定地发展。

(三)保障水平的基本性

社会保险是一种有效的收入保障制度,通常是用来提供承保范围内的最低收入保障,它的保障水平只能够满足劳动者及其家属最低基本生活需要,使得劳动者不至于在暂时或永久丧失工作能力时无法维持其生存。如果需要更高的生活水平,则需要参保人通过个人储蓄、投资和购买商业保险来对社会保险进行补充。

(四)风险分担的共济性

社会保险属于保险的一种,是一种风险分散机制,使得劳动者在遇到疾病、失业、年老等风险事件时能够得到必要的经济补偿和生活保障。保险基金的形成需要一定的经费来源,通常有三种渠道:工人缴纳的保费、雇主缴纳的税款以及政府拨款。集资额通常与收入有关,其数额为薪金或工资的一定百分比,但是社会保险金的给付并不与缴费贡献直接相关。社会保险在全社会征收保费,建立社会保障基金,并在全社会统一用于救济被保障对象,是一种再分配制度,基本上以有利于低收入阶层为原则,在较高层次和较大范围内实现社会统筹与互济性。

三、社会保险的功能

作为社会经济正常运行与持续发展的安全稳定系统,社会保险具有多方面的功能。对此,不同学者有着不同表述,但基本功能不外乎为稳定功能、调节功能、促进功能等。

(一)稳定社会功能

任何一个社会都需要动力机制与稳定机制,市场机制即是现代各国经济发展的首选动力机制,而社会保险则充当着首选的稳定机制。社会经济的进步、发展,任何时代都离不开稳定的社会秩序和社会环境,而各种特殊事件的客观存在,又往往对社会成员造成群体性的生存危机,如人口老龄化、自然灾害、工伤事故、职业病、疾病及市场经济条件下的失业现象等,均不以人的主观意志为转移,且会导致收入丧失及失去有效的生活保障。如果国家不能妥善地解决这些问题,部分社会成员就可能构成社会不稳定的风险因素,社会秩序可能因此而失控,并破坏着整个社会经济的正常发展。通过建立社会保险制度,国家从法律上、经济上为社会成员的基本生活及发展提供相应的保障,有效地缓解或消除引起社会震荡与失控的潜在风险,进而维系社会秩序的稳定和健康发展。因此,社会保障是通过预先防范和及时化解风险来发挥其稳定功能的,它在许多国家被称为"精巧的社会稳定器"或"减震器"。

(二)调节经济功能

社会保险制度的调节功能表现在政治、经济与社会发展等各个领域。在各个不同的领域,社会保险制度发挥着不同的调节功能。在经济领域,社会保险的调节功能尤其显著。在第一层次上,社会保险制度有效地调节了公平与效率之间的关系。在第二层次上,社会保险调节着国民收入的分配与再分配。社会保险资金来源于国民收入,并通过税收或"转移性支付"得到,进而分配给受保障者或有需要者。通过资金的征集与待遇的给付,社会保险在不同的保障对象之间横向调节着收入分配,在高收入与低收入阶层之间实现着纵向收入分配。在第三层次上,社会保险调节着国民经济的发展。一方面,社会保险资金的筹集、储存与分配直接调节着国民储蓄与投资,并随着基金的融通而对相关产业经济的发展格局产生调节作用。此外,社会保险制度还对劳动力市场、资本市场、产业结构起调节作用;同时也有效地协调地区间的发展。因此,社会保险也被称为"平衡器"。

(三)促进发展功能

社会保险规模与范围的不断扩大,筹集的社会保险资金日益庞大,使得社会保险制度本身也具有促进社会经济发展的相应实力。一方面,社会保险可以通过社会保险资金的直接投入和有效运用,促进某些产业的发展;另一方面,社会保险制度促进整个社会的协调发展,实现社会经济发展的良性循环。此外,社会保险有利于劳动力再生产的保障与劳动力市场的维系,同时促进劳动力资源的高效率配置和生产效率的提高。可见,社会保险是社会经济发展的"助推器"。

四、社会保险的运作机制

社会保险制度在运行中一般包括五方面的关键要素：社会保险的管理机构、参保对象和范围、保险费（税）的筹集、保险基金的形成和运用、保险金的给付，它们的关系结构见图8-1。

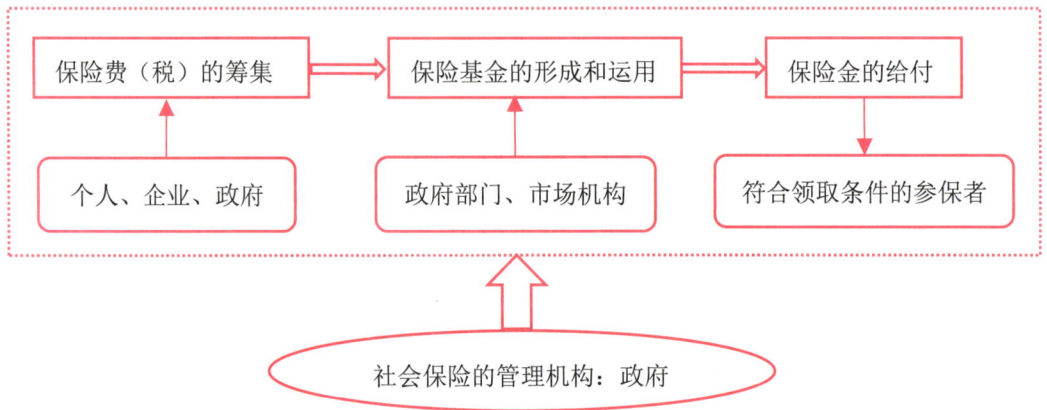

图8-1　社会保险的运作机制

（一）社会保险的管理机构

社会保险是依法实施的政府行为，是政府管理社会职责的体现，一般都是由政府部门来组织和实施的，具体的实施主体包括中央政府和各地方政府。例如，我国企业职工社会养老保险在实现全国统筹之前，一般是由各省市政府组织实施，具体经办机构可以是各市、县政府所属的劳动与社会保障部门。政府在社会保险中的管理职能主要体现在以下几个方面：一是颁布和实施相关法律和政策；二是负责组织和实施社会保险，设立各级社会保险管理机构来负责管理和承办本级的社会保险业务；三是管理和运用保险基金，使其实现保值和增值；四是提供必要的财政支持，在这方面，有的国家直接对参保人进行保费补贴，有的则对保险基金提供财政兜底；五是对社会保险的整体运作进行协调和监督检查，例如对缴费单位的检查和强制征缴等。

（二）参保对象和范围

各国在实行特定的社会保险时首先要明确该保险的覆盖范围，即适用的参保对象，这在不同国家和不同保险体系中有所不同。在实行普遍保障型的社会保险模式中，保障计划覆盖全体国民，不论其收入状况如何，均为其提供统一水平的保险金。而大多数国家是对特定人群实行某种社会保险，大多是具有一定收入水平的劳动者。例如在我国的社会养老保险制度中，企业职工基本养老保险的参保对象为企业雇员；城乡居民社会养老保险的参保对象为年满16周岁（不含在校学生），非国家机关和事业单位工作人员及不属于职工基本养老保险制度覆盖范围的城乡居民。

(三)保险费(税)的筹集

1.筹集方式

从世界范围考察,社会保险基金的筹集绝大多数均采用政府、企业与个人三方分担型或企业与个人两方分担型,只有极少数国家采取国家统包型或企业统包型或劳动者个人统包型。其中,以雇主和雇员双方供款、政府负最后责任制度最为普遍。

社会保险资金的筹集具有以下几个特点:①强调权利与义务的结合(并非权利与义务的对等),劳动者缴费构成受益的前提条件;②企业承担了主要的供款责任,如分担劳动者的养老、医疗、失业保险费,单独承担劳动者的工伤保险费等;③社会保险资金无论是采取征税方式还是征费方式,均具有强制性,从而具有较强的稳定性;④尽管政府对于社会保险大多负"补亏"之责,但客观上要求社会保险基金具有自我平衡、持续发展的能力。

社会保险资金的筹集方式包括征税制和征费制两种,两种方式在理论与实践上具有很大的差别,见表8-1。

表8-1 社会保险费与社会保险税的主要特点

	社会保险费	社会保险税
征收方式	依法强制征收	依法强制征收
资金性质	劳动者公共后备基金	政府财政资金
适应的制度模式	部分积累或完全积累	现收现付型
个人的权利义务	清晰对应	模糊非对应
与财政的关系	保持适当距离或分离状态	与政府预算一体化
与个人账户的关系	兼容	不兼容
政府扮演的角色	最后出场与责任分担角色	直接出场与完全责任角色
筹集的资金	可以积累或基金制	不能积累或非基金制
征收标准	允许差别,有灵活性	必须统一平等
保险对象范围	可选择性与阶层性	普遍性或全民性

一国采取社会保险费还是社会保险税的方式来征收社会保险基金,取决于该国的社会保险模式。征税的好处在于统一税率有利于实现公平负担、待遇平等的社会保障目标。而征费的优点是具有一定的灵活性。对于中国这样一个国家财力有限、地区发展很不平衡的国家,征税可能导致所筹资金的逆向流动、保险待遇与地区经济水平不相适应的现象。选择哪种模式,关键在于国家对于社会保险制度模式的选择,如果实行先收现付制,则采取征税方式;如果采取部分积累制或完全积累制,则采取征费制较为合适。

2. 筹集比率

社会保险无论采取哪一种筹集方式,都必然要制定相应的征收标准。在这方面,社会保险项目的危险性质与风险大小、企业与劳动者的经济承受能力、政府财政的补助情况和社会经济与社会保险的发展趋势,都是值得考虑的因素。在各国的保险实务中使用两种保险费用筹集方式:一是比例保险费制;另一个是均等保险费制。

比例保险费制是以工人的工资收入为准,规定一定的百分比,从而计收保险费。例如奥地利的老年、伤残、死亡社会保险费率为投保人工资的20.1%,其中雇员分担9.75%,

雇主分担10.35％。中国的基本医疗保险费由用人单位和从业人员共同缴纳。其中用人单位按本单位从业人员工资总额的5％—7％缴纳,从业人员缴纳基本医疗保险费率不低于本人月工资总额的2％。以工资为基准的比例保险费率制最大的缺点是社会保险的负担直接与工资相联系,不管是雇主、雇员双方负担社会保险费还是其中一方负担,社会保险的负担都表现为劳动力成本增加,这样会导致资本排挤劳动,从而引起失业的增加。所以长期以来,理论上一直在探讨改革以工资为基准的比例保险费制。均等保险费制不论被保险人或其雇主收入多少,一律计收同额的保险费。这一制度的优点是计算简便、易于普遍实施,而且采用此种方式征收保险费的国家,在其给付时,一般也采用均等制,具有收支一律平等的意义。但其缺陷是,低收入者与高收入者缴纳相同的保费,在负担能力方面明显不公平。实行这种制度的一般是以特定地区符合一定条件的全体居民(包括非劳动者)为保险对象。例如我国城乡居民社会养老保险的保险费缴纳标准目前设为每年100元、200元、300元、400元、500元、600元、700元、800元、900元、1000元、1500元、2000元12个档次,参保人自主选择缴费档次,多缴多得。

(四)保险基金的形成和运用

1. 社会保险基金的概念

社会保险基金是指通过举办社会保险事业而通过多渠道筹集经费建立起来的基金。社会保险基金一般由养老保险基金、医疗保险基金、失业保险基金、工伤保险基金和其他的社会保险基金组成。它是整个社会保险制度的运行基础,没有社会保险基金,整个制度将无法运行,而且可能对整个社会稳定造成冲击。从这个意义上说,社会保险基金对国家的稳定起着十分重要的作用。社会保险基金管理体制往往与一国的社会保险组织机构有关。有的国家成立了一个政府专署或受托机构,它是从政府中独立出来的;一些国家可能由政府的一个部门来直接管理社会保险基金;有的国家社会保险基金由国家来管理。无论是哪种模式,我们都可以称之为社会保险基金公共管理制度。20世纪80年代,由于智利养老保险个人账户制度由私人基金公司管理并取得较好的成绩,社会保险制度民营化的思潮开始受到推崇,一些国家运用私人基金管理机构来管理社会保险框架下的个人账户基金。智利的南美邻国多采用社会统筹和个人账户制度相结合的模式,并向智利学习,将个人账户制度上的基金交由市场主体管理。欧洲一些国家也有类似做法。

当前我国社会保险基金分为两大部分:一是全国社会保障基金(以下简称"全国社保基金"),是国家社会保障储备基金,用于人口老龄化高峰时期的养老保险等社会保障支出的补充、调剂。全国社保基金由中央财政预算拨款、国有资本划转、基金投资收益和以国务院批准的其他方式筹集的资金构成。根据有关政策规定,做实个人账户中央补助资金(以下简称"个人账户基金")纳入全国社保基金统一运营,作为基金权益核算。这部分资金由全国社会保障基金理事会负责投资运营。二是基本养老保险基金,这是各省(自治区、直辖市)人民政府和新疆生产建设兵团中由用人单位和个人缴费以及政府补贴等组成,用于支付基本养老金及其他法定待遇的专项资金。2015年8月17日国务院印发施行的《基本养老保险基金投资管理办法》,各省、自治区、直辖市养老基金结余额,可按照本办法规定,预留一定支付费用后,确定具体投资额度,委托给国务院授权的机构(具有全国社会保障基金、企业年金基金投资管理经验,或者具有良好的资产管理业绩、财务状况和社会信誉,负责养老基金资产投资运营的专业机构。)进行投资运营。截至2021年末,全国社保基金受托管理运营的基本养老保险基金权益总额为14604.73亿元。

2. 社会保险基金的投资渠道

关于社会保险资金的投资渠道,各个国家和地区一般都有法律或者行政法规予以规定。一般有下列几种投资方式:

(1)银行存款,是指被存入银行、充实银行的资金。由于社会保险基金需要保留一部分现金资产用于给付,因此有必要将部分基金存入银行,其中有长期存款,也有短期存款。这种投资方式具有较大的安全性和流动性,但是由于利率较低,盈利性较差,因此银行存款的比例不宜太大,以满足日常给付所需为宜。

(2)有价证券,是指具有一定票面金额,代表财产所有权或者债权的凭证。有价证券的所有人享受法定权益,并可在证券市场上自由买卖,将证券随时变现。因此,在国际上有价证券的投资是社保基金的主要投资方式。在我国,随着改革的深入,发行证券的种类不断增多且金额不断增大,上市的企业公司数量也不断增多,资本市场不断成熟,从而为社保基金的投资创造了良好的外部环境。有价证券分为固定收益证券(如债券)和不固定收益证券(如股票)。债券是债务人向债权人出示的、在规定时间内支付利息和到期归还本金的债务凭证。债券持有人有权按约定的条件向债券发行人取得利息和到期收回本金。债券与其他有价证券相比,投资风险小,本金安全,收益固定,而且高于银行存款利率,不受市场利率变动的影响或影响较小,债券还可以在期满之前在二级市场上方便地转让买卖。这些优点决定了债券等固定收益证券是社会保险基金投资的重点。股票是股份公司发行的、作为股东在公司中投资入股,并据此享有股东权益和承担义务的书面凭证。股票是没有偿还期限的永久性证券,但具有较强的流动性,可以随时在证券市场变现。但股票的收益具有较大的不确定性,而且受股票市场情况、经济环境、政治形势等外部因素的影响较大。因此,社保基金直接进入股市还需谨慎。

(3)投资基金,是指通过发行基金单位集合投资者的资金,再委托基金管理人对该基金进行管理和运用,从事资本市场和外汇市场的套利的一种投资方式。它是一种风险共担、利益共享的集合投资方式。应该说购买投资基金是既能适当规避市场风险,同时又能获得稳定收益的一种投资方式,也成了国外社保基金投资的重要方式之一。

(4)不动产投资,是指将社保基金投向购买房地产业,如建造大型的旅馆、饭店、公共娱乐场所、住宅等。不动产的投资较适合于养老基金的投资。一般来说,不动产的投资安全性较高,而且投资期限较长,但流动性较差,收益缓慢。因而只能根据需要,将适当比例投向不动产。当前我国基本养老保险基金规定可投资国家重大项目和重点企业股权。

(五)保险金的给付

社会保险体系一般包括养老保险、医疗保险、失业保险、工伤保险和女职工生育保险,主要针对劳动者在生命不同阶段所存在的经济风险而设计的,当参保者发生年老(退休)、残疾、患病、生育、工伤事故时,符合一定的给付条件后,就需要从统筹基金里支付保险金给参保者。社会保险制度中一般都会明确规定保险金的领取资格和享受标准。

1. 领取资格

该部分主要规定参保人必须满足一定的条件才能享受保险金的领取,一般包括约定保险事件的主要内容和投保人相关资格等。例如养老保险规定保险金的开始领取时间,医疗保险规定医疗保险费的赔偿范围,失业保险规定若干种失业标准等。

2. 享受标准

该部分规定符合领取标准的参保人应该得到多少保险金的给付。例如养老保险规定参保人领取保险金的构成及计算标准,医疗保险金中规定各种免赔额、最高限额和支付比例,失业保险中规定失业保险金的给付水平和给付期限等。

第二节 社会保险的主要险种

社会保险作为一种保证社会稳定的重要的制度安排,为社会成员提供了广泛的基本保障。尽管由于政治、社会、经济条件不同,各国社会保险的保障内容有所不同,但基本上都包含养老、医疗、失业、生育、工伤等几个方面。

一、养老保险

养老保险是指国家通过立法,使劳动者在因年老而丧失劳动能力时,可以获得物质帮助以保障晚年基本生活需要的保险制度。养老保险是社会保险体系中的核心。它的影响面大、社会性强,直接关系到社会的稳定和经济的发展,所以为各国政府所特别重视。

(一)养老保险的给付条件

在绝大多数国家中,养老保险的给付条件都是复合性的,即被保险人必须符合两个以上的条件,才可以享受老年社会保险金。老年给付的基本条件通常包括:

1. 年龄条件

投保人必须达到法定退休年龄才能享受养老金待遇。所谓退休年龄,是指劳动者工作到一定年龄和年限后,依法被判定丧失劳动能力、解除劳动义务、离开工作岗位时的年龄。法定退休年龄是养老金开始领取的时间,是一个关乎社会各方面利益的复杂敏感的问题,一直为各国政府所重视,而且各自规定的法定退休年龄也不一致。例如美国和德国规定法定退休年龄男女均为65岁,我国规定男职工为60岁,女职工为50岁,并将逐步执行延迟退休方案。同时由于实际情况复杂,许多国家的实际开始支付年龄并不完全按照法定年龄执行。

2.工龄条件

劳动者只有在工作一定年限后,为社会提供了一定量的劳动义务和劳动产品后,才能享受退休金待遇,工龄条件往往和年龄条件结合在一起构成一个具体的享受养老金的标准。例如,我国退休制度规定连续工龄满10年的才能退休。

3.缴费年限条件

除了前面规定的条件以外,被保险人还必须达到规定的缴费年限才享有领取养老金的权利。例如,法国规定自2027年起,被保险人年满62岁,投保满43年者,方可享受养老金;如果投保满15年不足43年者,养老金按照比例减少。我国目前一般规定的缴费期为15年。

4.居住条件

有些国家还规定了被保险人的居住年限条件,即必须在本国居住满一定年限后才能享有领取养老保险金的资格。例如,丹麦规定年满67岁的男性被保险人以及已婚妇女,或者年满62岁的单身女子在本国境内居住满40年者,可以享受全额普遍养老金。新西兰规定,被保险人年满65岁,并在最近20年内居住在该国境内者,方可享受养老金待遇。

(二)养老保险的给付标准

1.给付范围

从各个国家的情况来看,有些国家的给付范围包括被保险人本人,而有些国家的给付范围包括被保险人本人和无收入的直系亲属(妻子、未成年子女和其他由被保险人抚养的人员)。

2.给付项目

除了基本退休金以外,给付项目还包括低收入补助、护理补助、超龄退休补助、配偶及未成年子女补贴、寡妇养老金等。

3.给付方法

养老社会保险金的标准形式是年金制度,即保险金按月或按年支付,而不是一次性给付。由于社会经济是不断发展变化的,一次性给付的保险金易于受到各种社会的、经济的因素的冲击,由此影响到被保险人的实际生活水平,使养老保险不能起到应有的作用。

世界各国养老保险金的给付标准很不一致,大体上来说,可以分为以下两大类五种形式。

一是以工资作为基础,按照一定的比例进行计算。这种方式强调工资的作用,即强调工龄或服务年限的长短、缴纳保险费工资的多少。目前世界上大多数国家均采用这种方法。这一类型又有三种形式:

(1)统一报酬比例。即年金与工资收入成正比。年金的计算按照最近几年平均工资的一定比例来计算。

(2)基本比例加补充比例。即以平均工资收入的一定百分比为基本给付率,然后,每超过最低投保年限一年,则另加一定比例。

(3)倒比例法。即工资越高,规定比例越低;工资越低,规定比例越高。

二是以生活费为基础来计算。这一制度通行于社会保险较为发达的国家。它又有两种形式:

(1)全国居民按照统一数额给付,给付数额随生活费用指数的变动进行调整。

(2)规定一个基础年金,在此基础上附加给付比例。例如规定基础年金为100元,单身为这一基数的95%;已婚夫妇为基数的150%等。

(三)养老保险的筹资模式

从当前世界实行养老社会保险制度的国家来看,大致有三种基金筹资模式,即现收现付制、完全积累制和部分积累制。

1. 现收现付制

该模式是根据需要支付的养老保险金数额来确定基金的提取数额,即以支定收,由单位(或单位和个人)按照工资总额的一定比例(社会统筹费率)来缴纳养老保险费。这种模式有以下几个特点:第一,养老保险负担为代际转嫁,即由在职职工负担已退休职工的养老金;第二,提取基金的数额和比例逐年变化;第三,不考虑储备,费率较低,易于建立制度;第四,由于没有积累基金,无须在资金的增值上操心。基于这些特点,这一模式多为发展中国家和初建养老保险制度的国家所采用。但现收现付制也有很明显的缺陷。世界银行的研究报告曾经指出,在现收现付体制下,很高并且不断上升的工薪税将导致失业问题;税收规避使劳动者向生产率较低的部门转移;提前退休,由此使得熟练劳动力的供给不足;公共资源的错误配置,例如稀缺的税收收入被用来作为养老保险金,而不是用于教育、保健或者基础设施的建设;丧失了提高长期储蓄的机会;收入再分配和转移支付的失误,例如不是向低收入阶层转移,而是相反,向高收入阶层转移;隐性债务规模的快速增长,使体制无法维持等。

我国早期实行的也是这样的现收现付模式。因此,上述问题在中国也不同程度地存在,特别是由人口老龄化、在职人员提早退休等因素的存在所导致的隐性债务规模快速增长的问题十分突出。我国退休人员与在职人员的比例由20世纪50年代的1:400下降到1978年的1:30左右,1980年的1:12.8,1985年的1:7.5,1990年的1:6.1,1995年的1:4.8,1997年的1:4.4,2015年约为1:2.87。也就是说,领取养老金的人口比例在逐年增长,而提供养老金的人口比例在逐年下降。20世纪70年代所实施的人口计划生育政策导致的生育率下降和医疗保健水平的提高导致人口寿命的延长,这一问题将变得越来越严峻。根据世界银行提供的资料测算,到2033年,中国的退休人员与在职人员的比例将为1:2.5。如果继续维持现收现付的养老保险体制,在职人员的负担将越来越重。在这种情况下,经过十多年的探索与实验,我国于1997年颁布了《国务院关于建立统一的企业职工基本养老保险制度的决定》(国发〔1997〕26号),自此开始,中国正式确定了以社会统筹与个人账户相结合为标志的混合型养老保险体制。

2. 完全积累制

该模式的具体形式为储备基金式。即从职工开始工作起,就建立起个人养老保险账户,由单位和个人逐年向国家社会养老保险专门机构缴纳保险费,实行多缴多保,自给自足。职工到了法定退休年龄时,就可以从个人账户所积累的储备基金中,以年金的方式领取养老保险金。这一模式有以下几个特点:第一,个人对自己负责,因此激励机制较强,同时,也不大会引起代际转嫁负担的社会矛盾;第二,度过人口老龄化高峰时有足够的基金,不存在支付危机;第三,易于积累起大量的建设资金,从长远看,也减轻了国家和企业的负担。但是,该模式也有其明显的缺点:首先,保险基金积累时间长,易受到通货膨胀的影响,因此,基金的保值、增值难度很大;其次,被保险人之间的资金互不调剂,很难保证每个人到晚年都有基本的生活保障。目前世界上采取这种模式的国家很少。

3. 部分积累制

该模式是介于现收现付式和完全积累式之间的一种模式。即在现收现付式的基础上,建立个人账户储备基金,实行养老基金的部分积累。这一模式兼顾了前两种模式的优点,因此在1964年的国际社会保障全球大会上受到推崇。目前为许多国家所采用。当前我国的社会养老保险制度也属于这一模式。当前,世界上有一些国家的养老基金是由企业和个人共同负担的,有极个别国家则是由个人完全负担。但大多数国家都是采取国家资助、企业负担、个人缴费的方式。其中国家资助主要体现在税收方面给予一定的优惠。

(四)养老保险的具体实践

1. 普遍保障的养老保险模式

它是国家为老年人提供平均养老金,以保障其最低生活水平的养老保险计划。这种模式强调的原则是:对于不能依靠自身劳动满足自己基本生活需要的老年居民普遍提供养老保障。北欧国家、英国、澳大利亚、新西兰等国均采用此种养老保险模式。其特点是:①实施范围广。普遍保障的养老计划覆盖全体国民。②与个人收入状况无关。不论其收入状况如何,均为其提供统一水平的养老金。③资金来源主要靠国家财政补贴。实际上,普遍保障模式也仅仅提供最低生活需求。尽管它具有覆盖面广、透明度高,便于实施,而且能够体现社会公平原则等优点,但是由于它提供的保障力度有限,许多实施普遍保障模式的国家,不得不通过鼓励发展企业补充养老保险计划和其他类型的补充计划,以保障老年劳动者获得基本生活保障。因此,普遍保障的养老保险模式虽然在不少国家还保留其基本形态,体现着国家普遍保障的社会政策,但由于各种补充养老保险计划的作用日益突出,普遍保障的养老保险模式已逐渐向以普遍保障为核心的多层次养老保险模式过渡。

2. 收入关联的养老保险模式

它是指通过社会保险机制为工薪劳动者建立的退休收入保险计划。它强调缴费与收入、退休待遇相连,并且建立在严格的保险运行机制基础之上。收入关联的养老保险模式是世界上大多数国家实行的老年社会保险模式。其特点是:①实施三方负担的财务机制,是养老保险筹资方式的典型形式。②实行与收入关联的供给机制。劳动者退休前的平均工资、收入替代水平和投保期限共同构成收入关联保险金的给付水平。③具有较强的收入再分配的特性。收入关联养老保险模式在高收入阶层向低收入阶层进行某种程度的收入转移,从而体现养老保险的社会政策。收入关联的养老保险在20世纪70年代经历了鼎盛发展以后,开始面临日益严峻的制度危机,主要是因为养老保险费用支出急剧膨胀,成为导致国家财政预算困难的重要因素之一。在人口老龄化的背景下,以现收现付为基础的收入关联模式面临前所未有的危机。

3. 中央公积金养老保险模式

现今大约有15个国家实行"中央公积金制"的强制性储蓄型养老保险制度。其中,新加坡的退休基金年年有余,且借助"中央公积金制"进一步推动了经济发展。新加坡采取的强制性储蓄型老年社会保险,最大特色是不需要国家在财政上予以拨款,而是强制雇员与雇主同时投保,以形成社会保险基金。具体来说,新加坡在实施这种中央公积金型老年社会保险制度时,采取了以下的一些措施:①制定并颁布了一项行之有效的法规——《中央公积金法》,并对此进行了多次修订,修订后的法规不但有助于推进老年社会保险事业,而且由于放宽了公积金使用范围,与经济发展和社会进步的步履配合得更加紧密了。②成立了中央公积金局。它既是老年社会保险方针政策的制定者,诸如制定总投保费率、投保比例、投保年限、退休年龄等,有时是具体实施强制储蓄的业务部门,诸如收缴保险费、给付退休金、制定个人账户等,也是确保社保基金增值的金融单位。③为每个投保雇员制定一份老年保险卡。此外,还随着经济与企业的发展情况变动调整总投保费率和比例。

总的来说,新加坡的这种强制性储蓄社会养老保险取得了很大的成就,受到了世界的关注,实现了老年社会保险的社会化,积累了一笔雄厚的老年社会保险基金,而且相比世界其他各国的养老金财务危机,新加坡的退休基金年年有大量的盈余。同时雄厚的社会养老保险基金,促进了国民经济运行的良性循环。但是,新加坡的这种模式也有不足之处:投保费率过高,使得投保人负担较重,缺乏互助互济的色彩,退休金单一等。

4. 强制储蓄型养老保险模式

20世纪80年代初,智利推出了一种崭新的基本养老保险模式,这种模式既有别于投保资助型也有别于新加坡的中央公积金制,实际上是一种强制劳动者个人长期储蓄养老的纯个人养老账户制。按照这种模式,投保人长期投保形成基金,而后其基金由基金公司投资运营,在退休时作养老之用。这种模式,首先要建立个人储蓄账户。智利政府规定,用人单位不再缴纳基本养老保险费,保费只由投保人缴纳,加上投放盈利组成基本养老保险金。个人投保费率规定为10%,另加基金管理公司收取的3%的管理费,总费率实际达到13%。这是因为,不同于新加坡的制度,智利的养老保险基金并不交给政府管理,而是交给几十家养老金管理公司(AFP)按照自愿投保、自愿退保的原则分别管理。因此费用的收取是不可避免的。而且管理费还用于投保人伤残和死亡的给付。个人储蓄账户究竟交由哪家基金管理公司管理,由投保人自己选择,为了争夺投保人,各公司也纷纷设法搞好服务,提高基金的回报率。但智利政府在一定的领域还是继续履行自己的职责,如保障最低的退休金,假如投保人的个人储蓄账户经过了20年的积累后仍保证不了最低养老金,则由国家财政补足。同时智利政府也监管养老基金管理公司(AFP)的市场行为。智利模式的问世也引起了世界的瞩目,拉美国家纷纷效仿。秘鲁于1993年,哥伦比亚和阿根廷于1994年都采取了个人储蓄账户制。

以私营化为目标的智利模式减轻了财政负担,提高了整个社会保障体系的效率,有利于提高国民储蓄率,促进经济与社会的发展,有许多值得中国学习和借鉴之处。但是智利模式取消了责任共担机制而代之以完全的个人责任制,根本上取消了社会保险的公平性和互济性特征。

二、医疗保险

(一)医疗保险的含义与特点

医疗保险是为了补偿劳动者或全体居民因疾病风险而造成的经济损失而建立的一项社会保险制度。医疗保险中的疾病是指一般疾病,其发病原因与劳动无直接关系,因此,它属于福利性质和救济性质的社会保险。实行医疗保险的目的在于使劳动者患病后能够尽快得到康复,恢复劳动能力,并重新回到生产和工作岗位;使患病居民从社会获得必要的物资帮助,减轻医疗费用负担,防止患病居民"因病致贫"。

相比商业医疗保险,社会医疗保险具有以下一些特点:

1.社会医疗保险具有承保对象的普遍性

医疗保险是社会保险各个险种中保障对象最为广泛的一种。原则上,其覆盖对象应该是全体公民,因为疾病风险是每个人都可能遭遇到且难以回避的。我国社会医疗保险在建立之初仅覆盖城镇职工。到目前,我国已构建起了覆盖全体居民的社会医疗保险制度。

2.社会医疗保险涉及当事人的复杂性

医疗保险涉及医、患、保三方当事人,有时还要涉及用人单位等多方之间的权利与义务的关系。为了确保医疗保险资源的合理利用,医疗保险还存在着对医疗服务的享受者和提供者的行为进行合理的引导和控制问题,这就对医疗保险管理人员的专业和技术提出了较高要求。

3.社会医疗保险机会与待遇的公平性

对于被保险人而言,享受医疗保险的机会与待遇是平等的,接受治疗和用药都是依据病情而定的,不受其他的因素(如收入、职业和社会地位)的限制。

4.社会医疗保险具有费用控制的困难性

由于疾病的发生频率高,每个人都会遇到疾病风险,有的人甚至多次遇到这种风险,赔付率普遍较高。而且随着社会经济的发展,人口老龄化的加剧,新的医疗技术和设备的运用,更加刺激了这种需求的增加和医疗费用的迅猛增长。

(二)医疗保险的运行模式

1.福利型医疗保险模式

它由国家直接主办,强制全民参加,医疗保险资金主要来自税收,政府通过预算分配的方式,将医疗保险基金划拨给有关部门。英国是世界上最早实行全民免费医疗的国家,也是福利型医疗保险模式最为典型的代表。1944年,英国政府提出了"国家卫生服务"的口号和建议,并提出医疗服务的三大原则:一是对每个公民提供广泛的医疗服务;二是卫生服务经费应该全部或者大部分从国家税收中支出;三是卫生服务应该由初级服务、地段服务和医院服务三部分组成。初级服务由通科开业医生提供,地段服务由当地政府提供,医院服务务主要是提供专科医疗服务。1946年,英国议会通过了《国民医疗保健服务法》,实现了所有医疗机构的国有化,医疗机构的医护人员是国家卫生工作人员。1964年,英国又颁布了《国家卫生服务法》,对所有公民提供免费的综合医疗服务,患者只需付挂号费。英国的医疗保险制度主要有以下三项内容:

(1)政府承担了绝大部分的医疗费用。在英国的医疗总费用中,来自政府税收的费用约占90%,其他费用为社会缴费和患者自己付费以及其他收入。

(2)政府统一管理医疗保险。卫生部是英国医疗制度的最高权力机构,下设地区和地方卫生局,共分三级管理。

(3)政府适当鼓励私人医院和商业医疗保险的发展,以满足公民对于医疗服务的不同需要和增加医疗服务的供给。

这种医疗保险制度计划性较强,筹集资金较为容易,充分保障全体国民享受相同医疗服务的公平性。但是,免费或低收费的医疗服务必然会降低国家医疗资源的利用效率。

2.统筹型医疗保险模式

该模式也称为社会医疗保险模式,是指根据权利与义务相结合的原则,由国家立法,政府强制性地向劳动者个人和雇主统一筹集医疗保险基金,并在劳动者患病需要治疗时由社会提供必要医疗服务的一种形式。在这种制度下,医疗保险费主要由劳动者个人和雇主共同负担,政府给予政策和税收上的优惠及资助,必要时由国家提供部分费用,并由财政作最后的保证。它也是目前世界上实施最为广泛的一种模式。其中德国、法国、日本为最典型的代表。

德国是世界上最早实行社会医疗保险的国家,早在1883年就通过了《疾病保险法》,经过100多年的发展完善,形成了由社会医疗保险和商业医疗保险并存的医疗保障体系。德国的医疗保险制度主要包括以下内容:

(1)实行互助调剂的医疗保险基金管理办法。德国社会医疗保险在履行缴费义务和享受医疗保险待遇上十分强调互助调剂原则。德国医疗保险资金的主要来源是雇主与雇员的缴费,政府不拨款,银行也不贷款。由于医疗保险实行分散管理,全国没有统一的医疗保险缴费率,费率由各医疗保险经办机构根据收支预算自行确定,上报监督机关审批后实施。目前全国平均缴费率是15.2%,由雇主和雇员各负担一半。

(2)医疗保险机构是实行自我管理的社会自治机构。德国医疗保险机构按地区、职业和行业共分为八类:18家地方医疗保险局,386家企业医疗保险局,43家手工业医疗保险局,20家农业医疗保险局,7家职员的替代保险局,6家工人的替代保险局,1家海员医疗保险局和1家联邦矿工保险局。这些医疗保险机构均为独立于政府之外的经济实体,按公司法组建,具有法人地位,实行自我管理。

(3)医疗保险制度的运作实行政企分开的管理体制。德国的医疗保险体制是实行统一制度、分散管理、鼓励竞争的管理体制,政府部门不参与医疗保险的具体操作,国家也没有统一的医疗保险经办机构。

(4)加强医疗保险支出的控制,严格管制药品价格。这种模式强调患者自负一定比例的费用,在一定程度上控制了医疗费用的增长。实行集权与分权相结合的管理模式、政府的介入,有效地保证了国民能得到最为基本的医疗服务。

3. 强制储蓄型医疗保险模式

强制储蓄型医疗保险模式是一种通过立法,强制劳动者或劳资双方缴费,以雇员的名义建立保健账户(即个人账户),用于支付个人及家庭成员的医疗费用的医疗保险制度。这种模式以新加坡为典型代表,马来西亚、印度尼西亚等发展中国家也采用这种制度。

新加坡的医疗保险制度以个人责任为基础,政府负担部分费用并控制医疗费用的增长,以保证政府和个人都能够负担得起基本的医疗服务。新加坡的这种医疗保险制度可以划分为三个层次:第一层次是在全国范围推行的、强制性的、以帮助个人储蓄和支付医疗费用的保健储蓄计划。对全体劳动者实行强制储蓄型医疗社会保险,缴费率一般为3%~5%。第二层次是医疗保护计划。对于一般进入公立医院的国民来说,个人医疗储蓄账户已经够用了。但是对那些患有大病、危病而需要花费高额医疗费住院,甚至长期住院的国民,个人账户的保费显然是不足的。为此,新加坡政府推出了医疗保护计划。第三层次是医疗救助计划,为使工资收入相对较低的雇员群体渡过疾病危险,确保每个国民都能享有良好的医疗服务,新加坡政府实施了医疗救助计划。医疗救助计划同其他社会救助项目相同,依靠政府的拨款资助。

新加坡的这种强制储蓄型医疗保险有利于增强个人的自我保障意识,政府实施的医疗保险计划也满足了国民更高层次的医疗需求。同时,政府对医院和医生的管理降低了医疗成本,提高了医疗服务的效率。

三、生育保险

(一)生育保险的含义

生育保险是在妇女劳动者因生育子女而暂时丧失劳动能力时,由社会保险机构给予必要的物质保障的一种社会保险。该概念包括三层含义:一是向法定范围内的劳动妇女支付在生育期间暂时丧失劳动能力所导致的经济损失和生育期间的额外损失;二是生育保险的对象只是劳动妇女;三是生育保险受人口政策的制约,不同国家人口政策的不同使其生育政策存在差别。

(二)生育保险的内容

1. 生育津贴

生育津贴是指对职业妇女因生育而暂时离开工作岗位、中断工资收入时,按照国家规定以现金形式发给的一项保险待遇。由于各国的政治环境、经济状况不同,生育津贴标准和支付期也就各异。大多数国家规定生育津贴等于妇女生育前的收入;少数国家规定其不少于原工资的50%。各国对支付期限的规定也不一样:法国为16~26周;美国加利福尼亚等5个州为26周;芬兰为33周。我国曾在很长一段时间内将生育津贴称为产假工资,1994年更名为生育津贴。目前在实行生育保险统筹的地区,原则上按照本企业上年职工月平均工资计发生育津贴,期限一般为98天。

2. 生育医疗服务

生育医疗保险是生育保险待遇之一,它是由医疗单位对怀孕、分娩和产后的妇女提供咨询、体检、接生和必要的治疗等。大多数国家提供从怀孕到产后的医疗保健以及治疗,部分国家还为新生儿提供特殊护理、全套用品及食品。我国生育医疗服务项目包括孕期检查、接生、手术、住院、药品和生育引起疾病的治疗,在开展医疗费用统筹的地区,所需费用由生育保险基金支付。

(三)生育保险的给付条件

生育保险的给付条件一般包括三点:① 被保险人在产假期间不再从事任何有报酬的工作,雇主也停发了其工资。② 被保险人所缴纳的保险费的时间必须在规定标准以上。③被保险人在产前的工作时间必须达到一定的年限要求。我国根据社会发展和计划生育政策的需要,规定生育保险的给付对象必须是达到结婚年龄、符合计划生育政策而生育的女职工。

四、工伤保险

(一)工伤保险的定义

工伤保险又称职业伤害保险,它是以劳动者在劳动过程中发生的各种意外事故或职业伤害为保障风险,由国家或社会给予因工伤、接触职业性有毒有害物质等而致残者、致死者及其家属提供物质帮助的一种社会保险。工伤保险对于在现代化生产条件下的劳动者具有特别重要的意义和作用。高新技术在生产中的应用,对人类社会的发展和社会经济的繁荣起到了巨大的作用;但与此同时,各类工业伤害和职业病也相继大量发生。因此,建立工伤保险给予伤残者以经济补偿和提供生活保障是很有必要的。

社会保险旨在保障职工的基本生活,故工伤补偿的范围通常需要有严格的界定。对直接影响职工本人及其家属生活,直接影响实现劳动力再生产所需的费用——工资收入,工伤补偿保险将给予适当补偿;而对于职工的其他收入,如兼职收入则不予补偿。

职业上的疾病依其发生的状态及性质,可以分为两类:一类为因灾害发生的疾病。如由于企业发生火灾,职工被烧伤,这属于一种灾害性疾病;另一类为工作上处理或接触特殊物质,或在特殊工作环境中长期作业而引起的慢性中毒等疾病。此类非因灾害所引起的疾病为职业病。为了便于对职业病的认定,各个实施伤残社会保险的国家通常都规定有职业病的种类及适用范围,我国也有自己的规定。

(二) 工伤保险的基本内容

工伤保险主要包括性质区分、伤害程度鉴定和现金给付标准等内容。

1. 性质区分

社会保险机构首先要区分事故的性质,即区分工伤与非工伤。对工伤事故按工伤社会保险的规定办理(包括各种职业病),对非工伤事故则只能按照非工伤事故的处理办法来处理。工伤所享受的是社会赔偿保险待遇,非工伤所享受的是社会救济待遇,这两者不能混同。

2. 伤害程度鉴定

工伤事故发生后,需要由专门的机构来进行伤害程度鉴定。一般而言,有"暂时丧失劳动能力""永久丧失劳动能力""部分丧失劳动能力""全部丧失劳动能力"等几种情况。事实上,各国关于伤害程度鉴定的标准是不统一的,这也是工伤保险中技术性强、要求十分严格的一环。

3. 现金给付标准

(1)暂时伤残给付。

暂时伤残给付是指劳动者因受伤而损失的工资收入,由保险人给予相当的补偿,以维持其基本生活。它需要考虑给付标准、给付期限和给付等待期等问题。①关于给付标准:一方面要考虑劳动者的生活水平,另一方面还要考虑各关系方的负担能力。1964年国际劳工大会规定为原有工资的60%。②关于给付期限:大多数国家规定为26周,最长也有超过52周的。同时,许多国家还规定,医疗期满还需继续治疗的,可以延期。还有一些国家没有治疗期限限制,可以直至伤愈为止。③关于给付等待期:等待期即劳动者受伤后,必须经过相当长的期间才能获得现金给付。原先各国一般都规定有等待期,一般为3~7天。国际劳工大会1952年规定,等待期不能超过3天;1964年又修改了规定,要求保险机构在被保险人从丧失劳动能力的第一天起就必须支付暂时伤残金,不需要任何等待期。目前,多数国家都接受了这一规定。

(2)伤残年金。

永久性伤残又分为永久性局部伤残和永久性全部伤残两种。前者指永久性丧失部分工作能力;后者则指永久性丧失全部工作能力。永久性全部伤残的给付一般采用年金制,其金额一般为本人过去收入的66%~75%。国际公约规定为原工资的60%。永久性局部伤残的给付一般以伤残部分的轻重为依据,许多国家都以法令规定了局部伤残与给付的对照表。

(3)死亡给付。

死亡给付包括死者的丧葬费用和遗属给付。丧葬费用一般为一次性的;遗属给付有一次性给付与年金给付两种,但大都采取年金形式。给付标准一般按照被保险人的平均工资数额的百分比计算,或者按年金数额的百分比计算。一般规定,给付不得低于工资最高限额的30%~50%,年金给付总额不得超过被保险人的工资总额。

五、失业保险

失业保险是指被保险人在受到本人所不能控制的社会或经济因素的影响,由此造成失业时,由社会保险机构根据事先约定,给付被保险人保险金,以维持其基本生活水平的保险。

(一)失业保险的给付条件

失业保险的根本目的在于保障非自愿失业者的基本生活,促使其重新就业。为避免该制度在实施过程中产生逆选择,各国均严格规定了保险给付,即享受失业保险待遇的资格条件。这些条件归纳起来有:

1. 失业者必须符合劳动年龄

更确切地说,必须是处于法定最低劳动年龄与退休年龄之间的劳动者,才可能享受失业保险。这样规定是为了保护未成年儿童,使之健康成长。各国均明文规定,严令禁止使用童工。未成年人不参加社会劳动,也就不存在失业问题;而老年人不负有法定的社会劳动义务,他们已为社会做出了自己的贡献,并可享受养老保险,故也不应列入失业保险保障的范围。可见,失业保险为失业后的补助措施,是在职保险。

2. 失业者必须是非自愿失业

非自愿失业是指非出于本人意愿,而由非本人能力所能控制的各种社会或经济的客观原因所导致的失业。它通常包括以下四种情况:① 季节性失业,这属于一种暂时性失业;②摩擦性失业,它一般是由企业经营不善而倒闭所引起的失业;③不景气失业,这是由经济不景气所导致的就业机会缺乏而引起的失业;④ 结构性失业,这是由于生产方式和结构变化,工人无法满足新的生产技术的要求而产生的失业。为了防止失业者养成懒惰及依赖的心理,各国均规定,对于那些自愿失业者、过失免职者、拒绝工作者以及因劳资纠纷参加罢工而导致失业者,不给付失业保险金;有的时候则规定一个较长的等待期。

3. 失业者必须满足一定的资格条件

为了贯彻社会保险权利与义务对等的基本原则,各国一般都规定了失业者必须具有的享受保险给付的资格条件。这些资格条件通常可以分为四类:第一,缴纳保费期限的条件;第二,投保年限的条件;第三,就业期限条件;第四,居住期条件。

4. 失业者必须具有劳动能力和就业愿望

失业保险所保障的是那些积极劳动力中的失业者。失业者是否具备劳动能力,由职业介绍所或失业保险主管机构根据申请报告或申请人的体检报告来确定。由于疾病、生育、伤残或年老而离开工作者,属于社会保险其他分支的保障对象。为了检验失业者的就业意愿,各国在有关法律中均作了有关规定,主要包括以下几点:

(1)失业者必须在规定期限内到职业介绍所或失业保险机构进行登记,要求重新工作。

(2)失业期间需定期与失业保险机构联系,并报告个人情况。这样规定是为了进行失业认定。失业保险机构审核后发放保险金,并及时掌握失业者就业意愿的变化,向其传递就业信息。

（3）接受职业训练和合理的工作安置。若失业者予以拒绝，则失业保险机构可以认定其无再就业意愿，并停止保险金的发放。在处理合理的就业这一类问题时，失业保险机构主要考虑的问题是当事人的年龄、工作时间的长短、失业时间、劳动力的市场状况，以及新安置的工作与失业前职业的相关性，即劳动特点、工作能力、工作收入、技术业务类型与转业训练科目等。此外，还应考虑工作地点与家庭居住地的距离等因素。

（二）失业保险的给付原则

在确定失业保险给付水平时，从保障的目的出发，各国普遍遵循以下原则：

1. 给付标准一般低于失业者在职时的工资水平，并在一定时期内给付

超出规定期限，则按社会救济的水平给付。因为过高的待遇，既会增加失业保险的财务负担，又易于使失业者滋生懒惰或依赖心理，坐吃失业保险金而不愿意重新就业，从而导致逆选择。

2. 确保失业者及其家属的基本生活需要

劳动者失业后，失业保险金是其主要的收入来源。因此，失业者及其家属的生活水平也由保险金给付水平确定。为维持失业者的正常生存，保护劳动力，失业保险应向其提供基本生活保障。

3. 在发挥社会保险功能的同时，维护权利与义务对等的原则

劳动者失业后获得基本生活保障的权利，需以其向社会尽劳动义务、缴纳保险费为前提。因此，失业保险给付应与被保险人的工龄、缴费年限和原工资收入相联系，使工龄长、交费次数多、原工资收入高的失业者获得较多的失业保险金。

（三）失业保险的给付规定

根据以上三个原则，在具体确定失业保险给付时，需要考虑两方面的内容：一是给付期限，二是给付比率。

1. 给付期限

由于失业发生在一定时期内，因此，失业保险不可能像其他社会保险分支那样对被保险人进行无限期的给付，而是根据平均失业时间确定一个给付期限。从这个意义上来说，失业保险属于短期社会保险。关于失业保险的给付期限，大多数国家都有限制，一般为半年。有些国家还规定，在给付期满后，如果被保险人的收入或财产在一定标准以下，他还可以获得失业补助金或其他救济金。有些国家依照被保险人失业前的就业时间或缴费次数来决定给付期限。

2. 给付比率

关于失业保险的给付比率，各国规定不尽相同，其计算方式也各异。归纳起来，大致有以下两种情况：

(1)工资比率制。即失业保险金以被保险人在失业前一定时期内的平均工资收入,或某一时点上的工资收入为基数,依据工龄、受保年龄、工资水平或缴费年限,确定百分比计发。其中的工资基数又分为工资总收入、标准工资、税后工资几种。而计算的百分比又有固定、累退和累进三种方式。此外,一些国家还规定了工资基数的最低额和最高额。

(2)均一制。即对符合资格条件的失业者,一律按相同的绝对额进行给付,而不论失业者失业前工资的高低。

第三节　中国的社会保险制度

社会保险制度是中国社会保障体制中的主体内容,以中华人民共和国成立为起点,经过七十多年的发展,社会保险从无到有、从城镇到农村、从职工到居民、从碎片到整合,不断发展和完善。目前,其已经为就业人群建立了养老等五项社会保险,为非就业人群建立了基本养老保险和医疗保险制度。

一、中国社会保险制度的特点

在发展的进程中,中国社会保险最大的特点是制度的缺位与福利的早熟并存。制度的缺位是指对农民的保障制度缺位,福利的早熟是指城市中某些项目福利水平太高。20世纪90年代以前,中国原有的社会保障制度是城乡两个截然不同的、封闭的、两条平行线上运行的二元结构。户籍制度这道屏障,保护着城镇居民生活在享受包括充分就业、社会保障、义务教育、福利住房、公共设施供给等福利的高地;而在农村,除了少数人口受到社会救助制度的保护外,其他农村人口被排除在社会保障制度及其他福利制度外。直到21世纪初农村才开始真正意义上的社会保险制度建设。

二、中国社会保险制度的历史沿革

(一)中国城镇职工社会保险制度的沿革

中国城镇职工社会保险制度的历史可以分为两个阶段:企业保险或国家保险阶段和社会保险阶段。1997年统一城镇职工基本养老保险制度的建立可以看作企业保险向社会保险转变的开端。

第一阶段,城镇职工的各项保险是以企业(单位)为风险分散单位的,所以我们可以称其为企业保险,同时,在国有经济一统天下的情况下,保险的最后责任人是国家,所以在这个意义上它又是国家保险,这是“苏联模式”。1951年2月政务院公布了《中华人民共和国劳动保险条例》,标志着中华人民共和国的社会保险体系的建立,其保障对象是企业职工,保险项目包括疾病、负伤、生育、医疗、退休、死亡和待业等。企业按月缴纳全部职工工资总额的3%作为劳动保险金,其中的30%存于中华全国总工会作为总基金,70%存于企业基层工会,基金由中华全国总工会委托中国人民银行管理。中华全国总工会是全国劳动保险事业的最高领导机构,中华人民共和国劳动部是全国劳动保险的最高监督机构。与此同时,机关事业单位也相应建立了由财政支持的退休金制度、公费医疗制度和"单位福利"制度,其中公费医疗制度的覆盖人群包括大学和专科学校的在校学生。

从20世纪50年代初到1966年,社会保障制度有基金、有管理、有监督,基金的收集、管理和监督是分立的,在人口老龄结构轻且经济发展较快的情况下,这一制度运行良好。1966年后,社会保险制度转变成企业保险制度。"文化大革命"开始后不久,中华全国总工会停止了工作,财政部规定,企业退休职工的退休金改在营业外列支,劳动保险业务由各级劳动部门管理。这样,基金制度没有了,一部分的社会统筹也没有了,变成了地道的企业保险制度。从保险理论的角度看,这一改变是一种退步,因为它违背了保险大数法则的前提。企业保险制度之所以能够运行,原因有两方面:一方面,此时企业人口结构年轻化,退休人口不多,养老负担不重,医疗负担也不重,直到1978年,仍由30个在职人员来养一个退休人员;另一方面,在各行业、各企业内部,赡养率虽然也是不同的,但是当时国有企业几乎是一统天下,而国有企业的最后"负责人"都是国家,企业的盈亏、负担的轻重无关企业的痛痒,反正都是国家的事,所以人们对企业保险制度并无太敏感的反应。

第二阶段,20世纪80年代初,城镇开始进行由计划经济向市场经济的改革,同时人口老龄化问题开始显现,在这种背景下,1984年中国的社会保险制度进入改革阶段。中国社会保险制度改革首先是从医疗保险开始的,当以企业为单位的公费医疗制度日益成为企业的负担时,20世纪90年代初,开始了对医疗保险制度改革的尝试。经过几十年的努力,中国已经为城镇职工建立了较为完善的社会保险制度体系,项目包括城镇职工基本养老保险、城镇职工基本医疗保险、失业保险、工伤保险、生育保险五个险种。

伴随着企业职工基本社会保险制度的改革完善,机关事业单位的公费医疗制度和退休金制度也在逐步改革,改革的方向是和企业职工基本社会保险制度并轨。医疗保障制度的改革进展较快,目前并轨已基本完成。退休金制度的改革稍缓,2015年1月《机关事业单位工作人员养老保险制度改革的决定》公布,并轨开始全面实施。至此,城镇职工在五项基本社会保险制度上并行运行的时代正式开启。

(二)中国城乡居民社会保险制度的沿革

在2003年新型农村合作医疗制度建立前,中国并没有为城乡居民单独建立严格意义上的社会保险制度。但保险式的养老、医疗风险分摊机制也一直在探索,且合作医疗制度、家庭联保的劳动保险制度为城乡居民也提供了相当程度的保障,其时代意义影响深远。

合作医疗体系是为农民提供预防性服务、基础医疗服务以及医疗费用发生后进行补偿而筹集资金和支付的系统。制度以集体经济和人民公社制度为依托,以自愿、互惠和适度为原则,以集体公益金和社员的供款为资金来源。发轫于20世纪50年代的合作医疗制度,到1976年已经使93%的农村人口得到了医疗服务和费用分担方面的益处。

从20世纪50年代开始一直到经济体制转轨的近30年时间内,赤脚医生和合作医疗制度以及公社保健站一起构成了中国农村医疗卫生服务的"三件法宝"。这种异于西方强调技术、治疗的以预防为主的卫生体系可以说彻底改变了中国农村地区的卫生状况,世界卫生组织也有感于这样伟大的成就,在1978年召开的阿马阿塔(Alma Ata)会议上,将中国的医疗卫生体制推崇为世界范围内基层卫生推动计划的模范。

随着1978年农村开始实施家庭联产承包责任制,集体经济瓦解,到20世纪80年代末90年代初,农村仅有的一项覆盖人口最多的保障制度崩溃了。农民看病难、看病贵的问题在农村逐渐积累,为了解决这一问题,政府主导的新型农村合作医疗(以下简称"新农合")于2003年开始试点并迅速推广。

对农村居民养老保险制度的探索始于20世纪80年代1992年民政部出台《县级农村社会养老保险基本方案(试行)》,确定以县为基本单位开展农村社会养老保险,坚持自助为主、互济为辅的原则,采用的是纯个人账户模式,其实质是个人自愿储蓄制度。1999年,由于存在诸多问题,国务院下发通知,对农村社会养老保险进行整顿规范,并要求停止接受新业务。经过10年的真空期,时至2009年,新型农村社会养老保险开始试点。

在2007年前,城镇居民的医疗保障由实行家庭联保的劳动保险制度和公费医疗制度提供,劳动保险制度下企业员工供养的直系亲属患病时,可在指定医院免费诊治,手术费及普通药费由企业负担一半。随着劳动保险制度的消逝,20世纪90年代新建立的城镇职工基本医疗保险制度将"一老一小"排斥在保障制度外,城镇居民看病难、看病贵的问题迅速凸显,直至2007年城镇居民基本医疗保险制度的建立才逐步得以缓解。在基本医疗保险制度建立后不久,2011年城镇居民基本养老保险开始试点。至此,覆盖城乡居民的基本养老、医疗保险在制度上实现了全覆盖。

2014年2月《国务院关于建立统一的城乡居民基本养老保险制度的意见》(国发〔2014〕8号)颁布实施,新农保和城居保两项制度在全国范围内合并实施,统一的城乡居民基本养老保险制度正式登上历史舞台。与此同时,在城乡统筹的大背景下,多个地区也相继开始了对城乡居民基本医疗保险制度的整合。2016年,印发《国务院关于整合城乡居民基本医疗保险制度的意见》(国发〔2016〕3号),正式开启城乡医保统筹政策的全面实施。

三、中国社会保险制度的现状

经过制度整合,目前中国的社会保险制度包括面向城镇职工的基本养老保险、基本医疗保险、失业保险、工伤保险和生育保险,面向城乡居民的基本养老保险和基本医疗保险。此外,为满足人口老龄化背景下的养老需求,我国于2016年开始试点长期护理保险,目的是在被保险人丧失日常生活能力、年老患病或身故时,提供护理保障和经济补偿。该制度被称为社会保险的"第六险",目前仍在试点阶段。

除各单项制度外,2010年10月28日通过、2018年修订的《中华人民共和国社会保险法》是中国社会保险事业发展遵循的主要成文法。

表8-2是中国社会保险基本情况。为适应经济社会发展的需要,更好地保障职工生育保障待遇、增强基金共济能力、提升经办服务水平,2019年3月6日,《国务院办公厅关于全面推进生育保险和职工基本医疗保险合并实施的意见》(国办发〔2019〕10号),做出了生育

保险与职工医疗保险合并实施的任务部署。目前,部分地区已完成合并工作。表格最后一列是尚未完成合并工作地区的生育保险相关数据。截至2022年底,基本养老保险、基本医疗保险、失业保险、工伤保险、生育保险参保人数分别为105287人(其中职工养老保险50335万人、居民养老保险54952万人)、134592万人、23807万人、29117万人、24621万人。

表8-2　2022年末中国社会保险基本情况

	城镇职工基本养老保险	城乡居民基本养老保险	城镇职工基本医疗保险(含生育保险)	城乡居民基本医疗保险	失业保险	工伤保险	生育保险
参保人数(万人)	50355	54952	36243	98349	23807	29117	24621
基金收入(亿元)	63324	5609	20793.27	10128.90	1596	1053	—
基金支出(亿元)	59035	4044	15243.80	9353.44	2018	1025	951.35
年度结余(亿元)	56890	12962	23340.82	7534.13	2891	1440	—

数据来源:《2022年度人力资源和社会保障事业发展统计公报》;《2022年全国医疗保障事业发展统计公报》。

四、中国社会保险的基本内容

(一)基本养老保险制度及其现状

1. 城镇职工基本养老保险制度的主要内容

1997年《国务院关于建立统一的企业职工基本养老保险制度的决定》(国发〔1997〕26号)颁布实施,标志着城镇职工基本养老保险制度正式建立。经过几年的探索和修正,特别是2005年的调整,制度框架基本形成,主要内容如下:基本养老保险强调提供基本养老收入保障,目标保障水平为社会平均工资的59.2%,目标水平比改革前退休金的水平低,这为商业保险的发展创造了空间。

基本养老保险制度在所有制方面实行社会统筹与个人账户相结合,费用由企业和职工个人共同负担,企业的费率为职工工资的20%,缴费进入社会统筹,用于当期退休金的支付,即实行现收现付制度;职工个人缴费为本人工资的8%,缴费进入个人账户,实行基金积累制,个人账户属个人所有,不具备再分配的性质。参保缴费基数下限和上限分别为当地上年社会平均工资的60%、300%。

基本养老保险提供的养老金由两部分组成,一部分是基于社会统筹发放的基础养老金,另一部分是个人账户养老金。基础养老金以当地上年度在岗职工平均工资和本人指数化月平均工资的平均值为基数,缴费每满1年发给1%。个人账户养老金月标准为积累额除以计发月数,计发月数根据职工退休时人口预期寿命、本人退休年龄、利息等因素确定,但针对50岁、55岁以及60岁退休的实际计发月数规定为195个月、170个月和139个月。同时,制度规定基本养老保险待遇设有随物价和工资上涨的调整机制。

基本养老保险待遇的领取条件是达到法定退休年龄和最低缴费年限满15年。目前中国关于职工法定退休年龄的政策普遍沿用几十年前的规定,即男性的退休年龄为60岁,女性干部和女性职工分别为55岁和50岁。虽然近年关于延迟退休的呼声不断提高、试点改革也不断出现,但统一的规定尚未出台。

2. 城镇职工基本养老保险制度存在的问题

1997年至今,基本养老保险制度发展迅速,资金来源多元化、管理规范化,独立于机关事业单位外的社会养老保险制度为数以亿计的退休人员提供了收入保障,到2022年,全国参加城镇职工基本养老保险的人数已经达到50355万。但在迅速发展的同时,我们也可以看到一些很严重的问题。

(1)统账结合、混账运行的结构性问题。制度设计的初衷是以社会统筹兼顾公平、以个人账户兼顾效率,但由于转制成本没有相应的机制消化,个人账户一直被挪用以弥补统筹给付的不足,这导致个人账户一直处于"空账"状态,至2013年个人账户规模达到3.5109万亿元,其中做实的只有4154亿元。而个人账户资产计息问题又一直得不到解决,按照2005年修正后的制度设计,个人账户的投资收益率必须和社会平均工资同步才能实现制度的替代率目标。自1997年来,社会平均工资以13%的增速上涨,很显然如此之高的计息率几乎不可能实现。在个人账户空账的同时,至2013年,制度中产权不清的总结余却已达3.1275万亿元,但如此大规模的资产年增值幅度却只有一年期银行存款利率的水平。个人账户的改革问题、基金保值增值问题已经到了非解决不可的地步。

(2)低门槛参保、低缴费约束的参数问题。从2005年开始,通过设计低档费率(20%)等低门槛,城镇职工基本养老保险制度覆盖面迅速向个体工商户和灵活就业人员扩展,扩面后制度参保人数迅速上涨,占城镇就业人数的比例由2004年的44.88%上升到了2022年的68.65%,且由于扩面主要针对工作年龄人口,制度总体赡养比在近10年一直较平稳。但在这些即期正面效应的背后,是极重的远期支付承诺,大量参保人以低门槛进入,在现行给付已严重破坏制度精算原则且给付仍会刚性增长的情况下,未来的制度负担会迅速加重。在扩面埋下远期财务压力的同时,支持制度运行的基本参数被侵蚀严重,由于征缴约束性差、参保人道德风险重,参保人中选择社会平均工资60%作为缴费基数的、选择最低缴费年限的、选择提前退休的比例都非常大,这些低参数参保行为严重影响了制度的征缴收入,这导致财政对制度的补贴逐年上涨,2013年单年度补贴已经超过3000亿元。

(3)替代率下降、养老金上调的压力问题。自1997年以来,养老金替代率水平总体呈现下降趋势,至2022年人均养老金对社会平均工资的替代率已经只有46.78%的水平。面对替代率下降的压力,从2005年开始,职工基本养老保险待遇被连续上调20次(每年增长10%左右)至部分地区甚至已经出现养老金和在职者工资水平"倒挂"的现象,养老金的政策性上涨与制度设计的计发办法几乎脱钩。替代率下降和养老金人为上调对制度长期健康发展都构成压力,这对补充养老金、待遇调整机制等基本养老保险发展的配套措施提出了要求。

(4)养老金并轨的问题。根据2015年1月颁布的《国务院关于机关事业单位工作人员养老保险制度改革的决定》(国发〔2015〕2号),机关事业单位的退休金制度和城镇职工基本养老保险制度并轨。目前的职工制度已经问题丛生,大规模的改革将会在近年进行,将机关事业单位员工纳入一个有问题的制度这会放大制度弊端的破坏性,同时,制度转型也会带来数额庞大的转制成本。最重要的一点,养老金并轨更多的是对社会舆论关于养老金待遇差距过大的回应,但机关事业单位向职工基本养老保险制度的并轨是有完善的职业年金作为配套的,待遇差问题在中短期将会继续存在,对公平性问题的舆论进行合理疏导亟须完善。

3. 城乡居民基本养老保险制度现状

2014年2月《国务院关于建立统一的城乡居民基本养老保险制度的意见》(国发〔2014〕8号)颁布实施,2007年开始试点实施的新农保和2011年开始试点实施的城居保两项制度在全国范围内合并实施,至2023年年底,全国参加城乡居民基本养老保险的人数为54522万人,全国城乡居民基本养老保险基础养老金最低标准也提高至每人每月123元(最初为55元)。

城乡居民基本养老保险在制度模式上参照职工制度设计了基础养老金加个人账户养老金相结合的待遇支付政策。政府对符合领取城乡居民养老保险待遇条件的参保人全额支付适时调整的基础养老金,个人缴费、地方政府对参保人的缴费补贴、集体补助等全部计入个人账户。个人账户储存额按国家规定计息。个人账户养老金的月计发标准为个人账户全部储存额除以139。参保人死亡,个人账户资金余额可以依法继承。城乡居民基本养老险的领取条件为年满60周岁、累计缴费满15年,且未领取国家规定的其他基本养老保障待遇。

由于绝大多数的参保人都选择以最低缴费档次参保,目前城乡居民基本养老保险制度的实质是"老年津贴+低额个人储蓄"。

(二)基本医疗保险制度及其现状

中国现存城镇职工基本医疗保险和城乡居民基本医疗保险制度的覆盖率基本稳定在95%以上。城镇职工基本医疗保险为城镇就业人口提供保障,城乡居民基本医疗保险为城镇非就业人口和农村居民提供保障。

1. 城镇职工基本医疗保险制度及其现状

1998年12月,《国务院关于建立城镇职工基本医疗保险制度的决定》颁布,城镇职工医疗保险制度改革工作在全国范围内全面推进。城镇职工基本医疗保险制度的建制思路与职工基本养老保险基本一致,制度的主要内容包括:

(1)参保人群上,城镇所有用人单位的职工和退休人员都必须参保。

(2)基金及其筹资上,基本医疗保险基金由统筹基金和个人账户构成。职工个人缴费(一般为本人工资收入的2%左右)全部计入个人账户。用人单位缴费(在职职工工资总额的6%左右)分为两部分,一部分用于建立统筹基金,另一部分划入个人账户。划入个人账户的比例一般为用人单位缴费的30%左右。退休人员不缴费,同时在个人账户计入金额上给予照顾。

(3)基金支付上,个人账户主要支付门诊费用,统筹基金支付住院费用。基金支付受起付线、报销比例和封顶线约束。起付标准为当地职工年平均工资的10%左右,最高支付限额为当地职工年平均工资的4倍左右,起付标准以上、最高支付限额以下的医疗费用,主要由基金支付,但个人也要负担一定比例。

（4）保障范围上，通过药物目录、诊疗项目目录和医疗服务设施目录加以控制。被保人在三个目录范围内利用医疗服务、药物或设施所发生的费用，医疗保险按规定给予补偿。

（5）运行机制上，基本医疗保险的经办机构是该制度的执行主体，它按相关政策确定定点的医疗机构和药品零售机构、确定医疗费用结算机制体制、制定三个目录并进行价格指导。

根据《2022年医疗保障事业发展统计快报》，截至2022年底，全国参加城镇职工基本医疗保险人数已达到36243万，其中参保职工26604万人，参保退休人员9639万人，城镇职工医保基金（含生育保险）本年收支结余5479亿元，年末滚存结余35003.83亿元（个人账户结存13533.79亿元）。伴随着制度覆盖面的不断扩大，制度保障水平也在逐年提高，2007年以来，职工医保的实际补偿比一直在70%以上且逐步走高，各地职工基本医疗保险统筹基金支付的门诊大病范围也不断扩大，一些地方还建立了职工医保的普通门诊统筹，将个人自付超过一定限额的门诊费用纳入统筹基金支付范围。

在保障水平不断提高的同时，城镇职工基本医疗保险运行也存在一些问题，特别是关于个人账户和医疗费用的滥用与浪费问题。

（1）个人账户问题。基本医疗保险个人账户在理论上受到广泛的批评。保险是分散风险的机制，保费是分散风险的成本。在理论上，保费进入个人账户只能是风险自留的财务办法，而风险自留不是保险，它起不到分散风险的作用。在实践上，个人账户资金大量沉淀、浪费并被滥用于非医疗领域的消费。《中华人民共和国社会保险法》没有涉及建立基本医疗保险个人账户，但也没有指明现有的个人账户如何处理。虽然各地探索性的改革不断出现，但医疗保险个人账户到底何去何从，尚无定论。

（2）医疗资源的浪费与滥用。在统筹基金结余压力下，住院报销范围迅速向"非基本"扩张，这种为了消耗结余基金而滥用的现象不仅超越现阶段社会经济发展水平，而且很容易造成统筹基金的穿底。2013年全国有225个统筹地职工医保资金出现收不抵支，占全国城镇职工统筹地区的32%，其中22个统筹地区将历年累计结余全部花完。除了保障向"非基本"扩张外，医保政策"守门人"角色缺失助长医疗资源倒配，也导致了资源浪费。早期的职工医保制度没有基层首诊、双向转诊的制度安排，定点医疗机构多为高等级医疗机构，这不仅助长了居民的越级就医行为，还导致了有限医疗卫生资源的"倒金字塔"配置和医疗费用的不合理增长。

2. 城乡居民基本医疗保险制度及其现状

2003年，卫生部、财政部、农业部《关于建立新型农村合作医疗制度的意见》中要求建立新型农村合作医疗制度，并规定这一制度是"由政府组织、引导、支持，农民自愿参加，个人、集体和政府多方筹资，以大病统筹为主的农民医疗互助共济制度"。一般采取以县（市）为单位进行统筹，筹资采取以收定支、适度保障的原则。2003年可以看作新农合制度的建立年。继"新农合"后，2007年起开展城镇居民基本医疗保险（简称"城居保"）试点。"城居保"主要面对具有城镇户籍的没有工作的老年居民、低保对象、重度残疾人、学生儿童及其他城镇非从业人员。

2016年《国务院关于整合城乡居民基本医疗保险制度的意见》（国发〔2016〕3号）颁布，要求在全国范围内建立统一的城乡居民保险制度。2017年医保进入全面建成中国特色医疗保障体系时期。2018年国家医疗保障局成立,开启医保改革新征程。在党的十八大之后,我国医保制度越来越呈现"社会化"的特点,"单位化"特征越来越弱,也反映出医保制度发展体现责任分担,风险分散。

3. 大病保险制度及其现状

目前中国的大病保障机制包括始于2010年的内嵌于新农合的大病保障、始于2012年的重特大疾病救助、始于2012年的城乡居民大病保险。

2010年新农合开始探索大病保障,优先选择6种危及儿童生命健康、医疗费用高、经积极治疗预后较好的重大疾病开展试点工作。2012年,新农合将大病保障范围扩大到22个病种,并且新农合对相关病种的实际补偿比例提高到本省(区、市)限定费用的70%左右。同年1月,民政部等发布《关于开展重特大疾病医疗救助试点工作的意见》,重特大疾病医疗救助开始探索施行。8月,国家发改委等六部门颁布《关于开展城乡居民大病保险工作的指导意见》(发改社会〔2012〕2605号),建立城乡居民大病保险,作为对城镇居民医保和新农合发生高额大病医疗费用的补充。目前,城乡居民大病保险与新农合内嵌的大病保障机制有重合、有交叉。前者按经费报销,后者按病种补偿。

从2012年开始试点的大病保险,以力争避免城乡居民发生家庭灾难性医疗支出为目标,补偿标准为对大病患者经基本医保报销后的自负医疗费用的实际支付比例达到50%以上,大病保险的资金来源于城镇居民医保和新农合结余基金,其经营采取向商业保险机构购买的方式。

自试点推行以来,大病保险在缓解因病致贫、因病返贫的问题上起到了重要作用,对基本医疗保险起到了有效的补充作用。截至2022年,我国大病保险覆盖率已达90%以上,参保群众保障水平普遍提高10～15个百分点。

虽然已经取得了较大成就,但大病保险在运行中暴露的问题也十分突出,特别是业务的公益性性质,使得经办保险公司面临利润率限制等诸多制约,经营状况总体不太乐观。

(三)失业保险制度及其现状

失业保险在社会保险制度中是发展得较晚的一个项目,它为失业人口提供最低的生活保障并促使失业人口重新就业。它具有自动调节经济的功能:当经济繁荣、就业充分时,缴纳失业保险费的人口多而领取失业金的人口少,则一部分即期收入被储蓄起来,减少了部分总需求,对经济有冷却的作用;而当经济衰退时,失业增加,失业保险金支付增加,有效需求增加,对经济起良性作用,因而失业保险被称为经济的自动稳定器。在经济体制改革日益深化的情况下,隐性失业显性化,失业问题成为一个不可回避的问题,失业保险制度也就呼之而出了。

1999年1月《失业保险条例》发布并实施。失业保险的目的是保障失业人员失业期间的基本生活,促使其再就业。

(1)参保人群。城镇企事业单位职工都是失业保险的对象。这里的城镇企业包括国有企业、城镇集体企业、外商投资企业、城镇私营企业以及其他城镇企业。

(2)筹资渠道。城镇企事业单位按照本单位工资总额的一定比例缴纳的保险费和职工缴纳的失业保险费,失业保险基金的利息,财政补贴,依法纳入失业保险基金的其他资金。

(3)给付种类。失业保险金,领取失业保险金期间的医疗补助金,领取失业保险金期间死亡的失业人员的丧葬补助金和其供养的配偶、直系亲属的抚恤金,领取失业保险金期间接受职业培训、职业介绍的补贴。

(4)给付条件。按照规定参加失业保险,所在单位和本人已按照规定履行缴费义务满1年;非因本人意愿中断就业的;已办理失业登记,并有求职要求的。

失业人员失业前所在单位和本人按照规定累计缴费时间满1年不足5年的,领取失业保险金的期限最长为12个月;累计缴费时间满5年不足10年的,领取失业保险金的期限最长为18个月;累计缴费时间10年以上的,领取失业保险金的期限最长为24个月。重新就业后,再次失业的,缴费时间重新计算,领取失业保险金的期限可以与前次失业应领取而尚未领取的失业保险金的期限合并计算,但是最长不得超过24个月。

在就业形势严峻的背景下,失业保险基金累计结存数却高达数千亿规模,失业保险被广为批判,特别是2008年全球金融危机以来。

(1)覆盖面过窄。2000年失业保险的参保人数占城镇就业人员数的比例为45%,但至2015年的15年来不仅没有上涨,甚至已经下降到了2014年的43%左右。灵活就业人员在设计上就被排除在制度之外。

(2)受益率极低。2000年全年领取失业保险金的人数占年末参保人数比例为1.83%,此后上涨到2002年的4.32%后一路下滑,至2012年为1.34%。全球经济金融危机盛行的2008—2009年,受益率也仅为2.1%和2.46%。

过窄的覆盖面和过低的受益率使得失业保险促进就业、平滑经济波动的功能难有发挥,过低的待遇水平使得其生活保障功能微弱,不合理的支出结构又使得其预防失业的功能几乎没有发挥。正是由于失业保险的问题太多,2015年社会保险降费率的工作首先就从失业保险开始,其费率从原来的3%统一降至2%。

—— 本章小结 ——

1. 社会保险是国家立法强制征集社会保险费(税),并形成社会保险基金,当被保险人发生相关风险时,制度给以损失补偿或提供收入的风险分散制度,它主要包括养老保险、医疗保险、失业保险、工伤保险、生育保险。在社会保障的历史上有两个里程碑:一是德国在俾斯麦时期首创社会保障制度;二是在1935年美国建立全面社会保障制度,并将社会保障制度化。社会保险与商业保险既有联系也有区别。

2. 社会保险费(税)的计算、保费的征收、保费的负担方式、社会保险的财务制度以及社会保险基金的管理和运用构成了社会保险制度运作的主要内容。多数国家在保险费的筹集方面采用的是比例保险费制,负担主体多为雇主雇员双方;财务方面多为现收现付制度;基金多用于购买政府债券和公共投资。由于人口老龄化的发展,在养老社会保险项目上,一些国家开始采用完全或部分积累制;在基金运用上开始多样化投资模式。

3. 20世纪80年代开始,中国对以企业为单位分散风险的社会保险制度进行了改革,使之成为独立于企业外的社会化管理的社会保险制度。经过20多年的努力,在城镇逐步建立了基本养老保险、基本医疗保险、失业保险、工伤保险和生育保险。在城乡统筹发展的思想指导下,建立了城乡居民基本养老保险,并已完成了新农合和城镇居民基本医疗保险的整合工作。

—— 关键术语 ——

社会保险,比例保费制,均等保费制,现收现付制,完全积累制,养老社会保险,医疗社会保险,失业保险,生育保险。

—— 复习思考题 ——

1. 中国有商业保险,为什么还要建立社会保险制度?
2. 社会保险资金的征集方式主要有哪两种? 它们有什么区别?
3. 哪种养老保险制度能应对人口老龄化呢?
4. 如何控制社会医疗保险的成本?
5. 社会保险基金投资原则是什么? 主要有哪些投资方式可以选择?

第九章

其他保险

第一节　农业保险

农业保险(agriculture insurance)，是指以农业生产中的各类农作物的种植和各类畜禽的养殖作为保险对象，由经营农业保险的保险公司对从事各种种植业和养殖业的农业生产单位和个人遭受到的自然灾害和意外事故所造成的经济损失给予补偿的一种保险。国际经验与国内已有实践表明，农业保险的发展离不开政府的支持，包括财政税收、贷款政策等方面的支持。如美国的联邦农作物保险公司实质上是由美国政府投资设立的一家政策性保险公司；日本的村民共济制度获得了日本政府直接的财税支持。

农业保险之所以被世界大多数国家列为政策保险，主要是因为：①农业是国民经济的基础，但农业生产的投资收益率却大大低于第二、第三产业，因此农业发展客观上需要国家政策的支持。②农业风险的特殊性。农业风险单位与保险单位不一致，有时会给不了解这个特性的保险人或展业人员造成错觉，以为动员的被保险农户越多，承保的标的越多越能分散风险，岂不知如果是在一个风险单位内，承保的农户越多，承保的面积越大，风险反而越集中，风险损失会越大，保险人的经营风险也越大。③农业灾害发生的频率较高，损失规模较大。

一、农业保险概述

（一）农业保险的特点

1. 农业保险经营的高风险和高成本

农业生产的最大特点是自然再生产和经济再生产相互交织在一起，农业保险也必然要受到自然风险与经济风险的双重制约，因此农业保险面临着风险大、赔付率高的问题，保险人想通过经营农业保险赚取利润是相当困难的。

2. 农业保险在竞争性市场上的供求曲线难以相交

在自愿投保的情况下，农民对农业保险的购买受到支付能力的约束，也受到农业本身预期受益和农业保险预期收益不高的约束，加之农民一般不是风险规避者，决定了农民对农业保险的需求较低；而商业保险公司是根据其经营农业保险的成本和平均利润确定供给曲线的，在这种情况下两条曲线是不可能相交的。国内外实践表明，当政府愿意为农民提供一定的保费补贴，使农民实际支付的保费有所降低，如图9-1所示，需求曲线向右上方移动至D_1，此时的需求曲线与供给曲线可能会相交于A点。如果政府给保险公司提供经营费用补贴，供给曲线向右下方移动到S_1，此时需求曲线与供给曲线会相交于B点。

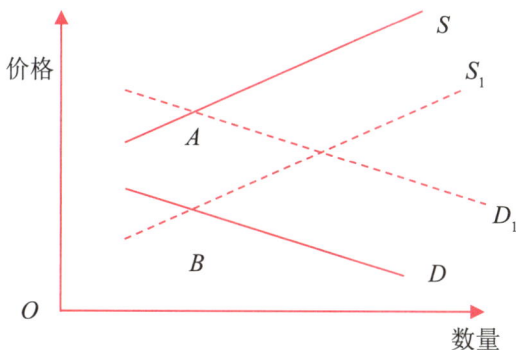

图9-1　在自愿保险条件下农业保险的需求和供给示意图

3. 农业保险的利益是外溢的

如上所述，农业保险完全按商业保险原则来经营，则会出现"供也冷、需也冷"的现象。这种"供求双冷"还有更深层次的原因，即农业保险所带来的最终利益是外在的——全社会的。这里我们用福利经济学的原理对此作一些理论分析。如图9-2所示，假定在没有农业保险时，农产品供给曲线是S_0，需求曲线是D，此时的消费者剩余是P_1AP_0，生产者剩余是P_0AO。农民购买农业保险后，农业保险有助于增加农产品的供给和降低农产品价格，必然使供给曲线向右下方移动。假如移动后的供给曲线是S_1，再假定农产品需求是缺乏弹性的，那么供给曲线的移动使农产品价格下降，均衡价格由P_0降到P_2。此时，消费者剩余净增量为P_0ABP_2，价格变化也使生产者剩余由原来的P_0AO变为P_2BO，而P_2BO可能比P_0AO大，也可能比P_0AO小，即生产者剩余的增量可能为正，也可能为负。但对整个社会来说，社会福利即社会剩余（消费者剩余与生产者剩余之和）的增量（即△ABO）总是正值。这说明引进农业保险提高了整个社会的福利水平,而社会福利增量取决于供给曲线的移动程度,即农民参与农业保险的程度和需求弹性。当农民的参与程度提高,农产品的供给弹性就会增大,同时需求弹性减小,社会福利的增量也会增加,即△ABO的面积扩大,但生产者剩余逐渐减少并向消费者转移。以至生产者的最终利益比引入农业保险前减少,从而导致农业的平均利润下降。从理论分析可知,引进农业保险,保险人并不得益,被保险农户只在一定阶段上从中获得利益,而广大消费者是最大的获利者。

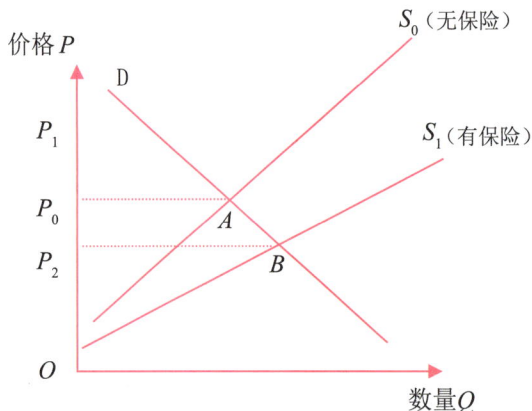

图9-2　消费者剩余示意图

4. 农业保险经营存在特殊的技术困难

首先,由于缺乏损失统计资料,年际损失差异又大,保险费率难以厘定;其次,由于各地区的灾害差异很大,合理的保险责任难以确定;再次,农业保险面广量大,种植业保险往往是大面积成片投保,养殖业保险往往是大规模成批投保,风险事故的发生往往集中度较高,只有投入较多力量才能开办这类保险业务;最后,保险标的分散可以降低风险集中度,但会导致定损理赔的工作量大。

(二)农业保险的险种结构

农业保险从大类来划分,可分为种植业保险、养殖业保险以及涉农保险,并在此基础上可以进一步细分。其险种结构可以用图9-3来表示。

种植业保险是指以农作物及林木为保险标的,对在生产过程中发生约定的灾害事故造成的经济损失承担赔偿责任的保险。按照投保农作物不同可分为六类:粮食作物保险、经济作物保险、蔬菜园艺作物保险、水果及果树保险、林木保险、其他种植业保险。

养殖业保险是指以饲养的畜、禽、水生动物等为保险标的,对在养殖过程中发生约定的灾害事故造成的经济损失承担赔偿责任的保险。其包括以下五类:大牲畜(指为了经济或其他目的而饲养的体型大、饲养周期较长的哺乳动物,主要有牛、马、驴、骆驼等)保险、小牲畜保险(猪、羊、兔等)、家禽保险、水产养殖保险、特种养殖(指稀有的、经济价值较高的,主要有鹿、獐、牛蛙、蛇等)保险。

涉农保险是指以农房、农机、渔船等为保险标的的农业保险。其中农房保险本是家庭财产保险的范围,但近十几年里,不少省份将农房保险列入民生政策,给予特别支持将其纳入农业保险的范畴。

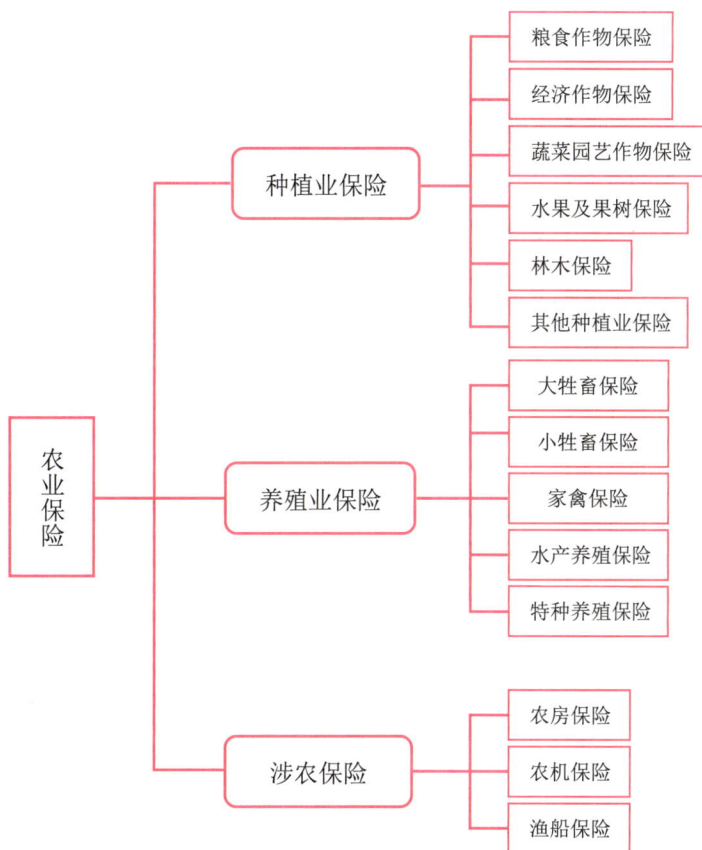

图9-3　农业保险的险种结构

(三)农业保险的具体规定

1. 保险责任

农业保险的保险责任一般有三种:一是单一危险责任,保险人仅对某一种危险所造成的经济损失给予补偿的保险,如麦场火灾保险、雹灾保险等;二是混合危险责任,它承保的危险责任不是一种而是多种,如烤烟种植保险一般承保多种自然灾害造成的损失;三是一切危险责任,是对农业生产过程中一切可能发生的危险都提供保障的保险,在农业保险实践中,承保人很少采用这种责任承担方式。

2. 保险金额

由于农业保险的保险标的具有自然再生产与经济再生产相结合、风险大、损失率高的特点,在保险金额的确定方面也与其他财产保险存在区别,总的要求是实行低保额制,以利保险人控制风险。在经营实践中,农业保险主要采取以下三种方式来确定保险金额。

(1)保成本。

保险人按照各地同类标的投入的平均成本作为计算保险金额的依据,据此确定的保险金额即是保险人承担责任的最高赔偿限额。其适用于生长期农作物保险、林木保险和水产养殖保险。在保险标的全损的情况下,保险人得按照保险金额全额赔偿;在部分损失的情况下,保险人的赔偿金额则是被保险人的收益与保险金额之间的差额。

(2)保产量。

保险人按照各地同类标的的产量确定保险金额,适用于生长期农作物保险、林木保险和水产养殖保险。生长期农作物可以农作物的预期收益量作为保险标的的价值,按照一定成数确定保险金额;林木保险的保险金额可以按照单位面积林木蓄积量确定;水产养殖保险则可以按照水产产品养殖产量的一定成数确定保险金额。

(3)估价确定。

这是指由保险人与被保险人双方协商确定投保标的的保险金额。如大牲畜保险,就可以根据投保牲畜的年龄、用途、价值等进行估价后按照一定成数确定保险金额。

此外,在农业保险中还有定额承保方式,或者根据投保标的的不同生长阶段来确定保险金额。

3. 保险费率

在费率方面,农业保险除考虑承保危险发生的可能性及其损害大小外,还要考虑保险金额和投保人的交费承受能力,一般采取低费率。

二、种植业保险

种植业保险是指以种植物生产为保险标的,以生产过程中可能遭遇的某些危险为承保责任的一类保险。种植业保险又分为农作物保险和林木保险。农作物保险又分为生长期农作物保险和收获期农作物保险,林木保险又分为森林保险和果树保险。

(一)生长期农作物保险

生长期农作物保险的保险标的包括粮食作物、经济作物和蔬菜果品等。承保的风险责任主要是洪水、大风、雹灾、干旱、低温等气象灾害。保险金额习惯上以亩产量为单位计算,具体计算有两种方法:一是按投入的生产成本确定保险金额;二是按平均收获量的一定比例确定保险金额。计算公式:亩保险金额 = 国家收购价格×正常年景3～5年平均亩产×承保比例(一般为50%～80%),总保险金额 = 亩保险金额×投保亩数。保险期限根据植物生长发育规律科学合理确定,一般有三种方法:①按照农作物生长周期确定,即从作物齐苗或移栽成活开始,直至作物达到生理成熟期为止。②按照农作物的工艺成熟期确定,工艺成熟期是指农作物的工艺加工最佳有效期,这一时期农作物的经济价值最高。③按照农作物的栽培目的确定,即从作物齐苗或移栽成活开始,按栽培目的,确定保险责任终止期。

生长期农作物保险的赔偿处理,对于全部损失,即农作物受灾后80%以上的植株死亡,没有实现该作物预期收获产品价值,则按保险金额赔偿,具体计算公式为:赔款 = 亩保险产量×单价×投保亩数。对于部分损失,一般采用"两次查勘,差额赔付"的方法,根据保险金额和实际收益之差,进行赔偿,具体计算公式为:赔款 =(亩保险产量－亩实际产量)×国家收购价×投保亩数。

（二）收获期农作物保险

收获期农作物保险的保险标的是收获后的农作物在场院中进行晾晒、轧打、脱粒和烘烤等初步加工的各种夏秋粮食作物和经济作物。保险期限根据农作物的加工时间来确定，一般只有1个月左右。保险责任分为单一责任和综合责任两种，单一责任就承保火灾一项，对其他自然灾害不承担责任，综合责任除承保火灾外，还承保暴风、冰雹等自然灾害所致的损失。保险金额一般以测定的当年平均亩产量为依据，计算公式：保险金额＝测定的当年平均亩产量×国家收购价×承保的种植亩数。承保单一责任的，可以足额投保；承保综合责任的一般只允许投保测定的当年平均亩产量的5成至6成。赔偿处理与生长期农作物保险基本相同。

（三）林木保险

林木保险是以国营林场、集体林场、果园和个体林农、果农营造及种植的人工林、天然林和各种果树为保险标的，因自然灾害和意外事故造成的损失，由保险人按照保险合同的规定予以经济赔偿的一种种植业保险。

三、养殖业保险

养殖业保险是指以各种处于养殖过程中的动物为保险标的、以养殖过程中可能遭受的某些危险为承保责任的保险。养殖业保险主要有牲畜保险、家禽保险和水产养殖保险等。

（一）牲畜保险

牲畜保险的保险对象较为广泛，但主要以役用畜（如牛、马等）和肉用畜作为保险标的。主要的承保责任是因疾病、自然灾害和意外事故造成牲畜死亡的损失。保险期限一般从约定起保日的零时开始，到约定期满24时止，保险期限一般为一年。为了防止道德风险，一般规定有20天的观察期，即在签单后20天内，牲畜正常，保险责任从第21天开始，如果在20天内牲畜死亡，保险人不负赔偿责任，但退还保险费。我国牲畜保险的保险金额一般为牲畜实际价值的70％以下。赔偿处理的方式有三种：①按账面价值投保的牲畜，按账面价值扣除残值后赔付；②由保险人与投保人双方协商评定保额的牲畜，按承保的保额扣除残值后赔付；③定额投保的牲畜，根据被保险人投保时选定的档次给予定额赔付，不扣除残值。

（二）家禽保险

家禽保险是指对商品性家禽生产过程中由于自然灾害、意外事故或疾病造成家禽死亡的损失保险。家禽保险的分类一般是根据家禽的种类、生产用途（目的）以及其生物学特性来进行的，一般分为养鸡保险、养鸭保险、养鹅保险等。由于生产目的不同，饲养周期和生产特点不完全相同，养鸡保险又可分为肉食鸡保险、蛋鸡保险等。

在家禽饲养过程中的下列风险事故都可以作为保险责任：①自然灾害，如雷击、龙卷风、暴风、暴雨、洪水、雹灾、雪灾、泥石流、崖崩等。②意外事故,如火灾、爆炸、触电、建筑物或其他物体倒塌等。③发生疫病(疾病)。④为了防止疫病蔓延,当地政府扑杀掩埋造成的损失。

家禽保险期限是根据家禽的饲养周期来确定的。由于家禽保险的保险标的不同、饲养期限长短不同、生长速度快慢不一,因此,各种家禽的保险期限长短不一。一般规定如下:在饲养周期一年内的保险标的,按饲养周期确定;在饲养周期超过一年的保险标的,一般按年限(通常1年)确定。主要有以下3种情况:①肉用禽的保险期限:从10日龄开始至家禽售前为止,一般为7—8周。②蛋禽保险期限:一般从开始产蛋起至产蛋期结束,一般为1年。③种禽保险期限:一般为1年。幼雏(0～6周龄)不予承保,这是因为在幼雏阶段,消化机能不健全、体温调节机能不完善、敏感性强、抗寒能力低、抗病力差、死亡率高。

(三)水产养殖保险

水产养殖保险是由保险机构为水产养殖者在水产养殖的过程中,对遭受自然灾害和意外事故所造成的经济损失提供经济保障的一种保险。其中,水产养殖是指利用海洋水域、滩涂和内陆水域中的可养面积,对鱼、虾、蟹、贝、藻类及其它水生经济动植物进行人工投放苗种、饵料和经营管理,以获取相应产品的生产活动,分为淡水养殖和海水养殖。水产养殖保险也分为淡水养殖保险和海水养殖保险。

1. 淡水养殖保险

凡是国有、集体、联户或个人所有的人工开挖鱼池(塘),水质正常,有换水设备,有一定的防灾防损设施,投放鱼苗的密度、种类、规格符合有关部门的技术规定,具备一定的养殖技术能力者,均可以其人工养殖的鱼类、虾类、蟹类作为保险标的,投保淡水养殖保险。

淡水养殖保险的保险责任主要有:①洪水、暴雨等自然灾害造成水漫堤岸决口引起的保险标的流失的责任;②连续阴雨、持续高温等恶劣天气引起的保险标的缺氧死亡责任;③经政法、技术等部门化验证实,确由水源污染、他人投毒、投掷爆炸物所造成的保险标的死亡责任。

淡水养殖保险的保险金额有两种确定方法:①保成本法,即以养殖成本确定保险金额;②保产量法,即根据最近连续3～5年的平均亩产量和平均市价及承保成数确定保险金额。保险金额= 亩平均产量×平均市价×投保亩数×承保比例。

淡水养殖保险的保险期限通常根据保险标的的养殖期来确定,养殖期不足1年的,按实际养殖期确定,养殖期超过1年的,则保险期限为1年。签发保险单后同样有10～20天的免责观察期。

淡水养殖保险的赔偿处理。发生保险事故后,保险人经查勘确认每亩存活率小于或等于5%时,可视为全损,按保险金额赔付;如发生部分损失,按损失程度赔偿。对于部分损失的赔付,当多次出险,累计赔付金额达到保险金额时,保险责任终止。

2. 海水养殖保险

海水养殖保险是指以海水水域进行人工养殖水产品,在出现灾害以后由保险机构提供赔付的一种保险。按照养殖对象不同,分为鱼类养殖保险、虾类养殖保险、藻类养殖保险、贝类养殖保险、海带养殖保险等。按养殖场所和养殖方式的不同,分为滩涂养殖保险、海上网箱(渔排)养殖保险、海上贻贝吊养保险、扇贝笼养保险和底播养殖保险。

国际上海水养殖保险承保的风险包括两大部分：自然灾害(风暴，暴风雨，海涌，海啸，海震，地震，火山爆发，洪水，雪崩，和/或泥石流)和意外事故(疾病、海藻或水母引起的赤潮、污染、水中缺氧、不完善的水供应、天敌、偷窃、碰撞)。但是由于国内保险技术相对落后，保险人对道德风险的控制手段有限，所以保险责任比国际同行要少一些，尤其对于水中缺氧、不完善的水供应、天敌、偷窃、碰撞等给予排除；同时对于南海和东海的部分水域因高温造成的保险标的的死亡责任，一般不予承保。

海水养殖保险的保险期限一般是保险标的的一个养殖周期。保险期限因不同的保险标的而各异，即使同一保险标的，又因气候差异而有先后和长短的不同。但是在保险责任生效前都有10~15天的观察期，另外，有的海水养殖险种不宜以自然年度来确定保险期限。

海水养殖保险的费率设计，一般应根据承保责任的多少，危险发生的概念大小，一次性最大损失的程度，免赔额或免赔率以及承保责任时间的长短等因素来确定基本费率，再加上业务经营的稳定系数(一般不低于纯损失率的10%)，营业费率(一般不低于单位保险标的保费的20%)两个部分，构成完整的费率体系。

第二节　出口信用保险

出口信用保险是以出口贸易中外国买方的信用为保险标的，或海外投资中借款人的信用为保险标的的保险，是信用保险中的一个重要险种。出口信用保险最早出现于19世纪末期，起源于欧洲几个国家，尤其是法国、英国、德国和瑞士的国内信用保险业务。第一次世界大战以后，为了适应国际贸易发展的需要，欧美一些国家中的少数私营保险公司开始办理出口信用保险。1919年，英国政府发布了第一个官方的出口信用计划，目的是鼓励向东欧等国家的出口。20世纪30年代资本主义大危机以后，许多西方国家为了重振出口贸易，先后成立了由政府直接经营或由政府授权的官方或半官方性质的出口信用保险机构经办出口信用保险，为本国出口商提供收汇风险的保障。进入70年代以后，随着国际贸易竞争的加剧，不少国家为了鼓励出口，纷纷经办出口信用保险，为出口商提供收汇风险保障。

出口信用保险虽起源于进出口贸易，但出口信用保险的发展并不是出口贸易发展的结果，而是出口贸易发展的一个重要条件。出口信用保险是国际上公认的贸易促销手段，它不仅是出口商获取银行贷款的前提条件，也是出口商开拓新市场、扩大出口的安全保障。

一、出口信用保险概述

(一)出口信用保险的特点

出口信用保险作为各国在国际贸易中争夺出口市场尖锐化的产物，是各国政府为推动本国出口贸易而采取的一项重要经济措施。出口信用保险以信用风险作为承保标的，具有如下特点：

（1）不以营利为经营目的。出口信用保险的首要任务是给出口商提供安全收汇保障，以便使出口商在遭受买方商业风险和政治风险而不能按时或不能收到货款时，及时得到赔付，解决他们的后顾之忧，同时，也为出口商获得银行融资提供了便利条件，即能够凭借出口信用保险单，获得银行的优惠贷款。当然，不以盈利为目的，并不意味着出口信用保险机构可以不讲成本效益，恰恰相反，出口信用活动中的高危险性要求出口信用保险机构强化风险管理，严格控制风险，力求以最小的成本换取最大的收益。

（2）政府政策扶持力度大。由于出口信用保险并不是直接对本国出口商或外国进口商提供贷款，而是对本国商业银行向本国出口商和外国进口商提供出口信贷可能产生的风险提供保障，这种特殊的承保风险和标的，决定了它离不开政府的扶持和参与。因此，各国政府在出口信用保险方面均直接介入其中，甚至由政府部门直接经营。政府一般通过制定法规、资金支持和税收优惠等手段来扶持出口信用保险的发展。

（3）风险管理要求较高。由于出口信用保险承保的不是某一实物而是出口商的收汇安全，而造成出口商不能安全收汇的风险又主要是进口国的政治风险，其出险概率不仅较大，而且不是保险人和被保险人所能控制的，因此，在出口信用保险业务经营中，对风险管理与控制的要求明显较高。

（二）出口信用保险的分类

（1）按卖方向买方提供信用期限长短不同，出口信用保险分为短期出口信用保险和中长期出口信用保险。

短期出口信用保险是指承保期不超过180天、出口货物一般是大批量重复性的初级产品和消费性工业产品出口收汇风险的一种保险。中长期出口信用保险是承保信用期在1年以上的出口贸易的保险，它一般适用于大型资本性货物，如飞机、船舶、成套设备等的出口。

（2）按保险责任的起讫时间不同，出口信用保险可以分为出运前信用保险和出运后信用保险。

出运前的出口信用保险的责任期限始于贸易合同生效之日，止于货物出运之时，它主要承保出口贸易合同签字后，出口商在支付了产品设计、制造、运输及其他费用后，由国外买方的政治风险和商业风险所导致损失的风险。出运后的出口信用保险的责任期限始于货物出运日，止于保险合同终止之时，它主要承保在商品出运后由国外买方的政治风险和商业风险所导致的出口商的货款不能及时收回的风险。

（3）按贸易活动中使用银行融资方式不同，出口信用保险可分为出口买方信贷保险和卖方出口信贷保险。

出口买方信贷保险承保卖方在向使用银行贷款的买方出口资本性货物时因买方所在国的政治风险和进口商的商业风险导致的损失，它适用于买方使用银行贷款项下的出口合同；出口卖方信贷保险承保在卖方信贷项下由卖方向买方出口资本品或半资本品时，因买方所在国的政治风险和进口商的商业风险招致的经济损失，它适用于卖方使用银行贷款项下的出口合同。

(三)出口信用保险的具体内容

1. 出口信用保险的承保风险

(1)政治风险,一般包括买方所在国实行外汇管制,禁止或限制汇兑;买方所在国实行进口管制,买方的进口许可证被撤销;买方所在国家颁布了延期付款的命令;买方所在国发生战争、骚乱、暴动或其他非常事件。

(2)商业风险,通常包括买方无力偿还债务或买方破产;买方收货后拖延支付货款;货物出运后买方违约拒绝收货或拒绝付款等。

2. 出口信用保险的责任限额

出口信用保险的责任限额是保险人承担信用风险的最高赔偿金额。由于不同买主的资信状况不同,保险规定其信用限额也不同,保险人将慎重地予以审批,确定其责任限额。责任限额一般包括三项内容:①保险单总限额,是指保险人对被保险人在12个月内所累计承担的最高赔偿限额。②买方信用限额,是指该保险单对被保险人向某买方出口货物承担的最高赔偿限额。如被保险人为某一买方申请10万美元限额,若被保险人向该买方出口收汇损失超过10万美元,保险公司只负责赔偿10万美元。③被保险人自行掌握的信用限额。它是保险人对经验丰富的被保险人给予其灵活处理日常业务的权力,以鼓励出口商同买方进行更多的交易。

3. 出口信用保险的保险费率

出口信用保险虽然是政策性保险,但在实务经营中还是按商业保险经营规则并根据风险大小制定适当的费率标准,一般而言,制定费率时一般考虑如下因素:①买方所在国的政治、经济及外汇收支状况;②出口商的资信、经济规模和出口贸易的历史记录;③出口商以往的赔偿记录;④贸易合同规定的付款条件;⑤投保的出口贸易额大小及货物的种类。

(四)出口信用保险的经营模式

(1)政府直接办理型。该模式是办理出口信用保险业务的机构本身就是政府的一个职能部门,其业务收入与赔款支出直接纳入国家预算,最有代表性的是英国的出口信用担保局和1930年成立的日本通产省贸易局输出入保险课,丹麦、瑞典和瑞士等国的出口信用保险制度亦属于此种类型。

(2)政府间接办理型。该模式是依照国家法律或政府命令,由国家财政出资组建国有独资保险公司,专门办理本国的出口信用保险业务,政府负责制定出口信用保险经营政策,同时提供资金上的支持和财务担保,但不介入公司的具体业务经营。如2001年12月成立的中国出口信用保险公司,加拿大的出口信用开发公司,澳大利亚的出口融资与保险公司等,均属于由政府设立全资保险公司办理出口信用保险业务类型。

(3)商业保险公司代理型。该模式是由政府委托一家商业保险公司出面代办出口信用保险业务,政府则负责制定相关政策,并承担危险责任。如德国的赫尔梅斯信用保险公司是一家私营保险公司,就是政府授权代办出口信用保险业务的机构,它每年的出口信用保险额均由德国政府预算决定。

(4)混合经营型。该模式是对出口信用保险业务采取部分由商业保险公司自己经营，部分代理政府经营的做法。办理出口信用保险业务的机构采用股份制，一般由政府或公共机构占有该机构超过半数以上的股权，政府作为最大股东控制公司的经营，不过公司除经营出口信用保险外，还可以经营其他商业保险业务。

(5)进出口银行兼营型。该模式的特点是既可提供出口信用保险及担保，又可提供出口信贷融资。如美国进出口银行(the Export and Import Bank of USA，EIB)是美国兼营出口信用保险业务的机构，它是由国会立法设立的独立机构。EIB 主要以保险及担保的方式为出口商提供政策性担保和保险，只经营商业不可保的出口信用保险和再保险业务，其出口信用政策明显偏向发展中国家。同时，EIB 高度重视扶持中小企业出口。EIB 的亏损由联邦财政补偿，但其贷款余额与表外或有负债的总和在任何情况下不得超过750亿美元，这样政府对信用风险可以从总量上加以控制。

二、短期出口信用保险

(一)适用范围

短期出口信用保险适用于被保险人按付款交单(D/P)、承兑交单(D/A)或赊账(O/A)等一切以商业信用条件付款，商品全部或部分在中国制造，信用期不超过180天的出口合同，一般是大批量的、持续的消费性货物出口。托收分付款交单和承兑交单，付款交单是指进口商支付货款后才能拿到提单。承兑交单是托收银行向进口商提示出口商开具的以进口商为付款人的远期汇票后，只要进口商签字承兑，托收银行即可将提单交给进口商，承兑到期后，进口商再向出口商支付货款。托收的还款责任人是进口商，属于商业信用，出口商承担的风险比信用证支付方式大得多。赊账是出口商装运货物后，在进口商既不付款也不承兑的条件下，将有关单据交给进口商，进口商按双方约定，在交单的30天、60天或更长时间后，再向出口商支付货款。赊账也属于商业风险，出口商承担风险最大。

(二)保险责任与除外责任

短期出口信用保险的保险责任分为政治风险和商业风险两大类。而除外责任主要包括：由货物运输保险和其他保险承保的损失，汇率变动引起的损失，被保险人或其代表未履行合同或违反法律造成的损失，在买方违反合同情况下，被保险人仍向其出口货物而发生的损失，因买方没有遵守所在国法律而未得到进口许可证。

(三)赔偿限额与免赔额

被保险人应就每一买方向保险公司申请信用限额，经批准后的信用限额可以循环使用，该信用限额也是保险公司向被保险人承担该买方的赔偿责任的最高限额，另规定了每12个月的累计赔偿限额。一旦发生损失，按照国际惯例，保险公司负责赔偿实际损失的90%，10%的损失由被保险人自己承担，以促使被保险人注意收汇安全，加强对使用商业信用方式的出口管理，如今后从国外进口商追回欠款，也按此比例退还给被保险人。

(四)保险费的计算

短期出口信用保险的保险费计算,是根据申报发票总值及其费率计算的,计算公式为:保险费＝申报发票总值×保险费率,短期出口信用保险的费率主要取决于以下三个因素:①买方所在国或地区所属类别。通常出口信用保险机构将世界各国或地区按其经济情况、外汇储备情况及外汇政策、政治形势的不同划分为五类,第一类风险最低,第五类最高,费率自然也不同。②货款支付方式。付款交单和承兑交单及信用证方式付款所带来的收汇风险各不相同,因而费率也不相同。③赊账期的长短。赊账期越长,费率越高,

三、中长期出口信用保险

(一)适用范围

中长期出口信用保险适用于使用银行买方信贷、卖方信贷或其他方式签订的,收汇期在1年以上但不超过10年,金额在100万美元以上但一般不超过1亿美元的出口合同。出口的货物是大型设备和机电产品等资本性货物或国产化率在70%以上的半资本性货物,国产化率在50%以上的车辆、船舶和飞机等。

(二)保险责任

(1)买方、借款人或其还款担保人倒闭、破产、被接管或清盘,或丧失偿付能力。

(2)买方、借款人或其还款担保人在商务合同或贷款协议规定的还款日起逾期达6个月仍未履行还款义务的。

(3)买方因故单方面停止或终止执行贸易合同。

(4)买方所在国,或借款人所在国,或任何与履行商务合同或贷款协议有关的第三国政府颁布政令、法令,实行外汇管制,限制汇率。

(5)买方所在国,或借款人所在国与中国,或与任何第三国发生战争、敌对行为;或买方所在国发生战争、革命、暴乱等事件,或发生不可抗力特别事件造成进口商不能履行商务合同或借款人不能履行贷款协议项下的还款义务。

(三)承保比例

按国际惯例,中长期出口信用保险的承保比例一般为贸易合同总金额的85%,其余15%的金额应在贸易合同签字后,在买卖双方规定的时间内,由买方现汇支付出口商。对中长期出口信用保险项下银行买方信贷和卖方信贷的本金和利息提供100%无条件担保。

第三节　银行保险

在经济全球化和金融一体化的背景下，银行保险应运而生。银行保险（bancassurance）是由银行、邮政、基金组织以及其他金融机构与保险公司合作，充分利用和协同双方的优势资源，通过共同的销售渠道，向共同的客户提供产品和服务，以一体化的经营形式来满足客户多元化的金融需求。

银行保险不是一种产品，而是不同金融产品、服务的相互整合，互为补充，共同发展。银行保险作为一种新型的保险概念，在金融合作中，体现出银行与保险公司的强强联手，互联互动。对银行而言，银行保险业务属于银行的中间业务，是银行借助丰富的营业网点、客户资源以及良好的形象，协助保险公司办理保险业务从而获得手续费的服务。对保险公司而言，银行是保险的一种销售渠道。

一、银行保险的起源

（一）银行保险的起源

自19世纪开始，比利时的CGER、西班牙的La Caixa、法国的CNP等公司已开始提供银行与保险服务，银行业与保险业已开始相互结合。但1980年以前的银行保险处于萌芽阶段，仅在欧洲出现，银行只是充当保险公司的兼业代理人，收取代理佣金。真正意义上的银行保险是20世纪80年代从欧洲开始的，为了应对银行业的竞争，银行开始涉足资本性保障产品的开发，开发出养老保险年金产品，从此开始全面介入保险领域。在金融、税收和立法产生巨大变化的背景下，不同金融业务逐步融合，随后，美国、澳大利亚以及拉丁美洲和亚洲等地区的银行保险都开始迅速发展，产品种类不断增加，银行保险模式也不断翻新，保险公司内部银行渠道的保险费占比大幅上升。到2000年以后，银行保险更加成熟，出现了银保一体化的高度融合。

（二）银行保险产生的原因

1. 银行进入银行保险领域的原因

（1）宏观政策及社会环境的影响。宏观政策方面，20世纪80年代以来，欧洲国家开始修改有关银行和保险的法律，解除了之前的一些限制，银行可以在保险领域实现经营。社会环境方面，近几十年，西方发达国家人口增长率大幅下降，使社会出现人口老龄化的隐忧，居民对养老金及长期投资金融产品的需求增加，客户对中长期投资产品的偏好增加，这为银行保险的发展带来了机遇。

（2）增加银行中间业务收入。随着金融市场的发展，银行间的竞争不断加剧，传统的存贷业务利润一再摊薄，因此，中间业务收入越来越受到银行的关注。银行保险业务的开展并不形成银行的资产负债表内资产和表内负债，也不会降低资本与资产的比率，可以使银行以佣金的形式增加可观的收入。

（3）利用保险保障扩大主营业务。这一点主要针对财产险公司的产品。财产险产品的功能以保障为主，银行要求贷款客户就抵质押物购买财产险保单，可以在抵质押物遭受自然灾害或意外事故而损失时优先获得保险赔偿，从而保障了银行贷款的安全性。随着市场的发展，保证保险、信用保险等产品也逐步受到银行重视。保证保险、信用保险保单可以将银行列为第一受益人，这些保单的签发往往可以替代贷款客户的抵质押物，因此，可以起到放大贷款、增加银行主营业务量的作用。尽管此类业务往往没有向银行支付佣金，但也受到了银行的欢迎。

（4）减少资金的流失。这一点主要针对寿险产品。寿险产品与银行产品较为相似，为避免大量资金流入保险公司，银行也主动与保险公司展开合作，与保险公司签订协议，在参与销售的同时也参与资金的管理。

（5）提高销售网络和人员的效率。银行、邮政等金融机构往往拥有丰富的营销网络机构和大量的员工。开展银行保险业务可以更加充分地利用这些网点、柜面及员工资源，分摊经营成本、提高经营效率。

（6）提供"一站式"服务，保持客户稳定性。统计显示，客户在一个机构购买的产品越多，则流失的概率越小。客户资源的转移意味着需要花费更大的成本拓展新客户。由于个人和企业客户均不止拥有一个银行账户，向客户提供更多的金融产品可以增加客户的忠诚度。在这些金融产品能够进一步丰富、互相补充的情况下，客户将更加稳定。

2. 保险公司进入银行保险的原因

（1）挖掘业务资源。银行机构掌握着庞大而全面的企业客户资源和个人客户资源。利用这些资源，可以进行系统分析，为保险公司开发产品提供便利，也可进一步挖掘客户的营销价值，借助银行广泛的客户群和业务线，更加"以客户为中心"，通过银行向个人客户、公司客户等销售不同种类的产品。

（2）提高销售效率。除了营业网点外，银行还有很多可以借助的销售形式，如呼叫中心、网上银行、电子银行、电话银行等，理财规划师、信贷客户经理等。借助银行的渠道销售保险产品，可以使保险公司迅速进入商业银行更为庞大的销售网络，扩大销售渠道。对财产保险公司而言，银行要求贷款客户投保与抵质押物相关的保险或者以保证保险、信用保险保单代替抵质押物，将大大推动保险产品的销售。

3. 客户选择银行保险的原因

终端客户可获得更多金融产品的选择，购买财产险类产品还可获得切实的风险保障。

综上，银行保险的健康发展可以获得银行、保险公司、客户"三赢"的结果。

二、银行保险的发展模式

（一）合作模式

银行保险的发展历程分为四个阶段：萌芽阶段、起步阶段、成熟阶段和后成熟阶段。这几个阶段的逐步过渡,也就是银行保险从初级逐渐发展到高级、渐进式走入一体化的过程。根据不同的业务合作和经营战略协同形式,银行保险合作模式分为分销协议(distribution agreement)、战略联盟(strategic alliances)、合资企业(joint venture)和金融集团(financial holding group)四种。

1. 销售协议模式

在销售协议模式中,银行仅作为保险公司的兼业代理人,销售保险公司的产品,获取代理佣金收入。此类模式中,银行只是进入保险领域的销售环节,银行与保险公司纯属合作关系,没有或很少共享客户资源。

2. 战略联盟模式

在战略联盟模式中,银行和保险公司进一步形成了战略联盟,银行和保险公司在产品开发、服务提供方式、渠道管理乃至融资合作、操作平台融合,并可以在共享客户资源方面有所作为。为达到这一模式,银行和保险公司还需要在IT系统对接、销售专员培训方面增加投入。

3. 合资企业模式

在合资企业模式中,银行与保险公司签订了资本合作协议,共同出资建立一个新的保险公司。银行与保险公司可以发挥各自在产品和客户方面的优势,在一个企业的内部实现银行与保险的融合。这一模式要求银行与保险公司双方建立起长期和稳固的合作关系,信息交流更加密切,并共同分担成本与经营风险。

4. 金融集团模式

在金融集团模式中,银行与保险公司处于同一个金融集团中,双方的业务和系统高度一体化,保险公司具有很强的开发同一集团下银行现有客户的能力,银行也有能力向客户提供"一站式"服务和高度一体化的产品。

由此可见,随着银保一体化程度的加深,银行和保险公司在所有权结构上融合越来越紧密,从简单的分销协议模式的合作,逐步演进到集团公司治理结构的整合。我国的银保业务以销售协议模式为主,逐步向战略联盟模式发展。在我国现有的混业经营监管环境下,国内的银行及保险公司均在探索向更高模式发展的方式和途径。

(二)销售模式的种类

关于银行保险的销售模式,根据《保险兼业代理管理暂行办法》《商业银行代理保险业务监管指引》等监管规定,以及市场实际操作情况,具体可归纳为以下几种。

1. 银行人员销售

银行人员销售是指银行人员在网点直接向客户面对面销售,是标准的代理销售模式。根据规定,销售区域应在银行营业场所内,银行人员应持有保险代理从业人员资格证书,保险公司人员负责向银行提供培训、单证交换、协助银行做好售后服务。这种模式适用于承保风险相对单一、客户同质化程度较高的简单标准化产品。

2. 保险顾问销售

保险顾问销售是指银行人员寻找目标客户后介绍给保险公司专业人员并参与实现销售。由于以银行的名义进行销售,银行拥有客户资源,因此应当认为仍然符合银行代理保险业务的特征和利益。根据规定,保险公司的专业人员不得派驻银行网点,应在业务机会出现时赴银行进行销售,并应与银行人员具有明显的身份差别,禁止假冒银行人员销售。这种模式适用于承保风险相对复杂、客户同质化程度较低的非标准产品。

3. 银行采购

银行采购是指银行向保险公司采购保险产品。由于投保人为银行,因此不属于代理业务。银行为客户采购通常与某项银行业务相关,具体包括与银行产品组合增强竞争力、作为礼品促销支持银行业务开展、提供客户产品体验为今后销售打下基础、对银行管理风险提供帮助等,保费价格一般不高。银行采购的目的则是保障银行在运营过程中的各种可保风险。

4. 银保合作直复营销

银保合作直复营销是指银行和保险公司合作开展电话销售、网上销售等创新销售模式。根据规定,电话销售人员应当是具有从业资格的银行人员。电话销售可采取呼入或呼出方式,适用于简单标准化保险产品;网上销售一般通过银行的互联网主页平台向客户提供产品实现销售,适用的保险产品相对丰富多样。

(三)销售模式的选择

按产品销售复杂程度,可将银行代理销售产品分为简单产品、一般产品和复杂产品,分别确定销售模式。

(1)简单产品。简单产品是指产品容易解说、技保与出单非常方便、承保风险非常容易控制、不需要经过保险公司具体核保的产品。有的可事先固定保险金额和保险费,有的则事先确定保险价格即标准保险费率,投保时仅需确定保险金额,即可按价格对应收费。具体产品如银行个人理财客户的家财险、责任险、意健险、银行卡客户相关保险、银行结算客户的现金险等。简单产品宜采用银行人员销售模式、银保合作直复营销模式。

(2)一般产品。一般产品是指产品解说难度不大、投保与出单比较方便、承保风险相对容易控制、只需要保险公司进行简单核保或非现场核保的产品。产品实行基准费率基础上规范浮动。客户投保时按要求提供相关的信息或资料,以此对应价格浮动条件进行报价,由保险公司核保后成交。具体产品如个人贷款客户相关财产保险、银行结算客户的货物运输险等。一般产品可根据银行人员的能力状况,选择采用银行人员销售模式或保险顾问销售模式。

(3)复杂产品。复杂产品是指产品解说难度较大、投保与出单比较复杂、承保风险不易控制、需要保险公司进行复杂核保或现场核保的产品。银行人员在与目标客户沟通时推荐相关产品并提供大致价格区间,由客户提供相关信息或资料,保险公司根据实际情况进行报价及相关操作。具体产品如企业贷款与投保客户相关财产保险、企业理财客户相关财产保险等。复杂产品宜采用保险顾问销售模式。

上述各类产品在销售过程中,银行和保险公司的角色分工见表9-1。

表9-1　银行和保险公司在产品销售中的角色分工

业务类型	寻找客户	产品解说	报价/投保	核保/定价	出单/送单/收费
简单产品	银行	银行	银行	免	银行
一般产品	银行	银行为主	银行	保险公司	银行
复杂产品	银行	保险公司	保险公司	保险公司	保险公司

三、银行保险的特点及其与其他保险的区别

(一)银行保险的特点

(1)银行保险是"银行＋保险"。很明显,银行保险具有银行和保险的双重功能,需要双方的共同投入,在分析共同客户的需求、开发银行与保险业务的共同产品、开拓共同的销售渠道方面做出努力。

(2)银行保险完全可以作为双方的重要业务资源。通过银行保险业务产品的开发和销售,能让保险业务与银行业务高度地结合在一起;通过银行内部的佣金激励,能极大地调动业务人员的积极性,确保销售能力,为银行业务发展提供核心产品线和服务线。

(3)银行保险将"以客户为中心"作为出发点和终结点。银行保险的发展历程告诉我们,客户的需求是促使银行保险发展迅猛的主要原因。通过银保一体化的销售方式,为客户提供最物有所值的产品和服务套餐。

(二)银行保险与其他保险业务的区别

(1)经营方式的不同。银行保险运用银行的销售网络销售保险产品,提供专业服务,销售形式多样。这种销售方式能使银行保险的销售者利用银行和保险公司的资源、信息接触到庞大的客户群体,短期内能扩大市场规模、降低营销成本。而其他保险则由保险公司及受其委托或者与其合作的保险中介机构、保险人员进行营销。

(2)提供产品的差异。鉴于营销渠道的独特性,银行保险的产品也呈现出与保险公司其他渠道产品不同的特质。银行产品通常分为两类:一是简明易懂的标准保险产品,在条款设计、投保模式、缴费等方面更简单、方便,多数产品可以免核保,提高出单效率。二是专门适应银行消费需要和针对银行客户开发的保险产品,注重与银行保险的匹配性,一般与银行产品共同销售给目标客户。银行卖出的保险产品侧重于储蓄和理财功能,保障功能偏弱。而保险公司的产品既有侧重保障的产品,也有侧重储蓄理财的产品,完全根据客户需求进行组合。

(3)经营主体的多元。传统的保险只能由保险公司来经营,即由保险公司负责保险产品的开发和销售,以及相应的承保、理赔等。而银行保险以银行参与保险业务为前提,销售的主体不仅限于保险公司,还有银行甚至邮政系统。

四、国外银行保险发展状况

各国银行保险的发展,同本地区的金融经营制度以及具体的监管制度、金融市场环境、税收制度密切相关。一个国家金融系统的发展历史和定位,决定着该国各种金融机构的发展格局和相互关系,进而影响着银行保险的发展程度和基本特点。各国的银行保险监管体系及保险监管法规都体现了由禁止到准入,由严格到宽松,由分割到统一的趋势。总体看来,大多数的欧洲国家由于长期实行金融混业经营,对银行保险的产品销售和股权投资的限制较少,银行保险多以紧密的股权为纽带而形成。

欧洲银行保险的产品销售涉及银行分支机构的员工、专家销售、直接销售人员、独立金融顾问和直销等多种渠道。由于银行保险迅速发展,保险佣金在欧洲各国银行利润中的比重正在不断上升,银行保险的开展已经成为增加金融集团收入的重要来源。

(一)法国银行保险业概况

法国是欧洲寿险市场最重要的国家,也是全球银行保险整合得最彻底的国家之一。从20世纪80年代开始,大型银行进入银行保险市场,银行在寿险市场上所占的份额增长迅速,此后还逐渐向非寿险领域扩展。在经营模式方面,银行倾向于以控制保险公司的方式进入保险领域。银行拥有保险公司的形式有两种:一是建立自己的子公司,二是收购其他保险公司。

促使法国银行保险成功的要素包括:一是银行利用其巨大的分销网络和先进的电子技术,大规模、高效率地销售较为简单的保险产品,以降低成本,从而让利于顾客,使企业获得规模经济。二是保险产品设计简单,保单标准化,便于银行业务员了解并轻松向客户推销,银行与保险公司能做到信息共享。上述两点也是银行保险成功的共性因素。三是法国政府也为银行保险的发展创造了宽松的法律环境,国家在银行和保险公司中往往占有很大的股份,并且政府在提供福利方面角色的弱化、民众财富的增加及赋税改革等因素,使寿险需求量急剧增加。

(二)英国银行保险业概况

英国作为保险业的发祥地,已拥有成熟规范的保险市场,国民保险意识相对较强,保险产品主要的销售渠道是通过经纪人销售。因此,银行保险在英国并没有占据很大的市场。20世纪80年代后期英国银行保险兴起,其发展经历了三个阶段。第一阶段是20世纪80年代,英国的银行开始以代理销售商的形式进入保险领域;第二阶段为20世纪80年代末至90年代初,这一阶段主要是建立子公司;第三阶段为20世纪90年代中后期,银行开始收购保险公司,从而获得其品牌效应以及新险种开发的技术优势。

(三)美国的银行保险发展概况

在1999年《金融服务现代化法案》通过之前,美国法律原则上禁止银行和保险公司相互拥有,这与欧洲银行和保险业之间传统的紧密联系形成了鲜明对比。《金融服务现代化法案》从监管上彻底扫除了银行从事保险业务的障碍,银行被允许通过金融控股公司的形式进入保险领域,从此银保合作业务正式进入充分发展时期。为了在短期内开展银保业务,许多美国银行并购保险代理机构,以形成金融集团的方式进入保险业,与保险代理机构合资或者结成销售联盟也比较流行。由于美国公众对保险的消费倾向于保险代理人,保险代理人成为重要的市场资源并被银行机构争夺。

五、我国银行保险业务发展历程

从总体上看,我国银行保险业务的发展经历了以下发展阶段。

1. 探索阶段

自20世纪80年代国内恢复保险业务以来,保险公司与银行便开始了代理保险业务的合作。到1995年至2000年,新兴保险公司以及个人营销的兴起使保险市场竞争越发激烈,商业银行完善的网络成为助力保险销售的资源,这一时期保险公司开始与银行签订合作协议。

2. 快速发展阶段

从2000年起,我国银行保险发展迅速。2003年,新修订的《保险法》正式实施,解除了银行代理保险"一对一"的限制,一家银行可以同时与多家保险公司开展合作,我国银行保险发展又向前迈进了一大步。从2001年实现的银行保险收入50亿元,迅猛增长到2004年年末的795亿元。这一时期的银行保险产品主要是寿险中储蓄性的分红保险,但因保险公司之间价格战十分激烈,银行保险业务对保险公司来说利润空间很小。

3. 调整阶段

从2004年开始,在银行不断抬高手续费的情况下,银行保险业务发展趋缓。部分保险公司开始重新思考银行保险的发展对策。财险方面,由于受国家宏观政策调控、房贷险退保、车贷险停办、银保合作成本提高的影响,财险银保市场趋于萎缩。到2006年,随着保险市场的深化和监管政策的放松,银行保险业务再次进入增长轨道。在这段时期,很多保险公司开始重视产品创新与服务的改善,意识到应选择健康的模式实现银保业务的发展。

2010年以来,监管部门连续下发文件规范银保业务。2010年底,银监会下发《关于进一步加强商业银行代理保险业务合规销售及风险管理的通知》(银监发〔2010〕90号),提出不允许保险公司人员派驻银行网点。2011年初,保监会和银监会联合下发的《商业银行代理保险业务监管指引》(保监发〔2011〕10号)进一步明确这一原则。2012年,银监会下发了《中国银监会关于整治银行业金融机构不规范经营的通知》(银监发〔2012〕3号),提出了著名的"七不准"限制,其中第五项为"不得借贷搭售",要求银行业金融机构不得在发放贷款或以其他方式提供融资时强制捆绑、搭售保险。上述监管文件的出台使寿险公司银行保险业务遭受重大打击,2011年保费负增长1.85%,2012年保费负增长达到9.73%。而2012年"七不准"禁令的出台也给财产险的银保业务带来了冲击。2014年1月,中国保监会、中国银监会联合下发了《关于进一步规范商业银行代理保险业务销售行为的通知》(保监发〔2014〕3号),文件要求,商业银行应当对投保人进行需求分析与风险承受能力测评,把合适的产品销售给有需求和承受能力的客户；保险公司、商业银行应对银行保险业务进行结构调整，应加大力度发展风险保障型和长期储蓄型保险产品；文件同时对明示"犹豫期"等银邮代理渠道销售行为进一步提出规范性要求。从2011年开始，随着监管的再次发力，我国银行保险实际上进入了一个新的阶段，即为在监管中调整、在规范中寻求发展的阶段。上述调整虽然减缓了银行保险业务的发展步伐，但有利于维护银行保险的声誉，保持正常的竞争秩序，长期来看有利于银行保险的健康发展。

第四节　互联网保险

一、互联网保险的发展历程

自诞生以来，互联网日益成为不断影响和改变社会、经济、文化等领域的一种重要的活跃力量，互联网技术在保险业的应用也在不断地体验和探索之中。应用于保险业的互联网技术从最初作为信息推送的营销手段，逐步变为由点成线、由线成面、由面成体的体系化认知技术。

(一)萌芽阶段

2010年前，互联网保险开始萌芽，"爱情保险"、"摇号险"、"跌停险"（股票指数波动保险）、"加班险"、"跑步险"、"堵车险"、"出差险"、"亚健康险"等互联网保险层出不穷，涉及众筹式保险、场景化保险、游戏化保险、社交化保险、运动交互式保险等。互联网在保险行业中最初的应用是作为一种营销手段，一种信息推送的媒介，这一阶段信息推送的模式还是以单向推送为主。在这一阶段，互联网的应用主要是保险公司、保险中介机构以及保险服务网站单向、简单地将产品信息通过互联网展示给消费者。保险业界认为保险营销属于顾问式营销，互联网保险不可能成为主流的销售方式。监管者对互联网保险的管理也局限于销售领域，原中国保监会发布的《保险代理、经纪公司互联网保险业务监管办法（试行）》（保监发〔2011〕53号），将监管重点局限在了保险销售领域。

(二)发展阶段

随着互联网技术的发展，互联网互动性特点的增强，给互联网保险的发展注入了新的动力。2014年，各种社交网络服务（SNS）的互动性应用不断丰富，"开放、平等、协作和共享"的互联网精神影响力不断增强。有了互联网技术的升级与支持，保险业界才得以逐步实现有关宣传之外的售前咨询、产品报价、合同订立以及后续实务处理等环节的网络化，并通过互联网与客户在更广泛的互动沟通中实现更多的保险服务。与实践相对应，互联网保险的概念也从最初的新型销售渠道认知，扩大到保险信息咨询、保险计划书设计、投保、缴费、核保、承保、保单信息查询、保权变更、续期缴费、理赔和给付等保险全流程的网络化。

在这个阶段,互联网保险电商开始出现,原中国保监会在《保险公司开业验收指引》的基础上发布了《关于专业网络保险公司开业验收有关问题的通知》(保监发〔2013〕66号),针对专业网络保险公司开业验收提出新的标准要求,随后又发布了《互联网保险业务监管暂行办法》(保监发〔2015〕69号)。

(三)移动互联阶段

随着移动互联、大数据、云计算等新兴信息技术融合发展,传统的经济形态乃至信息产业本身的运作模式正在被打破,竞争热点逐步从传统市场向移动互联市场转换,与互联网相关的商业模式创新风起云涌。发扬互联网精神,实践互联网思维,应用互联网技术,构建广阔、持续、快捷、简约、低廉、精准的网络服务平台,支持社会大众实现商务、社交等需求,成为移动互联时代成就大事业的基本特征。在移动互联时代,新型互联网电商迅速崛起,互联网金融成为创新热点,传统金融业受到互联网势力的冲击与影响,纷纷成立电商公司以主动应对复杂多变的挑战,加深对互联网的认识与理解,积累互联网业务的经验,努力抢抓发展机遇。作为金融业的重要组成部分,保险公司和监管机构高度重视互联网保险的发展,对互联网保险概念的认识不断深化。

(四)多媒体移动互联阶段

在互联网移动化的基础上,随着4G的普及,多媒体技术得到广泛应用。4G带宽大幅度扩充,为语音、视频等多媒体及虚拟现实技术(Virtual Reality,VR)等纵深应用发展提供了基本条件;人与人网络沟通的即时性、便捷性、连续性、有效性得到实质跨越,更多复杂的金融服务通过移动互联网得以实现。互联网保险成为保险领域的主流趋势,互联网保险发展的技术条件更为坚实,保险价值链的实现方式通过多媒体移动互联技术得到了全方位创新升级。互联网保险与传统保险相互渗透,相互融合,逐步朝着一体化、趋同化方向发展。

(五)多媒体立体融合阶段

从接入技术来看,随着5G网络日渐普及,互联网进入高带宽、低时延的时代。4G时代无法支持的物联网,到了5G时代成了重要发展领域。互联网不再只是以流量为核心的电商生态,随着全球经济的数字化转型,它还在向着以信用为核心的保险互联网新生态转变。虽然《互联网保险业务监管办法》(中国银行保险监督管理委员会令2020年第13号)所定义的互联网保险还是指保险领域的各要素与互联网技术实现充分结合的一种新型发展方式,但我们也开始看到互联网保险正在向保险互联网转变。

展望未来,从互联网保险发展的五个阶段可以看出,互联网保险的发展与互联网技术的进步和发展是密不可分的,互联网技术发展的状况在很大程度上决定了互联网保险的发展方向和发展趋势。近几年,金融科技的迅猛发展,特别是以大数据、云计算、物联网、区块链、人工智能、神经元网络等技术为代表的新一轮信息技术革命为互联网保险赋予了新能力、新发展、新未来。可以预期,互联网保险即将步入基于5G技术的"万物节点、万物感知、互联智能、万物互联"阶段,互联网保险也将开始向保险互联网变迁。

二、互联网保险概述

（一）互联网保险的定义

从互联网保险发展的五个阶段以及人们对互联网保险认识的发展脉络来看，互联网保险有别于传统保险，是在互联网技术快速发展的基础上诞生的新的业务模式。互联网保险的发展虽取决于互联网技术的发展，但更依赖于互联网精神及互联网思维。

互联网精神有别于金融精神，互联网精神是"开放、平等、协作和共享"。金融业是精英化、神秘化，通过制造信息不对称，去攫取利润。互联网技术发展了20多年，日益影响每个人生活的各个方面。互联网思维是在互联网技术对生活和作业影响力不断增强的大背景下，企业对用户、产品、营销和创新乃至整个价值链和生态系统进行重新审视的思维方式。互联网思维不是技术思维，也不是营销思维，更不是电商思维，而是以互联网精神作为灵魂的系统性的商业思维。它不是仅适用于互联网企业，而是适用于所有企业以及个人。

因此，互联网保险可以被定义为：在大数据、云计算、物联网、区块链、人工智能、神经元网络等技术不断发展的背景下，根据互联网思维，通过对保险价值链的重新审视和创新升级，所形成的以数字化、数据化、智能化为主要特征的新型保险模式。

（二）互联网保险的特征

互联网保险和传统保险相比，除了拥有保险的自然属性和社会属性之外，还有其自身所独有的、体现互联网属性的特点，主要表现为以下几点：

(1)虚拟性。互联网保险的商务活动主要在网络中进行。互联网保险机构的标志不是办公所在的建筑物，也不是地址，而是网址，其营业厅不是物理柜面而是主页画面。互联网保险的咨询、投保、承保等若干环节均在互联网中实现，保险活动的往来具有数字化的虚拟性特征，从而降低了保险机构的运作成本。同时，互联网突破了地域限制，大大降低了地理位置的重要性，为提高保险服务的速度和质量创新了技术条件。

(2)直接性。互联网使客户与保险公司间的互动更加直接，清除了传统条件下双方活动时间、空间的障碍，体现出更为明显的直接性特征。客户可以登录保险公司网站或者在相关商务活动中直接提出保险需求，办理保险事宜。随着互联网经济的普及与发展，保险价值链被拉直，保险中介所处的中间环节进一步减少，以复杂、迂回为特点的传统保险实务流程升级为以标准、简约、直接为特点的新一代互联网保险实务流程。

(3)便捷性。互联网的信息检索功能使客户获取保险资讯更加便捷，保险公司网站的在线客服也可以实时解答客户关于保险的业务问题，并可以指导客户通过网络直接投保。网络支付功能的应用，使得客户可以随时缴纳保险费而不用去柜台排队。互联网在保险业的广泛普及，使各种保险服务更加贴近客户、融入市场，其便捷性成为互联网保险的显著特征之一。此外，这种便捷性还呈现出不断强化的发展趋势。

(4)风险性。互联网本身具有的风险性，使得互联网保险呈现出不同于传统保险的风险性特征。互联网发展进步的前提必须是安全性得到可靠保障。客户信息安全、账户安全、交易安全以及系统运行安全等是互联。

（三）互联网保险的业务

根据《互联网保险业务监管办法》（中国银行保险监督管理委员会令2020年第13号），互联网保险业务是指保险机构依托互联网订立保险合同、提供保险服务的保险经营活动。

互联网保险业务所称的保险机构包括：保险公司（含相互保险组织和互联网保险公司）和保险中介机构；保险中介机构包括保险代理人（不含个人保险代理人）、保险经纪人、保险公估人；保险代理人（不含个人保险代理人）包括保险专业代理机构、银行类保险兼业代理机构和依法获得保险代理业务许可的互联网企业；保险专业中介机构包括保险专业代理机构、保险经纪人和保险公估人。

除了互联网保险业务之外，《互联网保险业务监管办法》（中国银行保险监督管理委员会令2020年第13号）规定"互联网保险产品，是指保险机构通过互联网销售的保险产品"；规定"非保险机构不得开展互联网保险业务，包括但不限于以下商业行为：①提供保险产品咨询服务。②比较保险产品、保费试算、报价比价。③为投保人设计投保方案。④代办投保手续。⑤代收保费"。

上述概念局限在对现有保险业务的改良上，所以称之为"互联网保险业务"（online insurance），而真正的"互联网保险"（internet insurance）不仅是保险业务的互联网化，而且是服务互联网生态的保险创新，是互联网与保险的深度融合。相比于互联网保险业务，互联网保险的内涵更丰富。

三、互联网保险的发展现状

从互联网保险认知周期迭代可以看出，互联网保险的发展与互联网技术的发展是密不可分的，互联网技术发展的状况在很大程度上决定了互联网保险的发展方向和发展趋势。近几年，金融科技的迅猛发展，特别是以大数据、云计算、人工智能、区块链等技术为代表的新一轮信息技术革命，为互联网保险赋予了新能力、新发展、新未来。

图9-4给出了2011—2020年经营互联网保险业务的保险公司数量，从中可以看出从2011年的28家增长到2020年的134家，其中产险73家，寿险61家。

图9-4　2011—2020年互联网保险市场参与情况

表9-2给出了2011—2020年互联网保险保费及增长情况。2011—2020年,互联网保险市场实现高速增长,规模从2011年的32亿元增至2020年的2909亿元,年化增长率达65.1%,而同一时期保险业保费年化增长率仅为13.6%。但是互联网保险增长的波动也较大。

表9-2 2011—2020年互联网保险保费及增长情况

年份	互联网保险保费收入(亿元)			互联网保险保费增长率(%)		
	产险	寿险	合计	产险	寿险	合计
2011	22	10	32	1004.0	892.0	966.7
2012	101	10	111	357.5	0.7	246.9
2013	237	54	291	134.3	445.5	162.3
2014	506	353	859	113.7	548.1	195
2015	768	1466	2234	51.9	314.9	160.1
2016	502	1797	2299	−34.6	22.6	2.9
2017	493	1383	1876	−1.8	−23.0	−18.4
2018	695	1193	1888	40.9	−13.7	0.6
2019	839	1858	2697	20.6	55.7	42.8
2020	798	2111	2909	−4.8	13.6	7.9

图9-5给出了2011—2020年互联网保险渗透率(互联网保险渗透率=互联网保险保费/总保费),互联网保险渗透率一路走高,从2011年的0.2%上升至2015年的9.2%,达到峰值;2016—2018年连续三年下降,2019年恢复增长,达到6.3%。互联网保险蓬勃发展的驱动因素之一是部分中小保险公司主要通过理财型保险的收益率优势抢占保险市场,随着监管引导保险回归保障本源,整体规模自2016年开始收缩回落。

图9-5 2011—2020年互联网保险渗透率

互联网保险的快速发展,是保险行业转型升级的核心动能之一,也是中国从保险大国向保险强国跨越的重要契机。纵观全球互联网保险发展进程,我国已走在世界前列。通过利用互联网和新技术,保险业不断丰富产品供给、提升服务能力、优化客户体验、提高运营效率,促进保险业服务经济社会发展的能力不断增强。

可以预见,保险业将会深入推进大数据、云计算、人工智能、物联网、区块链等新兴技术的行业应用,持续拓展行业的创新能力。如依托大数据和云计算技术,保险业可以实现对互联网海量数据高并发交易的支持;基于以人工智能为代表的创新技术,保险业能够发展出包括智能保顾在内的一系列产品应用,在优化客户产品体验的同时,释放更多的保险需求。数字经济时代,不仅提出了新的发展要求,也为互联网保险的发展提供了新机遇。

四、互联网保险的监管

从2011年起,我国互联网保险走过了快速发展的10年。同时,我国互联网保险的监管体系也在逐步完善,大致历程如下:

2011年9月,中国保监会颁布《保险代理、经纪公司互联网保险业务监管办法(试行)》(保监发〔2011〕53号)。

2015年7月,中国保监会颁布《互联网保险业务监管暂行办法》(保监发〔2015〕69号),规定有效期3年,到2018年9月30日,《保险代理、经纪公司互联网保险业务监管办法(试行)》(保监发〔2011〕53号)同时废止。

2018年9月30日,中国银保监会下发通知,指出在新规定出台前,《互联网保险业务监管暂行办法》继续有效。

2018年10月,中国银保监会就《互联网保险业务监管办法(草稿)》征求行业意见。

2019年12月,中国银保监会再次就《互联网保险业务监管办法(草稿)》征求意见。

2020年6月,中国银保监会颁布《关于规范互联网保险销售行为可回溯管理的通知》(银保监发〔2020〕26号)。

2020年12月,中国银保监会颁布《互联网保险业务监管办法》(中国银行保险监督管理委员会令2020年第13号),已于2021年2月1日起施行。

2021年1月,中国银保监会下发《关于进一步规范互联网人身保险业务有关事项的通知(征求意见稿)》,拟就《互联网保险业务监管办法》未明确事项进行规定。

回顾我国互联网保险监管历程,出台的每一个文件都进一步厘清了互联网保险的业务和监管边界,完善了互联网保险监管措施。总体来看,互联网保险监管在细化保险线上销售规范的同时,也明确了未来金融科技的应用将成为互联网保险良性有序发展的重要支撑。因此,如何通过金融科技对互联网保险进行赋能,如何助力互联网保险业务创新与合规并行驱动,成为当下的焦点,更成为互联网保险发展的新方向。

—— 本章小结 ——

1. 在我国多层次、高质量社会保障体系建设中,第一层次是由政府开办的社会保险,为企业和社会公众提供最广泛、最基础的保险保障;第二层次是政府对商业保险机构给予扶持政策建立的政策性保险,包括农业保险、出口信用保险等;第三层次则是商业保险。

2. 我国农业保险险种和保障范围不断扩大,在保证农业生产和农民生活的稳定性方面发挥了重要作用。出口信用保险则有助于促进本国出口贸易、保障出口企业收汇安全。这两种保险承担的风险巨大,且难以使用统计方法测算损失概率,一般商业性保险公司不愿意经营这种保险,所以大多数是靠政府支持来经营的。

3. 银行保险是经济全球化、金融一体化的必然产物,是一个全新的业务模式,它产生的背景、业务特点、运营模式等各个方面,与传统的财产保险的营销等有很大的不同。金融创新和IT技术的发展推动了银行保险业的快速发展,并使之成为金融业务的一个重要发展方向。

4. 互联网经济发展20多年带给世界很多思考,大数据、云计算、物联网、区块链、人工智能、神经元网络等先进生产力的出现和发展,需要人类社会构建一种全新的社会生产关系,并以此为基础为人类文明创造更多的财富。中国在新基建、数字人民币等领域已经做好了布局。中国保险业需要努力探索互联网保险的新思想、新业态、新模式,积极布局以信用为核心的保险互联网,重塑传统保险和互联网保险的价值链,创造传统保险和互联网保险的数字经济新生态。

—— 关键术语 ——

农业保险,出口信用保险,银行保险,互联网保险。

—— 复习思考题 ——

1. 为什么农业保险在大多数国家都是政策性保险?农业保险经营中需要注意哪些事项?

2. 出口信用保险的经营模式主要有哪些?

3. 为什么说银行保险能带来银行、保险公司和客户"三赢"的局面?

4. 请畅想大数据、云计算、人工智能、物联网、区块链等新兴技术未来在保险行业可能的应用场景。

第十章
再保险

➤ **本章学习要求**

- 理解再保险的概念与作用；
- 掌握再保险与原保险的关系；
- 熟悉再保险的分类；
- 掌握比例再保险与非比例再保险两种方式；
- 理解再保险合同的主要条款；
- 了解国内外再保险市场的发展。

第一节　再保险概述

一、再保险相关概念

(一)再保险的概念

再保险(reinsurance)是指保险人将自己所承保的部分或全部风险责任向其他保险人进行保险的行为。对于前者是分出保险业务，对于后者是分入保险业务，因此，再保险又称分保。习惯上，分出保险业务的保险人称为原保险人(original insurer)或分出公司(ceding company)，接受分保业务的保险人称为再保险人(reinsurer)或分入公司(ceded company)。再保险是保险人之间分散风险损失的一项经营活动，根据再保险合同，原保险人将其所承保的部分风险责任转移给再保险人并向再保险人交付再保险费，当该风险成为实际损失时，再保险人必须分担其约定承保部分的损失，即原保险人可以从再保险人那里摊回分保部分的损失赔款。可见，再保险是对保险人的保险。同样，为了分散风险、控制责任，再保险人也可以将分入的保险业务再转分给其他保险人，这种经营活动称为转分保(retrocession)，双方当事人分别称为转分保分出人和转分保接受人，通过转分保，巨额风险责任就在众多保险人之间得到分散。

分出公司在制定再保险规划时应重点考虑以下几个方面：风险损失的分析评估、再保险方式的选择、自留额的确定、再保险人的选择以及再保险合同的商定。

（二）危险单位、自留额和分保额的概念

在再保险业务中，分保双方责任的分配与分担是通过确定自留额和分保额来体现的，而自留额和分保额都是按危险单位来确定的。因此，明确危险单位、自留额和分保额的基本概念对理解再保险的运行非常重要。

（1）危险单位是指保险标的发生一次危险事故可能波及的最大损失范围。划分危险单位的关键是估计一次危险事故可能造成的最大损失范围，而并不一定和保单份数相等同。如一个大型石油化工厂，面积很大，因主要车间与辅助车间之间有相关设备的连接，则应算作一个危险单位，如果该工厂生产区与生活区建筑物之间保持有一定距离，则应划分为不同的危险单位。

（2）自留额，又称自负责任，是指对于每一危险单位或一系列危险单位的责任或损失，分出公司根据其自身的偿付能力确定的所能承担的限额。自留额的确定是再保险业务的核心。

确定自留额既要考虑技术性因素也要考虑非技术性因素。决定自留额的因素主要有：① 国家相关保险法律法规。以资本金为例，我国《保险法》规定保险公司承保一个危险单位的自留额不得超过资本金加公积金的10%。② 业务量。即保费收入的增加，自留额也就可以相应增加。但只是承保危险单位的数量增加导致保费收入增加，才可以增加自留额，如果是单个危险单位保险金额增加而导致保险费的增加，或损失可能性加大而增加保费收入，都不能增加自留额。③ 保险标的本身风险的大小。危险事故发生的可能性越大，自留额就应该越小。④ 保险费率是否公平合理。如果偏低，则自留额要低一些，否则会影响其偿付能力。⑤ 保险公司自身的财务状况。偿付能力强的保险公司，自留额可以定得高一些，偿付能力差的保险公司自留额就需要定得低一些。⑥ 经济周期。一般情况下，在经济周期的高涨阶段，费率处于较高水平，业务量较大，发生道德风险的可能性较小，自留额可以保持在较高水平；在经济衰退阶段，由于业务量萎缩，道德风险的可能性加大，自留额应适当调低；在经济的萧条阶段，业务量大幅下降，道德风险高发，自留额应尽可能保持较低水平。

（3）分保额，又称分保接受额或分保责任额，是指分保接受人所能承担的分保责任的最高限额。自留额与分保额可以根据保险金额计算，也可以根据赔款金额计算。所依据的基础不同，决定了再保险方式也不同。以保险金额为计算基础的分保方式属于比例再保险，以赔款金额为计算基础的分保方式属于非比例再保险。

二、再保险与原保险的关系

（一）再保险与原保险的联系

（1）原保险是再保险的基础。从保险发展的历史逻辑来看，先有原保险，后有再保险。

再保险的产生和发展，是基于原保险人分散风险的需要。再保险是以原保险人承保的风险责任为保险标的，以原保险人的实际赔款和给付为摊赔条件的。

（2）再保险促进原保险的发展。再保险作为原保险的保险，是对原保险人所承保的风险的进一步分散，当原保险人承保的保险标的发生损失时，再保险人必须按保险合同的规定分担相应赔款。这样原保险人通过再保险可以有效控制自己的保险责任，扩大承保能力，从而支持和促进了原保险的发展。

（二）再保险与原保险的区别

（1）保险关系的主体不同。原保险体现的是保险人与被保险人之间的经济关系；而再保险体现的是保险人之间的经济关系。

（2）保险标的不同。原保险的保险标的包括财产、人身、责任、信用以及有关的利益；而再保险的保险标的则是原保险人承担的风险责任。

（3）保险赔付的性质不同。原保险人履行赔付责任时，对财产保险是损失补偿性质，对人身保险则是给付性的；而再保险人对原保险合同的分摊，无论是财产再保险还是人身再保险，都是对原保险人承担的风险损失的补偿。

三、再保险的作用

再保险的产生主要是基于保险人分散风险的需要，同时扩大了保险人的承保能力，确保保险人的财务稳定性。再保险的作用主要表现在以下几个方面。

（一）分散风险，避免巨额损失，控制保险人的责任

保险作为风险的承担者，在它直接承保的大量业务中，不可避免地会有一些巨额责任的保险，特别是随着现代化生产和科学技术的高度发展，财产的价值越来越昂贵，使保险人承担了前所未有的巨额风险。如一架大型喷气客机，仅机身就达数千万美元，大型海上石油钻井平台的保险金额则更是巨大，而一次自然灾害如洪水、地震、飓风等造成的损失可达几十亿甚至几百亿美元，一次恐怖事件，如"9•11"，损失达400多亿美元。通过再保险，将巨额的保险责任转分给几个再保险人，而再保险人再通过转分保，实现风险在全球范围内的分散，将自身承担的风险责任控制在合理的范围内，这样，一旦巨额损失发生，由于有众多的保险人共同承担，保证保险经营的持续稳定。

（二）增强保险人的承保能力，扩大承保面

任何一个保险人，都希望尽可能地多承保，但保险人的承保能力受到很多条件的限制，尤其是资本金和公积金的制约，如纽约州《保险法》规定，财产与责任保险公司的自留保费不能超过资本金加公积金的3倍。我国《保险法》规定，经营财产保险业务的保险公司当年自留保费，不得超过其实有资本金加公积金总和的4倍。保险人承保量过大，超过他自己的实际承保能力，就会造成经营的不稳定，从而会影响到保险人的生存，对被保险人也会造成

威胁,因为那意味着可能得不到补偿。但如果不扩大承保面,就无法符合大数法则的要求,因为只有扩大承保面,保险人才能通过大量的统计和观察,比较精确地计算出损失的概率,从而科学地制定保险费率,使实际发生的赔款数额更接近预测数字,保障保险人的偿付能力。而再保险是解决这一矛盾的有效手段,通过再保险,保险人将超过自身财力的风险责任转分给再保险人,这样保险人就能承保超过其自身财力的大额业务,从而提高承保能力。所以,有了再保险的支持,保险人就能承保更多的风险单位,扩大承保面,增加业务量,使保险经营更能满足大数法则的要求。

(三)均衡保险人的业务结构

根据大数定律,标的数量越多,保险金额越均匀,保险经营的稳定性就越好。但是,实务中很难做到保险标的的保险金额均匀。通过再保险,保险人可以将同类业务中超过平均保险金额水平的业务分给其他保险人,使标的的保险金额相对均匀,从而保证大数定律发挥作用。并且保险公司之间的互惠交换业务也更加有利于均衡保险人的业务结构,稳定保险公司的经营。

第二节　再保险的分类

再保险从不同的角度可以有不同的分类。以下根据分保安排方式、分保对象、分保责任的分配方式、分保地域范围和再保险的性质进行阐述。

(一)按分保安排方式不同划分,分为临时再保险、合同再保险和预约再保险

(1)临时再保险(facultative reinsurance),是指在保险人有分保需要时,临时与再保险人协商,订立再保险合同,合同的有关条件也都是临时议定的。临时再保险的优点是灵活性,原保险人与再保险人双方对每笔保险业务的分出与分入都有自由选择的权利,原保险人是否办理分保,分出多少,可以根据自身所能承受的程度决定;而再保险人是否接受,接受多少,也完全可以视业务性质、自身承受能力自主决定。临时再保险的缺点是手续烦琐,因临时再保险是逐笔办理,逐笔审核,工作量比较大,费用开支也大,对双方来说在人力、时间、费用上都不经济。

(2)合同再保险(treaty reinsurance),也称固定再保险,是由原保险人和再保险人事先签订再保险合同,约定分保业务范围、条件、额度、费用等,在合同期内,对于约定的业务,原保险人必须按约定的条件分出,再保险人也必须按约定的条件接受,双方无须逐笔洽谈,也不能对分保业务进行选择,合同约定的分保业务在原保险人与再保险人之间自动分出与分入。合同再保险是一种长期性的再保险,但订约双方都有终止合同的权利,通常是要求终止合同的一方于当年年底前三个月以书面形式通知对方,在年底终止合同。合同再保险的优点是长期性和连续性,原保险人无须逐笔办理再保险,从而简化了分保手续,提高了分保

效率,因此是目前国际再保险市场上广泛采用的方式。

(3)预约再保险(open cover),也称临时固定再保险,是一种介于临时再保险和合同再保险之间的再保险。它规定对于约定的业务,原保险人可以自由决定是否分出,而原保险人一经决定分出,再保险人就必须接受,不能拒绝。也就是说,原保险人有选择是否分出的权利,而再保险人则没有选择的权利。因此预约再保险对原保险人来说是有利的,既可以享有临时再保险的灵活性,又可以享有合同再保险及时分散风险的优点,但对再保险人来说则较为不利,因为原保险人可能将业务分给再保险人,也可能不分,使得再保险业务来源的稳定性差,因而预约再保险并不受再保险人的欢迎。

(二)按分保对象不同划分,分为财产保险再保险、人身保险再保险和巨灾风险再保险

(1)财产保险再保险,是指对分出公司承保的财产风险、责任风险等提供保障的再保险。当分出公司承保的财产保险业务的赔偿责任已经发生时,由分入公司按比例承担赔偿责任,或分出公司的赔偿责任超过其自负责任时,由分入公司对超过的部分承担赔偿责任。财产保险再保险还可细分为火险再保险、水险再保险、航空险再保险和责任险再保险等。

(2)人身保险再保险,是指对分出公司承保的人身保险的给付责任提供保障的再保险。当分出公司承保的人身保险业务的给付责任已经发生时,由分入公司按比例承担给付责任;或分出公司的给付责任超过其自负责任时,由分入公司对超过的部分承担给付责任。

(3)巨灾风险再保险,是指对分出公司承保的巨灾保险的赔偿责任提供保障的再保险。当分出公司承保的地震、洪水等巨灾保险业务的赔偿责任已经发生时,由分入公司按比例承担赔偿责任,或分出公司的赔偿责任超过其自负责任时,由分入公司对超过的部分承担赔偿责任。

(三)按分保责任的分配方式划分,分为比例再保险和非比例再保险

(1)比例再保险(proportional reinsurance),是按保险金额的一定比例确定原保险人的自留额和再保险人的分保额,同时也按该比例分配保费和分摊赔款的再保险。

(2)非比例再保险(non-proportional reinsurance),是以赔款金额为基础,当原保险人的赔款超过一定额度或标准时,由再保险人承担超过部分的赔款的再保险。

(四)按再保险性质不同划分,分为法定再保险和商业再保险

(1)法定再保险是保险不发达国家为扩大本国保险市场的承保能力,减少对外国保险公司的再保险依赖的一种保护策略。新加坡、韩国、印度、埃及等国都以法令规定国内保险公司承保的某项或全部保险业务,按一定比例向指定的国内专业再保险公司办理再保险。《保险法》规定,国内各财产保险公司一律向中国再保险公司办理20%的法定再保险业务,但在现阶段依然保留一定比例的法定再保险。

(2)商业再保险是保险公司根据自身业务的需要自愿缔结的再保险合同。

（五）按分保地域范围不同划分，分为国内再保险、区域再保险和国际再保险

（1）国内再保险是指保险人与本国的保险人所达成的再保险交易。

（2）区域再保险是指在世界不同区域内成立的再保险集团内部进行的再保险交易。其组成一般有两种方式：一是由该地区内的各国出资人入股，成立一个专门的区域性的再保险机构，如亚洲再保险公司，其成员国有中国、印度、菲律宾、韩国等；二是由该区域内的各保险公司组成一个区域性的再保险集团。

（3）国际再保险是指保险人与国际再保险人所达成的再保险交易。

第三节　再保险业务方式

一、比例再保险

比例再保险主要有成数再保险、溢额再保险和成数溢额混合再保险三种。

（一）成数再保险

成数再保险（quota share reinsurance），是指原保险人与再保险人在合同中约定保险金额的分割比率，将每一危险单位的保险金额，按照约定的比率在分出公司与分入公司之间进行分割的再保险方式。成数再保险是最简单的再保险方式，原保险人将每一危险单位的保险金额，按双方商定的固定比例即成数确定原保险人的自留额和再保险人的分保额，再保险费、赔款的分摊均按这一比例计算。通常针对每一危险单位或每张保单，双方会规定一个最高限额，在这个限额内分出人和分入人按成数分担责任，超过限额的部分须由分出公司另外安排分保或自己承担。

例如，某分出公司签订了一份海上货物运输保险的成数再保险合同，每一危险单位的最高限额为150万元，自留责任30％，分出责任70％，假定该合同有四笔业务，则合同双方的责任分配如表10-1所示。

表10-1　成数再保险的责任分配表

单位：万元

保险金额	自留部分30％	分出部分70％	其他
80	24	56	0
100	30	70	0
150	45	105	0
180	45	105	30

由于第四笔业务保额为180万元，超过最高责任限额150万元，分出公司在该合同下只

能安排150万元再保险,余下的30万元只能寻求其他方式处理。

成数再保险的优点是:①手续简便,节省人力和费用。因为分出公司和分入公司之间的责任、保费和赔款分配都按事先约定的比例进行计算,相当简便。②合同双方的利益一致。因为成数分保对于每一危险单位的责任以保险金额为基础由分出公司和分入公司按比例承担,合同双方的命运始终紧密相连,其利害关系完全一致。

成数再保险的缺点是:①缺乏弹性。由于成数再保险合同中,只要属于合同的承保范围,不论业务质量好坏及保额大小,分出人均应按照约定的比例自留和分出,没有选择余地。②不能均衡风险责任。因为成数分保按保险金额的一定比例来划分双方的责任,所以合同只约定每一笔业务不论保险金额的大小均按此比例来分保,但对于保险标的危险度的高低、损失的大小,并不加以区别而作适当的安排,因而它不能使风险责任均衡化。

成数再保险一般适用于:①新公司、小公司。因新组建的或规模小的公司,缺乏经验,对合同自留额等的把握难免存在不妥之处,采用成数再保险,可得到再保险人在风险分析、承保审定、赔款处理等技术方面的帮助。②新业务、新险种。因新业务、新险种缺乏统计资料,对未来的风险状况一般难以准确地预测和估计,稳妥起见,采用成数再保险方式易得到再保险人的理解和支持。③某些赔案发生频繁的险种。成数再保险可发挥其手续简便、双方共命运的优势。④转分保业务。各类转分保业务,由于手续烦琐,采用其他的分保方式比较困难,一般都采用成数再保险。⑤集团公司内部分保。即子公司与母公司之间,以及子公司之间的分保,为简化分保手续,一般也采用成数再保险。

(二)溢额再保险

溢额再保险(surplus reinsurance),是指原保险人与再保险人在合同中约定自留额和最高分保额,将每一危险单位的保险金额超过自留额的部分分给分入公司,并按实际形成的自留额与分出额的比例分配保险费和分摊赔款的再保险方式。

自留额是分出公司按业务质量和自己承担责任的能力,在订立溢额再保险合同时确定,通常以固定数额表示。超过自留额的部分叫溢额,而分入公司也不是无限地接受分出公司的溢额责任,而是以自留额的一定倍数,即若干"线"数为限额,1"线"相当于分出公司的自留额,若自留额为50万元,分保接受额为6线,则分入公司最多接受300万元溢额,即分保额为300万元,换言之,分出人最大可承保限额为350万元。当然对于分出公司承保的巨额保险业务,可以签订分层溢额再保险合同,按合同签订的顺序,有第一溢额再保险、第二溢额再保险等,直到分完为止。

例如,某分出公司就海上运输货物保险安排了两个层次的溢额再保险合同。每一航次每一船上的货物为一个危险单位。合同规定分出公司的自留额为500万元,第一溢额分保合同限额为4线,第二溢额分保合同限额为3线。有关保额分割、保费的分配和赔款的分摊计算如表10-2所示。

表10-2　分层溢额再保险计算表

单位:万元

		A 船	B 船	C 船
总额	保险金额	500	2000	4000
	总保费	5	20	40
	总赔款	10	50	30
自留部分	保额	500	500	500
	比例	100％	25％	12.5％
	保费	5	5	5
	赔款	10	12.5	3.75
第一溢额	分保额	0	1500	2000
	分保比例		75％	50％
	分保费	0	15	20
	分摊赔款	0	37.5	15
第二溢额	分保额	0	0	1500
	分保比例			37.5％
	分保费	0	0	15
	分摊赔款	0	0	11.25

溢额再保险的优点是:①业务安排具有灵活性和弹性。因分出公司可以根据不同业务种类、质量和性质及自身承担风险的能力,确定最佳自留额,凡是在自留额以内的业务则不必分出。因此,不论是在业务选择还是在保险费支出方面,溢额再保险均具有相当的灵活性和弹性。②可以均衡风险责任。由于溢额再保险可以灵活地确定自留额,对于业务质量不齐、保险金额不均匀的业务,采用溢额再保险可以均衡风险责任。

溢额再保险的缺点是:①手续比较烦琐。溢额再保险的业务账单是按逐笔保险单计算其自留额和分保额,并按各自比例计算保险费和赔款的分摊,因此,在编制账单时比较复杂,费时费力。②不能完全体现合同双方利益的一致性。如果赔款都集中在自留额以内的小额业务的损失,分出公司的累积赔款就会较高。反之,如果巨额赔款较多,分入公司的经营结果必然要出现严重亏损。

溢额再保险通常适用于:①危险性小、利益较优且风险本身较分散的业务,以便原保险人保留充足的保险费收入;②业务质量不齐、保险金额不均匀的业务,通常采用溢额再保险来均衡保险责任;③巨额保险业务,可以通过溢额再保险的分层机能来分散与消化风险。

(三)成数溢额混合再保险

成数溢额混合再保险(combined quota share and surplus reinsurance)是将成数再保险和溢额再保险组织在一个合同里,以成数分保的限额作为溢额分保的自留额,再确定溢额分保的限额。在安排上既可以先安排成数分保,也可以先安排溢额分保,所以有成数之上的溢额合同和溢额之内的成数合同两种,但后者较少见。

1. 成数之上的溢额合同

这种方式是由分出公司先安排一个成数再保险合同,规定其合同限额,然后以成数合同的合同限额为"自留额",安排一个溢额再保险合同,规定分入公司的分入"线数"。如果一笔实际业务的保险金额不超过成数合同的合同限额,全部保险金额在成数合同的分出公司与分入公司之间进行分割。如果一笔实际保险业务的保险金额超过成数合同的合同限额,则超过部分分给溢额合同的分入公司,直至合同规定的其最高分入限额。

2. 溢额之内的成数合同

这种方式是分出公司先安排一个溢额分保合同,但对其自留额部分按另订的成数合同处理。如某一溢额再保险合同的自留额为50万元,分入公司的责任限额为4线,规定对于自留额部分,分出公司有权另订成数分保合同,再将其中的60%分出。

现以某分出公司的火灾保险的成数和溢额两个分保合同混合运用为例,假定成数分保最高限额为100万元,分出公司自留30%,分出70%,溢额合同限额为4线,总承保能力为500万元。某年度合同项下共承保5笔保险业务,其保险金额及责任分配如表10-3所示。

表10-3　混合分保的责任分配表

单位:万元

业务	保险金额	成数分保			溢额分保金额
		金额	自留30%	分出70%	
1	50	50	15	35	0
2	100	100	30	70	0
3	300	100	30	70	200
4	400	100	30	70	300
5	500	100	30	70	400

二、非比例再保险

非比例再保险主要有险位超赔再保险、事故超赔再保险和赔付率超赔再保险三种。

(一)险位超赔再保险

险位超赔再保险(excess of loss per risk basis),是以一次事故中每一危险单位所发生的赔款金额为基础来确定分出公司的自负责任额和分入公司最高责任限额的再保险方式。如果总赔款金额不超过自负责任额,则全部损失均由分出公司赔付;如果总赔款金额超过自负责任额,则超过部分由分入公司赔付,但不超过合同中规定的最高责任限额。

关于险位超赔再保险在一次事故中的赔款计算有两种方法:一是按危险单位分别计算,分入公司对每一危险单位的赔款不超过最高责任限额,但其对一次事故的总赔款没有限制;二是分入公司对每一危险单位的赔款不超过最高责任限额,对每次事故的总赔款有额度限制,一般为险位限额的2~4倍。

例如,有一超过100万元以后200万元的火险险位超赔再保险合同。如果在一次事故中有四个危险单位遭受损失,损失金额分别为200万元、300万元、500万元和600万元。如果每次事故总赔款没有额度限制,则赔款的分摊如表10-4所示。

表10-4　险位超赔再保险合同项下没有事故限额的赔款分摊表

单位:万元

危险单位	发生赔款	分出公司承担赔款	分入公司承担赔款	其他
A	200	100	100	0
B	300	100	200	0
C	500	100	200	200
D	600	100	200	300
合计	1600	400	700	500

如果每次事故分入公司的总赔款责任限额为险位责任限额的3倍,即600万元,则第四个险位分入公司只能承担100万元赔款,其余的由分出公司自己承担或采用其他分保方法。

(二)事故超赔再保险

事故超赔再保险(excess of loss event basis),是以一次事故发生的赔款总额为基础来确定分出公司自负责任额与分入公司最高责任限额的再保险方式。其目的是保障一次事故造成的责任累积,因此又称为巨灾超赔再保险。

由于巨灾事故发生的持续时间通常较长,所以事故次数的划分很重要,如有一超过1000万元以后的2000万元的巨灾超赔再保险合同,一次洪水持续了6天,共损失5000万元,按一次事故计算和按二次事故计算的结果是不同的。如果按一次事故计算,则原保险人先自负1000万元,再保险人承担2000万元,然后剩下的都归原保险人承担,所以原保险人共承担3000万元。如果3天作为一次事故,划分为二次事故,假设第一次事故损失2000万元,第二次事故损失3000万元,则第一次事故原保险人承担1000万元,再保险人也承担1000万元,第二次事故原保险再承担1000万元,再保险人承担2000万元,所以原保险人共承担2000万元,再保险人共承担3000万元。可见,事故次数的划分是事故超赔再保险合同项下赔款分摊金额计算的关键。一般规定,台风、飓风、暴雨连续48小时为一次事故;地震、洪水、火山爆发连续72小时为一次事故。

由于一次事故责任较大,所以这种分保一般采用分层设计,即将整个超赔保障的数额分割成几层,便于不同的再保险人接受。层次越高,风险发生的概率越小,如某分出公司针对其承保的1亿元业务安排四层超赔分保:自留额为500万元,第一层,超过500万元后的500万元;第二层,超过1000万元后的1500万元;第三层,超过2500万元后的2500万元;第四层,超过5000万元后的5000万元。发生赔款时,先由分出公司按自留额赔付,不足部分由第一层负担,再由剩余第二层负担,依次类推。

(三)赔付率超赔再保险

赔付率超赔再保险(excess of loss ratio reinsurance),是按年度赔款与保费收入的比率来确定自负责任和再保险责任的一种再保险方式。在约定年度内,当赔付率超过分出公司自负责任比率时,超过的部分由分入公司负责,为了控制分入公司的绝对赔付责任,很多合同还规定分入公司的赔付责任限额。

在赔付率超赔再保险合同中,一般约定两个限制性比率,一个是分出公司自负责任比率,另一个是分入公司的最高责任比率。当实际赔付率尚未超过合同约定的自负责任比率时,全部赔款由分出公司负责;当实际赔付率已经超过合同约定的自负责任比率时,分出公司只负责自负责任比率以内的赔款,超过自负责任比率的赔款由分入公司承担,直到其最高责任比率为止。如果实际赔付率超过分出公司自负责任比率与分入公司最高责任比率之和,超过部分的赔款再由分出公司自己负责。分出公司的自负责任比率与分入公司的最高责任比率的确定,要考虑营业费用和业务经营效果两方面因素。通常在营业费用率为30%时,分出公司的自负责任比率定为70%,分入公司的最高责任比率一般为营业费用的两倍,即60%,也就是说,分入公司的责任是负责赔付率在70%~130%部分的赔款。

赔付率超赔再保险所保障的是赔付率,因此如何计算赔付率至关重要。传统的计算方法为已发生赔款与满期保费之比,即:

$$赔付率 = \frac{已发生赔款}{满期保费} \times 100\%$$

其中,已发生赔款=本年度已付赔款净额+本年度未决赔款准备金−上年度未决赔款准备金,满期保费= 本年度保费+上年度末满期保费准备金−本年度末满期保费准备金。这种计算方法涉及未了责任,手续烦琐,也缺乏合理性,所以在实务中通常采用以本年度的赔款净额与净保费收入的比率来计算,即

$$赔付率 = \frac{赔款净额}{年净保费收入} \times 100\%$$

其中,净保费收入= 毛保费−退保费−佣金−再保费支出−保费税款−盈余佣金。

赔款净额= 已发生赔款−追回的赔款−摊回的再保险赔款。

在整个再保险合同中计算摊回赔款时的过程主要有以下三步:

第一步:计算原保险公司的年度实际赔付率(等于年度赔款/年净保费收入);

第二步:按照再保险合同的规定就年度赔付率在原保险公司和再保险公司之间进行分摊;

第三步: 计算再保险公司应摊回的赔款。

摊回的赔款=min{分摊赔付率×年净保费收入,赔付责任限额}。

例10-1:有一赔付率超赔再保险合同,约定分出公司的自负责任比率为70%,分入公司的最高责任比率为超过70%后的60%。为了控制分入公司的绝对赔付责任,合同还规定分入公司的赔付责任以100万元为限。假设年净保费收入为200万元,已发生赔款净额为180万元,计算分出公司和分入公司分别承担的赔款额。如果当年的赔款净额为280万元,分出公司和分入公司又分别承担赔款额是多少?

(1)净赔款为180万元时:

① 年度赔付率=180/200=90%,

② 原保险人70%,再保险人20%(90%−70%),

③ 再保险人摊回赔款= 200× 20%=(40万元)

原保险人赔款=180−40=140(万元)。

(2)净赔款为280万元时:

① 年度赔付率=280/200=140%,

② 原保险人70%,再保险人60%,剩余10%还由原保险人负责。

③ 再保险人摊回赔款＝ $200 \times 60\% = 120$（万元），大于100万元限额，所以实际摊回赔款为100万元，剩余20万元仍由原保险人负责。

原保险人赔款＝ $280 - 100 = 180$（万元）。

三、比例再保险与非比例再保险的区别

（一）自负责任与分保责任的确定依据不同

比例再保险是以保险金额为依据来确定自负责任和分保责任的，分入公司的责任额要受原保险金额大小的影响；而非比例再保险是以赔款额为依据来确定自负责任和分保责任的，分入公司的责任额不受原保险金额大小的影响，而与赔款总额相关联。

（二）分保费计算的方式不同

比例再保险的分保费完全按原保险费率计算，是投保人支付的原保险费的一部分，且按照分出业务的同一比例支付；非比例再保险是采取单独的费率制度，再保险费以业务年度的净保险费为基础，由订约双方协议而定，另行计算，与原保险费没有比例关系。

（三）分保手续费是否支付不同

在比例再保险中，分出公司一般要求分入公司支付一定比例的分保手续费和盈余佣金；而在非比例再保险中，分出公司通常不要求分入公司支付分保手续费和盈余佣金。

（四）保险费准备金是否提留不同

比例再保险的分入公司往往要提留保险费准备金，以便应付未了责任和其他意外；而非比例再保险的分入公司通常不对个别风险负责，仅在赔款超过超赔点后才予负责，因此一般不提留保险费准备金。

（五）赔款的偿付方式不同

比例再保险的赔款偿付，除个别巨灾赔款分出公司要求分入公司以现金赔偿外，通常都通过账户处理，按期结算，如通过季度账单或半年账单进行结算；而非比例再保险的赔款多以现金偿付，分入公司于收到分出公司的损失清单后短期内如数偿付。

第四节　再保险合同条款

一、再保险合同的共同条款

(一)共命运条款

共命运条款(follow the fortunes clause)通常表述为："兹特约定凡属于本合同约定之任何事宜,再保险人在其利害关系范围内,与原保险人同一命运。"根据该条款,再保险人与原保险人在利益与义务方面共命运。这是由于在再保险业务中,再保险人与原保险人往往属于不同的国家和地区,再保险人难以介入原保险业务,所以将标的的审核、费率制定、保费收取以及赔款处理等诸多事项都授权给原保险人单独处理,而由此产生的一切权利和义务均按再保险双方达成的协议共同分享和分担。不过,由原保险人单方面利益而产生的费用,再保险人就无须共命运。此外,共命运是基于再保险合同基础上的保险命运,而原保险人财务上的问题引起的其自身的商业命运,如破产倒闭等,再保险人并不承担义务。

(二)过失与疏忽条款

过失与疏忽条款规定:对原保险人的过失或疏忽所造成的损失,再保险接受人仍应负责。过失或疏忽条款要求订约双方不能因对方在工作中发生了疏忽、遗漏或延迟而推卸其对另一方承担的责任。只要发生的错误不是故意造成的,就不影响再保险合同的有效性。但一旦发生过失或疏忽,应立即通知再保险人,并迅速纠正错误。

(三)保护再保险人利益条款

保护再保险人利益条款规定:"一切有关合同的账册、登记本、记录单证和文件,在任何时候均可由分入公司所授权的代表进行检查。"该条款的目的是保护再保险人的利益,在再保险公司对合同的经营发生怀疑或产生争执需进行查账时,必须先通知分出公司,并承担查账的所有费用。

二、比例再保险合同的主要条款

(一)佣金支付条款

佣金支付条款(play commission clause)规定:再保险接受人要向原保险人支付分保佣金和盈余佣金。分保佣金也称为分保手续费,是指再保险接受人根据分保费支付给分出公司的一定费用,用以分担分出公司为招揽业务及业务经营管理等所产生的费用开支。盈余佣金是在再保险合同有盈余时,再保险接受人按其年度利润的一定比率支付给分出公司的佣金,也称利润手续费。分保佣金的佣金率主要有两种:① 固定佣金率,即合同规定一个固定佣金率,不受赔付率高低的影响。② 浮动佣金率,即按照赔付率的高低来调整佣金率,使得分保佣金在一定限度内与合同的赔付率具有直接的关系。具体做法是:规定一个最低佣金率,当赔付率逐渐下降时,佣金率逐渐提高,但不超过最高佣金率。盈余佣金有三种计算方法:① 一年计算法,指以一个经营年度的盈利情况计算佣金,与往年业务没有联系;②三年平均法,即以近三年的平均利润来计算盈余佣金;③ 亏损滚转法,是指一年亏损,用以后年度利润弥补,直到亏损全部消失后,再保险接受公司才支付盈余佣金。

(二)再保险费准备金条款

再保险费准备金是指为确保再保险人能依约履行义务,原保险人将应付再保险费的一部分留存一定期间,以备将来赔付之需。原保险人提存准备金的数额,一般为应付再保险费的40%。准备金是从每季应付的再保险费中提留的,每季办理一次,至第四季止,其合计达全年总保费的一定比率。留存准备金的期限为12个月,至第二年第一季度,归还上年第一季度提存的准备金,同时要就新的再保险费重新提存准备金。分出公司在归还准备金时,还要支付与分入公司议定的利息。

(三)责任划分条款

在比例再保险合同中,必须明确分出公司和分入公司的责任如何划分,并确定合同的限额。就成数再保险合同而言,要明确分出公司的自留比例和分入公司的分保比例各为多少,同时要明确每个危险单位或每一份保单的最高责任限额是多少。就溢额再保险合同而言,要明确分出公司的自留额是多少,分入公司的分保"线数"是多少。

(四)赔款处理条款

在再保险合同中一般规定,当损失发生时,分出公司可以按自己认为适当的方法全权处理赔款,包括全部赔付、部分赔付和拒绝赔付等,不需要征得分入公司的同意。另外,分出公司还有权对受损标的采取合理的施救措施,对任何赔款提出抗辩。分入公司应对分出公司支出的赔款和合理的费用依分保比例进行分摊。对有损余收回或向第三者追回款项时,分出公司也应按分保比例返还给分入公司。对于小额赔款,分出公司一般无须通知分入公司,只将赔款记录在相关报表中,并在分保账单的应付分保费中扣减。当发生赔款超过一定数额时,分出公司要将详细损失情况通知分入公司。当发生巨额赔款时,分出公司可要求分入公司现金摊赔。

三、非比例再保险合同的主要条款

(一)责任恢复条款

责任恢复条款(reinstatement clause),是指在发生赔款使分保责任额减少后,为了使分出公司重新获得充分的再保险保障,将分保责任额恢复至原有额度。例如,有一超过50万元的50万元超赔再保险合同,其分保责任额为50万元。现发生了75万元的损失,分入公司赔付了25万元,使分保责任额减至25万元,如订有责任恢复条款,就可以在加费或免费的情况下,将分保责任额仍恢复至原有额度50万元。

责任恢复涉及两个问题:一是恢复次数问题,二是恢复责任是否加费问题。关于恢复次数,通常规定是一次,即以原再保险责任额为一个单位,恢复一次就是增加一个再保险责任额,使分入公司的责任总限额增加到原责任额的两倍。也有不少合同约定可恢复两次,使分入公司的责任总限额增加到原责任额的三倍。还有一些合同对于责任恢复的次数不加限制,只要分入公司支付了赔款从而导致了其分入责任限额的减少,就自动恢复到原责任限额。关于加交保险费,有的恢复责任规定是免费的,叫自动恢复。有的以原保费的100%为基础并按实际的未到期的期间来计算,有的以原保费的50%为基础而不考虑未到期的期间。

(二)最后净损失条款

最后净损失条款(ultimate net loss clause),是指原保险标的发生损失后,作为非比例再保险合同项下分出公司与分入公司分摊责任的赔款,应该是分出公司在此合同项下分摊赔款前承担的最后净损失。所谓最后净损失,即分出公司的赔款总额加上与处理赔款有关的法律费用和其他费用,减去足以减少分出公司赔款的各种收入,如残值、向第三者追回款项,以及此前从其他分入公司摊回的赔款。分出公司不能因任何理由将无法从其他分入公司摊回赔款的数额,增加到最后净损失数额中去。但要注意一点,由于向第三者追回款项需要时间,所以分入公司不能因此拖延赔付,而只能由分出公司在收回这些款项后再返还给分入公司。

(三)净自留成分条款

净自留成分条款(net retained lines clause),是用来规定分出公司的最后净赔款究竟是哪一个层次合同的净赔款,即分出公司的最后净赔款应是其净自留成分内的净赔款,也就是超赔分保合同实际启动前分出公司的自负责任。这主要是因为分出公司承保的业务在超赔分保合同实际启动前可能没有分出,也可能已经分出,甚至数次分出,如果已经分出,就应该扣除在超赔分保合同实际启动前的分保额,作为净自留成分。例如,某分出公司承保了一笔火灾保险业务,保险金额为1000万元,在合同有效期内发生净赔款300万元。假定分出公司与分入公司签订了一份超过100万元以后的400万元的超赔分保合同。如果在超赔分保合同实际启动前,已经有一成数保险合同存在,规定分出公司自负40%,分入公司分保责任60%,合同限额为300万元。则在超赔分保合同启动前,分出公司实际的净自留成分不是300万元,而是120万元,在120万元基础上启动超赔分保合同,其中100万元由分出公司承担,20万元由超赔分保合同的分入公司承担。

(四)一次事故损失条款

一次事故损失条款(one accident loss clause),是指分出公司的最后赔款净损失是任何一次事故造成的全部个别损失的总和,也就是由一次灾害事故引起的并为分出公司已付的全部损失或赔款的总额,而不论在这次事故中遭受损失的保单数量有多少,危险单位有多少。如在一次较大的火灾事故中,有多份保单项下的财产遭受损失,分出公司分别按各个保单项下的实际损失情况,向被保险人支付赔款共计1000万元,即为一次事故。

由于灾害事故发生后可能会持续很长时间,损失也会随持续时间的延长而增加,这就使得任何一次事故及其损失的边界往往难以确认。为了解决这一问题,在事故超赔再保险实务中,往往使用"时间条款",对任何一次事故从时间上加以确定,这一点在本章第三节已有阐述。

(五)指数条款

指数条款(index clause),是指由于通货膨胀,再保险合同生效时与赔款时货币价值不同,要以指数来重新核算和调整两者的数值,使赔款受币值影响的上涨部分,由分出公司和分入公司共同分摊。

例如,有一份赔款超过100万元以后的200万元超赔分保合同,现有赔款150万元,赔付时的物价水平比合同生效时上升了40%。如果没有指数条款,则分入公司应赔付的金额为:150万元－100万元＝50万元。如有指数条款,则按40%调整,分出公司的自负责任额为:100万元×140%＝140万元;分入公司的分保责任额为:200万元×140%＝280万元;分入公司应付赔款为:150万元－140万元＝10万元。

(六)汇率变动条款

汇率变动条款(currency fluctuation clause),是指在分保合同中通常规定,如果发生损失的货币是合同表示货币以外的其他货币,有关分出公司的自负责任额和分入公司的责任额按合同起始日或商定日期的兑换率折算成其他货币来计算,而不受兑换率变动的影响,以减少货币兑换的风险。

例如,有一份超过100万美元以后的100万美元的超赔再保险合同,但所遭受损失是80万英镑。按合同起始日英镑兑美元的兑换率为1:1.60,将分出公司的自负责任额和分入公司的责任额由合同所表示的美元折算成英镑为:62.5万英镑。则分出公司的自负责任额为62.5万英镑,分入公司的责任额为17.5万英镑。按分出公司赔付日的兑换率1:1.56计算,将分入公司的责任额再折算成美元应该是:27.3万美元。

如果合同规定自负责任和超赔责任是单一货币,而当发生同一赔案时包含有多种不同的货币,则应根据不同的汇率将各种不同的货币换算成合同规定的货币后,再按各种货币所占的比例分摊赔款。

第五节　再保险市场

一、再保险市场概述

(一)再保险市场的产生与发展

再保险市场是指从事再保险业务活动的再保险交换关系的总称。最早的再保险记录可以追溯到14世纪意大利的海上保险。初始的再保险一般都采用临时再保险的方式,由一个保险人首先承担全部风险,然后将超过自己承保能力的风险通过再保险安排分给其他保险人。保险人和再保险人之间并没有固定的业务安排,只是在特定保单的需求下才临时确定分出和分入的条件和费用。

再保险在17世纪中叶至18世纪的英国得到了进一步发展。英国作为世界贸易中心,金融、航运和保险业都迅速发展,同时也推动了再保险的发展。但由于当时对于再保险的定义不明确,投机商人将重复保险和再保险混同起来,利用原保险费率和再保险费率之间的差异进行投机。这使得英国议会于1764年颁布法令,禁止了海上再保险业务的发展。直至1846年,这一禁令才被解除。

现代的全球再保险业务在工业革命之后的18、19世纪得到了迅猛发展。由于临时再保险合同需要逐笔协商确定条件和费率,因此原保险人在再保险合同谈妥之前处于无保障状态。这一缺陷使得合约再保险应运而生。这种节约交易双方时间和费用的方式极大地促进了再保险业务的发展。

再保险业务最初只在经营保险业务的原保险人之间进行。随着再保险业务的不断发展和保险人之间竞争的加剧,保险人开始出于商业机密的考虑不愿意分保,阻碍了再保险业务的发展。这使得对于专业再保险公司的需求日益增加。1842年,第一家专业再保险公司科隆再保险公司(Cologne Re)在德国成立。随后瑞士再保险公司(Swiss Re)和慕尼黑再保险公司(Munich Re)分别于1863年和1880年成立,这也是现在规模最大的两家再保险公司。20世纪,百慕大受益于其邻近美国本土的优越地理位置以及税收天堂的优势,迅速成为除欧洲和美国之外的国际再保险中心。

(二)再保险市场的供需主体

再保险市场的供需主体由再保险买方和再保险卖方组成,但再保险市场上买方和卖方的身份是会转换的,在某一笔再保险交易中的买方,可能成为另一笔再保险交易中的卖方。因此我们把供需主体统一介绍。

1. 直接承保的保险公司

经营直接业务的保险公司是再保险的最大需求者,它们为了分散风险,均衡业务,求得经营的稳定,采用再保险是传统有效的方法。同时,直接承保的保险公司在经营直接业务的同时,也接受再保险业务,但更经常地是以互惠交换业务的方式获得再保险业务。所以它们在再保险市场上既是分出公司,又是接受公司。

2. 专业再保险公司

专业再保险公司本身并不承保直接保险业务,而是专门接受原保险人分出的业务。因此专业再保险公司是再保险市场的主要供给者。全球有200多家专业再保险公司,主要集中在欧、美、日。全球参与者主要有:慕尼黑再保险(MURGY)、瑞士再保险(SRENH)、汉诺威再保险(THG)、劳合社、法国再保险(SCOR)、伯克希尔哈撒韦(BRK)、美国再保险集团(RGA)、中再集团(01508)、大韩再保险、博纳再保险等。

3. 再保险集团

再保险集团是由同一国家或几个国家的许多保险公司联合组成的,有全球性的,也有区域性的。成立再保险集团主要是为了承保巨额的保险业务,避免同业的竞争。再保险集团的具体做法是:集团中每一个成员公司将自己承保的业务全部或扣除自留额后,通过集团在成员公司之间分保,各成员公司按约定比例接受,也可根据业务性质的不同,逐笔协商接受。按集团经营的规章,一般定有承保的限额,对超过限额的集团责任向集团外进行再保险。因此,再保险集团既是再保险的供给方,也是再保险的需求方。

4. 劳合社承保组合

劳合社是世界最大的再保险市场之一,有水险、非水险、航空险、车险等各类承保人组合。承保组合代表会员接受业务,责任再由组合内会员承担。劳合社承保组合全部通过再保险经纪人接受业务。在劳合社的保险费收入中,大约50%来自再保险业务收入。

5. 专业自保公司

专业自保公司(captive insurance company)是大型企业、财团自设的保险公司,主要为其母公司与子公司提供保险,并办理再保险业务,同时也可以适当承保公司外风险和接受分入业务。目前全球大约有5000家专业自保公司,主要集中在百慕大、开曼群岛,以及欧洲的格恩西岛、卢森堡、都柏林等地,目的是享受免税优惠。因专业自保公司的资金有限,而业务往往偏重于母公司方面的业务,无法独立承担母公司巨大的风险,需要通过再保险来分散风险。

(三)再保险经纪人

再保险经纪人是再保险分出公司和分入公司建立再保险关系的中介人。再保险交易通过再保险经纪人中介,主要是由再保险交易的特点所决定的。因为再保险交易通常在不同地区或不同国家的保险公司之间进行,分出公司和分入公司彼此了解甚少,不易沟通和完成交易。而再保险经纪人具有较高的信誉,拥有丰富的专业知识和实务经验,熟悉国际市场的行情,能够为分出公司和分入公司设计更好的再保险计划和条件,为再保险交易提供高质量的服务。因此,分出公司和分入公司通常都比较信赖再保险经纪人,往往与再保险经纪人有长期和友好的合作关系。

再保险经纪人的主要工作有:①提供信息。因再保险经纪人对各种保险的业务内容、保险费率、赔款经验与承揽费用,各个再保险市场的特点、分保费率变动趋势、与本分保业务相关的可能再保险人资信情况等相关信息掌握得较为充分，对各国有关再保险业务的法律及其修订情况，也有充分了解，因此，再保险经纪人提供这方面的信息，有助于分出公司决定有否分出、向哪一市场分出、分给哪些再保险人等，也有助于分保接受人决定是否接受分保或接受多少份额等。②洽谈分保条件以及再保险合同的管理。在进行合同洽谈时，再保险经纪人派资深查勘人员对保险标的进行仔细查勘，并做成详尽的查勘报告供原保险人及再保险人参考，设计再保方案，负责起草合同文件，然后交由双方核准签字。在合同签订后，经纪人的义务是进行合同的管理，如合同的续转、条款的修改，或当再保险人接受人要求终止合同时安排新的再保险人等。

二、国际上主要再保险市场

（一）欧洲再保险市场

欧洲再保险市场主要是专业再保险公司，特点是完全自由化、商业化，竞争激烈，国际地位举足轻重。国际上最大的20家经营再保险业务的公司，欧洲市场就有7家。

1. 伦敦再保险市场

伦敦再保险市场由劳合社再保险市场和伦敦保险人协会再保险市场两部分组成，以劳合社为主。劳合社成立于1688年，是许多大型再保险业务的主要承保者，同时也是许多保险市场的再保险首席承保人。与劳合社市场的再保险交易相关的主体，主要有劳合社会员、承保组合、承保代理人和再保险经纪人。劳合社会员组成许多规模大小不同的承保组合——辛迪加，而管理辛迪加的是劳合社承保代理人（公司），一个承保代理人（公司）可以管理多个辛迪加，劳合社承保代理人（公司）代表辛迪加接受再保险业务。劳合社市场的再保险交易，需通过经劳合社注册的再保险经纪人来完成。劳合社的再保险业务，绝大多数来自国外，约60％来自美国，剩余的大部分来自世界上100多个国家的2000多家保险公司。伦敦保险人协会是劳合社以外的另一大规模再保险市场，由保险公司组成，其再保险业务可以由经纪人介绍，也可直接承保。它的业务来源主要有三类：一是各大型保险公司的国内分公司承保业务后，经由总公司的再保险部门分保至伦敦保险人协会市场；二是再保险经纪人带来的业务；三是各大型保险公司的国外分公司承保业务后经其总公司分保至伦敦保险人协会市场。

2. 德国再保险市场

德国是欧洲最大的再保险市场，2000年在世界前十家最大的再保险公司中，德国占了四家，最大的是慕尼黑再保险公司，其次是汉诺威再保险公司和格林全球再保险公司。德国的再保险市场很大程度上是由专业再保险公司控制的，直接保险公司承保的再保险业务量很有限。慕尼黑再保险公司创立于1880年，在全世界150个国家从事各类再保险业务。慕尼黑再保险公司是全球最大的再保险公司之一，它在许多市场中都处于领导地位，并多年来连续被美国标准普尔信用评级公司评为AAA级。慕尼黑再保险公司将从世界各地搜集的信息和经验、保险和再保险的现代经营理念及自身的研究成果，整理成出版物并作为培训和研讨会的基础资料,它们在经营再保险业务时,一向把服务、知识、经验及培训视为同等重要的因素。

3. 瑞士再保险市场

瑞士再保险市场是欧洲大陆第二大再保险中心,与德国再保险类似,瑞士再保险市场也是专业再保险公司占统治地位,其中有代表性的主要是瑞士再保险公司和苏黎世再保险公司。瑞士再保险公司成立于1863年,是一家全球性的企业集团公司,集团所属的再保险公司以及咨询和服务公司遍布世界30多个国家。瑞士再保险公司的信息中心和培训中心,享誉世界再保险市场,著名的*Sigma*杂志就是瑞士再保险公司编辑出版的。

(二)北美再保险市场

美国再保险的发展时间相对较晚,但其实力不可忽视,纽约再保险市场现跻身于世界再保险市场的前列。美国再保险市场的发展偏重于业务交换、共同保险和联营方式,比欧洲再保险公司的自留额高。

1. 纽约再保险市场

纽约再保险市场已经成为世界再保险中心之一,是继伦敦之后的世界第二大再保险市场。纽约再保险市场主要由国内和国外的专业再保险公司组成,业务来源广泛。2002年纽约市场上最大的10家再保险公司占到了60%的净承保保费收入。纽约再保险市场的再保险交易方式主要有三种,第一种是通过互惠交换业务;第二种是由专业再保险公司直接与分出公司交易;第三种是通过再保险经纪人,业务来源主要是美洲和伦敦市场。

2. 百慕大再保险市场

百慕大保险业相当发达,是国际主要的再保险中心之一。约有800家国际保险公司和再保险公司在百慕大注册,百慕大也成为跨国保险公司将优质保险产品出售给全球客户、发行国际保险产品的首选地。根据标准普尔《全球再保险要闻(GRH)》的统计,全球排名前40位的再保险公司中,百慕大的再保险公司占据了15个席位,这15家再保险公司的保费收入占前40名再保险公司纯保费收入的15%。保险业相当发达,2017年再保险规模350亿美金,仅次于纽约和伦敦。个人保险业务接近500亿美金,离岸保险业务占比95%,是全球最大的离岸保险中心。

(三)亚洲再保险市场

亚洲再保险市场主要包括日本再保险市场、巴林再保险市场和新加坡再保险市场。日本再保险市场有两家专业再保险公司:东亚(The Toa)再保险公司和杰西(The Jisai)再保险公司,其他都是兼营再保险业务的直接保险公司,东亚主要承保非寿险再保险业务,杰西主要承保国内地震再保险业务。巴林是中东的主要金融中心和再保险中心。1981年10月,由阿拉伯国家共同投资的中东最大保险公司——阿拉伯保险集团(ARIG)成立,总部设在巴林首都麦纳麦,资本30亿美元,现已列入世界100家最大再保险集团。新加坡是东南亚的金融中心,再保险业务的发展具有极大的潜力,再保险市场现有专业再保险公司27家,混合再保险公司5家,专业自保公司46家和经营国际再保险业务的经纪公司16家。

三、中国再保险市场

在1988年以前,中国只有中国人民保险公司一家,再保险业务亦由其专营,但由于国有保险公司的风险由财政兜底,国内保险业务一直不办理分保,只有涉外业务办理分保。1988年3月和1991年5月,中国平安保险公司和中国太平洋保险公司相继成立,1985年3月由国务院制定发布的《保险企业管理暂行条例》,规定国内开始办理30%(1995年后降为20%)的法定分保业务,由中国人民保险公司再保险部代行国家再保险公司的职能。此后中国平安保险公司和中国太平洋保险公司也相继开办商业分保业务。1996年,中国人民保险公司组建集团公司,并成立了中保再保险有限公司,至此,国内才有了一家经营再保险业务的专业公司。1999年3月,中国再保险公司在中保再保险有限公司的基础上组建成立。根据加入世贸组织所做出的承诺,法定分保业务逐年降低五个百分点,加入世贸组织五年后,20%法定分保将完全取消。为了适应国际、国内再保险市场发展的新形势,中国再保险公司在2003年8月正式改制成立国有独资保险集团公司。2007年10月完成整体改制成立中国再保险(集团)公司,并控股设立了中国财产再保险股份有限公司、中国人寿再保险股份有限公司和中国大地财产保险股份有限公司三家子公司,并由传统的经营法定分保为主转向经营财险再保险、寿险再保险、保险经纪业务和直接保险业务等商业保险与再保险业务。目前,中再集团拥有6家控股子公司,分别为:中国财产再保险股份有限公司、中国人寿再保险股份有限公司、中国大地财产保险股份有限公司、中再资产管理股份有限公司、中国保险报业股份有限公司、华泰保险经纪有限公司,拥有1家附属机构——保险职业学院。

随着金融业对外开放的稳步推进,中国再保险市场规模快速增长,主体不断增加。我国再保险保费收入从2013年的1200多亿元,增长至2018年的超过1800亿元。2020年,再保险公司分保保费收入更是同比增长28.80%,远超直保保费6.46%的增速。从国内再保险格局上看,中再集团是我国再保险行业的龙头企业,位列全球前十大再保险企业。中国人寿再保险、中国财产再保险均是中再保的控股子公司,其中中国人寿再保险的市场占有率为68%,中国财产再保险的市场占有率为27%。

由于再保险市场比较开放,竞争者不仅有中资机构,也有国外龙头。中资机构有太平再保险(中国)、人保再保险,国外巨头有瑞士再保险、慕尼黑再保险等。许久以来,受到国内专业再保险公司数量较少、承保能力有限等因素影响,国外再保险公司占领着中国再保险市场的诸多业务资源。而像达信(MARSH)、韦莱韬悦(WILLIS)等外资保险经纪公司凭借着其在直保业务的诸多优势,也在中国再保险市场占有一席之地。

外资再保险机构业务发展提速。具体来看,一是保费收入持续增长,2018年至2020年,外资再保险公司分保费收入年均增速达到25.54%,2020年达到629.1亿元,市场份额逐步扩大到34.56%,较2018年上升3.9个百分点。二是盈利水平逐步增长,2018年至2020年,外资再保险公司净利润年均增速11%,2020年达到11.34亿元。其中,2019年增速较快,同比增长23%;2020年受新冠疫情和自然灾害叠加影响,行业盈利水平均有波动,外资同比减少1%。三是资产规模稳步增长,2018年至2020年,外资公司总资产和净资产双双突破千亿元大关,分别达到1347.99亿元、1120.22亿元,年均增速分别为18.91%、24.02%,资产规模和资产质量同步提升。

四、再保险的未来发展趋势

(一)再保险市场的竞争将向合作发展

再保险市场是竞争非常激烈的市场之一。但是,在竞争的同时,再保险市场出现了合作的趋势。合作的目的可概括为:① 风险的进一步分散。随着现代工业的发展,巨额再保险标的越来越多,使单一险位的再保险责任越来越大,这样使得再保险企业不得不寻求合作,以获得风险的进一步分散,保证经营的稳定。② 专业化服务。再保险业给保险市场提供的服务会越来越专业化,而单个公司提供这种保障是不经济的,或者对危险的特性不熟悉,既不知道危险的程度,也不清楚赔款的成本。③ 获得和交换关于再保险商品的价格、条件和可用性的信息。④ 地区或行业的综合利益。⑤ 避免恶性竞争。

(二)再保险形式将越来越多样化

最开始,再保险交易是一种临时的比例性业务,发展到一定时候,产生了比例性合同再保险,在这种形式下,所有保险业务均按约定份额自动分给再保险人。这种比例再保险当然是一种既简便又能增加分出公司承保能力和收益的方式,但它经常迫使分出公司分出大量不必要分出的业务,而又不能为分出公司提供一次事故损失的绝对限制。为了克服这些缺点,非比例再保险得到了迅速发展,从为单一危险单位提供保障的险位超赔再保险,发展到为一次事故提供保障的事故超赔再保险,还有为整个保险经营提供保障的赔付率超赔再保险等多种形式的非比例再保险。现在,非比例再保险作为单独的再保险形式已相当普遍。

由于合同再保险手续简便,所以一产生便很快成为占主导地位的再保险方式,几乎使临时再保险成为一个很不起眼的配角。但随着先进科学技术的广泛应用,保险标的的金额日益增大,危险越来越集中,累积风险责任越来越大,合同再保险的限额难以承受。于是,临时再保险灵活、自由的优越性又重新显示了它的威力,使临时再保险重新成为再保险市场的宠儿。今后的再保险安排方式虽然仍以合同再保险占主导地位,但临时再保险的意义将越来越重要,这是一种趋势。

综上所述,临时再保险东山再起和非比例再保险在合同再保险中的主角地位是再保险方式发展变化的一种趋势;再保险的形式将越来越多样化,而且,再保险业给保险市场提供的必要服务会越来越专业化;为了适应各种各样的再保险需求,量体裁衣的复合形式的再保险合同必将异彩纷呈,这样也会给再保险市场带来活力和繁荣。

(三)再保险市场的组织形式将呈多元化发展

再保险市场的组织形式,有保险公司兼营再保险业务、专业再保险公司、再保险联营等,这种呈多元化的格局将不会改变,但新近出现的几种变化将持续下去。

纵观再保险市场的发展,变化多端的再保险交易方式层出不穷,其中互惠交换业务的方式大为盛行,已逐渐成为合同再保险的附带方式。

互惠交换业务对保险公司的有利之处在于:①提高保险公司的净保险费收入。因为保险公司最终取得的保险费收入不仅包括自留的直接保险部分的保费,而且包括交换获得的回头业务部分的保费收入。②避免总保险业务量的减少。保险公司可用交换回来的业务去弥补因分出业务而减少的业务量,维持保险公司的总业务量,有时甚至是扩大了业务量。③进一步分散业务风险,稳定保险公司的经营成果。保险公司接受回头分保业务,意味着吸收了外来业务,这些外来业务有时是跨地区的,有时是跨国界的,这样就使业务风险实现了在地域空间上的广泛分散,消除了单独保险公司业务活动的局限性。④降低了保险公司的费用开支。保险公司通过交换业务可以获得再保险业务,这样就无须为争取再保险业务而设置各种特别的服务设施,节省了由此所需的各项费用,降低了总费用开支。

随着专属保险公司在企业中的作用多元化,专属保险公司将成为再保险市场的积极竞争者。专属保险公司的业务数量有限、承保的业务风险质量差等天然缺陷,决定了它与再保险有不可分割的联系:专属保险公司的经营以妥善安排再保险为前提。专属保险公司与再保险的联系还在于其业务活动的新趋向是从事再保险业务。

—— 本章小结 ——

1. 再保险是指保险人将自己所承保的部分或全部风险责任向其他保险人进行保险的行为。再保险主要涉及危险单位的划分、自留额和分保额的确定、超赔再保险费率厘定和再保险佣金的计算等技术性问题。

2. 比例再保险是按保险金额的一定比例确定原保险人的自留额和再保险人的分保额,同时也按该比例分配保费和分摊赔款的再保险。主要有成数再保险、溢额再保险和成数溢额混合再保险三种方式。

3. 非比例再保险是以赔款金额为基础,当原保险人的赔款超过一定额度或标准时,再保险人承担超过部分赔款的再保险。主要有险位超赔再保险、事故超赔再保险和赔付率超赔再保险三种方式。

4. 比例再保险的条款主要有佣金支付条款、责任划分条款、再保险费准备金条款和赔款处理条款。

5. 非比例再保险的条款主要有责任恢复条款、最后净损失条款、净自留成分条款、一次事故损失条款、指数条款和汇率变动条款。

6. 再保险市场是指从事再保险业务活动的再保险交换关系的总称。再保险市场的供需主体主要有直接承保的保险公司、专业再保险公司、再保险集团、劳合社承保组合和专业自保公司等。而再保险经纪人在再保险业务中起到不可替代的作用。

—— 关键术语 ——

再保险,危险单位,自留额,分保额,临时再保险,合同再保险,预约再保险,比例再保险,非比例再保险,法定再保险,区域再保险,成数再保险,溢额再保险,成数溢额混合再保险,险位超赔再保险,事故超赔再保险,赔付率超赔再保险,共命运条款,责任恢复条款,最后净损失条款,一次事故损失条款,指数条款,汇率变动条款,再保险市场,专业自保公司。

—— 复习思考题 ——

1. 试述再保险与原保险的联系与区别。
2. 试述再保险的作用。
3. 简述根据分保安排方式、分保对象、分保责任的分配方式等再保险的分类形式。
4. 简述成数再保险和溢额再保险有何区别。
5. 简述险位超赔再保险与事故超赔再保险有何异同。
6. 请分析比例再保险与非比例再保险的差异。
7. 简述责任恢复条款的主要内容。
8. 简述再保险的未来发展趋势。

第十一章
保险经营

➤ **本章学习要求**

- 理解保险经营的原则；
- 理解保险公司的经营理念与目标；
- 了解保险营销的程序和特点；
- 掌握保险承保的程序；
- 理解保险公司的核保选择和核保控制；
- 熟悉保险理赔的原则和程序；
- 了解保险投资的资金来源；
- 了解保险投资的条件约束；
- 掌握保险投资的形式。

第一节 保险经营概述

保险商品作为以特定风险转移为目的的产品，具有一定的特殊性。所以，保险商品经营活动是一种特殊的劳务活动，既要遵循一般商品经营的原则，又有其特殊的规律。

一、保险商品的特殊性

保险商品是一种特殊的商品，这种特殊形态的商品具有以下几个特性：

1. 保险商品是一种具有时滞性的无形商品

保险公司经营的是一种看不见、摸不着的风险，保险商品的消费者在购买保险商品后，得到的只是一张保单，这张保单载明了保险人和被保险人的权利和义务关系。只有当约定的保险事故发生或约定的保险期满时，被保险人才能消费保险公司提供的保险服务，感受到保险的存在。而保险事故的发生和保险商品的购买往往具有时滞性,故而保险商品是一种具有时滞性的无形商品。

2. 保险商品是一种风险转移性商品

在这个世界上,每个人都面临损失的不确定性。面对风险,每个人的态度不一样,大致可以分为风险规避者、风险喜爱者和风险中性者。对于风险爱好者和风险中性者,侥幸心理的存在使得保险商品是一种"非渴求商品"。对于大部分风险规避者,如果保险的价格等于期望损失,风险规避者将会购买保险商品,使得无论有无风险损失,投保人的收入总是固定的。而保险商品就是满足了风险规避者的需求,使个人以小额成本替代大额不确定损失。所以,保险商品是一种风险转移性的商品。

3. 保险商品的消费是一种或然性消费

保险公司经营的是一种无形的风险,这种风险是指发生不利结果可能性的状态,该结果与预期的有利结果相背离,即损失的不确定性。所以,对于投保人来说,风险具有不确定性,这种不确定性包括风险发生与否不确定、风险何时发生不确定以及风险发生后的损失程度不确定。只有当保险人承保的风险发生时,被保险人才能消费保险公司提供的商品。故保险商品具有或然性,它有可能被消费,有可能无法消费。

二、保险公司的经营原则

保险公司的经营原则是保险公司从事保险经济活动的行为准则,是适应、协调和改善保险经营环境的客观要求,也是保险经营目标得以实现的保证。保险经营作为商品经营,必须遵循一般商品经营的基本原则,如经济核算原则、薄利多销原则和随行就市原则等。同时,保险商品的特殊性决定了保险经营应遵循自身的特殊原则。

(一)风险大量原则

风险大量原则是指保险人对于某种可保风险,应争取承保尽可能多的风险单位。风险大量原则是保险经营的首要原则。第一,保险的经营过程就是风险集中和分散的过程,由于风险具有不确定性,保险人只有承保足够多的风险单位,才能聚集雄厚的保险基金,才能保证保险的经济补偿职能的实现。第二,保险经营是以大数定律为数理依据的,只有承保大量的风险单位,才能使实际保险事故发生的概率接近理论概率,保证业务经营的稳定性。第三,扩大承保数量是实现保险公司规模经济的重要途径。承保的风险单位越多,保险公司的经营收入越多,同时,经营成本相对越少。

(二)风险同质原则

风险同质原则是指在保险人承保的同一类业务中,不同保险标的的风险性质基本相同。如果被保险人所投保的标的风险性质各异,风险事故发生的频率和损失程度各不相同,损失的波动性就很大,不利于保险经营的稳定。因此,为了保证保险经营的稳定,保险人在承保时应尽量使同一类业务的风险性质基本相同。只有这样,才能符合大数定律的"独立同分布"要求。

(三)风险选择原则

风险选择原则要求保险人充分认识、准确评价承保标的的风险种类与风险程度以及保险金额的恰当与否,决定是否承保。风险选择原则强调保险人对保险标的与风险的主动性选择,否定保险人无条件地盲目承保。风险选择包括事前选择和事后选择。事前选择是指保险人在承保时,要对承保风险进行选择,决定是否承保,它包括对人和物的选择。对人的选择(包括自然人和法人),就是对投保人的评价与选择,例如,寿险业务,保险人要了解被保险人是否从事危险职业、是否有慢性疾病或不治之症等。财产保险中,拥有或控制财产的被保险人直接影响到标的风险大小,因此要考虑被保险人的信誉、经营能力、安全管理和道德危险等因素。对物的选择是指对保险标的及其利益的选择,主要包括对投保标的风险性质、标的存放或坐落地点及环境、风险管理状况的了解。例如,对投保火险的建筑物应了解它是否处在简陋棚户区,一旦失火是否有蔓延成片的可能。通过各方面的调查了解,如若发现被保险人或保险标的已超出可保风险的范围,保险企业应拒绝承保。事后选择是指保险人在承保后,若发现保险标的的风险发生了变化,则对保险合同作出新的选择。新的选择包括续保和淘汰两种情况。事后选择主要是指淘汰选择。保险合同的淘汰选择通常有三种:一是保险期满后不再续保;二是按照保险合同规定的事项注销合同;三是发现被保险人的欺诈行为,中途解除保险合同。

(四)风险分散原则

风险分散原则,是指某一风险责任由众多的人共同分担。因内外保险经营的实践证明,如果保险人承担的风险过于集中,一旦发生较大的风险事件,保险人无力赔付巨额损失,既损害被保险人的利益,也威胁着保险企业的生存。因此,为了确保保险经营的稳定,要尽可能将风险分散的范围扩大。

风险分散,包括承保前分散和承保后分散。承保前分散,主要是通过承保控制的方式进行,即保险人对所承保的风险责任适当加以控制。承保前控制的手段,常见的有如下几种:① 控制高额保险。即科学划分和计算保险标的的最高保险金额,对超过部分不予承保。② 规定一定的免赔额。即对一些必然的风险损失规定一个额度比,保险企业对该额度内的损失不承担赔偿责任。③ 规定按实际损失赔偿。即在保险金额范围内,按风险事件实际造成的损失计算赔偿,并非按保额赔偿。④ 实行比例承保。即规定由被保险人自己承担一定比例的损失。承保后风险分散的传统方法主要是采取再保险的方法。但是原保险公司利用再保险分散风险受到再保险人自身偿付能力和经营效应的限制,保险风险证券化作为一种新型的风险分散方法应运而生,它突破了保险界长期以来传统意义上的风险管理和保险方式,将保险风险极大程度地分散于资本市场中,由资本市场中的投资者直接承担风险。

三、保险公司的经营理念与目标

保险公司的活动是经营过程和管理过程的统一。保险经营管理是为了实现保险公司的经营目标,是对保险经营营销、承保、理赔、投资、财务、偿付能力、再保险、计划与统计、人力资源等各环节进行计划、组织、指挥、协调和监督的过程。因此,保险经营目标的确定,决定了保险经营管理的形式和内容。保险经营目标是在保险经营理念的指导下确立的。

(一)保险经营理念

保险经营理念是保险公司从事经营活动,解决各种经营问题的指导思想。科学的保险经营理念,将有助于保险公司顺利实现经营目标,实施经营战略,取得最佳的经济效益。由于保险经营是商品经营,保险公司经营过程中既受到外部环境的制约,又受到内部因素的影响。因此,现代保险公司经营必须树立以下经营理念:市场理念、竞争理念、效益理念、信息理念。

市场理念要求保险经营者在经营过程中有强烈的市场意识,以市场需求为导向,按照保险市场的需求变化和市场经济规律来安排保险经营活动,实现资源的最佳配置。

竞争理念要求保险经营者在经营过程中应该具有强烈的竞争意识,树立在竞争中求生存、求发展的经营理念,遵循优胜劣汰的市场竞争规则。

效益理念要求保险经营者在经营过程中必须树立效益理念,以追求经济效益最大化为自身经营的目标。

信息理念要求保险经营者在经营过程中必须具备对市场各种信息的敏感性以及对公司内部各种信息进行收集、整理、存储、分析和利用的主动意识。

(二)保险公司经营目标

保险公司经营目标是指保险公司在充分利用现有的经营条件的基础上,公司内生的追求目标。保险公司的经营目标是保险公司各项经营活动的指南。保险经营目标是在保险经营理念的指导下,根据社会经济发展的需要以及保险公司自身的客观条件决定的。

作为企业,保险公司的经营就是以利润最大化为目标。但是,从保险公司的发展战略角度考虑,保险公司的经营目标又可以分为长期目标、中期目标和近期目标。从保险公司作为社会系统中的一个子系统的角度考虑,保险公司还必须处理好公司的经营目标同社会经济发展目标和个人利益目标的关系。从保险公司财务管理的角度考虑,保险公司还需协调好资本的安全性、流动性和盈利性之间的关系。

第二节　保险营销

一、保险营销概述

(一)保险营销的概念

保险营销是指通过挖掘人们对保险商品的需求,设计和开发满足投保人需求的保险商品,通过各种沟通手段使投保人接受这种商品,并从中得到最大满足。保险营销是以保险市场为起点和终点的活动,其目的是满足目标市场准保户的保险需求,最终目的是提高保险企业的市场占有率,增强保险公司的市场竞争力,促使保险公司持续发展。因此保险营销不仅仅是保险产品的销售,更是对保险市场的充分研究和统筹决策。保险营销包括保险市场的调查与预测、保险市场营销环境分析、投保人行为研究、新险种开发、产品定价、营销渠道选择、沟通与服务等内容,包括售前、售中和售后的一系列活动。保险营销的概念包含以下四个方面的核心内容:保险营销的起点是投保人的需求;保险营销的核心是社会交换过程;保险营销的手段是整体营销活动;保险营销的宗旨是顾客满意。

(二)保险营销的特点

1. 主动性营销

保险营销的最大特点之一就是主动性营销。由于保险是非渴求商品,如果没有主动出击和主动性,许多营销活动就会难以顺利进行。保险营销的主动性表现为以下三个方面:变潜在需求为现实需求;变负需求为正需求;变单向沟通为双向沟通。

2. 人性化营销

保险营销是以人为出发点并以人的需求为中心的营销活动。保险商品的经营者需要时刻分析客户的需求,并实现客户和员工以及企业利益统一的营销活动。

3. 注重关系营销

现代企业的营销是将企业的营销看作一个与消费者、竞争者、供应商、分销商、政府机构和社会组织发生互动作用的过程。在这一过程中,建立与发展同相关个人及组织的关系是其营销的关键。保险营销作为一个蓬勃发展的事业,更要注重关系营销。

二、保险营销程序

保险营销是一个满足市场需求的过程。这个过程是遵循一定程序的,即市场营销程序。一般来说,保险营销程序包括分析市场环境、市场调查与预测、保险市场细分与选择目标市场、制定市场营销策略、实施及控制营销计划。

(一)分析市场环境

保险公司进行商场营销的第一步就是分析市场环境,以寻求能够进入的目标市场。这一步主要分析保险市场需求者、购买者、代理人、经纪人、公众、竞争者,以及社会政治、经济情况等。

(二)市场调查与预测

在市场环境分析的基础上,第二步工作就是市场调查与预测,为进一步确定目标市场提供客观的分析数据。市场调查一般要经过确定调查目的、调查计划、调查方法、实施调查、数据分析及撰写调查报告等步骤。市场预测的目的主要是了解市场需求量及其发展趋势,侧重于定量方面。市场预测可分为短期预测和中长期预测。一般来说,进行保险市场的预测,要经过6个步骤:明确预测目的、制订预测计划、确定预测时间和方法、搜集预测资料、分析预测结果、整理预测报告。

(三)保险市场细分与选择目标市场

在激烈竞争的保险市场上,每一个保险企业都不可能占领全部市场领域,它只能根据自身优势及不同市场的特点来占领某些市场领域。这就要求保险企业要开展市场细分与选择目标市场的工作。在市场上,有各种各样需求的保险购买者。市场细分就是发现不同保险需求者之间需求的差别,然后把需求相同者归为一类,这样可以把一个市场分成若干子市场。

(四)制定市场营销策略

保险企业的市场营销策略主要包括目标市场策略、险种策略、费率策略、销售渠道策略、促销组合策略等。目标市场策略是指保险企业在选择目标市场时所采取的策略,即无差别销售策略、差别销售策略、集中销售策略及其组合策略。险种策略要在市场调查与选定目标市场的基础上制定,主要包括险种开发、推出时机、险种组合、附加险等内容。费率策略是指保险企业根据不同险种而制定费率的策略。销售渠道策略,一方面靠自己的展业人员,另一方面要靠保险代理机构和保险经纪人。促销主要有广告、展业推广、公共关系和人员推销四种形式,促销组合策略就是有效地把上述四种促销形式配合起来,综合运用,形成整体促销策略。

(五)实施与控制市场营销计划

保险营销程序的最后一个步骤就是组织实施和控制市场营销计划。一般来说,保险企业应设立一个能够执行市场营销计划的市场营销组织。市场营销控制主要有年度计划控制、盈利能力控制、策略控制。

三、新险种的开发

新险种开发是保险营销的核心,保险公司需要根据经济形势和客户需求的变化不断开发出新的险种,只有这样才能在市场竞争中取得优势地位。

新险种是指整体险种或者其中的一部分有所创新或改革,能够给保险消费者带来新的利益和满足的险种。

新险种的开发是一项复杂的系统工程,从信息反馈、资料收集的构思过程到方案的筛选、营业分析,以及推向市场的检验过程中任何一个环节发生失误都将导致风险。若保险公司市场调研不充分,对市场需求把握不准确,开发的产品不能满足客户的需要,将造成险种策划定位风险,使保险公司在市场竞争中失去先机。若保险公司新险种开发时,厘定的费率不准确将导致保险公司面临先天性的偿付风险,故新险种的开发必须按照一定的科学程序进行。新险种开发的程序包括构思的形成、构思的筛选、市场分析、新险种的设计、新险种的试销及其营销策略以及新险种商品化六个步骤。新险种开发的策略包括目标市场策略、保险产品组合策略和险种质量优化策略。

四、保险营销渠道

保险营销渠道是保险产品从保险公司向投保者转移过程中所必需的途径,对于保险公司来说,保险营销渠道的选择直接决定着营销策略的制定和实行的效果,选择正确的营销渠道,能够有效降低保险公司的经营支出,实现保险的经营目的。根据营销主体和媒介的不同,保险营销渠道主要可分为以下六种:个代渠道、银保渠道、团险渠道、经代渠道、电销渠道、网销渠道,其中保费收入份额最大的是前三种渠道。

（一）个代渠道

个代渠道即个人代理人渠道,指的是由保险个人代理人直接与保险消费者接触来销售所代理的保险公司的保险产品。个人代理人是根据保险人的委托,向保险人收取代理手续费,并在保险人授权的范围内代为办理保险业务的个人。个人代理人已成为我们身边最常见的保险销售主力队伍,目前总人数达到900万人左右。

该渠道的优势是:保险条款集法律、医学等各领域知识于一体,普通人几乎没有挑选的能力,代理人可面对面细致地讲解产品,的确是他们无法被替代的优势。

该渠道的劣势是:一是由于从业门槛很低,竞争激烈,所以队伍良莠不齐。很多从业人员素质不高,为了完成销售,不可避免地出现销售误导的情况。二是代理人只能销售自家公司的产品,导致大家可供选择的产品有限。三是线下渠道成本比较高,所以产品价格也比较高。

(二)银保渠道①

银保理财产品由银行、邮政、基金组织以及其他金融机构与保险公司合作,通过共同的销售渠道向客户提供产品和服务。银行保险的合作模式有三种:一是银行代理模式,保险公司提供产品,银行提供销售渠道,收取手续费;二是战略伙伴关系,银行与保险公司建立密切的联系,签订较为长期的合同,银行除收取手续费外,还分享保险业务的部分利润;三是银行入股保险公司或者保险公司入股银行,通过股权纽带参与经营保险业务。

20世纪80年代末90年代初,银行保险合作已经从基本商品的合作深入市场营销策略的共同制定实施。保险公司或银行逐步采用的一种相互渗透和融合的战略,不仅能够将银行和保险等多种金融服务联系在一起,而且通过客户资源的整合与销售渠道的共享,提供与保险有关的金融产品服务,以一体化的经营形式来满足客户多元化的金融服务需求,真正实现了客户资源的共享,能够向客户提供"一站式"服务。

该渠道的优势是:增加了普通人的投资渠道,投保方便。

该渠道的劣势是:产品主要集中在分红保险、万能险和投资连结保险上,这些产品的复杂性无法在银行柜台短时间的交流中解释清楚,因此容易产生销售误导和退保纠纷等;一家银行代理销售多家保险公司的银保产品的现象较为普遍,各家公司产品功能严重同质化,导致竞争较为激烈;由于大保险公司较易与银行合作,其成本费用相对较低,更加挤压中小保险企业的生存空间。

(三)团险渠道

团险渠道是提供给团体或组织成员的保险保障的一种销售渠道,一般由团体或组织进行集体投保,主要产品包括员工福利计划、企业年金。一般只能由保险公司团险部的员工来直销,营销对象主要是企业团体的决策层以及人力资源、财务管理等部门的分管领导。

该渠道的优势是:多为公司提供给员工的福利,保险费用较低。

该渠道的劣势是:团体险跟随公司而不跟随个人,一旦离开公司,团体保险的福利也会随之消失,且团体险的保障一般不够充分。

(四)经代渠道

该方式是人寿保险公司将保险产品交由保险经纪公司或保险代理公司来销售的方式。这种方式和个代的区别是营销主体为法人单位,并且可以代理销售多家公司的产品。

该渠道的特点是:① 产品选择丰富、服务全面。保险代理公司或经纪公司和众多保险公司签约合作,海量产品能够满足消费者的不同需求,而且可提供保障方案设计、保单管

---

① 狭义的银行保险,是指保险公司通过银行网点和其他金融机构,依靠传统销售渠道和现有客户资源进行保险商品销售。该定义反映的是银行保险合作的初级层次,其侧重点在于销售渠道和跨业销售,并不包含保险产品的设计及核保观念。

广义的银行保险,是指银行与保险公司采用的一种相互渗透和融合的战略,将银行与保险等多种金融服务联系在一起,并通过客户资源的整合与销售渠道的共享,提供与保险有关的金融产品服务,以一体化的经营形式满足客户多元化的金融服务需求。该定义更适合金融混业经营的发展趋势,侧重点是整合客户的所有金融服务需求。

理、理赔协助、法律意见等服务,真正做到"一条龙"服务;②立场客观中立。经纪人更多代表的是客户的利益,站在客户的角度挑选最合适的产品。

（五）电销渠道

电话营销是以电话为主要工具的保险营销方式,一般是通过特定的电话沟通实现销售,电话营销包括主动的对特定客户的拨出电话推销和对拨入电话的营销。电话营销和客户的接触程度较低,因此电话营销较适用于易于解说的险种。同时如果是保险人主动的电话营销,有可能会引起被保险人的反感,遭受拒接的可能性较高,但通过电话营销,可以详细地记录客户的信息,有利于发展和维护客户关系,相应的销售成本也较低。

该渠道的优势是:形式更方便快捷,营销成本较低。

该渠道的劣势是:一是大多数电销产品的性价比不太高,产品多为月缴类型,看似降低了缴费压力,实际年交保费可能更高;二是在电话营销中可能难以讲清产品,更无法结合个人需求进行定制。

（六）网销渠道

在这种渠道中,保险公司通过网络对保险的险种进行介绍,并由此承担客户的投保、理赔以及相应的售后服务的一系列活动,通过网络实现与投保人的信息沟通。常见的网站主要有各大保险公司的官网、保险中介机构的网站、第三方保险网站、大型网站的保险频道、保险营销员的个人网站、保险网店及保险博客等。

随着《中华人民共和国电子签名法》的颁布实施,我国保险企业将在现有B2C销售平台①的基础上,积极开发电子保单和电子签章,策划推出电子商务专有产品,对保险网站进行全新的改版,以网上销售保险完全电子化流程为目标,继续全面推进电子商务的建设,抓住未来网络保险快速发展的机遇。与传统保险相比,保险公司能从网络保险中获益多多。首先,通过网络可以推进传统保险业加速发展,使险种的选择、保险计划的设计和销售等方面的费用减少,有利于提高保险公司的经营效益。据有关数据统计,通过互联网向客户出售保单或提供服务要比传统营销方式节省58%~71%的费用。网络营销可以大大降低公司的营销成本,能够为客户提供高效的服务,提高工作效率,能够增加新的销售机会,提高公司的知名度,等等。

该渠道的优势是:投保方便,互联网保险产品选择丰富,价格透明;能够提供更优质的服务。对于保险人来说,保险公司通过网上进行核保和承保,进而发出正式的保单;对于投保人来说,可以方便地通过网上银行实现保费的缴纳,从而实现网上购买,达到足不出户就可以选购自己需要的保险产品。同时保险的网上营销也可以便捷地实现网上的报案和理赔以及到期的续保,从而极大地方便了日常的营销管理活动;由于网上直销可以有效降低费用开支,实现更便捷的推销服务,也大量节省了人力、物力,从而降低了经营成本(去除了

---

① B2B是一种保险公司对销售代理机构的网上交易模式。如太平洋保险的诚信通代理平台,可以提供车险、货运险、意外险等条款和费率标准化程度较高险种网上交易平台。

B2C是保险公司直接面对终端消费者的销售模式。这是市场上最为普遍的一种销售模式。另外,还包括一些保险经纪公司设计的第三方网络保险投保平台。

B2M是保险商品供应商对保险销售经理人的销售模式,类似于B2B,但M是属于个体保险代理人。

代理人和销售的成本),价格可以做到有优势。

　　该渠道的劣势是:高价值的长期寿险产品个性化程度高、产品条款复杂,需要营销人员反复沟通和解释,难以适应互联网渠道销售。

　　无论是选择哪种保险营销渠道,主要是考虑以最小的成本将保险产品推销出去,在选择营销渠道的时候就要综合考虑险种特点、市场需求,确定合理的费率和成本,进而选择合适的营销渠道,实现偏好、成本和需求的有效平衡。

第三节　保险承保

　　保险承保是指保险人接受投保人的申请并与之签订保险合同的全过程。承保是展业的继续,是投保人和保险人双方在展业的基础上对保险合同的内容取得一致的过程。

一、保险承保的一般程序

　　保险公司的承保程序包括制定承保方针、获取和评价承保信息、审查核保、做出承保决定、单证管理、续保等。

(一)制定承保方针

　　保险公司一般设有专职的承保部门,制定与公司目标一致的承保方针并编制承保手册。承保手册起到了向保险推销人员和代理人传达公司承保方针,并且帮助承保人做出最优承保决策的作用。

(二)获取和评价承保信息

　　承保人通常是在综合各种信息和个人判断的基础上决定是否接受投保人的投保申请。为了做出准确、合理的承保决策,承保人必须从各个方面获取各种信息,以便分析和评价所面临的主要风险。承保信息的来源渠道主要有投保单、中介人及其经营业绩、体检报告、地区销售经理、消费者调查报告等。

　　投保单是投保人向保险人申请订立保险合同的依据,也是保险人签发保单的依据。投保单上投保人要如实填写影响保险人作出签约决定的全部真实情况。投保单主要内容有投保人名称,投保日期,被保险人名称,保险标的的名称、种类和数量,保险金额,保险标的坐落地址或运输工具的名称,被保险人的年龄、健康状况、职业、经济承担能力,保险期限,受益人,等等。如果投保人在投保时没有如实告知,隐瞒某些重要事实,保险人可以以投保人违反最大诚信原则而解除保险合同。故而投保单是承保人的第一手材料。

　　作为保险市场的中介人,保险代理人、保险经纪人通过与投保人接触能够获得投保单以外的信息,地区销售经理也能够获得一些与投保人有关的信息以及保险中介人的职业道德和经营业绩,这些都有助于承保人更好地进行风险评估。一些独立的消费者服务机构调查和提供有关潜在的被保险人的背景信息和材料,也是承保人获取信息的一个来源。在人寿保险和健康保险中,体检报告是提供被保险人健康状况等信息的重要来源。

(三)审查核保

审查核保是承保工作的关键,审查核保包括审核投保单填写是否准确,识别和衡量投保人、被保险人和保险标的的风险程度。只有全面、细致地评估保险标的的风险,科学地进行承保选择和承保控制,才能做出正确的承保决策。承保业务员收到投保单后,应详细审核投保单各项内容,发现问题并及时指正。具体包括:

(1)审核保险标的。即审核所填写的保险标的项目是否清楚,是否符合所投保险种类,各分项标的之间有无重叠,等等。

(2)保险财产项目、金额与企业账目、余额是否相符。投保的保额是否符合市场行情。

(3)保险标的的存放地址、车船行驶区域、货物装载工具和运输路线是否填写清楚。

(4)保险日期和保险期限是否填写清楚。

(5)应附的投保明细表是否齐全,所附的单证是否符合要求。

(6)人身保险投保单内容填写是否齐全、真实,尤其是被保险人健康情况是否如实填写,如有隐瞒,保险公司应拒绝承保。

(7)团体投保的各种人身保险,还须把被保险人姓名等情况一一在清单上列明。

(8)对特殊要求的保险,还要审核所提要求的可行性,保险责任、期限、保额及应适用费率的水平等项目。

承保人员对保险标的的风险的核保,主要审查保险标的本身的性能以及控制保险标的的投保人和被保险人的各种风险因素。核保要素因险种而异。

(四)做出承保决定

保险承保人员通过收集有关的信息资料,并进行承保选择和承保控制后,做出承保决定,主要有正常承保、附条件承保和拒绝承保。其中附条件承保是指保险公司通过增加限制性条件或者加收附加保费的方式予以承保,并出具保险单。例如:要求投保人安装自动报警系统、降低保险金额、较高的免赔额、较高的保险费率等。

(五)单证管理

1. 缮制单证

缮制单证就是在接受业务后填制保险单或发放保险凭证以及办理批单手续。保险单或保险凭证是表明保险合同关系双方当事人的权利与义务的书面凭证,是被保险人向保险人索赔和保险人凭以处理赔款事项的主要依据。因此,缮制单证是承保工作的重要环节,其质量的好坏,直接关系到保险合同当事人双方的义务和权利能否正常履行与实现。为保证制单工作质量,要求做到:缮写保险单要用复写纸一次性套写或打印,并根据投保单内容逐项填写;及时、准确地缮制批单;保险单、批单必须在保险责任开始前处理完毕。

2. 复核签章

单证复核是业务承保工作的一道重要程序,也是确保承保质量的关键环节。因此,复核时应注意审查:投保单、验险报告、保险单、批单、明细表及其他各种单证是否齐全,内容是否完整、符合要求,字迹是否清楚,计算是否正确,并与原始凭证相对照,力求无差错。一切复核无误后,要加盖公章和负责人及复核员名章,然后对外发送。

3. 清分发送

业务内勤将保单、批单正本、明细表、机动车辆和船舶保险证以及保费收据、填写发送单证和收付款项流转签收簿等交外勤人员签收送交保户,并收取保险费。

业务内勤人员将保单及批单副本、明细表、保险费收据记账凭证联、业务日报表、无赔款优待批单、代办手续费通知、批改申请书、填写保险单证、流转签收簿一并交财务部门审核,财务部门审核后,退还单证,交给业务内勤签收。

内勤收到财务部门送还的保单、批单副本,要核对是否加盖"收讫章"或"已转账"戳记,以及收款日期和收款人员私章。

4. 归档保管

各种保险单证和附属材料,均是重要的经济档案,必须按规定编号、登记,装订牢固,实行专柜专人管理,并符合防火、防盗、防潮、防蛀的要求,对已失效的保单档案应移交档案管理部门管理,保管期限为5年,移交档案时,要办理交接手续,经双方核对无误后,在签收簿上签收。

(六)续保

续保是指一份保险合同即将期满时,投保人在原有保险合同的基础上向保险人提出续保申请,保险人根据投保人当时的实际情况,对原有合同条件稍加修改而继续对投保人签约承保的行为。续保对保险人来说,可以稳定公司的业务量,减少展业的成本,降低保险营业费用。

二、保险核保的主要内容

保险公司在承保过程中,对可保风险进行评判和分类,进而决定是否承保和以什么条件承保,这就是核保。核保主要包括核保选择和核保控制两个方面。随着保险科技的发展,保险核保的流程不断简化,核保效率也不断提高。核保是承保工作的核心,核保工作关系到保险合同能否顺利履行,保险公司的承保盈亏和财务稳定。规范核保工作是降低赔付率、增加保险公司盈利的关键,也是衡量保险公司经营管理水平的重要标志

(一)核保选择

核保选择一方面是尽量选择同质风险的标的承保,实现大数定律的要求;另一方面是淘汰那些超出可保风险条件的保险标的。核保选择包括事前选择和事后选择。

1. 事前选择

事前选择可使保险公司处于主动地位,如果发现投保人、保险标的或者承保风险存在问题,保险公司可以视其风险情况采取拒保或者条件承保等措施加以限制,使保险公司能够在有利的条件下承担风险责任。事前选择主要为了避免逆选择,保证保险业务的质量,要求保险人必须选择一组能够适当平衡的被保险人,即低于平均损失的被保险人能够抵消高于平均损失的被保险人,以使保费收入足以抵付赔付支出。核保选择包括对"人"的选择,即对投保人或被保险人的选择,以及对"物"的选择,即对保险标的及其利益的选择。

对投保人或被保险人的选择。在整个保险经营过程中,保险标的始终处在投保人和被保险人的控制之下,投保人的道德品质、行为习惯都会直接影响到保险事故发生的可能性和损失程度。因此,保险人在承保前有必要了解投保人的品格、信用以及作风等。例如,在车辆保险核保时,保险公司对驾驶员的驾驶技术、嗜好、以往的肇事记录等进行严格的审核。在个人寿险中,保险公司对个人的年龄、性别、体质、个人及家属病史、生活习惯、嗜好、经济状况等都要进行详细审核。

对保险标的及其利益的选择。保险标的是保险公司承保风险的对象,其自身性质和状态直接决定了风险的大小以及风险发生时的损失程度。因此,保险公司在承保业务中必须对不同性质的保险标的进行分类,然后依据分类标准对不同性质的保险标的进行合理选择,使保险标的的风险趋于平衡,以保证保险业务经营的稳定。对保险标的的选择重点集中在保险标的本身发生损失的可能性大小上。例如,建筑物的火灾保险中,保险人要对建筑物的坐落地点、建筑结构、消防措施等进行选择;船舶保险中,保险人对保险标的的选择主要是看船舶本身是否适航、船舶的航行区域是否合理等。

2. 事后选择

事后选择是保险人对保险标的的风险超过核保标准的保险合同作出淘汰的选择,主要内容为:保险合同的保险期限结束后,保险人不再续保;保险人如发现被保险人有明显误告或欺诈等违反最大诚信原则的行为,可以中止承保或者解除保险合同;按照保险合同规定的事项注销保险合同。

(二)核保控制

核保控制是指保险人对承保后的风险,运用保险技术手段,加以控制,防止风险增加。承保控制的对象主要有两类:一类是风险较大但保险人还是予以承保的标的,另一类是随着保险合同关系的成立而诱发的两种新的风险——道德风险和心理风险。道德风险是指被保险人或者受益人故意制造保险事故,谋取赔款。心理风险是指被保险人或受益人在投保后产生松懈心理,疏忽或者放松警惕,增加了风险发生的可能性和损失程度。

对于第一类情况通常采用附条件承保的方式来控制风险。对于第二类情况,保险人控制道德风险和心理风险的主要措施为:

(1)控制保险金额,避免高额赔付。控制保险金额也就控制了保险损失赔偿和给付的最高限额。对于财产保险,保险人通过控制保险金额,限制超额保险,使被保险人不能因保险获得额外收益,从而减少或避免了道德风险的发生。对于人寿保险,由于保险标的的价值具有不可预测性,很容易因高额人寿保险诱发道德风险,因此,保险人一般不接受过高保险金额的保险业务。

(2)控制赔偿金额。根据损失补偿原则,当保险事故发生时,被保险人有获得充分的经济补偿权利。但是被保险人所获得的赔偿仅限于其实际损失或者是将被保险标的恢复原状所需要的金额,被保险人不能因保险而额外获利。

(3)规定保险责任。规定保险责任,也就是控制保险人承担风险的责任范围和保险赔偿或给付的责任。在承保时,为了控制保险责任范围,满足投保人的不同需求,保险人将保险责任分为基本责任、特殊责任和除外责任。基本责任范围一般是指某种保险的基本风险,通常是指一般自然灾害和意外事故,基本责任范围内的风险一般适用于基本条款。特殊责任是指保险人在承保基本责任的基础上,经过双方的特别约定,对某一保险险种所有的特殊风险附加承保。特殊责任范围内的风险一般适用于附加险。除外责任是保险人不承担保险赔偿和给付责任的范围,一般是指各种不可保风险,例如战争、核辐射等。

(4)规定免赔额或者共同保险。保险人对免赔额内的损失,不负赔偿责任,对超过免赔额的损失,才承担赔偿责任。共同保险的被保险人需要自己承担一定比例的损失。这一方面可以降低保险人的赔付成本,更重要的是可以促进被保险人加强防灾防损,减少保险事故的发生,减少被保险人的心理风险。

(5)保证条款。保证条款是保险人和投保人在保险合同中约定,投保人或被保险人在保险期限内担保或承诺某种作为或不作为,投保人或被保险人只有尽到保证条款中的义务,保险人才负责赔偿。保证条款的规定对被保险人的个人行为进行了规定,有利于消除被保险人的心理风险,减少保险事故的发生。

第四节　保险理赔

保险理赔,即处理赔案,是指保险人在保险标的发生风险事故后,对被保险人提出的索赔要求,按照有关法律、法规的要求和保险合同的规定进行赔偿处理并支付保险金的行为。保险理赔是保险经营的重要环节,做好理赔工作,对提高保险公司的经济效益和社会效益都具有十分重要的意义。

一、保险理赔的任务

保险理赔工作是从接受被保险人的损失通知开始,经过现场查勘、责任审定、赔款计算,最后向被保险人支付赔款等主要过程,是一项比较复杂而又繁重的工作。保险理赔的任务主要有以下四个方面:

(1)确定造成保险标的的损失的真正原因,这是判定损失是否属于保险责任的前提条件。

(2)确定标的的损失是否属于保险责任,判断是否实事求是。

(3)在现场勘查的基础上,根据被保险人的投保范围,确定保险标的的损失程度和损失金额。

(4)按照合同的规定,确定被保险人应得的赔偿金额。对通融赔付的案例根据实际情况研究决定。

二、保险理赔的宗旨和原则

(一)保险理赔的宗旨

作为保险经营过程中的关键环节,保险理赔的宗旨是"质量第一、信誉至上,依法有据、公平合理"。

"质量第一、信誉至上"要求在被保险人发生保险责任范围的损失时,保险公司以高品质的理赔服务,及时准确地赔付保险金。保险理赔讲究时效性,这样才能发挥保险的经济保障功能,获得被保险人的肯定,维护保险公司在社会上的形象和声誉。

"依法有据、公平合理"要求保险公司在保险理赔时依据《保险法》和保险合同的规定,正确认定保险责任,准确核定赔付金额,做到公平合理。

(二)保险理赔的原则

保险公司在理赔工作中,为确保理赔质量,防止和控制理赔工作的错赔、乱赔、滥赔现象,提高保险公司的信誉,要求严格遵循理赔的原则。

1. 重合同、守信用

重合同、守信用是保险理赔的总则。任何经济合同都要求合同当事人双方重合同、守信用,保险作为一种特殊的、以最大诚信原则为基础的经济合同,尤其有这方面的要求。由于保险活动中,保险人履行义务具有滞后性,即先享受权利(收取保费),后履行义务(赔付被保险人的损失),所以在保险人出售保险单时,投保人所获得的实质上只是保险人的商业信用。保险人的信用关系着未来发展的空间。为此,维护自己的信用是任何一个保险人的工作重心。理赔就是保险人履行合同的义务,如果保险人未能重合同、守信用地进行补偿,保险公司的信誉必然受到不良影响。所以,保险人理赔时一定要遵守重合同、守信用的原则,尽力提高社会对保险人的信赖,为公司的长远发展争取生存空间。

2. 实事求是

由于客观风险具有多样性和复杂性,保险事故也是多种多样、极其复杂的,被保险人的索赔原因也各不相同。即使对同一保险标的发生的同一风险事故,由于人们所处立场不同,难免有不同的理解;对保险条款的理解,保险双方也会经常产生歧义,被保险人索赔时可能夸大或忽视了自己索赔权利的运用。保险人作为专职处理风险事件的专家,必然对损失原因的辨明以及保险条款的理解都有超过被保险人的地方。这就要求保险人按照实事求是的原则,耐心做好被保险人的工作,对保险事故所造成的损失既不夸大,也不掩盖,严格按照承保条款办事,既不违背保险条款,又合情合理,不惜赔、不滥赔,实事求是,对不同案件具体情况具体分析,灵活处理赔案。

3. 主动、迅速、准确、合理

这是理赔工作的"八字方针",也是理赔质量的重要标准。所谓"主动、迅速",要求理赔人员在处理赔案时要积极主动,及时深入现场,主动了解受损情况,迅速赔偿损失。所谓"准确、合理",要求理赔人员在审核赔案时要分清责任,合理定损,准确核定赔款金额,做到不惜赔、不乱赔。

三、保险理赔的一般程序

保险理赔的程序依据不同的险种和案情而定,一般需经过登记立案、单证审核、现场勘查、责任审定、损失赔偿计算和赔付、损余物资的处理、结案、代位追偿等过程。

(一)登记立案

保险标的发生保险事故时,被保险人或受益人有义务将事故发生的时间、地点、原因及其他有关情况及时通知保险公司。《保险法》第二十一条规定:"投保人、被保险人或者受益人知道保险事故发生后,应当及时通知保险人。"可见,保险标的出险时应尽快发出出险通知是被保险人的义务。

在实际业务中,被保险人一般先以口头或电话形式向保险人发出通知,然后补以书面通知。接受损失通知意味保险人受理案件,将受理案件登记编号、正式立案,标志着保险人理赔活动的开始。登记立案是理赔活动的第一个环节。

及时通知损失可以使保险公司立刻开展损失调查,避免延误造成调查的困难,可以防止道德风险的发生,便于保险公司及时采取施救措施,防止灾害事故的蔓延和损失的加重。损失通知根据险种不同通常有时限要求。财产险保单一般对报案时间都有规定,例如,企业财产险保险条款规定,被保险人应在保险事故发生24小时内向保险人报案。对于索赔期限,《保险法》规定,人寿保险以外的其他保险的被保险人或者受益人,对保险人请求赔偿或者给付保险金的权利,自其知道保险事故发生之日起2年不行使而消灭;人寿保险的被保险人或者受益人对保险人请求给付保险金的权利,自其知道保险事故发生之日起5年不行使而消灭。

(二)单证审核

保险公司在接到被保险人或受益人的损失通知和索赔单证后,保险内勤人员要立即进行单证的审核,以决定是否理赔。单证的审核包括以下内容:审核单证的有效性;审核损失是否由保险责任范围内的风险造成;审核索赔人在索赔时对保险标的有无可保利益;理赔人员还要审核有关单证的有效性,损失财产是否为保险财产,损失发生是否在保险的有效期内等。

在初步确定赔偿责任后,保险公司根据损失通知编号立案,对保单副本与出险通知单进行核对,为现场勘查做准备。

(三)现场勘查

现场勘查的主要内容包括:查明出险的时间和地点;调查和核实出险的原因;查清受损标的的名称、数量和施救整理的过程,以核实保险标的的损失程度和范围以及支出的施救费用;妥善处理受损的保险标的,处理受损标的的残值部分,尽量减少保险损失;为了获得保险事故的举证材料,保险理赔人员在勘查过程中还要取得有关行政部门如公安局出具的事故证明。

根据现场勘查和现场记录,保险理赔人员要做出保险事故的勘查报告或检验报告,为责任审定提供第一手资料。

(四)责任审定

保险人在现场勘查后,根据勘查报告,审定损失责任。如果损失属于保险责任,就要确定保险人的保险赔偿责任和赔偿范围;如果损失不属于保险责任,保险人必须向被保险人或受益人发出拒绝赔偿或给付保险金的书面通知。如果涉及第三者责任,还必须分清责任大小。

保险人承担赔偿责任以保险合同规定的被保险人的义务为前提条件。如果被保险人没有履行保单规定的义务,保险人可以拒绝赔付。

(五)损失赔偿计算和赔付

保险人通过责任审定,确定保险赔偿责任和赔偿范围,并根据保险标的、保险金额和保险人的承保条件决定赔偿方式,然后理赔人员按照确定的赔偿方式,根据损失情况,分别按保险标的的损失、施救费用、勘查费用、损余回收、免赔额等项目列出计算公式,填制"赔款计算书"。根据赔款计算的结果,保险人应对保险标的的损失以及对保险标的的各种费用进行赔付。

对一些保险责任复杂一时难以判定的赔案。《保险法》第二十五条规定:"保险人自收到赔偿或者给付保险金的请求和有关证明、资料之日起六十日内,对其赔偿或者给付保险金的数额不能确定的,应当根据已有证明和资料可以确定的最低数额先予支付;保险人最终确定赔偿或者给付保险金的数额后,应当支付相应的差额。"倘若双方各持己见,经公估行调解无效,需要通过法律程序,递交法院或仲裁机构,最后依照他们的判决或裁决赔付。

(六)损余物资的处理

在财产保险中,受损的财产还有一定价值的,保险公司在全部赔付之后,有权处理损余物资。损余财产有时可以折价给被保险人,以充抵保险金。如果损余财产必须由保险人收回,理赔部门应填写"损余物资收回凭证"。损余物资的妥善处理,对减少财产损失,减少赔款支出,具有积极的意义。

(七)结案

保险理赔人员在支付赔款之后,清理有关赔案的所有文件和单证,以及现场的照片和录音,归档管理,以便日后查阅。在结案时,保险理赔人员还要注意追偿。如果损失应由第三者承担赔偿责任,被保险人在取得赔偿后应填写出具权益转让书,把对第三者责任方的要求赔偿权利转让给保险人。

(八)代位追偿

在保险理赔中,有时是由于第三者对保险标的损害造成保险事故,保险人自向被保险人赔偿保险金之日起,被保险人应将向第三者追偿的权益转让给保险人,在赔偿金额范围内由保险人代位被保险人向第三者请求赔偿。

代位追偿既关系到保险公司的经济利益,又能有效地促进有关部门加强风险管理,减少经济损失。

四、保险理赔的风险管理

保险公司在保险理赔过程中,各种主客观原因会导致各种理赔风险。理赔风险是由保险公司在理赔过程中对各种理赔案件和骗赔行为缺少有效的核赔鉴定手段而导致的风险。

(一)理赔风险产生的原因

理赔风险的产生从保险公司内外的角度来分析,大致可以分为两个方面:一是保险公司内部的理赔风险。在保险理赔过程中,首先,由于保险公司缺乏健全的理赔制度,核损核赔缺乏制约,由一个人完成,为虚假理赔和以赔谋私提供了机会;其次,保险理赔人员素质不高,有些理赔人员对理赔工作不负责任,缺乏相关的保险、法律、会计、金融等专业知识。最后,在保险理赔中,盲目赔付、通融赔付、人情赔付现象时有发生。二是保险公司外部的理赔风险。投保人、被保险人、受益人常常以欺诈手段伪造损失或夸大损失以获取不合理保险赔款的违法行为时有发生。在这种情况下,有虚构保险标的的骗赔;有先出险后投保的骗赔;有恶意超额保险和重复保险骗赔;有故意制造保险事故骗赔;有伪造与保险事故有关的证明材料骗赔等。

(二)理赔风险的防范措施

(1)加强制度建设。保险公司在保险理赔过程中以各种相关法律为依据,制定系统规范的理赔制度和程序,严格依法办事。

(2)促进技术创新。随着社会技术的进步,保险诈骗的科技含量也越来越高,为了有效降低保险理赔额,保险公司必须利用现代社会中的各种防欺诈的科技成果,实现理赔的科技现代化。

(3)加强理赔人员的培训和管理。一方面,要加强对理赔人员的专业培训,并实行理赔专业资格考试;另一方面,要在核赔管理体制上采取专业核赔管理,提高核赔质量。

第五节　保险投资

从当前国际保险市场看,保险公司的承保业务和投资业务已成为保险业发展的两驾马车。随着承保竞争的日益加剧,保险投资业务不仅是推动保险业前进的车轮,而且是弥补承保业务亏损、维持保险持续经营的重要手段。

一、保险投资的资金来源

保险公司的投资资金基本上由自有资金和负债资金两大部分组成。自有资金主要是保险公司的资本金和公积金。负债资金主要由未到期责任准备金、赔款准备金、寿险责任准备金、长期健康险责任准备金、存入分保准备金、储金和长期责任准备金组成。

(一)自有资金

1. 资本金

资本金是保险公司的开业资本。为了保证保险经营的稳定、保障被保险人的利益,各国保险法都对资本金做了规定。《保险法》明确规定,设立保险公司,其注册资本的最低限额为人民币2亿元。各国保险法还要求保险公司以一定比例的资本金缴存保证金,存入管理当局指定的银行,未经管理机关批准,保险公司不得动用。保险公司的资本金作为保险公司的所有者权益部分,只有在发生特大自然灾害事故或者经营不善导致偿付能力不足时才可动用。正常情况下,保险公司的资本金除了上缴保证金外,基本上处于闲置状态,具有较强的稳定性和长期性,一般可以作为长期投资。

2. 公积金

公积金是指保险公司为满足保险经营和业务发展需要而保留的盈余,它由资本公积金和盈余公积金两部分构成,是保险公司所有者权益的重要组成部分。资本公积金按法定程序转增资本金,主要来源于资本溢价、接受捐赠的实物资产、住房周转金转入等。盈余公积金包括法定盈余公积金和任意盈余公积金,都是依法从历年税后利润中提取的,同样也是保险公司偿付能力的重要组成部分。《保险法》第九十九条规定:保险公司应当依法提取公积金。按照《保险法》和《公司法》的规定,保险公司的法定盈余公积金按(弥补亏损后的)税后利润的10%提取,法定盈余公积金累计达到注册资本的50%时,可以不再提取。提取法定盈余公积金后,按公司章程或经股东会议决议,可以提取任意盈余公积金,其中包括保险总准备金(又称为巨灾准备金)。正常情况下,保险公司的资本公积金和盈余公积金基本处于闲置状态,具有较强的稳定性和长期性,一般可以进行长期投资。

(二)负债资金

为了保证保险公司能履行经济补偿或者给付的义务,确保保险公司的偿付能力,保险公司按规定应从保费收入中提存各种责任准备金。责任准备金是保险公司对被保险人的负债,它是以将来保险事故的发生为契机,用于补偿或者给付给被保险人的资金。保险经营的时间差和数量差,使得这部分资金掌握在保险人的手中,成为保险投资主要的资金来源。

1. 未到期责任准备金

由于保费收取和保险金的支付存在时间差,加上保险年度和会计年度不一致,会计年度核算时当年收取的保费不全部作为当年收入处理,而应按照权责发生制将部分保费以责任准备金的方式提存起来,作为未来履行赔偿或给付责任的资金准备,这种资金称为未到期责任准备金。

2. 赔款准备金

赔款准备金是对所有已发生但尚未赔付的损失的金额,包括已报未决、已决未付和已发生未报的赔款准备。由于财产保险承保的风险发生时间的随机性很大,赔款准备金成为财产保险公司的最大负债。

3. 寿险责任准备金

寿险责任准备金是经营人寿保险业务的保险人为了履行未来的给付责任而提存的准备金。由于寿险期限一般较长,短期内不会有大量的保险金给付,即使有时需要较大数额的支付,通常当年的保费收入也足以承担支出,因此很少动用寿险责任准备金。据统计,寿险责任准备金的90%可用作长期投资。

4. 长期健康险责任准备金

长期健康险责任准备金是指寿险公司承保了长期性健康保险业务后为承担未来保险责任而按照相关规定提存的准备金,其原理与寿险责任准备金相同。

5. 存入分保准备金

存入分保准备金是指保险公司的再保险按照合同约定,由分保分出人扣存分保接受人部分分保费以应付未了责任的准备金。

6. 储金

储金业务是一种返还型的保险,它以投保人存入资金的利息充当保费,到期偿还本金,这种到期返还的本金即为储金。

7. 长期责任准备金

长期责任准备金是财险公司对长期财产保险业务(如工程保险、保证保险)提取的准备金。长期责任准备金按业务年度营业收支差额提存。

(三)其他资金

除上述分析的资金类型外,寿险公司可运用的资金,主要是短期负债,是指资产负债表中流动负债项下的应付账款、拟派股息等,这类资金数额不大,且需在短期内归还,因此只适合作为补充资金使用。此外,还有企业债券、借入资金、信托资金和其他融入资金等,这些资金都是寿险公司在经营中为某些目的有偿借入作为补充资金使用的。

二、保险投资的条件约束

由于保险经营具有特殊性且保险资金具有负债性、返还性,保险投资不仅要符合一般投资的要求,还要符合保险经营的特殊要求,相应地,对保险投资提出了一定的条件约束,这种约束包括一般条件约束和特殊条件约束。

(一)保险投资的一般条件约束

1.安全性约束条件

由于保险经营是一种负债经营,所以保险公司在投资时,首先要保证资金的绝对安全,否则会影响到保险经济补偿制的实现,影响参加保险的企业和个人的正常生活和运作,甚至影响到社会的稳定。因此,保险公司在投资前必须进行投资项目的可行性研究,同时注意分散风险,以保证保险投资的安全和保险企业的偿付能力。

2. 收益性约束条件

收益性是指保险公司进行保险投资获得投资收益的能力。保险投资的收益率只有超过保单的预定利率,才能保证将来的保险金给付,并获得相应的利润。投资收益是现代保险企业弥补承保业务亏损,增强自身偿付能力和市场竞争力的重要手段。

保险公司在进行保险投资时,在安全性约束条件和收益性约束条件之间进行权衡,获得最佳的组合。以人寿保险为例,普通保险业务例如终身寿险、两全保险这些保障型的险种,由于保险资金具有长期性和返还性,且保险公司承担了保险经营的所有风险,保险公司在投资时必须以安全性作为首要原则。但是对于投资型保险业务,如变额寿险、万能寿险,由于保险人只承担死亡风险和费用风险,投资风险全部由保单持有人承担,保险公司在进行投资时更注重收益性而非安全性。

3. 流动性约束条件

流动性是指在不损失资产价值的前提下资金的变现能力。由于保险的基本职能是经济补偿,而在保险期限内保险事故的发生具有随机性,为随时满足保险赔偿和给付的需要,保险投资必须具有较强的流动性,尤其是财产保险和短期性的人身意外伤害保险,由于保险期限短、自然灾害和意外事故发生的随机性大,对保险投资的流动性要求相对较高。

总体上来讲,安全性和流动性通常成正比,流动性越强,风险越小,安全性越好,反之亦然。流动性、安全性与收益性成反比,流动性强,安全性好的资产往往收益率低;而流动性和安全性差的资产的盈利能力强。保险投资时通常是在保证安全性和流动性的前提下,追求最大限度的收益。

（二）保险投资的特殊条件约束

1. 对称性条件约束

对称性条件约束要求保险公司在业务经营中注意资金来源和资金运用的对称性,也就是说,保险投资时使投资资产在期限、收益率和风险方面与保险资金来源相匹配,以保证资金的流动性和收益性。

2. 替代性条件约束

在投资目标最大化的前提下,力求使其他目标朝最优的方向发展,或者牺牲一个目标来换取另一目标的最优化,利用各种投资形式在安全性、流动性和收益性的对立统一关系,寻求与保险公司业务相适应的资产结构形式。

3. 分散性条件约束

分散性条件约束要求保险投资策略多元化、投资结构多元化,尽量选择相关系数小的资产进行投资搭配,以降低整个保险投资组合的风险程度。分散性条件约束是安全性条件约束的直接要求。

4. 转移性条件约束

转移性条件约束是指在保险投资时保险公司可以通过一定的形式将投资的风险转移给他方而降低自身的风险。最常用的风险转移方式有:① 转让,通过契约性的安排让合约的另一方承担一定的风险,如通胀时期的浮动利率债券合约。② 担保,如保单质押贷款、第三方保证贷款、抵押贷款等。③ 再保险或者风险证券化的保单。④ 套期保值。

5. 平衡性条件约束

平衡性条件约束要求保险公司投资的规模与资金来源规模大体平衡,并保证一定的流动性。既要防止在资金来源不足的情况下进行投机性的买空卖空交易,增加投资的风险,又要避免积累大量资金不运作或者少运作而承担过高的机会成本,无法满足将来的赔付需要。

三、保险投资的形式

中国保险监督管理委员会于2018年颁布的《保险资金运用管理办法》中明确规定,保险资金运用限于下列形式:
(1)银行存款;
(2)买卖债券、股票、证券投资基金份额等有价证券;
(3)投资不动产;
(4)投资股权;
(5)国务院规定的其他资金运用形式。

保险资金从事境外投资的,应当符合中国保监会、中国人民银行和国家外汇管理局的相关规定。

保险投资的形式总结起来可以是金融资产也可以是实物资产。金融资产投资主要包括债权类投资和股权类投资。债权类投资主要包括债券、银行存款和贷款。鉴于债券投资具有较好的安全性和流动性,债券投资是保险公司投资的主要项目。为了保证保险资金的安全返还,确保保险公司的偿付能力,贷款一般都需要有担保。贷款的主要形式有抵押贷款、信用贷款和保单质押贷款。股权类投资主要是普通股股票和证券投资基金,另外还有优先股股票和可转换债券等。虽然股票有较强的流动性,股票投资能够带来盈余分配权、剩余财产分配权等多项权利,实现较高的投资收益,但是由于股票价格波动性大,风险较高,各国对保险公司的股票投资均有严格的比例限制。《中国银保监会办公厅关于优化保险公司权益类资产配置监管有关事项的通知》中规定保险公司投资单一上市公司股票的股份总数,不得超过该上市公司总股本的10%。并且该通知中规定投资上市公司权益类资产的比例直接依据保险公司上季末综合偿付能力充足率而定,在最优的情形下,综合偿付能力充足率为350%以上的,权益类资产投资余额不得高于本公司上季末总资产的45%,在最差的情形下,综合偿付能力充足率不足100%的,权益类资产投资余额不得高于本公司上季末总资产的10%,并应当立即停止新增权益类资产投资。关于股指期货的交易,银保监会制定的《保险资金参与股指期货交易规定》中明确:"保险资金参与股指期货交易,不得用于投机目的,应当以对冲或规避风险为目的。"

实物资产投资最主要的是不动产投资,也包括一些机械设备等。不动产投资是指保险公司通过购买土地、建筑物或者修建住宅、商业建筑等手段获取长期而稳定的租金收入。

四、保险投资主要模式

典型的保险投资模式主要有三种:公司内设投资机构运作模式、委托专业的投资机构运作模式和专业化保险资产管理公司运作模式,这三种运作模式各有优缺点。

(一)公司内设投资机构运作模式

保险公司内部设立专门的投资部门,具体负责本公司的保险投资活动。公司内设投资机构运作模式的最大好处是有利于总公司对其资产直接管理和运作,易于监控,能够较好地贯彻执行公司的投资战略,保证保险资金的安全。该模式的缺点是不能适应管理专业化和服务多样化的要求,投资收益率低,容易产生内部黑箱作业,管理风险较大。

(二)委托专业的投资机构运作模式

委托专业的投资机构运作模式属于第三方投资管理公司运作模式。委托专业的投资机构运作模式的优点是保险公司将保险资金交给专业的投资公司进行有偿运营,使保险公司能够集中力量开拓保险业务。但是保险公司将资金交给专业投资公司投资管理,保险公司无法控制它们的经营活动,保证资金运用的安全,保险公司选择这一模式不仅要承担投资失败的风险,还要承担专业投资公司的操作风险。1929—1933年美国经济大危机中近2/3的保险公司破产就是因为委托的投资公司经营风险的连锁反应。

（三）专业化保险资产管理公司运作模式

专业化保险资产管理公司运作模式是通过全资或控股子公司运作,保险投资的主体是保险公司控股的投资子公司。专业化保险资产管理公司运作模式的优点在于:有利于母公司建立多层次的风险监控体系,贯彻公司的投资战略,有效防范投资风险;保险资产管理公司具有完全独立的董事会、管理团队和组织结构,有着独特的投资理念和鲜明的业务特色,投资领域出色的专业队伍,保证其工作效率和投资的收益率;资产管理公司在投资过程中透明度高,市场适应性强,资金运用速度快、层次分明,可以防止内部暗箱操作和关联交易。专业化保险资产管理公司模式是目前大型保险公司普遍采用的模式。

从保险公司的业务模式和收益结构来看,资产管理已成为现代保险公司新的利润增长点。根据统计资料,当今世界500强的34家股份制保险公司中有80%以上的公司是采用专业化保险资产管理机构模式对其资金进行经营管理和运作。随着保险业的发展、保险投资功能的凸显,专业化保险资产管理公司运作模式已成为国际保险业投资主体的主流模式。

2018年我国《保险资金运用管理办法》规定,保险集团(控股)公司、保险公司应当按照"集中管理、统一配置、专业运作"的要求,实行保险资金的集约化、专业化管理。中国人寿、中国平安、中国人保等都成立了专业的资产管理公司。

五、保险投资的风险管理

对保险投资风险的管理包括两个方面:一是政府对保险投资风险的监管。二是保险公司对保险投资风险的管理。

（一）政府对保险投资风险的管理

由于保险投资收益与保险公司的偿付能力直接相关,投资的失误可能会影响保险公司的偿付能力,甚至破产。各国都对保险业的投资进行了严格的监管。

1. 对保险投资范围的限制

为了保证保险投资的安全,各国保险监管机关一般都通过立法的形式对保险投资范围进行严格的限制。

《保险法》第一百零六条规定:"保险公司的资金运用必须稳健,遵循安全性原则。保险公司的资金运用限于以下形式:(一)银行存款;(二)买卖债券、股票、证券投资基金份额等有价证券;(三)投资不动产;(四)国务院规定的其他资金运用形式。"

2018年中国保险监督管理委员会发布的《保险资金运用管理办法》第十八条规定:"除中国保监会另有规定以外,保险集团(控股)公司、保险公司从事保险资金运用,不得有下列行为:(一)存款于非银行金融机构;(二)买入被交易所实行"特别处理""警示存在终止上市风险的特别处理"的股票;(三)投资不符合国家产业政策的企业股权和不动产;(四)直接从事房地产开发建设;(五)将保险资金运用形成的投资资产用于向他人提供担保或者发放贷款,个人保单质押贷款除外;(六)中国保监会禁止的其他投资行为。"

2. 对投资结构和比例的限制

除了投资范围有所限制,保险监管机构还对投资比例作了严格的限制。所谓投资结构,是指在注重有价证券投资的同时,还要兼顾不动产、抵押贷款、保单质押贷款以及其他投资方式。投资比例的限制包括投资于某种形式资产的最高比例限制和对某一项资产投资的最高比例限制两种。

以投资债转股为例,2022年发布的《中国银保监会关于保险资金投资有关金融产品的通知》(银保监规〔2022〕7号)中规定:"保险机构投资同一债转股投资计划的金额不得高于该产品规模的50%,保险机构及其关联方投资同一债转股投资计划的金额合计不得高于该产品规模的80%。债转股投资计划纳入其他金融资产投资比例管理。其中,投资权益类资产比例不低于80%的债转股投资计划,应当同时纳入权益类资产投资比例管理。"

3. 投资资产与负债的配比关系的限制

对投资资产与负债的配比关系的限制是保险投资监管的一个重要方面。资产与负债的匹配一般是指投资资产与对投保人负债之间期限结构的配比关系。

4. 对金融衍生工具的使用限制

鉴于金融衍生工具的高风险性,许多国家允许寿险公司参与金融衍生工具的交易,但是必须以套期保值为前提,禁止进行套利等投机性交易。有些国家如日本、法国等不允许寿险公司将责任准备金投资于衍生工具,即便是规避风险的套期保值也是严格禁止的,而对责任准备金之外的保险资金如资本金、总准备金等却是允许投资金融衍生工具。

(二)保险公司对保险投资风险的管理

保险公司对保险投资风险的管理包括:① 制定合理的投资策略;② 选择合理的投资方式,根据自身的投资目标以及目标的顺序、自身的经济实力、各险种的负债期限结构等确定各种投资方式的比例,将资产进行合理的分配;③ 通过审查资本市场上所提供的所有投资品种,选择比例合理的投资资产组合,使得投资资产与保险公司的负债在期限结构、利率结构、收益率等方面匹配。

—— 本章小结 ——

1. 保险商品是保险公司经营的商品,具有自身的特殊性。保险公司经营的原则有风险同质原则、风险大量原则、风险选择原则和风险分散原则。

2. 保险营销不只是推销保险商品,它包含以下四个方面的核心内容:保险营销的起点是投保人的需求;保险营销的核心是社会交换过程;保险营销的手段是整体营销活动;保险营销的宗旨是让顾客满意。

3. 保险承保是保险合同的签订过程。它不仅要求遵循严格的程序,而且要有有效的承保风险控制技术。

4. 保险理赔涉及保险双方权利和义务的实现,是保险经营的重要一环。保险理赔应遵守重合同、守信用,实事求是,主动、迅速、准确、合理的原则。加强保险理赔的风险管理,有助于降低保险公司的损失理赔额。

5. 保险投资业务不仅是推动保险业前进的车轮,而且是弥补承保业务亏损、维持保险持续经营的重要手段。

6. 保险投资资金基本上由自有资金和负债资金两大部分组成。由于保险资金具有负债性和返还性,保险投资不仅要符合一般投资的要求,还要符合保险经营的特殊要求。

—— 关键术语 ——

保险商品,保险营销,保险承保,保险核保,保险理赔,公积金,未到期责任准备金,赔款准备金,寿险责任准备金。

—— 复习思考题 ——

1. 简述保险商品的特殊性。
2. 你是如何理解保险经营的原则的?
3. 简述保险营销的创新方式。
4. 承保风险控制的主要措施有哪些?
5. 保险理赔应遵循哪些原则?
6. 保险理赔的基本程序是怎样的?
7. 保险投资的资金来源有哪些?
8. 简述保险资金投资的一般条件约束和特殊条件约束。

第十二章
保险监管

▶ **本章学习要求**

- 掌握保险监管的概念与理论依据；
- 理解国外保险监管的两种模式；
- 掌握保险监管的方法与体系；
- 了解我国保险监管的现状。

第一节　保险监管概述

一、保险监管的概念与目标

(一)保险监管的概念

保险监管(insurance regulation)是指政府对本国保险业的监督和管理。从各国的实践看,广义的保险监管体系一般由四部分构成:一是立法机关,负责制定保险业的法律法规;二是司法机关,负责裁决保险争议,并按照法律规定对保险市场的参与者采取各种司法行动;三是政府监管部门,在法律授权范围内进行具体的保险监督工作;四是社会中介机构,对保险公司财务状况、信用等级发表独立意见。其中经常被论述的保险监管是指第三类,即政府保险监管机关的监管。

保险监管是一国发展和完善保险市场的客观要求。其必要性表现在:第一,保险监管是保护自由竞争的需要。市场经济的核心是自由竞争,在竞争中价值规律调节整个社会供求,使资源趋向优化配置,但竞争的自我调节具有盲目性和事后性的特点,需要保险监管的外在控制。第二,保险监管是反垄断的需要。保险市场的垄断表现为保险公司的独家垄断或寡头垄断。由于各种保险公司入市时间、经营管理水平和经营效益各不相同,如果实力较强的保险公司在竞争中通过降低保险费率排挤其他保险公司,取得垄断地位后又抬高保险费率,保险人的利益会遭到损害。第三,保险监管是避免过度竞争的需要。保险市场的过度竞争产生于市场进入过度而又没有正常的退出机制,众多小公司达不到合理规模,反而因竞争的需要降低保险费率,结果削弱了保险人的偿付能力,损害了被保险人的利益。

(二)保险监管的目标

保险监管的目标,有的国家在保险立法中予以明确规定,有的则体现在其监管制度中。尽管因不同国家和地区经济状况和法律制度不同,保险监管的目标的侧重点各不相同,但保护被保险人和社会公众的利益,保证保险人的偿付能力,确保一国保险业稳定、健康地发展是世界各国保险监管的共同目标。

1. 保护被保险人和社会公众的利益

维护消费者利益是保险监管的最根本出发点。因此,监管部门有责任确保财务实力良好的保险公司以公平的价格提供保险合同,为公众分散危险,提供保障,提高社会福利。保险业是一个技术含量高、业务专业性很强的行业。保险合同的条款设计、保险产品的定价等都是由保险人单方面拟定的,如果缺乏监管,保险人就有可能利用自己的信息优势损害被保险人的利益。没有监管,一个不受任何约束的保险人可能会起草一份没有法律效力的合同。而且保险市场的信息不对称是最典型的,对于消费者来说,因为必要的价格和保单信息是无法轻易得到的,去比较保费不同的保单是一件十分困难的事。而没有好的信息,消费者无法选择最好的保险产品。这就减少了消费者对保险市场的影响力,同时也减少了保险人提高保险产品质量、降低保险价格的竞争动力。可见,从维护被保险人和社会公众利益角度来看,保险监管是极其必要的。

2. 保证保险人的偿付能力

保险监管对于保证保险人的偿付能力是非常必要的。偿付能力是指保险人对被保险人负债的偿还能力,是一国保险业稳定、健康发展的关键,因为保险费是提前支付的,而保障的期限则持续到将来,假如一个保险人破产了,发生于未来的索赔就不能被支付,那么提前支付的保险费就失去了意义,被保险人就会处于极大的经济不安全之中。因此,为保证在保单有效期间赔款得到支付,必须对保险人的财务能力加强监管,如通过制定专门法规,规定保险业务的经营必须按标准提存各项准备金,保险经营的稳健必须安排法定再保险,建立预警系统等。

3. 确保保险业稳定健康发展

对保险市场实施监管的另一个目标在于保持市场的适度竞争,限制甚至避免垄断行为或恶性竞争行为,从而有助于效率目标的实现。因此,需要建立完善的市场准入与退出机制,并对保险机构的兼并、破产等行为实施监管,防止一家保险企业经营不善导致偿付危机的扩散,维护保险业整体的稳定发展。此外,在很多国家,监管常常带有保护主义色彩,维护本地保险机构的运营,防止外国保险服务的输入。从这一点来说,可能消费者的利益并没有达到最大,因为他无法凭借个人的力量与政府的保护力量抗衡,自由选择最好的保险服务,而只能在有限的国内保险服务中作出选择。根据优质产业理论,在面对外国保险机构涌入的竞争,本国保险业还不具备自建体系的能力时,对本国的保险业进行暂时的保护是必要的,但在时机成熟时,自由化的趋势是不可避免的。国家应通过适当扶植保险业,使其具备自我发展、参与竞争的能力,最终实现在市场中与其他主体公平竞争、优胜劣汰,通过市场的指引达到资源的优化配置。因此,从长期来看,监管还是有助于实现社会福利的增加,且不违背保护消费者利益的最终目标。

(三)保险监管的产生与发展

从保险发展的历史看,现代意义的保险是伴随欧洲资本主义萌芽时期海上贸易的迅速繁荣而产生的。海上贸易的长期发展形成了一系列调整航海贸易中发生的损失赔偿、风险分摊等海上保险的习惯规则,参与海上贸易的各国将这些习惯规则纳入本国的法典中,随着海上保险的发展成熟以及陆上火灾保险、人寿保险、责任保险的相继出现,从17世纪以后逐渐产生了关于保险业的单独法规。在此之后,由于政府出于公众利益的原则不断加强对保险业的管理,关于政府对保险业进行监督管理的专门法规也相继形成,从而拉开了现代保险监管的序幕。因此,国外保险的发展经历了先有保险业,然后有保险法,最后产生保险监管的过程。

现代保险监管制度的一个重要标志是国家授权给专门的保险监管机构,使之专司保险监管之责。这种制度最早产生于美国。在美国,保险业的发展要稍晚于银行业,因此其监管制度的发展也相对较晚。在美国南北战争之前,国家对保险业几乎没有任何约束,结果弊端频出,影响了保险业的健康发展。为此,政府开始考虑对保险业实施监管,以保障公众的利益。1851年,新罕布什尔州率先设立保险署,1855年马萨诸塞州建立了类似的保险监督机构。随后,美国其他一些州相继建立了保险监管机构。为了对美国各州的监管统一进行协调并加快监管统一化进程,1971年美国成立了美国保险监督官协会(National Association of Insurance Commissioners,NAIC),该协会的成员大多是各州保险局的局长,总部设在华盛顿。美国保险监督官协会的主要职责是讨论保险立法,拟定样板法律和条例,供各州保险立法参考。各州享有保险立法的权力,在州法律及管理未能涉及的保险领域适用联邦法律。通过美国保险监督官协会100多年的努力,目前,虽然美国各州的保险立法多达55部,但内容没有太大的区别。

英国是世界保险大国,是公认的全球最发达、最富有竞争力的国际保险和再保险中心。与美国不同的是,英国没有设立专门的保险监管机构,英国政府的工贸大臣享有对保险业实行全面监督管理的权力,而保险监督机构则是工贸部属下的保险局。英国保险市场分为保险公司市场和劳合社市场,英国保险监督机关侧重对保险公司市场的管理,而对劳合社则专门立法赋予其自律的权利。在保险立法方面,英国是走在世界各国前列的,1870年,英国颁布了《人寿保险公司法》,对寿险公司的保证金、财产账户、公司兼并等做出了规定,并且创立了保险人信息公开制度。随后,英国将《人寿保险公司法》的有关规定扩展到其他保险领域,于1909年颁布了《保险公司法》,并在以后的保险监管中不断进行完善。与此同时,奥地利于1859年,瑞士于1885年,德国于1909年也都先后建立了各自的保险监管制度。20世纪20年代以后,世界其他国家的保险监管制度也基本形成。至此,保险监管事业进入了一个新的时期。

二、保险监管的原则

保险监管的原则是维护保险秩序的稳定,防范和化解保险风险,保护被保险人和投保人的权益,正确处理保险监管工作各种关系。一般来讲,在履行监管职责时,保险监管机构遵循以下原则:

1. 规范市场秩序原则

规范保险市场秩序是保险监管的一个重要原则,也就是要防止投保人、保险人或保险中介人利用信息优势从事各种保险欺诈活动,以促进保险市场的健康发展。因此,保险监管部门应当从保护保险关系各方当事人合法权益的角度出发,建立各种有效的、公正的反欺诈制度,提高保险市场的运用效率,规范市场秩序,使其充分发挥保障经济的功能。

2. 提升市场效率原则

由于存在市场缺陷,仅仅依靠保险市场机制不可能达到资源的最优配置。作为社会公共利益代表的政府,需要通过建立保险监管体制对保险市场的运作进行不同程度的干预。然而,保险市场的监管是有成本的,一是不合理的监管行为,或监管不足或监管过度或监管权力滥用,都会对保险市场的发展造成重大的损害。二是政府监管本身要耗费大量的人力、物力和财力。这两方面的成本就构成监管所产生的运行成本。保险监管机构通过对保险市场的监管所产生的保险市场运行效率和秩序,相对于自由放任的保险市场的增量,就是保险市场的监管机制的收益。当监管收益大于监管成本时,这种保险监管机制是有效率的和合理的。否则,就是无效率和不合理的,必须对监管机制进行改革,创新监管制度,以增加其效能。所以,关键是要处理好监管与发展的关系问题,监管是为了促进保险业发展,而不是束缚人们的手脚,限制保险业的发展,但发展必须要建立在良好的市场环境基础上。

3. 持续系统监管原则

保险监管必须是经常性地、持续性地和系统性地进行。所谓经常性,就是指保险监管活动每年每月都在进行,平时不闻不问,放任自流,等到发现问题再做检查,不是科学的监管方法。持续性是指从审查批准保险机构准入时起到其退出为止,对整个经营过程进行持续监管,及时发现问题,解决问题。系统性是指把保险监管对象和内容作为有机整体,依靠保险监管体系,综合配套运用各种手段,对保险企业风险管理进行识别、计量、监测和控制。

4. 公平公正公开原则

保险监管要依法进行,保证监管的公平、公正和公开。一是公平原则。保险市场是市场经济的一部分,它所需要的公平理念,包括程度的公平、主体地位的平等和交换的公平。二是公正原则。在保险市场上,公正的内在实质就是按照法律法规对保险公司和从业人员进行约束。政府以法律的框架寻求保险人、被保险人和投保人之间的平衡,公正地执行法律,解决他们之间的利益冲突和摩擦,维护保险市场的秩序。三是公开原则。主要表现在法律与政策的公开,市场管理与司法活动的公开,从而成为保险人的行为准则。反映在保险法律法规上,主要是费率公开、手续费和佣金公开、监督过程公开、监督结果公开。这样有利于监管活动顺利、健康地运行,有利于增强保险公司从业人员和社会公众的认识,大大提高监管效力。

三、保险监管的理论依据

保险监管是一个国家的保险监管执行机关,依据法律法规对本国保险市场和企业进行监督和管理,从而保证保险市场的正常秩序,确保保险人经营的安全和盈利,维护被保险人的合法权益。关于政府为什么要对保险市场进行监管,一般文献中主要有以下几大理论。

(一)公众利益理论

规范经济学的公众利益监管理论(public interest theory)认为,政府监管主要是寻求修正源于市场失效或某些政治危机的资源误配,进而对社会福利进行再分配的一种机制或方法。长期以来,人们认为保险市场的失效可能导致保险公司破产或丧失偿付能力,有损广大被保险人的利益的观点,成为保险实施法定监管的重要理论基础。基于此,对保险公司的法定监管已被推动为维护和确保公众利益的一项实践。如在英国,英国人寿保险公司和在英国共同财富法基础上组建的人寿保险机构的法定控制,受1870年颁布的英国《人寿保险公司法》有关规定的约束,该法中的"自由而公开"的原则,揭示了监管应当促进人寿保险公司或机构的信息披露的法律观点。在我国早期,有人提出保险是人们"壮年时要做老年的准备,强健时做疾病时的计划"。人们购买保险尤其是人寿保险是牺牲当前的利益换取未来的保障,保险公司对客户未来可能发生的风险进行的承诺到时是否兑现,关系到社会福利和公众利益。

虽然基于公众利益而实施政府监管是从其产生以来就成为监管的依据之一,但对公众利益理论也存在不同的观点,甚至批评意见。布纳尔(Posner,1974)在分析公众利益理论的有用性时指出,由于公众利益理论难于充分解释和预测,监管代理人有时成为官僚无能的牺牲品。密利克(Mitnick,1980)和鲍奥尔克(Pourka,1984)则认为由于缺乏财务资金和高素质人员等资源,所以监管代理人不能很好地发挥作用。梅尔(Meier,1991)解释了监管代理人对公众利益苦恼缺失的保护的理由是监管的对象常常在技术上太复杂。梅尔斯(Mayers)和斯密(Smith,1981)曾指出监管代理人可能通过增加职员人数和提高工作保障等手段,引入超常规监管以满足其自利,这些行为的结果可能增加的是官僚,而不是对公众利益的维护。斯密(Smith,1986)还指出:"监管者并不是兴趣仅在社会财富最大化的仁慈力量,相反他们有其自身的利益并可能在监管过程中为追求自利而牺牲一定的公众利益。"

(二)捕获理论

捕获或追逐理论(capture theory of regulation)大部分内容起因于对一些社会利益问题存在难解的困惑,它是从政治科学的一些文献中产生的一种理论。该理论认为监管是一个游动的政治过程,且在这样的过程中,监管总是将利益授予捕获或追逐监管过程的那些政治有效的群体。急进理论学家关于捕获或追逐理论的观点认为,监管过程推动了资本主义的利益,同时疏远了社会结构中的劳动者的利益。换句话说,政府对市场缺乏监管或者对市场中消费者的保护不足,主要是资本主义公司利益占主导优势,以牺牲一般公众利益为代价的结果。政治科学家们有关捕获或追逐理论的观点与急进理论学家不同。政治科学家认为监管并不是仅仅反映社会中的阶级冲突,相反将监管过程判断为杰出利益群体对机会捕捉的结果,而且这些杰出的利益群体代表着那些原本被监管的行业或者被监管的工业群体。斯蒂格勒等人认为,组织严密、资金充足的特殊利益集团可以左右立法者和监管者为他们的利益服务。保险业的特殊利益集团包括保险人、再保险人、保险代理人、保险经纪人、银行和证券公司等,消费者分布散乱、组织松懈、资金不足,对某些特定问题的知悉程度远不如特殊利益集团。受特殊利益集团不正当影响的监管政策可能会引发以下问题:①对新的国内保险人和外国保险人的进入进行限制。②抑制价格和产品竞争。③对来自类似或补充性产品的行业间竞争进行限制。

在西方国家的人寿保险业中,可能找到职业群体捕获监管者的例证。如英国保险业界存在的委任精算师制度。此制度要求每个经注册的寿险机构必须雇用一些委任精算师,对寿险机构的财务状况和条件进行分析和认可,在其财务报表签字后,向保险监管当局提供详细的报告。无论从历史发展还是逻辑的角度来看,寿险业及其经营都不可缺少精算科学和精算职业,其在寿险业中的极端重要性已为保险业界所公认。但是有的学者琼嵩(Johnston,1932)认为,英国委任精算师制度一方面使得职业精算师拥有人寿保险业中的专门知识和技术,另一方面也使得职业精算师的责任过于集中而对监管过程发挥着巨大的影响作用。当然,保险业有时因为没有动用其经济资源发展政治技能,或者可能由于保险业缺乏内聚力,捕捉或追逐并不是有效的。

(三)监管供求理论

监管供求理论是在继承和发扬了捕获理论的合理成分并考虑了公众利益的基础上产生的一种理论,在现存的政治和行政管理体制内,监管是通过不同私人利益集团的讨价还价确立的。这里所谓的利益集团,包括消费者、监管者、政治势力(法院和立法机构)以及被监管行业,而利益集团的影响力则取决于政治资源的丰裕程度、监管事项的重要性。该理论将监管视为一种经济产品,其分配由供给与需求决定。基于需求方,该理论认为,监管能提供多种利益,包括控制新竞争者的进入、对业务活动的限制、费率的规定以及诚信活动的规定等。基于供给方,监管供求理论认为只要来自政治上更有效的群体的需求比反对它的群体的需求更为强大,政策制定者将供给监管。监管供求理论预示着被监管的行业群体占主导地位,市场上又存在着大量的相互竞争的公司或组织,市场有较大的需求;而当市场上存在相对较少的竞争的公司,特别在卡特尔制度占优势时,因为卡特尔提供内部监管的成本比外部监管所花费的成本更为有效,所以市场对政府监管的需求将减少,被监管行业群体将倾向于自我监管。

一些学者认为监管供求理论较之公众利益理论和捕获理论有更大的解释力。布纳尔(Posner,1974)为此提出的理由是:①由监管的供求取代了直接的捕捉或追逐而可能出现的误解;②监管供求理论提出监管过程中的群体促进其利益;③解释了通过卡特尔制度安排和政治上有效的群体对监管过程的主宰,使得监管为什么或怎样发生。保险业运行的复杂性,常使非职业者要求对其进行必要的监管。一些学者认为如果消费者发觉缺乏监管将增加保险公司失败的机会,那么保险业将寻求监管以维护消费者的利益。保险公司有时为了保护自身的经济地位而寻求较严格的监管,以阻止新的市场进入者;相反,当被监管行业发觉增加的监管于其财富不利,将积极反对监管。

第二节　保险监管模式

一、保险监管方式

综合看世界各国的保险监管,其采取的方式不外乎通过立法监管、司法监管,或者行政监管或它们的组合。监管方式根据监督管理行为的宽严不同分为三种:公示方式、准则方式、实体方式。采用何种方式对保险业实施监管,国际上没有形成固定的标准,不同的国家根据其不同的经济和法律环境选择不同的方式,但是适当的监管方式是保证保险监督管理有效性的基础。

(一)公示方式

这是一种比较宽松的监管方式,国家将保险公司及保险中介人的经营状况和其他事项予以公布,而不加任何直接监管。保险业的组织、保险合同格式的设计、保险资金的运用等均由保险公司自主决定,政府不做过多干预,由保险客户和公众自行判断和选择。公示监管的内容包括:①公告财务报表;②规定最低资本金与保证金;③订立边际偿付能力标准。这种方式的优点在于允许保险公司自由经营,使其在自由竞争环境中得到充分发展。但这种方式也存在缺陷,即普通公众难以把握评判保险公司优劣的标准,并且对保险公司的不正当经营行为也无能为力。因此,采取这种监管方式的国家必须具有一定的条件,即在客观上该国的保险市场高度发达,且拥有公平竞争的市场环境,存在较多的保险机构,使投保人有选择的可能,并且保险机构具有一定的自律能力和良好的商业道德;在主观上,要求社会各界对保险有相当的了解,对保险公司的经营状况有能力判断。目前,大多数国家都达不到这样的要求,在历史上英国曾采用此种监管方式。英国1901年、1940年、1958年的保险公司法均采用这种方式,这些法律规定,经营保险业无须执照或其他特别批准,如为公司性质,只要依正常方式办理公司登记即可,如为个人经营,只要取得劳合社的会员资格即可。但随着现代保险业的发展,尤其是二十世纪六七十年代保险公司的破产现象的不断出现,改变了英国对保险监管方式的看法,公示监管方式因不利于切实有效地保证被保险人的利益而被放弃。

(二)准则方式

这是一种比较严格的监管方式,也被称为规范监管方式或形式监管方式。由政府规定保险业经营管理的一些基本准则,要求保险业者共同遵守,并在形式上监督实施。政府规定的准则涉及的都是一些重大事项,如保险公司的最低资本额、资产负债表的审查、法定公布事项的主要内容、监管机构的制裁方式,等等。在这种方式下,保险业的经营只要在形式上符合规定条件,即予核准。由于这种方式强调保险经营形式上的合法性,比公示方式具有较大的可操作性,曾被视为"适中的监管方式"。但是从一些国家的实践来看,政府的审查仅仅停留在形式上,由于保险技术性强,专业化程度高,内容又十分复杂,有些准则难以适应所有保险机构,导致该种监管方式难以达到有效监管的目的。在历史上,荷兰、德国曾采用过此种监管方式,现在大部分国家都不采取这种监管方式。

(三)实体方式

这是一种严格的监管方式,也被称为许可监管方式,瑞士于1885年创立。这种监管方式的主要特点是建立了比较完善的保险法律制度和管理规则,设立健全的、拥有较高权威和权力的保险监管机构,国家通过立法建立各种监督机制。实体监管方式的实施过程大致如下:①保险组织设立的监管,即保险机构的设立必须经政府(保险主管机关)的审批核准,发放经营许可证;②保险经营过程的监管,即保险机构的业务经营必须接受政府监管部门在财务、业务方面的监督;③保险企业破产的监管,即保险公司经营失败时,对其进行的破产清算仍需在政府监管部门监督下进行。现在绝大多数国家和地区对保险业的监管均采用此种形式,如美国、日本以及中国的香港和台湾地区。实体监管方式是对保险业务进行全方位的监督,既保护了投保人的利益,又维护了保险市场的健康运行,较上述两种监管方式更严格、具体、全面。

二、国外保险监管模式及其发展趋势

(一)国外保险监管模式比较

经济学家一般从三个角度来看待政府对保险业的监管:经济、安全和信息,而这三个因素又可以分成市场行为监管、偿付能力监管和对由信息不对称产生的问题的监管三个方面。根据其监管的侧重程度和严格程度不同,主要发达国家保险市场的监管可以分为严格监管和松散监管两种模式。

1. 以美国为代表的严格监管模式

严格监管模式是一种传统的监管模式,在这种监管模式下,所有保险活动的过去和现在都受到全面监管,包括对市场准入的限制,对保险条款、费率条件、保单利率、红利分配、一般保险条件等均有明文规定,并在投放到市场前受到监管部门严格和系统的监管。美国是这一模式的代表。美国的保险监管职责主要是由各州的保险监督局承担,其最高领导是保险监督官,由所在州的州长任命,对州长负责,全国共有保险监管人员1.4万名左右。由于美国联邦政府没有保险监管机构,相对独立的各州对保险机构的市场准入和条款费率等方面的监管要求和方式不尽相同,随着保险公司越来越多地跨州经营业务,各州不同的规定和监管方式带来了诸多不便,因此,加强各州保险监管协调的呼声越来越高,成立于1971

年的美国保险监督官协会(NAIC)在协调各州监管行为方面发挥着愈来愈重要的作用。NAIC的主要职能是协助各州的保险监管机构对保险市场进行监管,协调各州的保险监管方式,以低成本的方式实现高效率的监管。

美国各州的保险监管内容虽有差异,但归纳起来通常有四个方面:偿付能力监管、保险合同(保单和费率)监管、财务监管和市场行为监管。为了做好偿付能力监管工作,NAIC于1994年提出了以风险资本为基础(RBC)的偿付能力监管要求,代替了原来各州实行的最低资本要求的监管制度,并制定了一系列监测指标,目前各州保险监管部门基本采用这套指标。在保险合同的监管上,对于财产和意外保险公司,可以自行设计保单和厘定费率,但前提是公司采用的保单和费率必须符合所在州的有关规定;而人寿和健康保险公司必须按照规定将其要出售的新保单报经本州保险监督局批准或备案才能实施。而且,如果这种产品含有证券特性,还应当报经美国证券交易委员会(United States Securities and Exchange Commission,SEC)批准。在财务和市场行为监管方面,监管部门通常实行现场检查和非现场检查两种,现场检查主要是监管者亲自光临保险公司,检查公司财务状况是否健全,会计账簿是否完整,内部管理是否完善,是否公正对待其客户,能否遵守各项有关承保、销售、广告和理赔方面的法规。非现场检查是监管机构的日常工作,要求所有在美国注册登记的国内外保险公司均要向NAIC报送季度和年度财务报表,以供NAIC不断扩充各个保险公司的财务数据库,并将格式化后的数据反馈给各州保险监督官,以便各州保险监管机构运用标准化程序分析本州保险公司的财务状况,并提早发现问题,采取适当措施,处理有问题的公司。

除美国外,德国和欧洲一些大陆国家也实行这一模式。德国的监管内容主要有:① 统一保险契约和危险分类,对契约实行标准化管理。② 费率控制,所有保险公司都必须按监管部门规定,确定各自费率,其中风险保费由行业平均损失率确定,预计管理费用由前年的结果来确定,佣金不得超过保费的11%。③ 利润控制,保险企业利润率不得超过总保费的3%,超过部分要返还给被保险人。④ 偿付能力控制,做法与英国基本相同。

2. 以英国为代表的松散监管模式

松散监管模式是一种强调对保险人的偿付能力进行监管,而相应地放松对保险产品、保险费率、保险业务甚至市场准入条件的约束。英国是这一模式的代表,1997年10月以前,英国政府对金融业的监管是按照分业模式进行的,其中保险监管是由英国贸工部负责的,但从1998年1月起,保险监管职能由英国贸工部临时过渡到财政部,然后由财政部采取签署合同方式,将保险监管职能从1999年1月1日起委托给新成立的英国金融服务管理局(Financial Service Authority,FSA),金融服务局由过去分别监管银行、证券、保险等9个行业的监管机构组成。

英国的保险监管是以偿付能力为中心的。保险监管机构对保险业的管理强调保险公司的自律性,除保证偿付能力外,保险监管机构不对保险公司的具体经营、费率制定和业务状况作特别规定。1982年通过的《保险公司法》规定,所有在英国营业的保险公司均应保持足够的偿付能力,必须定期向监管机构提交和向公众公布其详尽的财务信息。英国对最低偿付能力的要求是:对于非寿险业务,不得低于公司每年净保费收入的16%或当年保险赔款额的23%;对于寿险公司来讲,最低偿付能力为公司负债额的4%加上风险资本额(即保额与责任准备金之差)的0.3％。对于偿付能力不足的保险公司,英国保险监管部门处罚时从不手软。如果保险公司发生偿付能力不足或财务不健全的情况,FSA会要求保险公司提供更详尽的信息,包括按季度送报表和随时提供投资、业务活动情况、精算报告等项内容,甚至停止承保新业务。这种监管机制有效地保证了保险监管的及时、准确、到位,而且便于发现问题和解决问题。另外,英国保险监管机构重视对保险公司信息的披露,他们认为,向社会公开的保险公司信息越多,越能帮助投保人正确选择保险公司以转嫁风险,越能减少市场失灵所造成的经济损失,因此,保险监管部门每年都向社会公开保险公司报送的保险监管报表,凡是需要了解保险公司信息的单位和个人都可以自行查阅。

从英美保险监管模式来看,无论是美国的严格监管模式还是英国的松散监管模式,都强调了偿付能力监管的重要性。相对于松散监管模式而言,严格监管在市场准入、产品质量和经营行为方面有更高的要求,有利于保证保险公司的财务稳健和保险业的声誉。但松散监管在一定条件下更有利于促进保险业的发展。因此,各国保险监管模式要根据本国的国情传统和现实变革需要来确定。

(二)国外保险监管模式的变革方向

(1)从分业监管向混业监管转变。以1999年美国国会通过的《金融服务现代化法》为标志,全球金融业务日益向混业经营方向转变,与之相适应的金融保险监管模式也日益朝着混业监管的方向演变,主要表现为集银行业、保险业、证券业监管于一体,成立统一的金融监管部门,使保险监管受益于银行、证券监管的技术和信息优势;放宽对保险资金投资领域的管制,支持保险企业上市和兼并,推动金融向混业经营发展。如英国已经通过改革建立起统一的监管框架,对于金融控股公司,包括保险公司为主干企业的金融服务公司,统一由金融监管局的一个集团公司部监管,而对单一保险公司,则仍然由保险监管部监管;日本的金融大爆炸改革也维持原有的统一监管结构,只是成立新的金融监督厅行使统一监管职能而已。

(2)从市场行为监管向偿付能力监管转变。传统的保险监管主要是市场行为监管,即对市场行为的合规性监管,重点是对市场准入、业务行为、费率厘定、保单设计等经营实务的监管。但从20世纪80年代以来,西方国家逐步从市场行为监管转向偿付能力监管,以保护被保险人的利益为监管目的。所谓偿付能力,是指保险公司对所承担的风险责任在发生超出正常出险概率的赔偿和给付时所具有的经济补偿能力。保险监管部门通过对保险企业偿付能力的有效监管,可以及时了解保险公司的财务情况,及时提醒偿付能力不够充分的保险公司采取积极而有效的措施,以切实保障被保险人的利益。如英国于1982年颁布了新的《保险公司法》,特别强调了偿付能力监管问题,并规定经营不同业务的保险公司有不同的偿付能力额度;美国的NAIC于1994年提出了以风险资本为基础(RBC)的偿付能力监管要求,并制定了一套量化监管指标;日本于1996年颁布了新《保险业法》,明确将保险监管工作重点由市场准入的严格审批转向对保险人偿付能力的管理,注重对被保险人利益的保护。

(3)从机构监管向功能监管转变。机构监管是指按照金融机构的类型分别设立不同的监管机构,不同监管机构拥有各自职责范围,无权干预其他类别金融机构的业务活动。功能监管是指一个给定的金融活动由同一个监管者进行监管,而无论这个活动由谁从事,其目的是提高流程的秩序和效率(美国前财长 Robert Rubin)。功能监管的最大优点是可以大大减少监管职能的冲突、交叉重叠和监管盲区(裴光,2002)。在金融混业经营越来越流行的今天,不同金融机构之间的传统业务界限变得越来越模糊,不同金融机构功能的一体化和业务交叉使传统的机构监管变得越来越不适应,因此,从机构监管向功能监管转变已是现实的客观要求。从保险监管角度来看,采取功能监管方式对于处于混业经营中的保险业来说也是非常必要的。

(4)从严格监管向松散监管转变。从西方国家来看,150多年前,现代保险监管模式诞生便选择了严格的保险监管模式,并一直朝着正向强化的方向发展。然而,进入20世纪90年代中期以来,西方保险监管出现了改革势头,逐步放松了对保险业的管制,其保险监管模式逐步由严格向松散转化(刘友芝,2001)。这主要是因为,传统的严格监管是以稳定性作为保险监管的唯一目标,但金融混业经营的不断深入,导致金融保险业务的相互交叉,使得银行业、保险业、证券业三者的行业边界逐步淡化,市场竞争日趋激烈,业务扩张与效率提升成为保险业发展的关键,西方发达国家保险监管机构不得不重新审视持续近一个半世纪的保险监管的稳定性目标,并对保险监管目标加以修正,由单一的稳定性目标转为多维目标,即稳定性目标、效率目标和扩张性目标。其中,效率目标是第一性的,它是实现保险体系的长期稳定性目标和长远扩张性目标的前提条件。因此,松散监管成为西方发达国家保险监管机构的必然选择。

三、中国保险监管模式的选择

中国的保险监管历史较为短暂,1995年保险法的颁布将我国保险监管纳入了法制化的轨道,1998年中国保险监督管理委员会的成立,标志着中国保险监管体系初步形成。与西方松散的保险监管相比,中国现阶段的保险监管从整体上看仍然属于较为严格的监管模式,但又不同于美国的严格监管模式,有其自身的独特性。这种独特性表现在:①强调分业监管,忽视混业监管。我国于1995年开始形成金融分业经营体制,与之相适应,我国金融监管就形成了证监会、保监会和银监会三足鼎立之势,各司其职,这虽然有利于防范我国金融业管理水平不高情况下因混业经营而产生的金融风险,但由于相互缺乏有效的协调机制,在银行、证券、保险之间业务往来越来越频繁的情况下,这种忽视混业的监管体制显然是一种低效率的监管。②重视市场行为监管,忽视偿付能力监管。长期以来,中国的保险监管基本上是市场行为的监管,重点监管费率厘定、险种设计等经营实务,偿付能力监管十分薄弱,缺少相应的监管技术和能力。由此造成许多保险公司忽视业务质量的提高,疏于成本费用的控制,偿付能力隐患很大。③追求稳定性目标,忽视效率目标。我们现行的保险监管模式是建立在稳定性目标之上的,对保险企业的监管内容不仅涉及范围广,而且限制性很强,如严格的市场准入限制,产寿险不得兼营,主要险种的基本条款和费率由保监会统一制定,保险资金运用仅限于银行存款、国债、金融债券等。虽然表面上看,保险企业的稳定性得到了保证,但因严格的市场准入而缺乏竞争,条款和费率的统一制定而缺乏创新,严格的投资范围限制导致资金运用低效率,这都使得我国保险业的效率极其低下。而且,在效率低下的情况下,内资保险公司的偿付能力严重不足已是不争的事实,长此以往,保险体系的稳定性也会遭到严重威胁。

中国加入WTO后保险市场全面开放,国内外竞争加剧,金融混业经营趋势日益明显,传统的保险监管模式难以满足开放条件下中国保险业的发展。2012年,保监会启动第二代偿付能力监管制度体系(简称"偿二代")建设工程,并于2017年正式实施。"偿二代"是第一个基于中国国情设计的偿付能力监管体系,有效提升了我国保险业抵御风险的能力,对中国保险业的改革与发展具有里程碑式的意义。2018年,金融监管再次迎来历史性时刻,原银监会与原保监会合并,组建中国银行保险监督管理委员会,统一监管银行业和保险业。2023年3月,中共中央、国务院印发了《党和国家机构改革方案》,决定在中国银行保险监督管理委员会基础上组建国家金融监督管理总局,将中国人民银行对金融控股公司等金融集团的日常监管职责、有关金融消费者保护职责、中国证券监督管理委员会的投资者保护职责划入国家金融监督管理总局。从长远来看,我国保险监管模式必然要向国际通行的松散保险监管模式过渡,但在一系列约束条件尚未改变的情况下,我国现阶段的保险监管模式应该采取:以偿付能力监管为主,兼顾市场行为监管的折中监管模式。

(一)建立偿付能力监管机制

从国际国内保险业发展趋势来看,转向以偿付能力为核心的保险监管是保险业发展的客观要求。保险公司的偿付能力是保障公司经营安全和投保人合法权益的最重要因素,偿付能力监管已成为世界各国保险监管的核心。最近几十年,由于保险业飞速发展,保险公司经营多样化策略、保险公司面对越来越激烈的竞争,以及保险业为弥补承保业务的亏损而进入高风险领域投资,这些都大大增加了保险业的风险程度,国际上越来越多的保险公司变得没有偿付能力而破产,根据Sigma的统计,1978—1994年世界范围内共有648家产险公司丧失了偿付能力。而中国保险业偿付能力不足的问题也引起了理论与实务界的重视,正如张维迎教授所说:保险业的支付危机已经成为中国未来金融稳定的一大威胁。平安保险董事长马明哲在测算后也认为:中国保险业偿付能力不足的比率(偿付能力不足差额/最低偿付能力)已经高达32.69%。当然,由于中国保险业垄断程度高,又有着巨大的发展潜力,保险经营所累积的风险可能可以用新增保费收入弥补,从而推迟偿付能力危机的到来。但偿付能力的问题必须要引起保险监管部门的高度重视,从目前来看,应该做好以下几个方面的工作:一是建立保险监管信息系统,确保信息的真实性和完整性,及时掌握保险公司偿付能力的变化情况;二是要进一步细化偿付能力监管指标,并根据情况变化及时修订,实行量化监管;三是根据保险公司的偿付能力状况实施分类监管。

(二)完善市场行为监管机制

从中国保险市场的微观基础来看,完全放弃市场行为监管是不符合中国国情的。尽管松散监管模式是保险监管的必然趋势,但前提是要有良好的约束市场行为的微观基础,而我国恢复保险业才二十多年,保险市场结构垄断程度相当高,中国保险市场在2000年的赫芬达尔指数(H)和(N)指数分别为0.286和3.50,说明整个市场相当于只有3~4家保费收入相等的保险公司,保险市场的寡头垄断特征明显。垄断必然削弱有效竞争,几家大公司凭借其垄断地位采取粗放式经营，一直以扩大保费规模为考核业绩的标准，从而导致市场的无序竞争，出现了随意降低费率，提高手续费返还，任意扩大保险责任，甚至欺骗保户、损害保户利益的行为也时有发生。另外，我国保险市场存在着严重的信息阻隔，信息获取、加工、披露和反馈的良性循环机制尚未形成，信息不对称现象严重，容易产生业务信息失真和财务信息失真，既误导消费者，也妨碍保险监管部门的正确决策，导致保险市场的不确定性和不稳定性。上述情况表明，我国现在完全放弃市场行为监管而转向偿付能力监管还缺乏必要的微观基础，我们当前还有进行市场行为监管的必要，但监管的思路和方法需要调整，要着力整顿市场秩序，引进规范的市场竞争机制，建立和完善保险市场的信息传导机制，而对保险费率和条款的管制要逐步放开，对市场准入的门槛要适当降低，在允许外资保险公司进入的同时，也要引入民营资本，建立几家民营保险公司，以打破目前这种寡头垄断的局面，形成有效的市场竞争机制，为保险监管转向松散监管模式创造条件。

（三）探索功能性监管模式

从金融业从分业朝混业经营发展的方向来看，加强保险与银行、证券监管部门的协调与合作非常必要。我国目前虽然还是分业体制，但银、证、保之间的业务联合已经出现，如银行保险、保险资金间接入市等，而金融集团化在中国也已经显现，如光大集团、中信集团等。因此，传统的机构监管已越来越不适应形势发展的需要，我们要在分业监管的框架内，逐步探索适合中国国情的功能性监管模式。从目前来看，保监会、银监会和证监会三大监管机构应加强协调与合作，定期或不定期地就监管中一些重大问题进行协商，交流监管信息，解决好分业监管中的问题，研究相应对策。特别是在银行保险成为重要的保险业务方式，保险资金直接入市的条件已基本具备的情况下，保险监管与银行、证券监管的密切合作显得尤其重要。

从我国保险监管体制演进的历程来看，其主要具有以下特点：一是时代性。保险监管体制内生根植于我国土壤，不可能脱离国家的历史进程、发展阶段和政治经济金融环境而单独存在。我国保险监管体制的每一次重大变化，都与我国经济社会转型、国家组织机构体系变化、金融监管体制改革等密切相关，具有鲜明的时代特征。二是渐进性。我国保险监管体制变迁与整个社会经济体制变迁类似，是有步骤、分阶段、由局部到整体的变迁，是循序渐进、逐步深化式的变迁。这种渐进式的变迁有利于适时调整和完善相关制度体系，最大限度减少监管体制变化带来的震动。三是适应性。保险业的发展状况是保险监管体制改革的动因之一。我国的保险监管，从最初主要对保险费率等进行监管到对市场行为的监管，再到公司治理监管、偿付能力监管和市场行为监管"三支柱"的现代保险监管框架，这种制度演进与保险行业的发展密不可分，是行业发展需求的累积。

第三节　保险监管内容

尽管各国保险监管的方式有别，程度不同，但内容基本一致，凡是实施实体监管方式的

国家,其监管内容大都包括以下几个方面:

一、组织监管

　　保险组织监管是指对保险市场上各市场供给主体准入与退出保险市场的监管,监管实施的范围不仅针对保险市场内现有机构的设立、变更、解散、破产和清算,而且针对保险市场外违规经营保险业务的机构的管理,严禁其擅自经营保险业务。保险监管的作用是确保保险机构能够随时履行其义务,从而使境内外投保人的利益能够得到充分的保护。市场准入是实现这些目标的第一步,也是监管系统中最为重要的组成部分之一。许可证发放程序以及对保险机构的日常监管符合国际标准,有利于增强公众对监管机构和保险业的信心。

(一)保险机构设立的监管

1. 保险公司的设立条件

　　从组织形式上来看,国外一般将股份保险公司、相互保险公司等列为法定的保险组织形式;对资本金的要求、人员素质的要求和硬件设施的要求是一家保险公司申请成立的最基本的条件。凡符合法律规定要求的申请人即具备了申请资格,但保险监管部门在审查设立申请时,还要考虑到保险发展和公平竞争的需要,对申请人有所选择。一旦获得经营保险业务的许可,就办理了工商登记,并在批准的业务范围内经营保险业务。

2. 保险分支机构的设立条件

　　由于保险业务发展的需要,保险公司可以申请设立分支机构,包括分公司、支公司、营业部,这些分支机构可以独立开展保险业务,但不具有独立的法人资格,其民事责任由总公司承担。在我国,保监会一般根据市场发展需要并结合公司保费收入规模、偿付能力、经营效益、经营管理水平、内控制度建设、已有分支机构的分布和数量等情况对保险公司申请设立分支机构予以审批。

(二)从业人员资格认定

　　保险从业人员通常指保险企业的高层管理领导人员和保险专业经营人员。各国保险法大都规定保险企业具有经营决策权的领导成员必须具备一定的条件,不符合国家规定条件者,不能担任保险企业领导职务;没有达到法定数量的合格领导人数者不允许开业。保险专业经营人员有的要通过保险监管部门组织的资格考试。保险专业经营人员包括:①核保员,负责衡量选择保险标的风险、测定风险程度、决定承保和适用费率标准等;②理赔员,负责研究理赔责任归属、调查损失原因及经过、计算赔偿金额等;③精算师,负责统计资料分析、编制费率计算方法、设计险种和再保险、计算投资收益并协助安排投资计划等。

(三)保险公司兼并的监管

　　保险公司通过兼并形成较大的保险集团,面对广泛的客户提供更多的产品,使有限的金融资源得到更合理的配置和使用,减少经营费用、降低产品的平均成本,这就是所谓的规模经济效应。兼并带来的范围经济效应是指共同提供几种产品的支出比分别生产的支出更少。这主要是因为投入要素的共享,管理的协同效应,财务上的税收优势及现金使用上的共享经验。强强联合、强弱兼并,会使有形资产急剧增加的同时,大大增加公司的无形资产,提高公司的美誉度和知名度,使公司在竞争中赢得优势。有鉴于此,保险兼并在一定程度上是受到鼓励的,从国外立法看,原则上兼并是自由的。当然,完全的自由往往会破坏公平原则,因此有必要制定适当的法律、法规对兼并行为加以规范、限制。一般来说,各方面的约束主要包括:① 反垄断法的限制。② 公司组织形式上的限制。③ 股东利益上的限制。

(四)保险公司停业解散的监管

政府对保险公司进行监管的基本目的,是避免保险公司破产,以保障被保险人的合法权益。对经营不当,财务发生危机的保险公司,政府一般采取扶植政策,采取各种措施帮助其渡过难关,继续正常营业。但是,保险公司若违法经营或有重大失误,以致不得不破产时,政府便以监管者身份,令其停业或发布解散令,选派清算员,直接介入清算程序。其具体监管措施包括整顿、接管、解散与清算等。

(五)外资保险公司的监管

外资保险公司是指外国保险公司在本国设立的分公司或合资设立的保险公司。对外资保险公司的监管,是以本国保险市场对外开放为前提的,然而本国保险市场是否对外开放,又取决于各国社会制度、经济发展水平和民族保险业发展程度等因素。世界各国对外资保险公司的设立条件都有相应规定,而对经营内容和范围,则不加干涉,按国民待遇原则对待。我国有关法律对外国保险机构在我国设立营业性机构必须满足如下条件:①经营保险业务30年以上;②提出申请前一年年末的资产总额在50亿美元以上;③在中国设立代表处3年以上。

二、业务监管

保险业务监管也被称为保险经营监管,监管的内容大致包括业务范围监管、保险条款和费率监管、保险销售行为监管以及保险投资监管等方面。

(一)业务范围监管

业务范围监管,是指政府通过法律或行政命令,规定保险企业所能经营的业务种类和范围,其内容包括两个方面:一是兼业问题,即保险人可否兼营保险业以外的其他业务,非保险人可否兼营保险或类似保险的业务;二是兼营问题,即同一保险企业可否经营性质不同的数种保险业务。

关于兼业问题,为保障广大被保险人的利益,绝大多数国家均通过立法确立商业保险专营原则,未经国家主管机关批准,擅自开办保险业务的法人或个人属于非法经营,国家主管部门可勒令其停业并给予经济上乃至刑事上的处罚。同样,保险人也不得经营非保险业务,如银行业务、信托投资业务、房地产等。关于兼营问题,多数国家禁止保险公司同时从事性质不同的数种保险业务,由于各国保险法对保险类别划分标准不一,具体的禁止规定也不尽相同,但都很严格,主要指财产险与人寿险不得兼营。但也有几个例外:① 英国政府对保险经营的范围基本上没有限制,保险公司可以以会计独立为条件,同时兼营寿险和非寿险业务;② 美国各州一般都规定实行分业经营,但多数情况下健康保险可以由寿险公司和财产险公司同时兼营;③ 日本原本采取分业经营原则,但在1996年颁布的新《保险业法》中修正为:保险公司可通过设立子公司的形式兼营其他保险业务。

另外,各国保险法还明确规定:不限制保险公司同时经营原保险和再保险业务,但再保险人是否可以同时经营人寿险再保险和财产险再保险,各国立法无明文规定,一般从理论和实践上都认可其兼营。

(二)保险条款和费率监管

1. 保险条款监管

保险条款是保险人与投保人关于保险权利与义务的约定,是保险合同的核心内容。由于保险合同是一种附合合同,在保险人和投保人协商之前保险条款就已确定,投保人只能通过接受或不接受表示其意愿,而不像一般的商业合同,签约双方能进行充分的意见表达与协商。可见,在保险合同中,投保人处于相对被动的地位,因此,各国保险监管部门为维护投保人的合法权益,都不同程度地对保险条款进行监管。通常保险法律规定由保险监管部门对保险公司新使用和修订的保险条款,实行审批制度。根据不同情况,保险监管部门可以使用以下一种或几种审批制度:① 法定格式,规定保险公司必须使用的保单格式和保险条款;② 预先核准,即保险公司必须将保单格式和保险条款报请保险监管部门批准后方可使用;③ 备案并使用,即保险公司将准备使用的保单格式和保险条款提前到保险监管部门备案,在规定时间内未被拒绝批准,就可以使用;④ 无须备案,即对于某些险种的保单格式和保险条款无须审批,保险公司可以根据需要自由使用。

2. 保险费率监管

保险费率是各险种中每个危险单位的保险价格。由于费率的确定、保险费的缴纳先于实际损失的发生,因而对保险公司来说,确定合理的费率水平至关重要。它不仅要求保险公司考虑预期经营成本和预期损失等因素,还是保险公司参与保险市场竞争的重要工具。费率过高,则会影响保险公司产品的市场竞争力,同时也对投保人不公;费率过低,虽然容易占领市场份额,但会导致公司准备金不足,财务状况不稳定,甚至影响其偿付能力。

在我国,保险监管部门对保险费率的管理主要是通过费率审批制度进行的。在美国,费率审批的方式主要有:①预先核准,即保险费率及其厘定法则在使用前必须经保险监管部门批准,非经批准,不得使用。②备案并使用,即保险公司在实施费率和费率厘定法则前一段时间,必须向保险监管部门备案,在此期间内保险监管部门发现有一些违法违规行为的,可予以制止或者要求保险公司修正。③公开竞争,即保险公司在执行费率前无须上报监管部门同意。但保险公司通常要向监管部门提供费率计划和支持数据。④弹性费率,即费率的增加或减少在超过一个具体的预先规定区间时,费率的预先核准才被要求,否则由保险公司自由调整。

(三)保险销售行为监管

为保护投保人、被保险人、受益人的合法权益,规范保险销售行为,统一保险销售行为监管要求,国家金融监管总局发布的《保险销售行为管理办法》自2024年3月1日起施行。将保险销售行为分为保险销售前行为、保险销售中行为和保险销售后行为三个阶段,区分不同阶段特点,分别加以规制。一是保险销售前行为管理,对保险公司、保险中介机构业务范围、信息化系统、条款术语、信息披露、产品分类分级、销售人员分级、销售宣传等进行规制。二是保险销售中行为管理,要求保险公司、保险中介机构了解客户并适当销售,禁止强制搭售和默认勾选,在销售时告知身份、相关事项,提示责任减轻和免除说明等。三是保险销售后行为管理,对保单送达、回访、长期险人员变更通知、人员变更后禁止行为、退保等提出要求。

(四)保险投资的监管

对保险公司的投资进行监管的主要目的是保证保险公司具有良好的财务状况,防止保险公司可能出现的破产。监管内容主要包括:① 对保险投资种类的限制。各国各地区对保险公司所使用的投资工具有明确的规定,通常对投资于政府债券不做任何限制;对投资于私营企业的债券则限于资信较好的公司长期债券;对投资于公司股票则有较为严格的限制,甚至禁止。② 对保险投资数量的限制。保险监管部门通常还对投资于不同投资工具的投资数量或投资比例作出具体规定。③ 对保险投资质量的限制。如对投资于抵押贷款要求一定的贷款价值比,即抵押贷款的数额不得超过抵押物价值的一定比例。④ 对保险投资控投比例的限制。保险监管部门可以限制保险公司在投资于其他公司股票时不得超过该公司全部股份的一定比例,这一方面可以限制保险公司的控股权利,另一方面也避免投资风险的过分集中。

《保险法》第一百零六条规定:"保险公司的资金运用必须稳健,遵循安全性原则。保险公司的资金运用限于下列形式:(一)银行存款;(二)买卖债券、股票、证券投资基金份额等有价证券;(三)投资不动产;(四)国务院规定的其他资金运用形式。"

三、财务监管

保险财务监管的具体内容包括资本金监管、准备金监管和财务分析与检查等。

(一)资本金监管

保险公司申请开业必须有一定数量的开业资本金,达不到法定最低资本金限额的,不得开业。对资本金进行严格监管的目的在于:提高保险公司承保、再保及投资能力,避免偿付能力不足的情况发生;提高承保及投资预期与非预期损失的弥补能力;维护被保险人的权益,促进保险公司社会责任的履行。

法律对资本金的要求因国而异。以美国为例,法定资本金分为固定最低资本金、风险基础资本金、最合适资本金三个层次。固定最低资本金的主要功能在于确保保险公司开业之初正常营运。由于保险公司设立初期没有各项公积金和准备金的提存,为了避免保险公司偿付能力不足,并进而损害投保人的权益,所以用这种资本金作为设立保险公司的基本条件。风险基础资本金(RBC)是美国保险监督官协会于1990年制定的关于规定保险公司必须依据各公司所承担风险的大小,决定其所应具备的总资本的一种资本金,目的在于建立统一适用的资本金标准,防止偿付能力不足的情况发生,为发出预警提供依据。最合适资本金实际上是美国风险基础资本金中衡量保险公司偿付能力的一个指标,其具体内容是规定净签单保费与资本盈余的比率不大于3倍,该指标主要适用于财产保险公司。

《保险法》第六十九条规定:"设立保险公司,其注册资本的最低限额为人民币二亿元。"同时,我国对保险公司注册资本最低限额采取资本增加制,即保险监管部门可以根据保险公司的业务范围和经营规模,调整保险公司的实缴货币资本的最低限额,但不得低于人民币2亿元。《保险法》第九十七条规定:"保险公司应当按照其注册资本总额的百分之二十提取保证金,存入国务院保险监督管理机构指定的银行,除公司清算时用于清偿债务外,不得动用。"

(二)准备金监管

保险准备金是指保险人根据政府有关法律规定或业务特定需要,从保费盈余中提存的一定数量的资金。准备金是保险企业的一种负债。各国政府对保险企业的准备金提存作出限制性规定,是为了充实保险公司营运资金,提高投资能力,促进保险业的健康发展;维持保险公司适当的清偿能力,保障被保险人的权益;确立适当的准备金提存标准及评估制度,稳定保险公司财务;加强保险业的社会责任感,促进社会生活的安定。

政府对准备金的监管主要体现在提取准备金的种类和数额上,其内容因险种而异。一般来讲,财产保险提存的准备金主要有未到期责任准备金、未决赔款准备金和特别准备金;人身保险提存的准备金主要有责任准备金、未到期保费准备金和特别准备金等。《保险法》和《保险管理暂行规定》明确指出:除人寿保险业外,经营其他保险业务,应当从当年的自留保费中提取未到期责任准备金;提取和结转的数额应当相当于当年自留保费的50%;经营人寿保险业务的保险公司应当按照已经提出的保险赔偿或者给付金额,以及已经发生保险事故但尚未提出的保险赔款或者给付金额,提取未决赔款准备金。此外,为保证保险企业的财务稳定性,保险公司应按有关法律、行政法规和会计制度准则提取公积金和保险保障基金;保险公司从税后利润中提取法定公积金,用于弥补公司的亏损,扩大公司业务规模或者转为增加公司资本金;保险公司按当年保险费收入的1%提取保险保障基金,专户存储于中国人民银行或者其指定的商业银行。

(三)财务检查

财务检查是根据有关财经政策,对保险公司的财务收支和财经纪律情况进行检查,其重点一般为:偷漏各项税款和能源交通重点建设基金;隐瞒收入截留国家利润;虚盈实亏,虚增利润,多提自有资金;擅自扩大成本费用标准和范围,挤占成本费用;私设各种形式的小金库;擅自提高费率违反物价规定;资金来源和运用是否符合规定;是否按计划和预算办事;费用开支是否合理,有无挥霍浪费和超支现象;账账、账款、账实是否相符以及其他违纪问题。财务检查可分为自查(保险公司系统内部组织的检查,包括本公司的检查和上级公司的联合检查及重点抽查)和他查(有关国家部门组织的检查,不仅包括保险监管部门的检查,还有财政、税收、物价、审计等部门的检查)两种形式。

(四)财务分析

保险监管部门为了实现对保险公司财务的监管,规定保险公司应当定期向主管财政的机关等政府部门以及其他与公司有关的报表使用者提供财务报告,包括财务报表和财务状况说明书。其中,财务报表又包括资产负债表、利润表、现金流量表及其他附表。公司应当按季、年编报资产负债表、利润表和现金流量表等财务报表。

财务分析就是以财务报表和其他资料为依据和起点,采用专门方法,系统分析和评价公司过去与现在的经营成果、财务状况及其变动,目的是了解过去、评价现在、预测未来。从政府监管部门的角度看,对保险公司进行财务分析主要是为了确保公司偿付能力,了解公司的纳税情况、遵守法规的情况等。从中介机构(信用评级机构、独立审计机构等)的角度看,对保险公司进行财务分析主要是为保险公司的外部报表使用者(股东、债权人、公司顾客等)提供专业的咨询信息,以供其决策时参考。财务分析的最基本功能,是将大量报表数据转化为对特定决策有用的信息,为决策提供比较科学的参考意见。

四、中介监管

保险中介人是保险公司和保险消费者之间的媒体,它主要包括保险经纪人、保险代理人和保险公估人等。发达的保险中介市场对促进保险业的蓬勃发展具有重要意义。因此,各国保险监管机构对保险中介往往采取严格程度不一的管理,以规范竞争秩序,充分发挥它对保险业发展的推动作用。保险中介监管的内容包括资格监管、业务监管和报表账簿监管。

(一)资格监管

1. 保险经纪人

从世界保险市场看,保险经纪人占有十分重要的地位。如英国现有3000多家独立的保险经纪人公司,保险公司90%以上的保费收入是通过保险经纪人招揽的。一般来说,各国监管机构都要求保险经纪人从业必须具备一定的条件。例如,必须符合金融监管部门规定的资格条件,并取得金融监管部门颁发的经营保险业务许可证,有自己的经营场所,向工商行政管理机关办理登记,领取营业执照,并缴存保证金或者投保职业责任保险。外国保险经纪人在我国从事保险工作必须经过中国银行保险监督管理委员会的批准。在我国香港特别行政区,保险经纪人可直接向保险监管部门申请授权,或申请成为一个认可的保险经纪团体的成员,以便在香港经营保险经纪业务。

2. 保险代理人

保险代理人是保险人的代理人,他以保险人的名义代为办理保险业务,其代理行为所产生的法律责任由保险人承担。各国对保险代理的监管,除了对代理行为作出有关的规定外,还有对保险代理人的资格管理制度,即要成为保险代理人必须通过一定的资格考试或资格审核。我国于2019年取消了保险销售(含保险代理)、保险经纪从业人员资格核准审批事项,保险代理从业人员不再需要参加有关资格考试。但对保险代理人将实行分级管理,共设四个等级,不同等级的保险代理人的销售能力资质等级核准需要通过代理人级别鉴定,代理人级别鉴定主要分为理论知识考试、技能考核以及综合评审等方式。未能取得经营保险代理业务许可证,非法从事保险代理业务的,由金融监管部门予以取缔,没收违法所得,处以违法所得5倍以上10倍以下的罚款。构成犯罪的依法追究刑事责任。美国除考试外,还要求保险代理人接受再教育,即每年参加由保险公司组织的培训,时间为50个工作日。

3. 保险公估人

保险公估人是接受保险人或被保险人的委托,在保险事故发生后从事财产损失原因的鉴定和财产损失金额的估算的仲裁人。由于保险公估活动的技术性和专业性很强,且其行为后果对保险当事人的权益产生较大的影响,因此,各国对保险公估人的资格都有严格的规定。这些资格的规定包括:保险公估人必须取得专门的资格证书;必须经保险监管部门审核批准,并向有关部门申请注册;具有法律规定的最低资本金;必须缴存一定数额的保证金或投保规定数额以上的职业责任保险。

(二)业务监管

各国保险法规定,保险中介人在开展保险业务时不得采用不良手段从事非法经营,不良手段包括越权和超范围代理业务、误导陈述(指代理人在向投保人介绍保险业务时,有意欺骗或误述有关保险人和保险合同的重要情况)、恶意招揽(指保险中介人诱导投保人无故取消已存在的保险合同,而购买其推销的保险合同,使投保人蒙受经济损失)和保费回扣(指保险中介人许诺投保人可享受保费返还为条件而诱导其投保)等行为。

《保险法》除严格禁止上述行为外,还补充规定保险市场中介人不得利用行政权力、职务或者职业便利以及其他不正当手段,强迫、引诱,或者限制投保人订立保险合同;经营人寿保险业务的代理人不得同时接受两个以上保险人的委托等。

(三)报表账簿监管

由于保险中介人的业务直接关系到保险合同成立时间的确定,关系到保险业务数量及其核算,所以必须对其财务实行监督管理。《保险法》规定,保险代理人和保险经纪人应当设立专门的账簿,记载保险代理业务或者保险经纪业务的收支情况,并接受保险监管部门的监督管理。

第四节　保险偿付能力监管

所谓偿付能力(solvency),是指保险公司的资金用来支付所有到期债务和承担未来责任的能力,尤其是指在发生超出正常年景的赔偿或给付时的经济能力。当公司变卖其财产后仍有未清偿的债务时,我们就说公司偿付能力不足。尽管偿付能力不足并不是经常发生,但作为保险监管机构,慎重起见,通常规定最低资本金和盈余要求来防止保险公司出现偿付困难。保险人资本充足性和偿付能力监管原则包括技术准备、其他责任、资产、匹配、损失吸收、风险敏感性、管制标准、最低资本、资本的定义、风险管理、再保险安排、信息披露、偿付能力评估、双重搭配14个方面。需要强调的是,保险监管的存在,并不排除消费者自身应当对保险公司的风险评估和保险产品的合适性给予必要的关心与关注,这些原则也不排除要求保险公司认真管理其业务风险的必要性。健全有效的保险监管必须把资本充足性和偿付能力监管与强化保险公司风险管理的要求紧密结合起来。

一、国外保险偿付能力监管方式

(一)欧盟保险偿付能力监管方式

欧盟规定保险公司总部所在地成员国必须确保保险公司维持适度的最低偿付能力,以承担责任以外的支出。保险公司的实际偿付能力以自由资产和经监管机关认可的隐藏性资产表示,具体包括:① 扣除可预见负债及各项无形资产后的保险资产;② 在国家法律授权范围内,资产负债表上用于弥补亏损、尚未决定分配给保单持有人的盈余公积;③ 经向总公司所在地成员国监管当局申请并得到核准的下列各项:一是保险公司预期盈余的1/2数额,二是提存的各项准备金;三是资产低估或负债高估所产生的隐藏性准备金等。

对非寿险业,欧盟规定的偿付能力额度为下列两项比率中较大者:① 净保费的16%;② 前3年平均赔付(扣除再保险赔付)的23%。对寿险业,欧盟的偿付能力额度仅考虑了承保风险、投资风险和营业风险。计算方式依险种不同而不同,具体有:① 除投资性质外的寿险和年金产品等应为以下两者之和,一是直接业务及分入业务数理准备金的4%,乘上年扣除分出业务的数理准备金与前述总数理准备金的比率(该比率不得低于85%);二是危险资本额为正的所有保单,以该保险公司用以承保的此资本的0.3%乘上年该保险公司在分出及转分后自留危险资本总额对未分出的危险资本总额的比率(该比率不得低于50%)。② 附加险。过去承保上年到期的直接业务应收保费或分摊额及相关费用加总,加上上年分入保费,减去上年返还保费或分摊额及计入总额的保费或分摊额的相关税收。此数额应分两部分:1000万欧元以下的乘18%,超过1000万欧元的乘16%,在此基础上乘上年度自留赔款对总赔款的比率(此比率不得低于50%)。③ 就保证续保的终身健康险及资本偿还险而言,其金额应等于第一款计算方法下数理准备金的4%。④ 具有投资性质的寿险、年金、养老基金及具有利息收入或资本可转换的团体退休基金,其金额应等于下列各项之和:保险公司承担风险的按第一款计算方法所得数理准备金的4%,未承担风险且保险期间超过5

年但营销费用分摊年限超过5年的,按通行方法计算所得的准备金的1%。

欧盟根据偿付能力的风险程度规定三种监管水平:① 当保险公司的实际偿付能力小于偿付能力额度但大于偿付能力额度的1/3时,监管机构会要求保险公司提交一份"综合财务计划",以改善财务状况,该计划包括提高实际偿付能力的措施,如增加资本、再保险安排、限制业务扩张等。② 当保险公司的实际偿付能力小于偿付能力额度的1/3,但大于最低保证金的要求时,公司要向监管机构提出短期内能改善财务状况的计划。如果未能及时提出计划或计划执行不力,使财务状况继续恶化,监管机构有权限制或取消其运用资产的权利,甚至可以勒令公司停止营业。③ 当保险公司的实际偿付能力比最低保证金的要求还要小,虽然这种情况很少出现,但如果真的发生,处理方法与第二种情况类似,但要求改善财务状况的期限将更短,而且监管机构采取行动的力度更大。

(二)英国保险偿付能力监管方式

英国偿付能力监管是针对保险公司的所有者权益部分(资产减负债部分)进行的。所有者权益部分用于缓冲实际支出与预计支出差异的影响,产生这种差异的原因主要有以下几种风险:① 技术风险,即承保风险的随机波动所引起的不确定性风险。② 投资风险,即公司的资产投资于不确定性金融环境下所产生的风险。③ 费用风险,即实际费用支出与预定费用相偏差的风险。④ 管理风险。然后将各种风险费转化为偿付能力准备金指标,具体方法见表12-1。

表12-1　英国寿险公司风险对应偿付能力表

风险类型	对应偿付能力保险金
投资风险	责任准备金的3%
技术风险	风险资本的0.3%
费用风险	责任准备金的1%
管理风险	最低自有资本的绝对数值的要求

英国偿付能力监管的具体措施如下:

(1)计算法定偿付能力准备金,按准备金、风险资本的一定比例计算。

(2)将保险公司实际偿付能力准备金与法定偿付能力准备金相比较,评价保险公司的偿付能力状况。

① 保险公司实际偿付能力准备金为认可资产减负债。

② 保险公司实际偿付能力准备金包括实收资本、不涉负债的责任准备金、未分配利润。

③ 在评价保险公司偿付能力状况时,还考虑一些不列入报表但应加以说明的项目:未来利润的50%,资产或负债的收益,次等借款,隐含准备金。

④ 所需保证基金是法定偿付能力准备金的1/3。

⑤ 若保险公司实际偿付能力准备金小于法定偿付能力准备金,需要向监管部门递交一份长远的改进计划。

⑥ 若保险公司实际偿付能力准备金小于所需保证金,需向监管部门递交一份短期的改进计划。若此计划未能审核通过,则被勒令停业。

⑦若保险公司实际资本大于其风险,则其具有偿付能力,监管部门不必介入。

⑧若保险公司实际资本小于风险资本,则其偿付能力轻微不足,监管机构应介入整改。

⑨若保险公司实际资本小于0,其偿付能力严重不足,须进行破产清算。

(三)美国保险偿付能力监管方式

美国保险监管信息系统(Insurance Regulatory Information System,IRIS)是指全国保险监督官协会(NAIC)用保险公司提供的法定年度财务报表计算的IRIS指标,共12个指标,见表12-2。应用IRIS指标体系使监管者从被监管者中发现需要重点监管的目标。保险监管信息系统分两个阶段:第一阶段是IRIS的统计阶段,该阶段是由NAIC定期公布IRIS指标的浮动范围及每一个指标的行业平均值。然后根据保险公司提供的财务报表计算这些指标,确定是否通过。如果出现下述情况之一,即不通过:一是4个或以上指标超出正常范围。二是盈余调剂指标显著增加或减少。三是对某一分支机构的投资大于公司的总盈余。如果没有通过统计阶段,则要进入第二阶段。第二阶段,IRIS分析阶段,该阶段将应用一些数量和质量指标来进一步分析保险公司的财务报表数据,并根据分析结果给出四个优先级别,即第一优先级、第二优先级、第三优先级和非优先级。第一优先级代表财务情况最差,非优先级则代表最好。第一阶段的结果是对外公布的,但第二阶段的结果是不公开的,如果某一特定保险公司的分析结果为异常,则NAIC首先会将此结果通报该公司注册地所在州的保险主管机关,以及该公司开展业务活动的其他各州。

表12-2 美国保险监管信息系统指标体系

序号	指标名称	计算公式	说明	正常范围
1	所有者权益净增减额	(所有者权益的变化－当年注资额)÷上年所有者权益	衡量所有者权益的净变化	－10%～50%
2	所有者权益毛增减额	所有者权益的变化÷上年所有者权益	衡量所有者权益的毛变化	－10%～50%
3	净收入与总收入比率	经营活动净收入÷总收入	衡量获利情况	＞0
4	投资收益充足率	投资净收益÷所需支付的利息	衡量投资收益是否足以支付按预定利率计算的利息	125%～900%
5	非认可资产与认可资产比率	非认可资产÷认可资产	衡量资产质量	＜10%
6	房地产投资比率	房地产投资额÷所有者权益	衡量房地产投资比率	＜100%
7	子公司和参股公司投资比率	子公司和参股公司总投资额÷所有者权益	衡量对外投资比例	＜100%
8	盈余调剂比率	再保险公司摊回的手续费和佣金÷所有者权益	衡量使用再保险控制所有者权益的趋势	－99%～30%
9	保费增长率	保费增减数÷上年保费数	衡量保费收入的增长率	－10%～50%
10	产品综合变化率	各产品系列保费收入变化百分比求和÷产品系列数	衡量各系列产品保费收入的平均变化百分比	＜5%
11	资产综合变化率	现金及投资资产变化百分比求和÷现金及投资资产	衡量各投资品种间投资额变化的情况	＜5%
12	保证金变化率	个人业务准备金的增加合计÷个人业务续期及趸缴保费	表示个人业务年度准备金变化率	－20%～20%

在传统的资本充足性监管框架中,由于缺乏对不同资产项目的风险性的考虑,资本充足性监管的有效性常常未能尽如人意,甚至在某些情况下,资本充足性监管并未使保险公司运行的安全性得到有效保障。这就直接导致了基于风险的资本监管要求产生。美国是这方面的先驱,且在风险基础资本(RBC)方面相对完善。在20世纪90年代以前,美国大多数州保险法都规定,无论规模大小,要想获得经营保险业务的营业执照,每个保险公司都必须符合一定的最低资本及盈余要求。这种规定对刚开始经营业务的公司比较合适,但无法适应公司规模的急剧扩大和风险单位日益增加的要求。20世纪80年代中期开始,美国破产和濒临破产的保险公司数量显著上升,无偿付能力保险公司数目及其严重性的增加,引起了人们对州偿付能力监管质量的尖锐批评。1990年2月美国众议院监管与调查小组委员会在调查了80年代后期破产的保险公司后发表了《没有兑现的承诺:保险公司的无偿付能力》的报告,对此美国保险监督官协会(NAIC)作了明显的反应,为了克服单一指标的缺陷,NAIC于1992年研制出了风险资本比率,作为偿付能力额度的评价指标。根据NAIC风险资本比率的含义,其计算公式为:风险资本比率= 认可资产÷风险资本×100%。就寿险公司而言,风险资本的计算主要考虑下列风险因素:对附属公司投资的风险C_0,根据保险公司对子公司和关联企业的持股比例计算;资产风险C_1,按资产性质计算其可能的呆账或贬值风险,对风险不同的资产赋予不同的系数,计算方法比较复杂;承保风险C_2,保险的计算基础为总风险保额,即保险金额与总责任准备金的差额,风险系数从0.0005到0.0015不等,健康险的计算基础为保费收入,风险系数由0.0007到0.0035不等;利率风险C_3,计算基础为责任准备金,风险系数按不同产品的风险程度分为0.0075、0.015和0.03三种;信用风险C_4,计算基础是各种应收账款;业务风险C_5,计算基础为保费收入,其中保险风险系数为2%,健康险风险系数为0.5%。根据上述规定,风险资本计算公式如下:

$$风险资本 = C_0 + C_5 + \sqrt{(C_1 + C_3)^2 + C_2{}^2 + C_4{}^2}$$

用上述公式计算出的寿险公司的风险资本比率必须与权威的标准比率进行比较,根据比较结果,监管部门采取相应的处理措施,如果保险公司的实际资本低于它的风险资本的某个特定比例,监管部门将会采取相应的措施,见表12-3。

表12-3 监管措施

保险公司资本水平	相应措施
在风险资本的150%到200%之间	公司须向保险监督官提交计划,解释资本不足原因,并说明如何改进
在风险资本的100%到150%之间	保险监督官须对公司进行检查,并采取必要的纠正措施
在风险资本的70%到100%之间	保险监督官可以依法对公司进行整顿或清算
低于风险资本的70%	保险监督官必须接管公司

二、中国保险业的偿付能力监管

(一)我国保险业偿付能力监管的发展历史

2008年,中国保监会颁布《保险公司偿付能力管理规定》,确立了第一套针对保险公司偿付能力的监管制度,业界称之为"偿一代"。

2012年3月,《中国第二代偿付能力监管制度体系建设规划》发布,提出"用三至五年时间,形成一套既与国际接轨又与我国保险业发展阶段相适应的偿付能力监管制度"。2015年2月17日,中国保监会正式发布中国风险导向的偿付能力体系《保险公司偿付能力监管规则(1—17号)》,2016年1月,中国保监会又发布《关于中国风险导向的偿付能力体系正式实施有关事项的通知》,标志着我国保险业正式进入"偿二代(Ⅰ)"时代。

2020年6月11日新版的《保险公司偿付能力管理规定》由中国银保监会2020年第9次委务会议审议通过,自2021年3月1日起施行。在此制度下,原银保监会以风险为导向,制定定量资本要求、定性监管要求、市场约束机制相结合的偿付能力监管具体规则,对保险公司偿付能力充足率状况、综合风险、风险管理能力进行全面评价和监督检查,并依法采取监管措施。与其相配套的具体监管细则《保险公司偿付能力监管规则(Ⅱ)》(银保监发〔2021〕52号)建设工作于2017年9月启动,已于2021年9月9日经2021年第12次委务会议审议通过,自2022年第1季度正式施行。对于受规则Ⅱ影响较大的保险公司,原银保监会将根据实际情况确定过渡期政策,允许在部分监管规则上分步到位,最晚于2025年起全面执行到位。这一举措标志着我国保险业将进入"偿二代(Ⅱ)"时代。

(二)保险公司偿付能力监管的主要内容

1.主要监管指标

① 核心偿付能力充足率,即核心资本与最低资本的比值,衡量保险公司高质量资本的充足状况;② 综合偿付能力充足率,即实际资本与最低资本的比值,衡量保险公司资本的总体充足状况;③ 风险综合评级,即对保险公司偿付能力综合风险的评价,衡量保险公司总体偿付能力风险的大小。

其中,核心资本是指保险公司在持续经营和破产清算状态下均可以吸收损失的资本。实际资本是指保险公司在持续经营或破产清算状态下可以吸收损失的财务资源。最低资本是指基于审慎监管目的,为使保险公司具有适当的财务资源应对各类可量化为资本要求的风险对偿付能力的不利影响,所要求保险公司应当具有的资本数额。

2.偿付能力达标标准

保险公司同时符合以下三项监管要求的,为偿付能力达标公司:① 核心偿付能力充足率不低于50%;② 综合偿付能力充足率不低于100%;③ 风险综合评级在B类及以上。不符合上述任意一项要求的,为偿付能力不达标公司。

3.不符保险公司偿付能力合规的标准及不合规时的监管措施

(1)对于核心偿付能力充足率低于50%或综合偿付能力充足率低于100%的保险公司,监管机构应当采取以下第① 项至第④ 项的全部措施:①监管谈话。② 要求保险公司提交预防偿付能力充足率恶化或完善风险管理的计划。③限制董事、监事、高级管理人员的薪酬水平。④限制向股东分红。监管机构还可以根据其偿付能力充足率下降的具体原因,采取以下措施:①责令增加资本金。②责令停止部分或全部新业务;③责令调整业务结构,限制增设分支机构,限制商业性广告;④限制业务范围、责令转让保险业务或责令办理分出业务;⑤责令调整资产结构,限制投资形式或比例;⑥对风险和损失负有责任的董事和高级管理人员,责令保险公司根据聘用协议、书面承诺等追回其薪酬;⑦依法责令调整公司负责人及有关管理人员;⑧监管机构依法根据保险公司的风险成因和风险程度认为必要的其他监管措施。对于采取上述措施后偿付能力未明显改善或进一步恶化的,由监管机构依法采取接管、申请破产等监管措施。

(2)对于核心偿付能力充足率和综合偿付能力充足率达标,但操作风险、战略风险、声誉风险、流动性风险中某一类或某几类风险较大或严重的C类和D类保险公司,由监管机构及其派出机构根据风险成因和风险程度,采取针对性的监管措施。

(三)《保险公司偿付能力监管规则(Ⅱ)》的主要内容

与上述的保险公司偿付能力管理制度相配套的具体监管规则,体现在《保险公司偿付能力监管规则(Ⅱ)》中。规则(Ⅱ)共包含20号文件。监管规则第1号:实际资本,监管规则第2号:最低资本,监管规则第3号:寿险合同负债评估,监管规则第4号:保险风险最低资本(非寿险业务),监管规则第5号:保险风险最低资本(寿险业务),监管规则第6号:保险风险最低资本(再保险公司),监管规则第7号:市场风险和信用风险的穿透计量,监管规则第8号:市场风险最低资本,监管规则第9号:信用风险最低资本,监管规则第10号:压力测试,监管规则第11号:风险综合评级(分类监管),监管规则第12号:偿付能力风险管理要求与评估,监管规则第13号:流动性风险,监管规则第14号:资本规划,监管规则第15号:偿付能力信息公开披露,监管规则第16号:偿付能力信息交流,监管规则第17号:保险公司信用评级,监管规则第18号:偿付能力报告,监管规则第19号:保险集团,监管规则第20号:劳合社保险(中国)有限公司。

《保险公司偿付能力监管规则(Ⅱ)》整体架构包括三大支柱:定量资本要求、定性监管要求、市场约束机制。

第一支柱是定量资本要求,主要防范能够量化的风险,通过科学地识别和量化各类风险,要求保险公司具备与其风险相适应的资本。主要包括五部分内容:第一支柱量化资本要求、实际资本评估标准、资本分级、动态偿付能力测试和第一支柱监管措施。通过科学地识别和量化各类风险,要求保险公司具备与其风险相适应的资本,主要防范能够量化的风险,其对定量资本的要求主要是通过综合偿付能力充足率(实际资本/最低资本)与核心偿付能力充足率(核心资本/最低资本)来衡量。

第二支柱是定性监管要求,是在第一支柱的基础上,进一步防范难以量化的风险。主要包括四部分内容:风险综合评级(分类监管)、偿付能力风险管理要求与评估、流动性风险、资本规划。这部分侧重于对保险公司偿付能力综合风险的评价,衡量保险公司总体偿付能力风险的大小。

第三支柱是市场约束机制,是引导、促进和发挥市场相关利益人的力量,通过对外信息披露等手段,借助市场的约束力,加强对保险公司偿付能力的监管。一是通过对外信息披露手段,定期披露偿付能力报告,充分利用除监管部门之外的市场力量,对保险公司进行约束;二是监管部门通过多种手段,完善市场约束机制,优化市场环境,促进市场力量更好地发挥对保险公司风险管理和价值评估的约束作用。

《保险公司偿付能力监管规则(Ⅱ)》对《保险公司偿付能力监管规则(Ⅰ)》监管规则进

行了全面优化升级,主要体现在以下几个方面:

一是引导保险业回归保障本源、专注主业方面。规则Ⅱ完善了利率风险的计量方法,优化了对冲利率风险的资产范围和评估曲线,引导保险公司加强资产负债匹配管理。针对重疾风险显著上升的情况,增设了重疾恶化因子,引导保险公司科学发展重疾产品。针对专属养老保险产品的长期性特征和风险实际,对长寿风险最低资本给予10%的折扣,以体现监管支持导向。

二是促进保险业增强服务实体经济质效方面。规则Ⅱ完善了长期股权投资的实际资本和最低资本计量标准,大幅提升了风险因子,对具有控制权的长期股权投资(子公司),实施资本100%全额扣除,促使保险公司专注主业,防止资本在金融领域野蛮生长。为落实碳达峰碳中和重大决策部署,对保险公司投资的绿色债券的信用风险最低资本给予10%的折扣;为贯彻科技自立自强的决策部署,对专业科技保险公司的保险风险最低资本给予10%的折扣。规定保险公司不得将投资性房地产的评估增值计入实际资本,引导保险资金更大力度支持实体经济。对农业保险业务、保险资金支持国家战略的投资资产等设置调控性特征因子,适当降低其资本要求,引导保险公司服务实体经济。

三是有效防范和化解保险业风险方面。规则Ⅱ完善了资本定义,增加了外生性要求;将长期寿险保单的预期未来盈余根据保单剩余期限,分别计入核心资本或附属资本,夯实了资本质量。针对保险资金运用存在的多层嵌套等问题,要求按照"全面穿透、穿透到底"的原则,识别资金最终投向,基于实际投资的底层资产计量最低资本,准确反映其风险实质。根据最近10年的数据,对所有风险因子进行全面校准。

四是落实扩大对外开放决策部署方面。规则Ⅱ完善了再保险交易对手违约风险的计量框架,降低了境外分保的交易对手违约风险因子,落实了扩大对外开放的决策部署。明确境外国家(地区)的偿付能力监管制度获得与中国偿付能力监管等效资格的,对其在中国境内开设的保险机构在资本要求、实际资本等方面给予适当优待,降低跨境交易成本,提升监管合作效果。

五是强化保险公司风险管控能力方面。规则Ⅱ对保险公司风险管理标准进行了全面修订,提供了更为明晰的标准。新增了资本规划监管规则,要求保险公司科学编制资本规划。

六是引导培育市场约束机制方面。规则Ⅱ进一步扩展了保险公司偿付能力信息公开披露的内容,增加了对重大事项、管理层分析与讨论等披露要求,有助于提升信息透明度,发挥市场约束作用。

(四)偿付能力报告报送要求

自2022年第一季度起,保险公司按照规则Ⅱ编制偿付能力报告。具体要求如下:

1. 报送时间

(1)偿付能力季度报告。保险公司应当于每季度结束后12日内报送偿付能力季度快报,每季度结束后25日内报送偿付能力季度报告。

(2)偿付能力压力测试报告。保险公司应当按照《保险公司偿付能力监管规则第10号:压力测试》在偿付能力季度报告中披露季度压力测试的相关信息,保险公司和保险集团公司应当于每年5月31日前报送上一年度压力测试报告。

　　(3)保险集团偿付能力报告。自2022年半年度偿付能力报告起,保险集团公司应当按照《保险公司偿付能力监管规则第19号:保险集团》编制偿付能力报告,于每年9月15日前报送半年度偿付能力报告,每年5月31日前报送上一年度偿付能力报告。

2. 报送方式

　　(1)纸质文本一式一份。
　　(2)保险公司和集团公司应当通过银保监会偿付能力监管信息系统报送偿付能力报告。

—— 本章小结 ——

　　1. 保险监管是指政府对本国保险业的监督和管理。保险监管的目标是保护被保险人和社会公众的利益,保证保险人的偿付能力,确保一国保险业稳定、健康地发展。保险监管适用的原则有规范市场秩序原则、提升市场效率原则、持续系统监管原则和公平公正公开原则。

　　2. 一国政府实施保险监管的理论依据主要有公众利益理论、捕获理论和监管供求理论。

　　3. 各国由于所信奉的管理哲学不同,保险监管的宽严程度也有不同,主要方式有公示方式、准则方式和实体方式。在具体的实践上,有以美国为代表的"严格型"保险监管模式和以英国为代表的"宽松型"保险监管模式。中国现阶段的保险监管模式应该采取:以偿付能力监管为主,兼顾市场行为监管的折中型监管模式。

　　4. 保险监管的内容主要包括组织监管、业务监管、财务监管和中介监管四个部分。

　　5. 偿付能力是保险监管的重点,其中最重要的是其实际偿付能力的大小。英、美各国的偿付能力监管方式有所不同,但均偏重于指标量化监管和财务预警系统设计。我国银保监会2020年颁布了保险公司偿付能力管理规定。

—— 关键术语 ——

　　保险监管,公众利益理论,捕获理论,监管供求理论,公示方式,准则方式,实体方式,严格监管模式,松散监管模式,偿付能力,IRIS系统,风险基础资本(RBC)。

—— 复习思考题 ——

　　1. 试述保险监管的目标与原则。
　　2. 试比较宽松型保险监管与严格型保险监管的区别。
　　3. 你认为加入WTO后我国保险监管模式应作如何调整?
　　4. 试比较英美两国在保险偿付能力监管方面的异同。
　　5. 你认为如何完善我国保险偿付能力监管机制?

附录 《生命表》

附表一　中国人寿保险业经验生命表(2010~2013年)(男表部分)

年龄 (x)	死亡率 (q_x)	生存人数 (l_x)	死亡人数 (d_x)	平均余命 (e_x)
0	0.000867	1000000.00	867.00	76.42
1	0.000645	999133.00	614.47	75.49
2	0.000405	998518.53	444.34	74.53
3	0.000339	998074.19	338.35	73.57
4	0.000280	997735.85	279.37	72.59
5	0.000251	997456.38	250.36	71.61
6	0.000237	997206.12	236.34	70.63
7	0.000233	996969.78	232.29	69.64
8	0.000238	996737.49	237.22	68.66
9	0.000250	996500.26	249.13	67.68
10	0.000269	996251.14	267.99	66.69
11	0.000293	995983.15	291.82	65.71
12	0.000319	995691.32	317.63	64.73
13	0.000347	995373.30	345.39	63.75
14	0.000375	995028.30	373.14	62.77
15	0.000402	994655.17	399.85	61.80
16	0.000427	994255.32	424.55	60.82
17	0.000449	993830.77	446.23	59.85
18	0.000469	993384.54	465.90	58.87
19	0.000489	992918.64	485.54	57.90
20	0.000508	992433.10	504.16	56.93
21	0.000527	991928.95	522.75	55.96
22	0.000547	991406.20	542.30	54.99
23	0.000568	990863.90	562.81	54.02
24	0.000591	990301.09	585.27	53.05
25	0.000615	989715.82	608.68	52.08
26	0.000644	989107.15	636.99	51.11
27	0.000675	988470.16	677.22	50.14

年龄 (x)	死亡率 (q_x)	生存人数 (l_x)	死亡人数 (d_x)	平均余命 (e_x)
28	0.000711	987802.95	702.33	49.18
29	0.000751	987100.62	741.31	48.21
30	0.000797	986359.31	786.13	47.25
31	0.000847	985573.18	834.78	46.28
32	0.000903	984738.40	889.22	45.32
33	0.000966	983849.18	950.40	44.36
34	0.001035	982898.78	1017.30	43.41
35	0.001111	981881.48	1090.87	42.45
36	0.001196	980790.61	1173.03	41.50
37	0.001290	979617.58	1263.71	40.55
38	0.001395	978353.88	1364.80	39.60
39	0.001515	976989.07	1480.14	38.65
40	0.001651	975508.93	1610.57	37.71
41	0.001804	973898.37	1756.91	36.77
42	0.001978	972141.46	1922.90	35.84
43	0.002173	970218.56	2108.28	34.91
44	0.002393	968110.28	2316.69	33.98
45	0.002639	965793.59	2548.73	33.06
46	0.002913	963244.86	2805.93	32.15
47	0.003213	960438.93	3085.89	31.24
48	0.003538	957353.04	3387.12	30.34
49	0.003884	953965.92	3705.20	29.45
50	0.004249	950260.72	4037.66	28.56
51	0.004633	946223.06	4383.85	27.68
52	0.005032	941839.21	4739.33	26.81
53	0.005445	937099.87	5102.51	25.94
54	0.005869	931997.36	5469.89	25.08
55	0.006302	926527.47	5838.98	24.22
56	0.006747	920688.50	6211.89	23.27
57	0.007227	914476.61	6608.92	22.53
58	0.007770	907867.69	7054.13	21.69
59	0.008403	900813.56	7569.54	20.85
60	0.009161	893244.02	8183.01	20.03
61	0.010065	885061.01	8908.14	19.21
62	0.011129	876152.87	9750.71	18.40
63	0.012360	866402.17	10708.73	17.60
64	0.013771	855693.44	11783.75	16.81
65	0.015379	843909.68	12978.49	16.04
66	0.017212	830931.19	14301.99	15.28
67	0.019304	816629.21	15764.21	14.54

续表

年龄 (x)	死亡率 (q_x)	生存人数 (l_x)	死亡人数 (d_x)	平均余命 (e_x)
68	0.021691	800865.00	17371.56	13.82
69	0.024411	783493.43	19125.86	13.11
70	0.027495	764367.58	21016.29	12.43
71	0.030965	743351.29	23017.87	11.77
72	0.034832	720333.42	25090.65	11.13
73	0.039105	695242.76	27187.47	10.51
74	0.043796	668055.30	29258.15	9.92
75	0.048921	638797.15	31250.60	9.35
76	0.054506	607546.55	33114.93	8.81
77	0.060586	574431.62	34802.51	8.28
78	0.067202	539629.10	36264.16	7.79
79	0.074400	503364.95	37450.35	7.31
80	0.082220	465914.60	38307.50	6.86
81	0.090700	427607.10	38783.96	6.43
82	0.099868	388823.13	38830.99	6.02
83	0.109754	349992.15	38413.04	5.63
84	0.120388	311579.11	37510.39	5.26
85	0.131817	274068.72	36126.92	4.92
86	0.144105	237941.81	34288.60	4.59
87	0.157334	203653.20	32041.57	4.27
88	0.171609	171611.63	29450.10	3.98
89	0.187046	142161.53	26590.75	3.70
90	0.203765	115570.78	23549.28	3.44
91	0.221873	92021.50	20417.09	3.19
92	0.241451	71604.42	17288.96	2.95
93	0.262539	54315.46	14259.93	2.74
94	0.285129	40055.53	11420.99	2.53
95	0.319160	28634.54	8852.65	2.34
96	0.334529	19781.88	6617.61	2.17
97	0.361101	13164.27	4753.63	2.00
98	0.388727	8410.64	3269.44	1.85
99	0.417257	5141.20	2145.20	1.71
100	0.446544	2996.00	1337.84	1.58
101	0.476447	1658.15	790.02	1.45
102	0.506830	868.13	439.99	1.32
103	0.537558	428.14	230.15	1.16
104	0.568497	197.99	112.56	0.93
105	1.000000	85.43	85.43	0.50

附表二　中国人寿保险业经验生命表(2010~2013年)(女表部分)

年龄 (x)	死亡率 (q_x)	生存人数 (l_x)	死亡人数 (d_x)	平均余命 (e_x)
0	0.000620	1000000.00	620.00	81.71
1	0.000457	999380.00	455.72	80.76
2	0.000337	998924.28	336.64	79.79
3	0.000256	998587.65	255.64	78.82
4	0.000203	998332.01	202.66	77.84
5	0.000170	998129.35	169.68	76.86
6	0.000149	997959.66	148.70	75.87
7	0.000137	997810.97	136.70	74.88
8	0.000133	997674.27	132.69	73.89
9	0.000136	997541.58	135.67	72.90
10	0.000145	997405.91	144.62	71.91
11	0.000157	997261.29	156.57	70.92
12	0.000172	997104.72	171.50	69.93
13	0.000189	996933.22	188.42	68.94
14	0.000206	996744.79	205.33	67.96
15	0.000221	996539.47	220.24	66.97
16	0.000234	996319.23	233.14	65.99
17	0.000245	996086.09	244.04	65.00
18	0.000255	995842.05	253.94	64.02
19	0.000262	995588.11	260.84	63.03
20	0.000269	995327.27	267.74	62.05
21	0.000274	995059.52	272.65	61.07
22	0.000279	994786.88	277.55	60.08
23	0.000284	994509.33	282.44	59.10
24	0.000289	994226.89	287.33	58.12
25	0.000294	993939.56	292.22	57.13
26	0.000300	993647.34	298.09	56.15
27	0.000307	993349.25	304.96	55.17
28	0.000316	993044.29	313.80	54.18
29	0.000327	992730.49	324.62	53.20
30	0.000340	992405.86	337.42	52.22
31	0.000356	992068.45	353.18	51.23
32	0.000374	991715.27	370.90	50.25
33	0.000397	991344.37	393.56	49.27
34	0.000423	990950.80	419.17	48.29
35	0.000454	990531.63	449.70	47.31

续表

年龄	死亡率	生存人数	死亡人数	平均余命
(x)	(q_x)	(l_x)	(d_x)	(e_x)
36	0.000489	990081.93	484.15	46.33
37	0.000530	989597.78	524.49	45.35
38	0.000577	989073.29	570.70	44.38
39	0.000631	988502.60	623.75	43.40
40	0.000692	987878.85	683.61	42.43
41	0.000762	987195.24	752.24	41.46
42	0.000841	986443.00	829.60	40.49
43	0.000929	985613.40	915.63	39.52
44	0.001028	984697.77	1012.27	38.56
45	0.001137	983685.50	1118.45	37.60
46	0.001259	982567.05	1237.05	36.64
47	0.001392	981329.99	1366.01	35.69
48	0.001537	979963.98	1506.20	34.74
49	0.001692	978457.78	1655.55	33.79
50	0.001859	976802.23	1815.88	32.85
51	0.002037	974986.35	1986.05	31.91
52	0.002226	973000.30	2165.90	30.97
53	0.002424	970834.41	2353.30	30.04
54	0.002634	968481.10	2550.98	29.11
55	0.002853	965930.12	2755.80	28.19
56	0.003085	963174.33	2971.39	27.26
57	0.003342	960202.93	3209.00	26.35
58	0.003638	956993.93	3481.54	25.43
59	0.003990	953512.39	3804.51	24.53
60	0.004414	949707.88	4192.01	23.62
61	0.004923	945515.87	4654.77	22.71
62	0.005529	940861.09	5202.02	21.83
63	0.006244	935659.07	5842.26	20.95
64	0.007078	929816.81	6581.24	20.08
65	0.008045	923235.57	7427.43	19.22
66	0.009165	915808.14	8393.38	18.37
67	0.010460	907414.76	9491.56	17.54
68	0.000955	897923.20	10734.67	16.72
69	0.013674	887188.53	12131.42	15.91
70	0.015643	875057.11	13688.52	15.13
71	0.017887	861368.59	15407.30	14.36

年龄 (x)	死亡率 (q_x)	生存人数 (l_x)	死亡人数 (d_x)	平均余命 (e_x)
72	0.020432	845961.29	17284.68	13.61
73	0.023303	828676.61	19310.65	12.89
74	0.026528	809365.96	21470.86	12.18
75	0.030173	787895.10	23744.79	11.50
76	0.034165	764150.31	26107.20	10.84
77	0.038653	738043.11	28527.58	10.21
78	0.043648	709515.53	30968.93	9.60
79	0.049205	678546.60	33387.89	9.01
80	0.055385	645158.71	35732.12	8.45
81	0.062254	609426.60	37939.24	7.92
82	0.069880	571487.35	39935.54	7.41
83	0.078320	531551.82	41631.14	6.93
84	0.087611	489920.68	42922.44	6.48
85	0.097754	446998.24	43695.87	6.05
86	0.108704	403302.37	43840.58	5.65
87	0.120371	359461.79	43268.78	5.28
88	0.132638	316193.02	41939.21	4.94
89	0.145395	274253.81	39875.13	4.62
90	0.158572	234378.67	37165.90	4.32
91	0.172172	197212.78	33954.52	4.04
92	0.182694	163258.26	30414.03	3.77
93	0.201129	132844.23	26718.83	3.52
94	0.216940	106125.40	23022.84	3.28
95	0.234026	83102.56	19448.16	3.05
96	0.252673	63654.40	16083.75	2.83
97	0.273112	47570.65	12992.12	2.62
98	0.295478	34578.53	10217.20	2.41
99	0.319794	24361.34	7790.61	2.21
100	0.345975	16570.73	5733.06	2.02
101	0.373856	10837.67	4051.73	1.82
102	0.403221	6785.94	2736.23	1.62
103	0.433833	4049.71	1756.90	1.37
104	0.465447	2292.81	1067.18	1.03
105	1.000000	1225.63	1225.63	0.5

参考文献

1. 《保险机构董事、监事和高级管理人员培训教材及任职资格考试教材》编写组.保险案例选编[M].北京:中国时代经济出版社,2018.

2. 陈辉.互联网保险 框架与实践[M].北京:中国经济出版社,2022.

3. 陈文辉,李扬,魏华林.银行保险国际经验及中国发展研究[M].北京:经济管理出版社,2007.

4. 池小萍.保险学案例[M].北京:中国财政经济出版社,2008.

5. 仇兆燕.银行业保险业支持共建"一带一路"走深走实[N].中国银行保险报,2023-10-18(1).

6. 初北平.海上保险的最大诚信:制度内涵与立法表达[J].法学研究,2018,40(3):66-83.

7. 邓大松,杨红燕.医疗保险与生育保险[M].北京:人民出版社,2013.

8. 邓大松.社会保险[M].北京:高等教育出版社.2016.

9. 迪翁.保险经济学前沿问题[M].朱铭来、田玲、魏华林,译.北京:中国金融出版社.2017.

10. 翟因华.银行保险[M].北京:首都经济贸易大学出版社,2014.

11. 郭颂平,赵春梅.保险营销学[M].北京:中国金融出版社,2001.

12. 韩立新,林子樱.我国海上保险保证制度构建与立法完善[J].浙江工商大学学报,2021(03):80-91.

13. 中国银行保险监督管理委员会.健康保险管理办法[J].中华人民共和国国务院公报,2020,(4): 35-42.

14. 李礼.我国社会医疗保险基金可持续发展与风险防范机制研究[M].武汉:武汉大学出版社,2022.

15. 李利,许崇苗.对保证保险合同性质及相关法律问题的再探讨[J].保险研究,2020,(11):96-106.

16. 李泊錞.保险利益原则在人身保险合同中的适用问题研究[D].昆明理工大学,2021.

17. 李艳荣.人身保险[M].2版.杭州:浙江大学出版社,2022.

18. 刘琤.海外财产再保险合约的理赔特点与理赔策略[J].中国保险,2023,(11):17-21

19. 刘金章,王晓珊.人寿与健康保险[M].北京:清华大学出版社,2010.

20. 刘连生,申河.保险法教程[M].2版.北京:中国金融出版社,2009.

21. 陆荣华.如何分析财产保险合同[M].北京:中国金融出版社,2020.

22. 孟生旺,刘乐平,肖争艳,等.寿险精算学[M].北京:中国人民大学出版社.2019.

23. 孟昭亿.国际保险监管文献汇编[M].北京:中国金融出版社,2006.

24. 彭雪梅,曾紫芬.保险市场集中度与公司财务稳定性——基于中国财产保险数据[J].保险研究,2018(03):40-56.

25. 宋芳秀.全球海上保险市场的竞争格局演变及其影响因素[J].保险研究,2016,(3):95-105.

26. 孙祁祥.保险学[M].7版.北京:北京大学出版社,2021.

27. 孙蓉,吴舒祥,万梅雨.保险机构经营规范性及其评价指数构建——基于保险纠纷判例大数据[J].保险研究,2023,(11):30-45,91.

28. 庹国柱,李军.我国农业保险试验的成就、矛盾及出路[J].金融研究,2003,(9):88-98.

29. 王爱玲.《民法典》框架下海上保险经纪人过错责任的司法审查路径研究[J].法律适用,2022,(10):100-108.

30. 王成军.保险合同[M].北京:中国民主法制出版社,2003.

31. 王国军.保险经济学[M].3版.北京:北京大学出版社.2022.

32. 王国军.保险学经济学[M].3版.北京:北京大学出版社,2022.

33. 王和.保险的未来[M].北京:中信出版社,2019.

34. 王家骏.保险法告知义务规则下既往症条款的效力判断[J].保险研究,2024,(2):71-80.

35. 王晓军,孟生旺.保险精算原理与实务[M].5版北京:中国人民大学出版社.2021.

36. 王晓军,王燕,黄向阳.寿险精算学[M].北京:中国人民大学出版社.2021.

37. 王绪瑾,王浩帆.国际保险经营数字化经验与启示[J].中国金融,2023,(11):40-41.

38. 王绪瑾.保险学[M].7版.北京:高等教育出版社,2023.

39. 王绪瑾.财产保险[M].3版.北京:北京大学出版社.2022.

40. 魏华林,林宝清.保险学[M].5版.北京:高等教育出版社,2023.

41. 魏平,魏丽.国际财产保险业务结构研究及启示[J].保险研究,2018,(3):14-39.

42. 魏巧琴.保险公司经营管理[M].6版.上海:上海财经大学出版社,2021.

43. 吴彬.曹顺明:深化再保险数字化转型开创高质量发展新局面[N].中国银行保险报,2023-11-13(8).

44. 徐爱荣,李鹏.保险学原理[M].上海:立信会计出版社,2017.

45. 徐英.国际再保险中心特点及其形成条件分析[J].江西金融职工大学学报,2010,(6):21-23.

46. 许飞琼.保险学概论[M].北京:中国金融出版社,2019.

47. 许飞琼.经典保险案例分析100例[M].北京:中国金融出版社,2020.

48. 杨倩雯.再保险"国际板"国际分入业务首单背后 参与机构看中什么?[N].第一财经日报,2023-11-29(7).

49. 杨忠海.保险学原理[M].北京:清华大学出版社;北京交通大学出版社,2018.

50. 殷俊.工伤保险[M].北京:人民出版社,2012.

51. 余桔云.养老保险:理论与政策[M].上海:复旦大学出版社,2015.

52. 张虹,陈迪红.保险学教程[M].2版.北京:中国金融出版社,2012.

53. 张洪涛,张俊岩.保险学[M].5版.北京:中国人民大学出版社,2022.

54. 张力毅.困境与出路:财产保险合同中的保险利益判断——兼评《保险法司法解释四》及

其征求意见稿相关规定[J].上海财经大学学报,2020,22(3):124－137,152.

55. 张新宝.工伤保险赔偿请求权与普通人身损害赔偿请求权的关系[J].中国法学,2007,(2):52－66.

56. 张跃华,顾海英,史清华.农业保险需求不足效用层面的一个解释及实证研究[J].数量经济技术经济研究,2005,(4):83－92.

57. 张跃华.农业保险:理论、实证与经验[J].保险研究,2017,(9):2.

58. 赵国贤.美国保险监管及法规[M].北京:经济管理出版社.2005.

59. 郑功成.多层次社会保障体系建设:现状评估与政策思路[J].社会保障评论,2019,3(1):3－29.

60. 中国出口信用保险公司.出口信用保险 操作流程与案例[M].北京:中国海关出版社,2008.

61. 中国法制出版社.中华人民共和国保险法[M].北京:中国法制出版社,2023.

62. 中国银行保险监督管理委员会偿付能力监管部.保险公司偿付能力监管规则及讲解[M].北京:中国金融出版社,2022.

63. 钟明.保险学[M].上海:上海财经大学出版社,2011.

64. 周玉坤.出口信用保险理论与实务[M].北京:中国金融出版社,2020.

65. 庄渝霞.中国生育保险制度研究[M].上海:上海社会科学出版社,2019.